Consulting für Dummies – Schummelseite

Das Internet zu Werbezwecken nutzen

Ohne jeden Zweifel bietet das Internet ganz ausgezeichnete Möglichkeiten, die Werbetrommel für Ihre Consulting-Dienste zu rühren. Die Mindestvoraussetzung für Ihr Online-Marketing ist ein Internet-Zugang mit eigener E-Mail-Adresse. Damit können Sie schon einiges anfangen, doch gibt es noch viele weitere Möglichkeiten, Ihre Zielkundschaft zu relativ geringen Kosten zu erreichen:

- ✔ Erstellen Sie Ihre eigene Homepage
- ✔ Eintragungen in Suchmaschinen
- ✔ Mit Hypertext-Links auf Ihrer und zu Ihrer Homepage ein Netzwerk aufbauen
- ✔ Zielgerichtete Werbe-Mailings durchführen
- ✔ Aktive Beteiligung an Schwarzen Brettern und Newsgroups
- ✔ Breitgefächerte Bekanntmachung Ihrer Homepage- und E-Mail-Adresse
- ✔ Einrichtung Ihres eigenen Domain-Namens
- ✔ Organisation eines Online-Forums
- ✔ Eintragung in einen Vermittlungsservice für Consultants
- ✔ Erstellen einer Mailing-Liste

Geschäftsbeziehungen mit bestehenden Kunden ausbauen

Es macht wenig Sinn, einen Haufen Geld für Werbung auszugeben, wenn Sie dabei Ihre wichtigste Quelle für neue Aufträge vernachlässigen: Ihre aktuellen Kunden. Die effektivste Marketingkampagne beginnt damit, sich um den bestehenden Kundenkreis zu kümmern. Folgende bewährte Techniken helfen Ihnen dabei sicherzustellen, dass Ihre Kunden zufrieden sind und es auch bleiben:

- ✔ Niemals den zeitlichen und finanziellen Rahmen sprengen!
- ✔ Richten Sie sich nach den Anforderungen Ihrer Kunden (und schlagen Sie Lösungen vor)
- ✔ Verhalten Sie sich kooperativ und entgegenkommend
- ✔ Bleiben Sie in Kontakt
- ✔ Bleiben Sie Ihren Prinzipien treu
- ✔ Leisten Sie mehr als Sie versprechen
- ✔ Bitten Sie um Empfehlungen
- ✔ Locken Sie mit Anreizen
- ✔ Informieren Sie Ihre Kunden
- ✔ Leisten Sie gute Arbeit

Erstellen Sie Ihren persönlichen Ehrenkodex als Richtlinie

Für einen Consultant ist es besonders wichtig, sich ernsthaft Gedanken über moralische Grundprinzipien zu machen, da die Kunden ihm – oder ihr – großes Vertrauen entgegenbringen und Zugang zu vertraulichen firmeninternen Informationen gewähren. Anhand der nachfolgenden Anregungen können Sie sich einen beruflichen Ehrenkodex aufstellen:

- ✔ Rechnen Sie Ihre Arbeitsstunden korrekt ab
- ✔ Versprechen Sie nichts, was Sie nicht auch halten können
- ✔ Bieten Sie Ihren Kunden keine unnötigen Produkte oder Dienstleistungen an
- ✔ Seien Sie offen und ehrlich
- ✔ Geben Sie keine vertraulichen Informationen preis
- ✔ Halten Sie Ihre Versprechen
- ✔ Legen Sie Interessenskonflikte offen dar
- ✔ Nutzen Sie Ihr Insiderwissen nicht zum eigenen Vorteil
- ✔ Brechen Sie keine Gesetze

Consulting für Dummies – Schummelseite

Zehn Geheimnisse ein besserer Consultant zu werden

Es gibt zwar viele Möglichkeiten, um ein besserer Consultant zu werden, doch wenn Sie die folgenden zehn Tipps wirklich beherzigen, sind Sie Ihrer Konkurrenz ganz sicher um einige Nasenlängen voraus:

- ✔ **Hören Sie Ihren Kunden zu.** Die besten Lösungen für Ihre Kunden können Sie nur dann entwickeln, wenn Sie ihnen aufmerksam zuhören. Gewöhnen Sie sich an, mehr zuzuhören als selbst zu reden.
- ✔ **Entwickeln Sie möglichst schnell eine Beziehung zu Ihren Kunden.** Consulting ist eine Tätigkeit, in der die zwischenmenschliche Beziehung eine große Rolle spielt. Arbeiten Sie daran, eine gute Beziehung zu Ihren Kunden aufzubauen, damit sich ein gegenseitiges Vertrauensverhältnis entwickelt.
- ✔ **Halten Sie Ihr Ego im Zaum.** Gegen ein *gesundes* Selbstbewusstsein ist nichts einzuwenden, gegen ein *übersteigertes* allerdings schon. Bleiben Sie immer objektiv und fair, damit Ihre Fähigkeit zuzuhören, nicht beeinträchtigt wird.
- ✔ **Zeigen Sie Flexibilität und Entgegenkommen.** Einer der Hauptgründe, warum Consultants mit der Lösung eines Problems beauftragt werden, ist ihre Flexibilität, sich umgehend damit beschäftigen zu können. Wenn Sie nicht sofort auf die Anforderungen eines Kunden reagieren, wird es jemand anderes tun.
- ✔ **Verlangen Sie nicht zu viel für Ihre Dienste.** Je höher Ihr Preis, desto geringer wird die Nachfrage nach Ihren Dienstleistungen sein. Liegen Ihre Preise weit über dem Durchschnittshonorar anderer Consultants, müssen Sie Ihren Kunden gegenüber auch rechtfertigen können, warum Ihr höheres Honorar angemessen ist.
- ✔ **Verlangen Sie nicht zu wenig für Ihre Dienste.** Wenn Sie extrem niedrige Preise verlangen, werden Sie zwar mit Aufträgen überschüttet, verdienen aber so gut wie nichts daran. Denken Sie daran: Kein Kunde wird Sie jemals darauf aufmerksam machen, dass Sie zu billig arbeiten!
- ✔ **Bemühen Sie sich um mehrere große Kunden.** Es ist nie sinnvoll, alles auf eine Karte zu setzen. Schaffen Sie sich eine gewisse Sicherheit und bemühen Sie sich um einen festen Kundenstamm, der sich aus verschiedenen Geschäftsbereichen zusammensetzt. Selbst wenn ein Hauptkunde Sie Vollzeit beschäftigen könnte, werden Sie damit nicht nur Schwierigkeiten auf Grund der neuen Scheinselbstständigkeitsregelung bekommen, sondern gehen damit auch ein unnötiges finanzielles Risiko ein.
- ✔ **Nehmen Sie soviel Arbeit an, wie Sie können, ohne dass dadurch die Qualität Ihrer Arbeit leidet.** Kleine Jobs können große Aufträge nach sich ziehen. Lehnen Sie niemals Arbeit ab, es sei denn, die Qualität Ihrer Arbeit würde darunter leiden.
- ✔ **Behandeln Sie Ihre Kunden wie Ihr größtes Kapital.** Zum einen ist Ihr bestehender Kundenkreis die momentane Einkommensquelle und zum anderen die beste Quelle für neue Aufträge durch Weiterempfehlungen. Vergessen Sie nie Ihre wichtigsten Kunden: Ihre *aktuellen* Kunden.
- ✔ **Werbung gehört zu Ihrem Berufsalltag.** Sie verdienen zwar Ihr täglich Brot mit Ihren aktuellen Kunden, doch für die Zukunft Ihres Unternehmens benötigen Sie einen beständig wachsenden Kundenkreis. Reservieren Sie ein Drittel bis die Hälfte Ihrer Zeit für die Akquisition künftiger Kunden.

Consulting
für Dummies

Bob Nelson & Peter Economy

Consulting für Dummies

Für mehr Erfolg als Consulant

Übersetzung aus dem
Amerikanischen von
Birgit Schöbitz, TRANS IT
Fachübersetzungen

mitp

Die Deutsche Bibliothek – CIP-Einheitsaufnahme:

Nelson, Bob:
Consulting für Dummies / Bob Nelson, Peter Economy. Übers. aus dem Amerikan. von Birgit Schöbitz, TRANS IT Fachübersetzungen. - Bonn : MITP-Verlag, 2000
Einheitssacht.: Consulting For Dummies <dt.>
ISBN 3-8266-2883-7
NE: Economy, Peter

ISBN 3-8266-2883-7
1. Auflage 2000

Übersetzung der amerikanischen Originalausgabe:
Bob Nelson & Peter Economy: Consulting For Dummies

Printed in Germany

Ein Unternehmen der verlag moderne industrie AG & Co. KG, Landsberg

Lektorat: Sabine Müthing
Korrektorat: Peter Heinen
Druck: Media-Print, Paderborn
Umschlaggestaltung: Sylvia Eifinger, Bornheim
Satz und Layout: Lieselotte und Conrad Neumann, München

Inhaltsverzeichnis

Kapitel 21 Geschäftsbeziehungen aufbauen — 315

Kapitel 22 Erfolgreich durch gute Referenzen — 339

Kapitel 26
Zehn Tipps zum Aushandeln eines perfekten Vertrags 363

Kapitel 27
Zehn effektive Marketingstrategien für Neueinsteiger 367

Kapitel 28
Zehn Tipps für gute Geschäftsbeziehungen 371

Stichwortverzeichnis 375

Einführung

Es gibt viele Gründe, sich für den Beruf des Consultants zu entscheiden. Vielleicht arbeiten Sie bereits mehrere Jahre am selben Arbeitsplatz und träumen davon, sich selbstständig zu machen – Ihr eigener Chef zu sein und aus Ihrer langjährigen Erfahrung Kapital zu schlagen. Vielleicht wurden Sie Opfer der Umstrukturierungspolitik Ihres Betriebs oder haben Angst, demnächst von Sparmaßnahmen betroffen zu sein oder versetzt zu werden. Vielleicht suchen Sie nach einer Möglichkeit, Ihr Einkommen aufzubessern und sich von der Knauserigkeit Ihres Chefs unabhängig zu machen. Vielleicht gefällt Ihnen auch nur der Gedanke, sich immer wieder neuen Herausforderungen zu stellen, anstatt ewig dasselbe tun zu müssen.

Unabhängig von Ihren persönlichen Gründen kann der Beruf des Consultants äußerst interessant und erfüllend sein, und das nicht nur in finanzieller Hinsicht. Bei jedem Problem, das einer Ihrer Kunden nicht selbst zu lösen vermag, ruft er Sie einfach an, um sich Ihren fachmännischen Rat einzuholen. Für ihn sind Sie der souveräne Helfer in der Not.

In der Praxis können Sie als Consultant die Probleme des Kunden natürlich nicht einfach mit einem Fingerschnippen lösen. Folgende Voraussetzungen sollten Sie auf jeden Fall erfüllen:

- ✔ Sie sind Experte auf einem bestimmten Gebiet (oder erwecken zumindest diesen Eindruck).
- ✔ Sie sind ein guter Zuhörer.
- ✔ Sie sind aufmerksam und diplomatisch.
- ✔ Sie sind geschäftstüchtig.

Consulting für Dummies ist die ideale Lektüre für Neueinsteiger, erfahrene Consultants und solche, die es werden wollen. Der Anfänger findet in diesem Buch wertvolle Tipps, um in diesem Beruf erfolgreich und berühmt zu werden. Der Profi erhält viele neue Anregungen, die ihm unerwartete Blickwinkel öffnen und seine Arbeitstechniken verbessern können.

Über dieses Buch

Consulting für Dummies bietet nützliche Informationen, Tipps und Checklisten, die jeden Consultant weiter bringen. Dieses Buch vermittelt sowohl Berufsanfängern als auch »alten Hasen« Freude an ihrer Tätigkeit und zeigt Wege zum Erfolg für sie selbst und ihre Kunden auf.

Das Tolle an diesem Buch ist, dass der Inhalt auf realen Gegebenheiten und Erfahrungen beruht. Es handelt sich hier also *nicht* um geballtes theoretisches Kauderwelsch, das zwar ganz gut klingt, aber den Praxistest nicht besteht. In Zusammenarbeit mit erfahrenen, erfolgreichen Beratern haben wir für Sie die besten Strategien und Arbeitstechniken zusammengestellt.

Dieses Buch ist eine Fundgrube voller bewährter Lösungen für alle anfallenden Fragen und Probleme.

Vor allem aber macht es Spaß, dieses Buch zu lesen, denn aus Erfahrung wissen wir, dass der Beruf eines Consultants nicht nur lukrativ ist, sondern auch Freude macht, und dies möchten wir Ihnen vermitteln. In dieser Branche sind sich alle einig, dass sowohl Kunde als auch Consultants voll auf ihre Kosten kommen, wenn die Projekte zur vollsten Zufriedenheit abgeschlossen werden können. Wir zeigen Ihnen, wie Sie Ihren Sinn für Humor auch dann erhalten, wenn ein Abgabetermin in bedrohliche Nähe rückt, oder sich ein schier unüberwindlicher Berg von Schwierigkeiten vor Ihnen auftürmt, was zum Berufsalltag eines Consultants gehört. Es mag sein, dass Sie hin und wieder an Ihre persönlichen Grenzen stoßen und diese auch überschreiten müssen. Viel häufiger jedoch werden Sie nach erfolgreicher Bewältigung Ihrer Aufgaben eine tiefe Befriedigung verspüren, zum Beispiel wenn Sie einen Produktionsengpass behoben, ein moderneres Buchhaltungssystem empfohlen oder ein neues Computernetzwerk installiert haben.

Alle Themenbereiche in diesem Buch sind übersichtlich angeordnet. Informationen, nach denen man erst stundenlang suchen muss, helfen schließlich nicht weiter. Keine Angst, daran haben wir beim Schreiben des Buches gedacht. So finden Sie, was Sie suchen:

- ✔ Suchen Sie Informationen zu einem bestimmten Thema, wie zum Beispiel *Datenerhebung* oder *Gründung eines Büros in den eigenen vier Wänden*, lesen Sie einfach das entsprechende Kapitel und ruckzuck haben Sie die Antwort auf Ihre Frage.
- ✔ Wenn Sie einen Crash-Kurs für Consultants brauchen, lesen Sie das Buch von vorne bis hinten durch. Vergessen Sie teure Seminare und Videos zu diesem Thema. Versuchen Sie erst gar nicht, Ihre Beraterkarriere nach dem Motto »Aus Fehlern wird man klug« zu starten. Vergeuden Sie Ihre Energie nicht damit, nächtelang über den Unterlagen eines Schnellkurses in Handelskorrespondenz zu brüten. Alles, was Sie über Beratung wissen müssen, steht in diesem Buch. Ehrlich!

Wir wissen aus persönlicher Erfahrung, dass Consultants manchmal etwas verunsichert sind. Vor allem Berufsanfänger wissen manchmal nicht genau, was sie wann zu erledigen haben. Nur keine Panik. Entspannen Sie sich. Sie halten die Hilfe in Ihren Händen. All die wertvollen Tipps in *Consulting für Dummies* stammen aus Interviews mit erfahrenen Consultants aus den unterschiedlichsten Branchen. Wir reden nicht um den heißen Brei herum, sondern bieten Ihnen ausschließlich praktische Lösungen für Ihre alltäglichen Probleme.

Wie wir uns unseren Leser vorstellen

Als wir dieses Buch geschrieben haben, haben wir uns natürlich auch Gedanken über Sie, unseren werten Leser, gemacht. Wir gehen zum Beispiel davon aus, dass Sie zumindest ansatzweise Interesse an einer Beratertätigkeit haben. Vielleicht sind Sie schon auf diesem Gebiet tätig oder wollen es ernsthaft ausprobieren. Außerdem gehen wir davon aus, dass Sie über eine ganz besondere Fertigkeit oder ein bestimmtes Wissen verfügen, für das Freunde, Verwandte oder Kunden bereit sind, Geld auszugeben. Ihre Fachkenntnis kann sich auf alles Mögliche erstrecken – vom Briefmarkensammeln über das Internet bis hin zur Raumfahrttechnik. Noch etwas: Wir gehen davon aus, dass Sie momentan noch nicht alles über die Tätigkeit eines Consultants wissen, und dass Sie darauf brennen, Ihr Wissen zu vertiefen.

Wie dieses Buch aufgebaut ist

Consulting für Dummies ist in sechs Teile aufgegliedert. Jeder Teil enthält mehrere Kapitel, die sich ausführlich mit einem Thema befassen. Diese Aufteilung erleichtert Ihnen das Auffinden bestimmter Informationen. Suchen Sie zunächst nach dem Hauptthema und schlagen Sie dann das entsprechende Kapitel auf. Was immer Sie wissen möchten, es steht bestimmt irgendwo in diesem Buch!

In jedem Teil wird ein bestimmtes Thema aus dem Bereich Beratung angesprochen. Nachfolgend finden Sie eine Auflistung aller Themen.

Teil I: Was ist ein Consultant?

Unter einem Consultant stellt sich jeder etwas anderes vor. In diesem Teil wird erläutert, was ein Consultant ist, was er tut und *warum* er es tut. Wir zeigen Ihnen, wie Sie Ihre Fähigkeiten und Ihr Wissen bewerten können, welche Aufgaben Consultants übernehmen müssen, und helfen Ihnen herauszufinden, in welchem Bereich Sie tätig werden können.

Teil II: Der Beratungsvorgang

Bei einer Beratung kann vieles falsch gemacht werden. In diesem Teil erfahren Sie, wie Sie Fehler vermeiden. Wir erklären Ihnen, wie Sie das Problem eines Kunden analysieren, die erforderlichen Daten sinnvoll ermitteln und sie schnell und effizient auswerten. Außerdem erfahren Sie, wie Sie dem Kunden das nötige Feedback vermitteln und sicherstellen, dass Ihre Vorschläge auch verwirklicht werden.

Teil III: Schlüsselqualifikationen eines Consultants

Fast jeder Mensch ist Experte auf *irgendeinem* Gebiet, trotzdem eignet sich nicht jeder zum Consultant. Für eine erfolgreiche Beraterlaufbahn müssen Sie ganz bestimmte Schlüsselqualifikationen mitbringen, und in diesem Teil erfahren Sie, welche dies sind. Dazu gehören: Berichte erstellen, Zeitmanagement, Kommunikationstechniken, Kundenverhandlungen, Präsentationen und Einsatz modernster Technik.

Teil IV: Der Start in die Selbstständigkeit

Als selbstständiger Consultant müssen Sie sich sowohl um die Probleme Ihrer Kunden als auch um Ihr eigenes Unternehmen kümmern. In diesem Teil befassen wir uns mit den geschäftlichen Aspekten Ihrer Tätigkeit als Consultant: Honorarfragen, Vertragsverhandlungen, Zeitplanung, Rechnungsbegleichung und die Inanspruchnahme von anderen Dienstleistungsunternehmen. Außerdem vergleichen wir die Vor- und Nachteile eines *Home Office* in den eigenen vier Wänden und der konventionellen Alternativen.

Teil V: Die Werbetrommel für Ihr Unternehmen rühren

Werbung ist das A und O für Ihren Erfolg als Consultant. In diesem Teil erfahren Sie alles über Öffentlichkeitsarbeit, Werbung, Kundenakquisition, Kundenpflege und wie Sie es schaffen, dass man Sie weiter empfiehlt. Bauen Sie auf Ihrem Erfolg auf!

Teil VI: Die Hitlisten

Dieser Teil enthält praxisnahe und anschauliche Tipps, die Ihrem Unternehmen den entscheidenden Erfolgsschub geben. Wir zeigen Ihnen, wie Sie das Internet und andere Marketinginstrumente zu Werbezwecken nutzen können, Fehler vermeiden, Angebote erstellen, Verträge aushandeln und Geschäftsbeziehungen ausbauen.

Symbole, die in diesem Buch verwendet werden

Als Orientierungshilfe und zur Hervorhebung der wichtigsten Informationen finden Sie am linken Seitenrand die nachfolgend erläuterten Symbole:

Dieses Symbol verweist auf Tipps und Tricks, die Ihre Arbeit als Consultant erleichtern.

Vorsicht! Die hier angebotenen Ratschläge sollten Sie beherzigen, sonst kann die Sache brenzlig werden!

Diese Informationen nützen Ihrer Karriere als Consultant. Unbedingt merken!

Diese wahren Geschichten aus dem Leben von Bob Nelson und Peter Economy sowie anderen Consultants zeigen Ihnen die richtige – und manchmal die falsche – Vorgehensweise beim Beraten.

Wenn Sie diesen Rat befolgen, werden Sie positiv auffallen.

Hier finden Sie Leitsätze und Weisheiten, die Sie auf Ihrem Weg zu einem kompetenten Consultant beherzigen sollten.

Und wie geht's jetzt weiter?

Mit einem Buch wie diesem könnten Sie so manches anstellen. Zum Beispiel ein loderndes Kaminfeuer entfachen. Unser Rat: *Lesen* Sie es! *Wie* ist Ihre Sache.

Zählen Sie zu den Anfängern oder Neueinsteigern, raten wir Ihnen, dieses Buch von Anfang bis Ende durchzulesen. Eine Menge Informationen und praktische Tipps erwarten Sie! Blättern Sie einfach um, und los geht's!

Sind Sie bereits als Consultant tätig und leiden unter Zeitmangel (welcher Consultant tut das nicht?), interessiert Sie vermutlich ein bestimmtes Thema, zu dem Sie eine Frage haben. Dann schlagen Sie doch einfach das Inhaltsverzeichnis auf oder sehen im Index nach, wo dieses Thema zu finden ist.

Wie? Sie haben überhaupt keine Zeit zum Lesen? Gut, dann legen Sie das Buch unter Ihr Kopfkissen. Vielleicht klappt es ja auch so.

Wie auch immer Sie sich durch *Consulting für Dummies* durcharbeiten, wir sind sicher, dass Sie es genießen werden. Sollten Sie spezielle Fragen haben oder brennt es Ihnen unter den Nägeln, uns Ihren Kommentar zu schreiben, können Sie uns entweder über den MITP-Verlag oder direkt per E-Mail erreichen. Unsere Adressen: `BobRewards@aol.com` (Bob Nelson) und `bizzwriter@alumni.stanford.org` (Peter Economy). Besuchen Sie doch auch mal die Homepage der Dummies unter `http://www.mitp.de`. Wir freuen uns auf Ihre persönlichen Anekdoten und Verbesserungsvorschläge und versprechen Ihnen, uns diese bei einer Neuauflage zu Herzen zu nehmen.

Und nun viel Spaß auf dem Weg zu Ihrem Erfolg!

Teil I

Was ist ein Consultant?

»Ich berate Firmen, in denen die Verwendung von unflätigen Ausdrücken überhand nimmt. Ganz richtig, Euer Ehren, ich bin Benehmensberater.«

In diesem Teil...

Sind Sie bereit, die Consultantlaufbahn einzuschlagen? Bevor Sie diese Frage beantworten können, müssen Sie sich noch über vieles klar werden. In diesem Teil behandeln wir einige der wichtigsten Punkte, die Sie immer bedenken sollten. Zum Beispiel: Warum wählen Menschen den Beruf des Consultants? Welche Aufgaben hat ein Consultant? Wie finden Sie heraus, ob Sie zum Consultant geeignet sind, und wie lässt sich der Schritt vom Angestelltenverhältnis zum selbständigen Consultant möglichst schmerzlos vollziehen?

Warum ausgerechnet Consultant? (Und wann diesen Schritt wagen?)

1

In diesem Kapitel

- Was ist ein Consultant, und warum ergreifen Menschen diesen Beruf
- Der Berater-Eignungstest
- Erfüllen Sie die Voraussetzungen für diesen Beruf?

Es gibt viele Gründe, sich für den Beruf eines Consultants zu entscheiden, und es gibt Consultants für die unterschiedlichsten Fachgebiete. Ein Consultant kann Teilhaber eines Beratungsunternehmens, freiberuflicher Texter, selbstständiger Programmierer oder Kosmetik-Verkäufer sein. Auch der Architekt, der zu Hause arbeitet, und der Gutachter, der vor Gericht seine Expertenaussage macht, fallen im weitesten Sinne unter den Begriff eines Beraters. Nicht zu vergessen ist auch der Online-Broker, der Geschäfte mit internationalen Kunden über das Internet abwickelt.

In diesem Buch verzichten wir darauf, den Begriff *Berater* (beziehungsweise *Consultant*) genau zu definieren. Das ist schlicht und einfach jemand, der sein Fachwissen einem Dritten zur Verfügung stellt, wobei das Fachwissen daraus bestehen kann, wie man einen Garten schön gestaltet, ein hochkompliziertes Produktionsverfahren entwickelt oder ehrenamtlich die Gemeinde oder Kirche mit Rat und Tat unterstützt.

Warum sollte jemand eigentlich Consultant werden wollen?

Müssten wir die Antwort auf diese Frage in einem Wort zusammenfassen, hieße dieses Wort *Freiheit*. Freiheit, die eigenen Träume zu verwirklichen, das Leben nach den eigenen Vorstellungen zu gestalten und Freude daran zu haben, anderen mit seiner Arbeit zu helfen. Fast jeder Consultant macht genau das, was ihm sowieso gefällt, und kann zudem frei entscheiden, wann und wo er arbeitet. Wenn Sie das Angebot für Ihren Kunden in Ihrem Lieblingscafé ausarbeiten und dabei genüsslich einen Cappuccino schlürfen möchten, ist das doch Ihre Sache. Sie tappen die paar Stufen von Ihrem Schlafzimmer in Ihr Büro im Schlafanzug hinunter, na und? Haben Sie es satt, dass Ihre Arbeitszeit per Stempeluhr kontrolliert wird und trifft es zu, dass Sie schon immer Ihr eigener Herr sein wollten? Wenn ja, ist Rettung in Sicht!

Bei dem Stichwort *Berater* denken viele nur an professionelle Unternehmensberater wie McKinsey und andere Branchenriesen, die sich darauf spezialisiert haben, marode Unternehmen zu sanieren. Professionelle Beratung umfasst jedoch viel mehr als das. Jedes Mal, wenn Ihre Dienste und Ihr Wissen gegen Entgelt in Anspruch genommen werden – für die Gestaltung einer tollen Homepage für Ihren Freund, für die Schadensprognose darüber, was ein Sturm der Windstärke 10 an einem Neubau anrichten kann, oder für einen Plan, welche Stelle sich für eine Brunnenbohrung eignet –, werden Sie als Consultant tätig. Und denken Sie auch daran, dass manche Firmen interne Berater einstellen, deren Aufgabe es ist, Probleme innerhalb der Unternehmensstruktur zu lösen. Die Tätigkeit als angestellter Consultant ist vielleicht ein guter Kompromiss, wenn Sie den Schritt in die Selbstständigkeit scheuen, Ihr Fachwissen jedoch trotzdem als Sprungbrett für eine neue Karriere nutzen möchten.

In diesem Kapitel beschäftigen wir uns zuerst mit der Frage, warum so motivierte und talentierte Menschen wie Sie den Beruf eines selbstständigen Consultants wählen. Anschließend können Sie anhand des Berater-Eignungstests herausfinden, ob Sie für diese Tätigkeit geeignet sind. Zuletzt sprechen wir kurz die Faktoren an, die in Ihre Entscheidung für eine Beratertätigkeit einfließen sollten.

Gründe für den Beruf eines Consultants

Männer und Frauen mit unterschiedlichstem persönlichen, sozialen und beruflichen Hintergrund schlagen die Laufbahn eines selbstständigen Consultants ein, und das nicht ohne Grund. Manchen macht es einfach Spaß, Kunden mit ihrem Fachwissen weiterzuhelfen, während andere es gründlich satt haben, für einen Vorgesetzten zu arbeiten. Wieder andere suchen nach einer lukrativen Möglichkeit, ihr Gehalt aufzubessern. Vielleicht ist es Ihnen aufgefallen, dass immer mehr Ihrer Freunde, Familienmitglieder oder Arbeitskollegen entweder nebenbei oder hauptberuflich als Consultant tätig werden. In der Arbeitswelt hat sich einiges geändert, und die Vorstellung einer sicheren, lebenslangen Festanstellung gehört der Vergangenheit an. Ein neues, flexibles Arbeitsmodell ist entstanden, von dem sowohl Arbeitgeber als auch Arbeitnehmer profitieren. So wird der Ruf nach Fachkräften immer lauter, die im Bedarfsfall kurzfristig einspringen, das akute Problem lösen und danach dem nächsten Unternehmen zu Hilfe eilen.

Die meisten Menschen glauben, dass der Beruf des Consultants hauptsächlich des *Geldes* wegen gewählt wird, doch in der Regel spielt das Geld eher eine Nebenrolle. Klar, machen wir uns nichts vor, manche Berater verdienen sich eine goldene Nase! Doch für viele Consultants liegt der Reiz ihres Berufes jenseits eines dicken Bankkontos. Auf den nächsten Seiten erfahren Sie, welche Gründe ganz unabhängig von den finanziellen Überlegungen für eine Beratertätigkeit sprechen.

Das eigene Können ins Spiel bringen

Jeder von uns kann irgendetwas ganz besonders gut. Sie zum Beispiel arbeiten vielleicht schon seit 20 Jahren als Sachbearbeiter für die Vergabe von Baudarlehen bei einer großen Bank. Es wäre vermutlich keine anmaßende Übertreibung, Sie als Fachmann für Baudarlehen zu bezeichnen. Und mit den ausgezeichneten Kontakten, die Sie im Laufe der Jahre geknüpft haben, wären Sie für viele Unternehmen von unschätzbarem Wert.

Vielleicht haben Sie aber auch Spaß daran, in Ihrer Freizeit im Internet zu surfen und haben schon viele Webseiten für sich und Ihre Freunde erstellt. Selbstverständlich ist Ihre Software immer auf dem neuesten Stand, und auch sonst sind Sie stets auf dem Laufenden, was die aktuellen Entwicklungen auf diesem Gebiet angeht. Obwohl Sie täglich zehn Stunden als Kassierer arbeiten, finden Sie dennoch immer Zeit für Ihre Lieblingsbeschäftigung. Wir können Ihnen verraten, dass viele Firmen ganz scharf auf Ihr Wissen sind und Ihnen gutes Geld für die Gestaltung und Pflege ihrer Homepages zahlen würden! Stellen Sie sich nur einmal vor, wie es wäre, wenn Sie mit Ihrem Hobby Geld verdienen könnten! Fantastisch, oder?

Endlich der eigene Chef sein

Jeder Mensch hegt für sein Leben ganz bestimmte Träume und Sehnsüchte. Manche wünschen sich sehnlichst ein eigenes Haus, während andere lieber Karriere machen oder eine Familie gründen möchten. Andere träumen vom großen Lottogewinn und davon, in den sonnigen Süden auszuwandern. Die Vorstellung, sein eigener Chef zu sein, gehört nicht nur in diese Kategorie, sondern ist einer der Wunschträume, denen jeder Angestellte mindestens einmal täglich nachhängt.

Damit soll natürlich nicht behauptet werden, dass jeder Vorgesetzte ein unangenehmer Zeitgenosse ist. Wir, die Autoren dieses Buchs, hatten im Laufe unseres Angestelltendaseins viele großartige Vorgesetzte, und wir hoffen, dass alle, die jemals für uns gearbeitet haben, dasselbe von uns sagen können. Der Drang nach Unabhängigkeit und eigener Entscheidungsfreiheit ist jedoch bei den meisten Menschen sehr stark ausgeprägt. Sicherlich wissen Sie aus eigener Erfahrung, dass es immer schwieriger wird, sich den Richtlinien von Vorgesetzten unterzuordnen, je kompetenter man in seiner Arbeit wird. *Richtig* hart wird es dann, wenn man wesentlich besser Bescheid weiß als der Chef selbst.

Das Schreckgespenst Arbeitslosigkeit

Auf einen sicheren Arbeitsplatz kann sich heute niemand mehr verlassen, denn in der freien Marktwirtschaft ist alles in Bewegung. Da die Senkung der Betriebskosten für die Firmen ein Dauerthema ist, werden zunehmend zeitlich befristete Arbeitsverträge geschlossen oder Aufträge an externe Consultants vergeben. So kann auch Ihr Arbeitsplatz schon morgen gefährdet sein. Als Angestellter kann man Ihnen jederzeit kündigen, egal, wie lange Sie schon für Ihre Firma arbeiten. Kündigungsgründe lassen sich immer finden, und auch Kündigungsfristen können umgangen werden. Mit viel Glück erhalten Sie wenigstens noch eine Abfindung, die Ihre laufenden Kosten für ein paar Wochen oder Monate deckt. Wenn es schlecht läuft, sind Sie nach Ihrem letzten Arbeitstag ganz auf sich selbst gestellt.

Angesichts der wachsenden Unsicherheit im Arbeitsleben stellt die Überlegung, eine Laufbahn als Consultant einzuschlagen, eine gute Möglichkeit dar, seine finanzielle Zukunft zu sichern. Warum? Erstens, weil *Sie* allein bestimmen, wie viele Aufträge Sie annehmen und wie viele Zusatzjobs Sie sich zur Sicherheit offen halten möchten. Zweitens, weil Sie als selbstständiger Consultant oft mehr Geld für dieselbe Tätigkeit verlangen können, als Sie als Angestellter dieser Firma verdienen. Viele Firmen sind bei der Bezahlung eines professionellen Beraters weitaus großzügiger als einem Angestellten gegenüber, der die gleiche Aufgabe für weniger Geld erfüllen könnte.

Ein Nebenverdienst ohne feste Arbeitszeiten

Sind Sie auf der Suche nach einem Nebenjob mit flexiblen Arbeitszeiten, ist eine Tätigkeit als Consultant genau das Richtige für Sie. Als Consultant bestimmen Sie Ihre Arbeitszeiten selbst. Möchten Sie nur an den Wochenenden arbeiten? Nur zu, als Consultant ist das kein Problem. Ach, Sie arbeiten lieber nachts? Auch okay. Und weil *Sie* bestimmen, wie viele Aufträge Sie annehmen, können Sie auch selbst entscheiden, ob Sie lieber nur für einen Auftraggeber tätig werden oder mehrere Aufträge gleichzeitig bearbeiten. Alle Entscheidungen über Arbeitszeiten und Termine liegen ganz bei Ihnen.

Noch ein Tipp: Arbeiten Sie zu Hause, können Sie Ihr Arbeitszimmer von der Einkommenssteuer absetzen, auch wenn es sich lediglich um einen Nebenverdienst handelt. Selbstständige können steuerliche Vorteile nutzen, die dem »normalen Arbeitnehmer« oft nicht gewährt werden. Doch selbst wenn Sie nicht zu Hause arbeiten, können Sie die meisten geschäftlichen Ausgaben steuerlich geltend machen. Lesen Sie in Kapitel 17 die grundlegenden Informationen über Steuervorteile bei einer Tätigkeit als selbständiger Consultant nach.

Einer guten Sache dienen

Viele Unternehmen und Institutionen profitieren enorm von den Dienstleistungen eines selbstständigen und kompetenten Consultants, da dieser deren Probleme im Allgemeinen als Außenstehender objektiver betrachten kann. Leider können sich im Gegensatz zu großen Unternehmen viele Kleinbetriebe und gemeinnützige Organisationen die Dienste eines Beraters nicht leisten. Schulen, Kirchen, Wohltätigkeitsverbände und andere gemeinnützigen Institutionen sind darauf angewiesen, dass sich unter ihren Mitgliedern ein kompetenter Helfer findet, wenn guter Rat teuer ist. Viele Consultants stellen ihr Wissen regelmäßig und unentgeltlich solchen Institutionen zur Verfügung. Gehören Sie auch zu diesen Menschen? Dann sind Sie vielleicht schon längst, ohne es bemerkt zu haben, als Consultant tätig.

Warum sollte man sich ehrenamtlich engagieren?

- Wenn Sie felsenfest von etwas überzeugt sind – zum Beispiel von den Zielen eines bestimmten Politikers oder von der Schulpolitik der Grundschule Ihres Kindes – ist der Einsatz für die gute Sache viel befriedigender und rückt finanzielle Gesichtspunkte in den Hintergrund.
- Durch die ehrenamtliche Tätigkeit bei Ihrer Kirche oder einem Wohltätigkeitsverband machen Sie sich unter Umständen einen Namen, und vielleicht bietet man Ihnen schon bald Aufträge gegen Bezahlung an. Außerdem werden die meisten gemeinnützigen Insti-

tutionen von Menschen aus den verschiedensten Bereichen unterstützt. Mit Ihrem Engagement stellen Sie möglicherweise Kontakte her, die sowohl für Ihr Privat- als auch für Ihr Berufsleben von unschätzbarem Wert sind. Natürlich steht bei der ehrenamtlichen Tätigkeit nicht unbedingt das Knüpfen von Kontakten im Vordergrund, aber es ist sicherlich nicht das Schlechteste, was Ihnen passieren könnte, oder?

Peter Economy berät!

Seit 1990 verfolgte Peter Economy (`bizzwriter@alumni.stanford.org`) – zusammen mit Bob Nelson Autor der im MITP-Verlag erschienenen Bücher *Consulting für Dummies* und *Management für Dummies* – das Ziel, dem Acht-Stunden-Büroalltag als Manager den Rücken zu kehren und ein erfolgreiches Beratungsunternehmen zu gründen. 1996 kündigte er und erfüllte sich seinen Traum von der Selbstständigkeit. Neben seiner Tätigkeit als Buchautor gibt Peter Economy anderen Autoren redaktionelle Tipps, verfasst Artikel über die unterschiedlichsten Wirtschaftsthemen und steht per E-Mail weltweit mit ... *Für-Dummies*-Lesern in Kontakt. Bob Nelson hat Peter Economy über seine Gründe, nach 15 Jahren die »sichere« Anstellung gegen einen Job als selbstständiger Berater einzutauschen, befragt.

Consulting für Dummies: Guten Morgen, Peter. Schön, Sie mal wieder zu sehen.

Peter Economy: Ja, das finde ich auch, Bob.

CfD: Fangen wir doch gleich mit der Preisfrage an: Warum haben Sie sich entschieden, als Consultant tätig zu werden?

Economy: Na, Sie kommen aber wirklich gleich zur Sache! Ich denke, für mich waren dafür drei Gründe ausschlaggebend. Erstens, ich wollte schon immer mein eigener Chef sein. Ich bin zwar schon längere Zeit als Führungskraft tätig gewesen, doch musste ich immer die Bedürfnisse und Prioritäten *anderer* vor meine eigenen setzen. Wenn man sich ständig um die Probleme anderer kümmern muss, hat man für die eigenen überhaupt keine Zeit mehr.

CfD: Gilt das auch für die Zeit, als Sie stellvertretender Vorsitzender dieser einen Computerfirma waren?

Economy: Ja, da war es eigentlich noch anstrengender als damals, als ich auf der Karriereleiter noch etwas weiter unten stand. Je höher ich aufstieg, umso stärker war ich den Launen und Marotten der obersten Führungsriege ausgesetzt. Auf ein Fingerschnippen von ihnen musste ich springen! Egal, jetzt lege *ich* die Prioritäten fest. Ich entscheide, an welchen Projekten ich arbeite, wie viel ich für meine Arbeit berechne und wann und wo ich arbeite. Ich muss nicht mehr in aller Frühe im Büro auftauchen oder bis spät in die Nacht dort bleiben, nur um meinen Chef zu beeindrucken. Es ist völlig egal, welche Farbe meine Krawatte hat oder wie breit die Nadelstreifen meines Anzugs sind. Meine *Arbeit* ist das Einzige, was zählt.

CfD: Ihre Klienten interessieren sich also nur für das Ergebnis Ihrer Arbeit, und nicht für Ihre Kleidung oder ob Sie am Freitag krank waren oder an einer Besprechung teilgenommen haben?

Economy: Genau. Meinen Kunden ist es völlig egal, *wie* ich zu dem erwünschten Ergebnis komme. Das einzige was zählt, ist die Qualität meiner Arbeit und die Einhaltung von zugesicherten Lieferterminen.

CfD: Und was war der zweite Grund, sich für den Beruf eines Consultants zu entscheiden?

Economy: Die finanzielle Sicherheit. Als meine Idee, ein eigenes Beratungsunternehmen zu gründen, langsam Formen annahm, konnte ich feststellen, dass viele meiner Arbeitgeber finanziell von Regierungsprojekten abhängig waren und diese Geldquelle allmählich versiegte. Viele meiner Freunde und Kollegen wurden entlassen, und ich hatte Angst davor, der nächste zu sein, der auf der Straße sitzt. Diese Befürchtungen haben sich leider schon zweimal bestätigt, als ich wegen knapper finanzieller Mittel entlassen werden musste.

CfD: Ja, nichts spornt mehr an als die Angst um den Arbeitsplatz, nicht wahr?

Economy: Dem kann ich nur zustimmen. Als es mir das erste Mal passiert ist, war ich noch nicht soweit, meine eigene Beratungsfirma zu gründen. Doch beim zweiten Mal war ich bereit, gewillt und vor allem in der Lage dazu. Jetzt verhält sich der Arbeitsaufwand, den ich in ein Projekt stecke, direkt proportional zum Geld, das dabei herausspringt. Arbeite ich, werde ich bezahlt, arbeite ich nicht, verdiene ich natürlich auch nichts. Ich weiß aber ganz genau, dass ich sehr viele Aufträge an Land ziehen kann, wenn ich hart arbeite und das Beste für meine Kunden heraushole, und dass ich sehr viel erfolgreicher sein werde, als es als Angestellter möglich wäre.

CfD: Wie haben Sie es denn geschafft, eine eigene Firma zu gründen, während Sie noch Vollzeit bei Ihrem früheren Arbeitgeber beschäftigt waren?

Economy: Das führt uns zum dritten Grund für meine Entscheidung: Flexibilität. Die Tätigkeit als Consultant ist der Sache nach an keine feste Arbeitszeit gebunden. Es war deshalb kein Problem für mich, kleinere Aufträge nebenbei – meist an den Wochenenden oder nachts – zu erledigen. Ich kann schließlich auch in meiner Freizeit ein Buch Korrektur lesen, ein paar Kapitel als Ghostwriter verfassen oder ein Manuskript überarbeiten. Nach und nach konnte ich immer mehr Zeit in Beratungstätigkeiten stecken und dann den letzten Schritt wagen: Kündigen und meine eigene Firma gründen.

CfD: Hat es Sie nicht abgeschreckt, auf das sichere Gehalt und die Sozialleistungen verzichten zu müssen? Als Angestellter können Sie sich darauf verlassen, dass

Ihr Gehalt pünktlich überwiesen wird, egal, wie produktiv Sie im letzten Monat gearbeitet haben. Als Selbstständiger wissen Sie doch nie, von wem und wann die nächste Zahlung eingeht.

Economy: Klar, da haben Sie schon Recht, aber das gehört für mich eben einfach dazu. Das ist der Preis, den ich für meine Freiheit zahle. Wie Sie wissen, ist Freiheit ja ein zweischneidiges Schwert. Man kann eine so steile Karriere machen, wie man es sich selbst in seinen kühnsten Träumen nicht hätte vorstellen können, andererseits aber auch völlig scheitern. Ich bin jedoch davon überzeugt, dass in jedem von uns das Potential, sprich das Wissen und Talent dafür schlummert, ein Beratungsunternehmen zu gründen. Es kommt darauf an, es zu entwickeln. Das Schwierigste ist, den ersten Schritt zu wagen und seine Träume umzusetzen. Keine leichte Sache, aber wenn man mit Herz und Seele an die Sache rangeht, lohnt es sich in jeder Hinsicht, sowohl finanziell als auch von der psychologischen Seite her. Glauben Sie mir, irgendwie hat man dann ständig dieses Lied von Frank Sinatra im Ohr »I did it my way....«

CfD: Wie haben Sie die finanziellen Probleme und Ihre Ängste in den Griff bekommen?

Economy: Das mit den Finanzen war so: Meine Frau Jan und ich haben uns zusammengesetzt und zum ersten Mal in unserer achtjährigen Ehe einen Haushaltsplan für die laufenden Kosten erstellt. Sobald wir uns durch die ganzen Zahlen gearbeitet hatten, war uns schon viel wohler, und wir waren uns sicher, dass es klappt. Die psychologische Seite war etwas schwieriger. Man muss sich erst einmal an den Gedanken gewöhnen, dass jetzt alles nur noch von der eigenen Person und nicht mehr vom Arbeitgeber abhängt. Als ich meinen Job gekündigt habe, war ich emotional zu diesem Schritt *bereit*, und das hat mir sehr geholfen. Ich hatte den Willen, mein eigener Chef sein.

CfD: Eine letzte Frage: Heißen Sie tatsächlich Economy mit Nachnamen?

Economy: Ja, den Namen sollten Sie merken, Nelson!

Der Berater-Eignungstest

Vielleicht denken Sie sich gerade, dass das mit dem Beraten ja gar nicht übel klingt. Womit wir bei der wichtigsten Frage überhaupt wären: Sind Sie überhaupt dafür geeignet, als Consultant zu arbeiten? Möchten Sie das auch gerne wissen? Dann sollten Sie den Berater-Eignungstest machen. Er dauert nicht lange, ist ganz einfach und holt Sie ganz sicherlich auf den Boden der Tatsachen zurück, falls Sie den Bezug zur Realität verloren haben. Zählen Sie zum Schluss Ihre Punkte zusammen und lesen Sie nach, zu welcher Kategorie Sie zählen.

Die Testfragen

Auf geht's: Hier sind die Fragen. Lesen Sie alle Fragen der Reihe nach durch, und markieren Sie die Antwort, die Ihnen am meisten zusagt. Wenn auf Anhieb keine der Antworten so richtig auf Sie zutrifft, machen Sie mit der nächsten Frage weiter und kehren später zu der kniffligen Frage zurück.

1. **Liegt es Ihnen, Probleme zu lösen?**
   a) Klar, Probleme zu lösen gibt meinem Leben erst richtig Sinn.
   b) Ja, manche Probleme löse ich ganz gerne.
   c) Will jemand mit mir Probleme tauschen?
   d) Kann das nicht vielleicht jemand anderes machen?
   e) Nein, überhaupt nicht. Keinesfalls.
2. **Sind Sie in der Lage, sich Ziele zu setzen und diese zu verwirklichen?**
   a) Ich wüsste gar nicht, was ich tun sollte, wenn ich nicht immer ein Ziel vor Augen hätte.
   b) Ja, ich setze mir schon Ziele, aber nicht immer verfolge ich sie konsequent genug.
   c) Das habe ich noch nie gemacht, aber wenn Sie mir zeigen, wie das geht, würde ich das schon tun.
   d) Entschuldigung, aber ich setze mir keine Ziele, sie drängen sich mir auf.
   e) Nein, ich habe keine Ziele.
3. **Kommen Sie von ganz alleine in die Gänge?**
   a) Ich brauche *niemanden*, der mir sagt, was ich tun soll. Was soll die Frage?
   b) Ich bin ein selbstständiger Mensch, nur manchmal fällt es mir schwer, etwas anzupacken.
   c) Ich durfte noch nie etwas selbst entscheiden. Irgendwie gefällt mir aber der Gedanke daran.
   d) Summen Sie mal ein paar Takte, vielleicht kenne ich dann den Text.
   e) Muss man das können?
4. **Trauen Sie sich den Job eines Beraters überhaupt zu?**
   a) Ohne jeden Zweifel.
   b) Ich bin mir einigermaßen sicher.
   c) Ich weiß nicht so recht.
   d) Können wir uns damit später auseinandersetzen?
   e) Auf keinen Fall. Niemals!

5. Macht es Ihnen Spaß, eine Aufgabe von Anfang bis Ende zu erledigen, auch wenn sich Ihnen Hindernisse in den Weg stellen?

a) Bei so etwas bin ich *sehr* hartnäckig.

b) Ja, meistens, obwohl ich Probleme manchmal nur ungern direkt angehe.

c) Wenn wir uns vorher darauf einigen, dass jeder mal Fehler macht, schon.

d) Gibt es wirklich Aufgaben, die man zu *Ende bringen* kann?

e) Es gibt Sachen, die kann man einfach nicht erledigen.

6. Können Sie sich rasch auf neue Gegebenheiten einstellen?

a) Mein zweiter Vorname ist *Umdenken*.

b) Ich kann mich besser auf positive Änderungen als auf schlechte einstellen.

c) Hat man es einmal getan, kann man es immer!

d) Solange *ich* mich nicht ändern soll, ist alles in Ordnung.

e) Ich hasse es sogar, frische Socken anzuziehen.

7. Sind Sie kreativ?

a) Geben Sie mir einen Stift und ein Blatt Papier, und ich zeige Ihnen, was ich drauf habe.

b) Eigentlich schon, aber es kommt ganz auf meine Stimmung an.

c) Äh, darüber müsste ich erst einmal nachdenken.

d) Warum sollte ich mir den Kopf über etwas zerbrechen, wenn es bestimmt schon ein anderer vor mir getan hat?

e) Ich habe meinem Hund einmal beigebracht, dass er mir die Zeitung bringt.

8. Arbeiten Sie gerne mit Menschen zusammen?

a) Klar, das ist das Einzige, was an der Arbeit Spaß macht.

b) Auf jeden Fall, aber es kommt auf die Menschen an.

c) Das ist immer noch besser als die Arbeit mit dressierten Pudeln.

d) Ich ziehe da grundsätzlich meinen Computer vor.

e) Ich will meine Ruhe haben!

9. Sind Sie vertrauenswürdig, loyal, ehrlich und mutig?

a) All das und noch viel mehr!

b) Na ja, drei von vier Eigenschaften ist doch auch okay, oder?

c) Sind zwei dieser Eigenschaften genug?

d) Ich bin davon überzeugt, dass es da noch andere, weitaus wichtigere menschliche Qualitäten gibt.

e) Die nächste Frage, bitte.

10. Möchten Sie ordentlich Geld verdienen?

a) Ich kann alles und mache alles, da bin ich dabei.

b) Na klar, sofern ich dafür nicht allzu hart arbeiten muss.

c) Ich weiß nicht, eigentlich komme ich mit meinem jetzigen Verdienst ganz gut aus!

d) Was genau verstehen Sie unter *ordentlich viel*?

e) Ich weiß genau, dass ich es noch zum Lotto-König bringen werde!

Auswertung

Nehmen Sie einen Taschenrechner zur Hand und addieren Sie Ihre Punkte. Für jedes »a« geben Sie sich 5 Punkte, für jedes »b« 3 Punkte, für jedes »c« 0 Punkte, für jedes »d« -3 Punkte und für jedes »e« -5 Punkte. Dann warten wir jetzt mal, bis Sie fertig sind. Fertig? Okay.

Die möglichen Punkte sind in sechs Kategorien aufgeteilt. Schauen Sie nun nach, welche Kategorie Ihrer Punkteanzahl entspricht und schon wissen Sie, ob Sie als Consultant eine Zukunft haben.

25 bis 50 Punkte: Sie sind der geborene Consultant. Sofern Sie nicht bereits als Berater tätig sind, empfehlen wir Ihnen dringend, Ihren Job zu kündigen und Ihre Visitenkarte an all Ihre Freunde, Bekannten und potenziellen Kunden zu verteilen. Okay, Sie möchten die Sache vielleicht langsamer angehen und erst einmal einen oder zwei Kunden aufbauen. Lesen Sie in diesem Buch nach, wie Sie Ihre bereits gut entwickelten Fähigkeiten noch verbessern können.

1 bis 24 Punkte: Sie haben auf jeden Fall das Potenzial für einen guten Consultant. Sie sollten sich konkret mit der Gründung eines eigenen Beratungsunternehmens auseinandersetzen, Ihren Job aber noch solange behalten, bis Ihr Laden läuft. Lesen Sie dieses Buch, um mehr über die Grundlagen der Beratertätigkeit herauszufinden und zu erfahren, wie Sie ein erfolgreiches Unternehmen aufbauen können.

0 Punkte: Bei Ihnen ist die Sache noch unentschieden. Machen Sie diesen Test doch einfach in zwei oder drei Monaten noch einmal. Lesen Sie dieses Buch, um beim nächsten Mal ein besseres Ergebnis zu erzielen.

-1 bis -24 Punkte: Tut uns leid, aber im Moment ist ein Job als Consultant nicht das Richtige für Sie. Wir raten Ihnen dringend, dieses Buch zu lesen und den Test zu wiederholen. Schneiden Sie auch beim zweiten Mal nicht besser ab, sollten Sie Ihren Job behalten. Es gibt Schlimmeres.

-25 bis -50 Punkte: Vergessen Sie's! Sie sind der geborene Angestellte. Verkaufen Sie dieses Buch auf der Stelle an einen Ihrer Kollegen. Vielleicht schneidet der- oder diejenige in diesem Test besser ab.

Mehr als 50 Punkte und weniger als -50 Punkte: Bringen Sie Ihren Taschenrechner zur Reparatur! Ach, Ihr Taschenrechner funktioniert? Nun, dann sollten Sie dringend in Ihr altes Mathebuch schauen oder Ihren alten Mathelehrer besuchen. Es ist nie zu spät, noch dazu zu lernen.

Die beste Zeit, den entscheidenden Schritt zu wagen

Herzlichen Glückwunsch! Entweder steht Ihr Entschluss bereits fest, sich den Männern und Frauen anzuschließen, die ihr Leben *und* ihre finanzielle Situation als selbstständige Berater und Beraterinnen in die Hand nehmen, oder Sie stehen kurz vor dieser Entscheidung. Doch wann ist der beste Zeitpunkt gekommen, diesen Schritt zu wagen? Wundern Sie sich nicht, wenn Ihre Familie, Freunde und Mitarbeiter diese Frage anders beantworten als Sie – schließlich setzt jeder andere Prioritäten.

In diesem Abschnitt befassen wir uns mit einigen der wichtigsten Entscheidungskriterien, um den richtigen Zeitpunkt für den Schritt in die Selbstständigkeit zu erkennen. Unsere Auflistung erhebt natürlich keinen Anspruch auf Vollständigkeit, Sie können Sie je nach Ihrer persönlichen Situation beliebig ergänzen.

Berufliche Qualifikationen

Voraussetzung für eine erfolgreiche Karriere als selbstständiger Consultant ist ein fundiertes Fachwissen. Wenn Sie beispielsweise darauf setzen, dass Sie mit der Entwicklung eines neuen Qualitätssicherungssystems für die Produktion beauftragt werden, sollten Sie darüber auch gründlich Bescheid wissen. Ohne einschlägige Erfahrung haben Sie verloren. Die 20 Jahre Berufserfahrung bei Burger King an der Kasse und die Hornhaut an Ihrem Zeigefinger qualifizieren Sie nicht gerade als Produktionsfachmann. (Sie sollten aber einmal darüber nachdenken, ob Sie nicht Berater für Fast-Food-Franchising werden sollten.)

Sollten Sie ernsthaft planen, Ihren Lebensunterhalt künftig als Consultant zu verdienen, überlegen Sie sich, ob Sie den folgenden Anforderungen an Ihre berufliche Qualifikation gerecht werden:

✔ **Fachwissen:** Die meisten Menschen beauftragen einen Berater, weil sie von seinem umfassenden Fachwissen profitieren möchten. Ein guter Consultant ist zwar nicht gerade billig, kommt aber alles in allem immer noch günstiger, als einen Mitarbeiter auf eine spezielle Schulung zu schicken oder eine Fachkraft einzustellen. Werden Sie also erst einmal Experte in Ihrem Fachgebiet (zumindest annähernd), bevor Sie sich als Consultant selbstständig machen.

Wenn Sie zunächst weiterhin in Ihrem Beruf arbeiten und nur ab und zu als Berater tätig werden, können Sie Erfahrungen sammeln und sind über Ihre Anstellung finanziell abgesichert.

- **Zulassungen und Zeugnisse:** In bestimmten Branchen müssen Sie Ihre berufliche Qualifikation nachweisen können. Dies gilt beispielsweise für Wirtschaftsprüfer, Steuerberater und viele andere Berufe. Wenn Ihr momentaner Arbeitgeber die Kosten für berufliche Weiterbildungsmaßnahmen, die für Sie interessant sein könnten, übernimmt, sollten Sie dieses Angebot unbedingt nutzen. Fortbildung bei laufender Gehaltszahlung ist in jedem Fall angenehmer, als sich für den Lebensunterhalt abstrampeln zu müssen und gleichzeitig irgendwelche Kurse zu belegen.
- **Referenzen:** Eine lange Referenzliste zufriedener Kunden ist ein schlagendes Verkaufsargument eines jeden Beraters. Versuchen Sie, möglichst viele Aufträge von möglichst vielen Kunden zu erledigen, bevor Sie sich selbstständig machen. So schlagen Sie zwei Fliegen mit einer Klappe: Ihre Kunden werden Ihnen treu bleiben, und bestimmt werden Sie aufgrund dieser Kontakte neue Geschäftsbeziehungen aufbauen können.
- **Organisatorische Fähigkeiten:** Zur Gründung einer Firma gehört mehr, als ein paar Visitenkarten drucken zu lassen. Sie müssen alles Mögliche organisieren, einen Plan haben, und Sie müssen wissen (oder lernen), wie man eine Firma führt. Ein Beratungsunternehmen unterscheidet sich in puncto Termine, Rechnungen und Koordination von Partnern und Kunden nicht von anderen Firmen. Bevor Sie sich selbstständig machen, sollten Sie sich die Zeit nehmen, einen durchdachten Plan aufzustellen. Die Zeit, die Sie im Vorfeld Ihrer Selbstständigkeit investieren, zahlt sich später auf jeden Fall aus.

Finanzielle Überlegungen

Finanzielle Überlegungen haben auf Ihre Entscheidung über den richtigen Zeitpunkt für die Selbstständigkeit schwerwiegenden Einfluss, das ist klar. Es stellt sich leicht eine gewisse Bequemlichkeit ein, wenn ein einigermaßen üppiges Gehalt samt eventueller Zusatzvergütungen regelmäßig auf das Konto überwiesen wird. Das kann sich aber ganz schnell ändern! Keiner weiß, was die Zukunft bringt. Wir alle haben doch in unserem Bekanntenkreis von jemandem gehört, der im Zuge firmeninterner Sparmaßnahmen seinen Arbeitsplatz verloren hat. Unternehmen, die ihre Betriebskosten um jeden Preis senken müssen, nehmen keine Rücksicht darauf, wie lange ein Mitarbeiter bereits beschäftigt war oder wie qualifiziert er ist. Wenn das nächste Mal der Rotstift angesetzt wird, könnten es Sie treffen, und ohne einen *eigenen* Plan für die Zukunft sieht diese möglicherweise düster aus. Machen Sie sich mit dem Gedanken vertraut, Abschied zu nehmen.

Bevor Sie nun losziehen und sich selbstständig machen, müssen Sie sich überlegen, ob Sie sich und Ihre Familie finanziell versorgen können. Die folgenden finanziellen Überlegungen helfen Ihnen bei der Entscheidung:

- ✔ **Vergleichen Sie Ihre Einnahmen mit Ihren Ausgaben:** Diese sehr einfache Regel sollten Sie sowohl im Geschäfts- als auch im Privatleben beherzigen. Zum Überleben müssen Ihre Einnahmen höher als Ihre Ausgaben sein. Ist das nicht der Fall, stürzen Sie sich wohl oder übel in Schulden, und unter Umständen wächst Ihr Schuldenberg so hoch an, dass Sie Ihren Betrieb einstellen und Konkurs anmelden müssen. Bei der Planung Ihres Beratungsunternehmens müssen Sie also unbedingt alle voraussichtlichen Einnahmen und Ausgaben in einer Liste gegenüberstellen. Ist Ihr Einkommen höher als Ihre Kosten, ist alles gut, und Sie können beruhigt aufatmen. Übersteigen Ihre Ausgaben jedoch Ihre Einnahmen, müssen Sie sich überlegen, wie Sie eine bessere Ausgangssituation herstellen, bevor Sie Ihre Tätigkeit als Vollzeit-Berater aufnehmen. Ein kleiner Tipp: Versuchen Sie es doch einmal mit den folgenden Punkten und lesen Sie in Kapitel 15 detailliert nach, wie Sie Ihren Verdienst planen und erhöhen:

    - Steigern Sie Ihr jetziges Arbeitspensum.
    - Erhöhen Sie Ihr Beratungshonorar.
    - Senken Sie Ihre Ausgaben.
    - Suchen Sie nach anderen Kunden.

- ✔ **Überprüfen Sie Ihr Sparguthaben:** Es heißt, dass viele Menschen nur ein paar Monatsgehälter vom Bankrott entfernt sind. Deshalb ist es sehr wichtig, regelmäßig etwas Geld vom Gehalt abzuzweigen und auf einem sofort verfügbaren Sparbuch oder Anlagekonto anzulegen. Sie sollten grundsätzlich immer etwas Geld auf der hohen Kante liegen haben, ob Sie nun angestellt oder selbstständig sind. Reicht Ihr Erspartes aus, um magere Zeiten zu überbrücken, in denen Ihr Geschäft nicht gut läuft oder Ihre Kunden erst viel später bezahlen als gedacht? Wir empfehlen ein Mindestsparguthaben in dreifacher Höhe Ihrer monatlichen Ausgaben. Stellen Sie also fest, wie viel Geld Sie auf der hohen Kante haben, und wenn es zu wenig ist, stocken Sie es auf, bevor Sie den Schritt in die Selbstständigkeit wagen. Glauben Sie uns, in schweren Zeiten werden Sie uns für diesen Tipp dankbar sein.

- ✔ **Rechnen Sie mit unerwarteten Überraschungen:** Das Leben steckt voller Überraschungen der angenehmen, aber auch unangenehmen Art. Zu den angenehmen Überraschungen im Geschäftsleben zählen zum Beispiel unerwartet prompte Honorarzahlungen oder überraschende Aufträge eines Kunden, von dem Sie schon lange nichts mehr gehört haben. Zu den unangenehmen

Überraschungen gehören Kunden, die Konkurs anmelden, noch bevor sie Ihre Rechnung beglichen haben oder ein Schreiben vom Finanzamt, dass Sie mehr Steuern zahlen müssen, als Sie dachten. (Wie bitte? Ich kann meinen Luxus-Whirlpool nicht von der Steuer absetzen?) Auch hier gilt: Finanzielle Vorsorge lässt Sie unangenehme Überraschungen besser verkraften. Sorgen Sie dafür, dass Ihre Einkünfte ausreichen, und dass Sie genug angespart haben, um schlechte Zeiten unbeschadet zu überstehen.

Persönliche Überlegungen

Neben den beruflichen und finanziellen Aspekten spielen auch persönliche Überlegungen eine große Rolle bei Ihrer Entscheidung, sich als Consultant selbstständig zu machen. Denken Sie bitte über die folgenden Punkte nach:

- ✔ **Freunde und Familie:** Was werden Ihre Freunde und Ihre Familie zu Ihrer Entscheidung sagen? Vielleicht werden Sie alle nur erdenkliche Unterstützung erhalten. Andererseits kann es durchaus passieren – vor allem, wenn Sie als Angestellter erfolgreich sind und gut verdienen – dass sich Ihre Freunde und Angehörige fragen, ob Sie Ihre Entscheidung, selbstständiger Consultant zu werden, in einem Anfall von geistiger Umnachtung getroffen haben. (*»Bist Du jetzt völlig übergeschnappt? Warum in aller Welt willst Du das denn tun?«)* In diesem Falle sollten Sie sich mit Ihrer Familie zusammensetzen, und ihr erklären, aus welchen Gründen Sie die Entscheidung getroffen haben, und welche Aufgaben nun vor Ihnen liegen. Schon alleine deswegen, damit Ihre Familie nicht erwartet, dass Sie in Zukunft Ihre Zeit damit verbringen werden, die Kinder in der Gegend herumzufahren. Ihren Freunden gegenüber sollten Sie klarstellen, dass es *Ihre* Entscheidung war – und keine Reaktion auf die jüngsten Sparmaßnahmen Ihres Arbeitgebers. Bevor Sie als Consultant tätig werden, müssen Sie sich selbst klar darüber sein, warum Sie sich beruflich verändern wollen. Es ist wesentlich einfacher, sich vor anderen zu rechtfertigen, wenn Sie fest hinter Ihrer Entscheidung stehen.
- ✔ **Lebensstil:** Die Arbeit als Consultant wird Ihren persönlichen Lebensstil völlig verändern. Als Angestellter sind Sie überwiegend damit beschäftigt, den Anweisungen und Richtlinien Ihrer Vorgesetzten zu folgen. Als selbstständiger Consultant müssen Sie genügend Eigeninitiative aufbringen, um die Dinge am Laufen zu halten. Eigeninitiative ist befreiend und beängstigend zugleich, ganz besonders dann, wenn es Ihnen über die Jahre zur Gewohnheit geworden ist, den Anweisungen anderer zu folgen. Die Tätigkeit als Consultant erfordert ein hohes Maß an Selbstdisziplin. Auch als Selbstständiger müssen Sie jeden Morgen aufstehen und zur Arbeit gehen, auch wenn Ihr Arbeitsplatz nur noch einen Stock tiefer liegt, oder Sie überwiegend in dem Café an der Ecke arbeiten.
- ✔ **Persönliche Ziele:** Lässt sich Ihre Tätigkeit als Consultant mit Ihren persönlichen Zielen vereinbaren? Haben Sie überhaupt persönliche Ziele? Der Schritt in die Selbständigkeit ist keine spontane Angelegenheit, sondern muss sorgfältig geplant und vorbereitet werden. Für Peter Economy zum Beispiel ist seine Arbeit als Consultant nur ein weiterer

Schritt in Richtung Professur. (Sollte einer unserer geschätzten Leser Beziehungen zur Universität von Hawaii haben, würde Peter Economy sich über ein gutes Angebot freuen.) Wie auch immer Ihre persönlichen Ziele aussehen, überlegen Sie sich, ob sich die Tätigkeit als Consultant mit ihnen vereinbaren lässt.

Den richtigen Zeitpunkt, sich von Ihrem Angestelltenverhältnis zu verabschieden und in eine neue, faszinierende Welt mit unbegrenzten Möglichkeiten einzutauchen, in der Sie Ihr Schicksal selbst in die Hand nehmen, müssen alleine Sie bestimmen. Schreckt Sie die Aussicht auf eine selbstständige Beratertätigkeit zum momentanen Zeitpunkt noch ab, denken Sie immer daran, dass es an Ihnen liegt, wie der Übergang vom Angestelltendasein in die Selbstständigkeit vollzogen werden soll – in einem Riesensatz oder in vielen kleinen Schritten. Ganz wie Sie es möchten.

Was macht ein Consultant?

2

In diesem Kapitel

- Welche unterschiedlichen Beratungsgebiete es gibt
- Was macht ein Consultant?
- Was Sie als Consultant auf keinen Fall machen dürfen

Wenn Sie Geschäftsleute fragen, an was sie bei dem Begriff *Berater* als erstes denken, werden Sie höchstwahrscheinlich die Antwort *Unternehmensberater* erhalten. Unternehmensberater untersuchen und beheben firmeninterne Probleme verschiedenster Art, angefangen bei der mangelhaften Produktqualität über das Auftreten auffällig vieler Krankmeldungen bis hin zu dem explosionsartigen Anstieg der Gemeinkosten.

Neben diesem Urtyp des Unternehmensberaters gibt es jedoch eine Vielzahl anderer Fachberater, die sich auf die unterschiedlichsten Betätigungsbereiche spezialisiert haben. Mit an Sicherheit grenzender Wahrscheinlichkeit gibt es für jede Angelegenheit, über die sich ein Unternehmen oder eine Privatperson den Kopf zerbricht, einen Consultant, der weiß, wie sich die Angelegenheit kostengünstiger, schneller und besser bewerkstelligen lässt.

In diesem Kapitel stellen wir Ihnen einige der vielen Fachberater vor, erklären ihr jeweiliges Betätigungsfeld und die Art ihrer Kunden. Außerdem erläutern wir Ihnen, welche Rolle der Consultant in der Beziehung zu seinen Kunden übernimmt, und was ein Consultant unter allen Umständen vermeiden muss.

Der Mann – und die Frau – für alle Fälle

Ein Consultant ist nicht mehr und nicht weniger als ein Experte auf seinem Fachgebiet, der sein Wissen gegen Entgelt zur Verfügung stellt. Was stellen Sie sich eigentlich unter einem *Berater* vor? Jemanden, der vom Topmanagement beauftragt wurde, sich um ein Riesenproblem zu kümmern? Einen Fachmann?

Viele Menschen haben nur eine begrenzte Vorstellung von einem Consultant, da es ihnen an Erfahrung fehlt. Doch wie gesagt, Consultants findet man für fast alle erdenklichen Tätigkeitsbereiche. Sie arbeiten vielleicht eher im Hintergrund, aber keine Frage: Es gibt sie.

Nehmen Sie doch einmal die Gelben Seiten zur Hand. Hier finden Sie Wirtschaftsprüfer, Innenausstatter, Werbeartikel, Werbeagenturen und vieles mehr, doch einen *Berater* werden Sie im Stichwortverzeichnis wohl vergeblich suchen. Sie müssen schon wissen, welche Art von Berater Sie suchen. Consultants haben sich auf Fachgebiete spezialisiert, die normalerweise überhaupt nichts miteinander zu tun haben. Schlagen Sie die Gelben Seiten bitte nochmals auf: Garantiert finden Sie im Stichwortverzeichnis zwar immer noch nicht *den* Berater schlechthin, aber vielleicht Einträge wie Umweltberater, Eheberater, Finanzberater, Lebensberater und andere. Bob Nelson war einmal als Berater für Jobjäger tätig.

Uns kam einmal die Idee, im Internet über die Suchmaschine AltaVista den Suchbegriff *Berater* einzugeben, da wir uns davon eine gute Erklärung über die Tätigkeit eines Consultants erhofften. Das Ergebnis? Über zwei Millionen Dokumente, in denen unser Suchbegriff vorkam. Das war nun wirklich zuviel des Guten! Wir wussten gar nicht, wo wir anfangen sollten und versuchten es noch einmal mit der Suchmaschine Yahoo! Nachfolgend finden Sie einen Auszug der Einträge, die unter den Auswahlpunkten *Handel & Wirtschaft: Firmen: Beratung* angezeigt werden :

- ✔ Architektur
- ✔ Bauwesen
- ✔ Berufs- und Fachverbände
- ✔ Beschäftigung
- ✔ Computer
- ✔ Dienstleistungen für Firmen
- ✔ Elektronik
- ✔ Energie
- ✔ Finanzdienste
- ✔ Gesundheit
- ✔ Immobilien
- ✔ Ingenieurswesen
- ✔ Internet
- ✔ Kraftfahrzeuge
- ✔ Landwirtschaft
- ✔ Nachrichten und Medien
- ✔ Nahrungsmittel
- ✔ Politik und Verwaltung
- ✔ Psyche
- ✔ Qualitätsmanagement
- ✔ Recht
- ✔ Reisen

Im Zuge unserer Arbeit an diesem Buch befragten wir mehrere erfolgreiche Consultants nach ihren positiven und negativen Erfahrungen während der Gründungsphase ihres Unternehmens. Nachfolgend finden Sie eine kurze Tätigkeitsbeschreibung einiger der befragten Berater:

- ✔ Jamie Zebrowski, Vorstandsvorsitzende des Unternehmens The Lawyers Network, Inc. mit Firmensitz in San Diego, Kalifornien. Sie vermittelt ihren Kunden für einen bestimmten Zeitraum genau den Rechtsanwalt, dessen Fachgebiet und Erfahrung auf das jeweilige Rechtsproblem des Kunden zugeschnitten ist.
- ✔ Richard Vaaler, Inhaber des Unternehmens Vaaler Associates mit Firmensitz in Springfield, Virginia. Seine Firma hat sich darauf spezialisiert, Kunden auf ihrem Weg über die bürokratischen Hürden des Gesetzgebers beim Immobilienerwerb zu beraten.
- ✔ Jim Harris, Gründer des Unternehmens The Jim Harris Group mit Sitz in Indian Rocks Beach, Florida. Er hat eine umfassende Datenbank aufgebaut und sich auf Online-Recherchen spezialisiert. Anhand dieser Daten entwickelt er so genannte Best-Practice-Strategien, das heißt zweckorientierte Maßnahmen, die sich in der Praxis bereits bewährt haben, und mit denen Manager und Führungskräfte eine optimale Arbeitsumgebung gestalten und erhalten können.
- ✔ W. Lee Hill ist selbstständiger Rechtsberater in Boulder, Colorado. Er unterstützt die amerikanischen Indianer bei Verhandlungen mit Regierungsbehörden, um den kulturell bedingten Kommunikationsproblemen zwischen beiden Seiten entgegenzuwirken.
- ✔ Cindy Kazan, Vorstandsvorsitzende von Communi-K, Inc. mit Sitz in Milwaukee, Wisconsin. Sie berät ihre Kunden bei der Planung ihres Werbeetats und der Öffentlichkeitsarbeit. Zu ihrer Tätigkeit gehört auch, branchenspezifische Presseartikel für ihre Kunden zu verfassen und diese in den einschlägigen Handelsmagazinen und Fachzeitschriften zu veröffentlichen.

Dies sind natürlich nur einige wenige Beispiele für mögliche Betätigungsbereiche von Beratern. Im Internet lassen sich unter dem Stichwort *Beratung* Einträge der unterschiedlichsten Art finden. So gibt es beispielsweise eine Beraterdatenbank, in der Fachmänner und -frauen ihre Dienste für eine Vielzahl von Fachgebieten anbieten. Wir können also getrost behaupten, dass es für jedes Thema, das beruflich oder privat interessant ist, bestimmt irgendwo einen Consultant gibt.

Und dieser Consultant könnten genauso gut Sie sein!

Was macht ein Consultant?

Obwohl ein Berater durchaus wahre Meisterleistungen vollbringen kann und das Unmögliche wahr werden lässt, ist er kein moderner Hexenmeister im Nadelstreifenanzug, der mit »Hokuspokus Simsalabim« alle Probleme wegzaubert. So einfach ist es nun auch wieder nicht! So ziemlich alle Consultants, ob aus dem Computerbereich, der Unternehmensberatung oder Diätberatung (auch das gibt es), müssen die folgenden Fähigkeiten für die Ausübung ihrer Tätigkeit gut entwickelt haben:

Zuhören

Das richtige Zuhören ist die erste Aufgabe eines Consultants. Kunden wenden sich an einen Berater, weil sie ein Problem lösen müssen, einen Rat oder eine bestimmte Dienstleistung benötigen. Es ist deshalb unbedingt erforderlich, dass der Consultant *genau* versteht, worum es seinem Kunden geht. Berater müssen zudem nicht nur gute Zuhörer sein, sondern auch die richtigen Fragen stellen und auf die Antworten hören können. Durch richtiges Zuhören entwickelt man ein Gespür für die Problemursachen. Als Consultant sollten Sie deshalb daran denken, keine endlosen Monologe zu halten oder bereits über Ihre Antwort nachzugrübeln, während Ihr Kunde noch redet. Hören Sie ihm lieber mit ungeteilter Aufmerksamkeit zu.

Nachforschen

Eine der Aufgaben, die bei der Problemlösung für einen Kunden richtig Spaß machen, ist das Nachforschen, welche Ursachen das Problem hat. Seine Nachforschungen führen den Consultant zu den Menschen, Informationen und Daten, die er zur Problemanalyse benötigt. Als unbefangener Außenstehender kann er das Problem objektiv und unter einem völlig neuen Blickwinkel betrachten, wobei ihn weder die Unternehmenspolitik noch die hierarchischen Unternehmensstrukturen beeinträchtigen. Als Berater kann er getrost auch unangenehme Fragen stellen, mit Mitarbeitern sprechen und überall im Unternehmen Informationen sammeln, da er keine Rücksicht auf die betriebliche Rangordnung nehmen muss, wie das für Angestellte gilt. Stoßen Consultants auf Widerstand, reicht üblicherweise eine kurze Klärung der Sachlage mit dem jeweiligen Vorgesetzten, um grünes Licht zu erhalten.

Analysieren

Nachdem der Berater die Informationen für eine bestimmte Problemstellung gesammelt hat, untersucht er sie sorgfältig nach eventuell bereits erkennbaren Ursachen. Wendet sich also beispielsweise der Finanzbeauftragte eines Unternehmens mit dem Problem sinkender Geschäftseinnahmen an einen Berater, forscht dieser zuerst nach den Informationen, die ihn der *Ursache* des Problems näher bringen sollen. Die gesammelten Daten werden anschließend daraufhin analysiert, ob es einen Grund für die gesunkenen Einnahmen gibt. Die Daten können Berichten über Bilanzen und Verkaufszahlen entnommen oder über Gespräche mit Produktmanagern gewonnen werden.

Strategien entwickeln

Nachdem der Consultant die gesammelten Daten analysiert hat, besteht seine nächste Aufgabe darin, die Ergebnisse so aufzuarbeiten, dass sie dem Kunden als Lösungsstrategie dienen. Je erfahrener ein Consultant ist, desto besser werden seine Verbesserungsvorschläge ausfallen. Letztendlich erhält er genau dafür gutes Geld: Strategien zur Verbesserung der Unternehmensstruktur, des Produktionsprozesses oder was auch immer die Aufgabenstellung des Kunden war. Verbesserungsvorschläge und Lösungsstrategien werden entweder persönlich vorgetragen oder schriftlich präsentiert, wobei verschiedene Kommunikationsmedien zum Einsatz kommen können.

Wichtige Adressen im Internet

Aufgrund der steigenden Popularität des Internets präsentieren sich immer mehr selbstständige und angestellte Consultants im Cyberspace. Auch zahlreiche Beratungsunternehmen und Firmen, die sich auf die Beantwortung von häufig gestellten Fragen (oft unter »FAQ« für *Frequently asked Questions* zu finden) über das Beratungswesen spezialisiert haben, sind mittlerweile im Internet vertreten.

Association of Professional Consultants (in etwa: Berufsverband der Berater): Diese ehrenamtliche Organisation, deren Website unter `http://www.consultapc.org` zu finden ist, bietet eine Vielzahl an Dienstleistungen wie Netzwerke, berufliche Weiterbildung und Werbung für seine Mitglieder.

Inc.: Das Magazin *Inc.* bietet einen exzellenten Online-Dienst für Einsteiger und erfahrene Berater unter `http://www.inc.com`. Unter »virtual consultant« stehen viele Optionen wie interaktive Arbeitsblätter, Software-Bibliotheken und ein Nachschlagewerk zur Verfügung.

Expert Marketplace: Sie finden dieses Unternehmen, das angeblich über mehr als 214.00 Einträge von auf die Produktion von Waren spezialisierten Beratern und Beratungsfirmen verfügt, unter `http://www.expert-market.com/em`. (Tut uns leid, wir haben bei 53.216 aufgehört zu zählen!) Neben dieser unglaublich großen Liste bietet *Expert Marketplace* eine Datenbank mit Suchfunktion sowie ein Leistungsverzeichnis und eine Leistungsbewertung einzelner Berater und vieles mehr.

Consultant's Corner: *Consultant's Corner* (`http://www.pwgroup.com/ccorner`) ist einen Besuch wert, wenn Sie an Auflistungen berufstätiger Consultants, Ressourcen für Berater, Schulungsmaterial, Verkaufs- und Marketing-Ressourcen sowie Überlebensstrategien für kleine Unternehmen interessiert sind.

Auch für den deutschsprachigen Raum gibt es interessante Internetadressen:

Bundesverband deutscher Unternehmensberater e.V. (BDU): Der BDU gliedert sich in 13 Fachgliederungen und mehrere Arbeitsgruppen. Dort können Sie Hilfestellungen und Informationen für sämtliche Consulting-Bereiche erhalten. Außerdem finden Sie auf der Website `www.bdu.de` auch eine Beraterdatenbank.

Europaverband der Selbständigen (CEDI), Bundesverband Deutschland e. V. (BVD): Diese Organisation ist v.a. im Hinblick auf die Existenzgründung interessant. Der CEDI/BVD bietet auf seiner Webseite `www.bvd-cedi.de` eine Reihe von Informationsmaterialien zur Existenzgründung sowie aktuelle Pressemitteilungen.

Consultants.de: Dies ist *die* Plattform für Berater und für Unternehmen, die Berater suchen. Wenn Sie Consultant werden wollen, können Sie unter `www.consultants.de` Ihre ersten Jobs finden – oder selber Werbung machen.

Management Berater: Dieses Magazin bietet auf seiner Site `www.management-berater.de` ein Diskussions-Forum für Berater und außerdem viele Bewerbungstipps sowie Erfahrungsberichte von Berufseinsteigern im Consulting-Geschäft.

Den Stein ins Rollen bringen

In vielen Situationen ist es der Consultant, der den Stein ins Rollen bringt und sich energisch für die Einführung eines neuen Produkts oder einer neuen Dienstleistung einsetzt, der darauf besteht, dass Verbesserungsvorschläge umgesetzt und neue Wege beschritten werden. Manche Unternehmen sind in ihren Abläufen so eingefahren, dass nur ein mehr oder weniger sanfter Schubs von außen einen Spurwechsel bewirken kann. Es liegt in einem solchen Fall an dem Berater, die erforderlichen Änderungen ins Rollen zu bringen, denn Firmenangehörige stoßen mit Verbesserungsvorschlägen beim Management oft auf taube Ohren. Werden die Vorschläge jedoch von einem externen Consultant vorgebracht, ist das Management meist bereit, sich von der Notwendigkeit weitreichender Änderungen überzeugen zu lassen.

Die Theorie in die Praxis umsetzen

Viele Firmen erwarten von ihrem Consultant eine Unterstützung bei der Umsetzung seiner Vorschläge. Als Außenstehender wird der Berater von internen Krisen, der Unternehmenspolitik und dem ganz normalen Wahnsinn des Betriebsalltags kaum beeinflusst und ist daher gegenüber den Mitarbeitern und dem Management des jeweiligen Unternehmens ganz entscheidend im Vorteil. Sie dürfen nur eines nicht vergessen (und sorgen Sie dafür, dass auch Ihr Kunde dies nie vergisst): Wenn Ihr Kunde mit Hilfe der von Ihnen entwickelten Strategien eine *tatsächliche* Änderung erzielen will, muss die Unterstützung aller Führungskräfte für jede Maßnahme dieses Plans gewährleistet sein. Ansonsten sind jegliche Bemühungen reine Zeitverschwendung für alle Beteiligten. (Stellen Sie trotzdem eine Rechnung!) Hilft der Berater bei der Umsetzung seiner Vorschläge in die Praxis mit, schlägt er zwei Fliegen mit einer Klappe: Er sieht die Früchte seiner Arbeit und kann seinen Erfahrungsschatz erweitern.

Was Sie als Consultant auf keinen Fall tun dürfen

Sie wissen jetzt, was Sie als Berater zu tun haben. Jetzt kommen wir auf die Dinge zu sprechen, die Sie unter allen Umständen vermeiden müssen. (Denken Sie am besten gar nicht erst daran, es auf einen Versuch ankommen zu lassen!) Die folgenden Verhaltensweisen sind ein sicheres Mittel, einen Kunden für immer zu vergraulen.

Arrogant auftreten

Echte Experten neigen dazu, ein recht ausgeprägtes Selbstwertgefühl zu haben. Denken Sie an das Sprichwort »Hochmut kommt vor dem Fall.«

Gegen ein gesundes Selbstbewusstsein ist wahrlich nichts einzuwenden, doch Arroganz ist beim Umgang mit Kunden fehl am Platz. Peter Economy nahm einmal an einer Besprechung teil, in der ein Berater dem Unternehmensmanagement und dem Vorstand seine langfristige Strategie vorstellen sollte. Die Zusammenarbeit war auf Jahre hin geplant, doch bereits am zweiten Tag der Vorbesprechung beging der Consultant, der über ein etwas zu stark ausgeprägtes Selbstbewusstsein verfügte, den Fehler, den Vorstand vor versammelter Mannschaft dafür zu rügen, dass er das Wort ergriffen hatte, obwohl er noch nicht an der Reihe gewesen war. Nach diesem Tag wurde der Berater nicht mehr im Unternehmen gesehen, und seine bereits geleistete Arbeit war umsonst gewesen.

Um den heißen Brei herumreden

Als Berater müssen Sie bereit, willens und in der Lage sein, exakt auf den Punkt zu kommen. Sie müssen Ihrem Kunden höflich und taktvoll diejenigen Informationen liefern, die er für eine kluge Entscheidung benötigt, selbst wenn es sich um unangenehme Fakten handelt oder Sie Kritik an Ihrem Auftraggeber selbst üben müssen. Dies ist zwar alles andere als einfach, aber schließlich ist es Ihre Aufgabe, die gegebene Situation ehrlich und gründlich zu beurteilen. Wenn Sie die Fakten in Zuckerwatte verpacken, sind Sie sich selbst und Ihrem Kunden gegenüber nicht aufrichtig und tun damit niemandem einen Gefallen.

Probleme schaffen, wo keine existieren

Mancher Consultant (allerdings keiner, den *wir* kennen) redet Probleme herbei, die gar nicht vorhanden sind, um seinem Auftraggeber zu beweisen, dass er sein Geld wert ist. So macht ein Raumausstatter vielleicht seinem Kunden weis, dass Streifen dieses Jahr völlig aus der Mode gekommen sind (obwohl das nicht stimmt), nur um seinen Umsatz zu erhöhen. Ein Unternehmensberater erzählt vielleicht seinem potenziellen Kunden, dass dessen bisherige Strategie völlig nutzlos ist (obwohl sie genau richtig ist), er aber für ein schwindelerregend hohes Honorar gerne bereit ist, eine neue Strategie zu entwickeln. Sowohl selbstständige Berater, die auf jeden noch so kleinen Auftrag angewiesen sind, als auch ihre Berufskollegen in großen Beratungsunternehmen, von denen jedes Jahr eine gewisse Umsatzsteigerung erwartet wird, stehen oft unter starkem Druck, einen großen Kundenstamm für langfristige Projekte aufzubauen. Bedauerlicherweise führt dieser Druck häufig dazu, Probleme zu schaffen, wo keine existieren.

Ein Tipp: Ein Consultant, der sich um genau das kümmert, wofür er bezahlt wird, und seine Aufgabe ordentlich erledigt, wird von seinen zufriedenen Kunden eigentlich immer gerne weiterempfohlen.

Den Mund zu voll nehmen

Viele Menschen leben ganz gut nach dem Motto »Mehr Schein als Sein«, doch als Consultant sollten Sie dies tunlichst vermeiden. Selbst wenn Sie sich in Ihrem Fachgebiet hervorragend auskennen, heißt das noch lange nicht, dass Sie als Experte für verwandte Aufgabenbereiche auftreten können. So entwickeln Sie vielleicht Lösungen für kleinere Unternehmen im Schlafe, fühlen sich aber wie ein Fisch auf dem Trockenen, wenn Sie diese Aufgabe für einen multinationalen Konzern übernehmen sollten. Würden Sie etwa einen Modellflugzeugbastler mit der Konstruktion eines Passagierflugzeugs beauftragen wollen?

Falls Sie sich einmal in einer solchen Situation befinden sollten, können Sie das Problem auf zwei Arten lösen: Entweder Sie lehnen diesen Auftrag ab oder Sie arbeiten mit anderen Beratern zusammen, die sich auf diesem Gebiet besser auskennen.

Sich zuviel Arbeit aufladen

So unprofessionell es ist, sich als Experte für ein Gebiet auszugeben, von dem man wenig Ahnung hat, ist es auch, den Anschein zu erwecken, man hätte die *Zeit* für eine bestimmte Aufgabe, so gerne man sie auch erledigen würde. Obwohl es natürlich schwer fällt, einen lukrativen Auftrag abzulehnen, ist es weder Ihrem Kunden noch Ihnen selbst gegenüber fair, eine Aufgabe anzunehmen, die Sie aus Zeitmangel nicht ordentlich erledigen können. Wenn Sie mehr Jobs annehmen als Sie bewältigen können, leidet die Arbeit für alle Ihre Kunden darunter.

Bevor Sie einen Auftrag definitiv ablehnen, sollten Sie klären, ob Sie Teilaufgaben an einen Subunternehmer oder Geschäftspartner abgeben können oder der Kunde auch mit einem späteren Abgabetermin einverstanden ist. Ist beides nicht möglich, lehnen Sie weitere Aufträge solange ab, bis Sie Ihr momentanes Arbeitspensum bewältigt haben. Die Kunden wissen diese Professionalität zu schätzen.

Den bestehenden Kundenstamm zu Gunsten von Neukunden vernachlässigen

Sicherlich, es ist wichtig, sich rechtzeitig und kontinuierlich um potenzielle Neukunden zu bemühen. Wenn Ihr aktueller Auftrag beendet ist, möchten Sie schließlich nicht arbeitslos sein. In ihren Bemühungen, neue Kunden an Land zu ziehen, vernachlässigen viele Consultants jedoch ihren bereits bestehenden Kundenstamm. Dieses Verhalten führt zu der unangenehmen Nebenerscheinung, dass die Anzahl unzufriedener Kunden wächst. Vergessen Sie also nicht: Es sind die aktuellen Kunden, die Ihr Honorar bezahlen und mit ihren Geschäftsbeziehungen zugleich die beste Quelle potenzieller Neukunden darstellen, und nur zufriedene Kunden werden Sie weiterempfehlen. Es zahlt sich ganz bestimmt aus, wenn Sie die Pflege Ihres Kundenstammes genau so sorgfältig betreiben wie die Suche nach neuen Auftraggebern.

Jamie Zebrowskis Unternehmen Lawyer's Network, Inc.

Jamie Zebrowski ist Geschäftsführerin des Unternehmens *Lawyer's Network, Inc.* mit Hauptsitz in San Diego, Kalifornien. Ihre Firma vermittelt Anwälte auf befristete Zeit. Zu ihren Hauptkunden zählen unternehmensinterne Rechtsabteilungen, Firmen ohne eigene Rechtsabteilung und Anwaltskanzleien. Jamie gründete ihr Unternehmen vor vier Jahren als Alternative zum Wiedereinstieg in ihren alten Arbeitsplatz bei einer großen Kanzlei, in der die Arbeitsbedingungen sehr stressig und die Konkurrenz unter den Mitarbeitern sehr ausgeprägt war. Diese Stelle hatte sie aufgegeben, als sie ihr zweites Kind bekam. Wir besuchten sie in ihrem Büro und wollten von ihr wissen, weshalb sie sich für die Gründung ihrer eigenen Firma entschied. Außerdem wollten wir mehr über die Vor- und Nachteile ihrer jetzigen Beratertätigkeit im Vergleich zu ihrem Angestelltendasein hören.

Consulting für Dummies: Was genau sind Ihre Aufgaben als Geschäftsführerin Ihres Unternehmens?

Jamie Zebrowski: Meine Aufgabe ist, die Anforderungen der Kunden zu analysieren und den Anwalt zu vermitteln, der die meiste Erfahrung auf diesem Rechtsgebiet hat. Meine Kunden rufen mich an und teilen mir mit, auf welches Gebiet sich der Anwalt spezialisiert und welche Erfahrungen er haben sollte, damit er ihnen bei einem bestimmten Rechtsproblem zur Seite stehen kann. Die Dauer der Beschäftigung reicht von einigen Stunden bis zu mehreren Monaten. Der längste Auftrag erstreckte sich über sieben Monate.

CfD: Warum kommen die Kunden ausgerechnet zu Ihnen und wenden sich nicht direkt an eine Rechtsanwaltskanzlei? In den Gelben Seiten stehen doch reihenweise Anwälte und Kanzleien.

Zebrowski: Das ist eine reine Kostenfrage. Ich berechne nur einen Bruchteil der in Kalifornien üblichen Rechtsanwaltgebühren. Die meisten großen Kanzleien berechnen für eine Rechtsberatung einen Stundensatz zwischen $ 175 und $ 300. Da unsere Gemeinkosten – meine und die meiner Rechtsanwälte – wesentlich niedriger als in den herkömmlichen Kanzleien sind, kann ich bei gleicher Arbeitsqualität einen Stundensatz zwischen $ 75 und $ 100 anbieten.

CfD: Wahnsinn, *damit* machen Sie sich bestimmt einen Namen!

Zebrowski: Klar, über mangelnde Aufträge brauche ich mir wirklich keine Gedanken zu machen. Als mich dann sogar Rechtsanwälte anriefen, die vor Jahren für mich gearbeitet haben und *meine* Unterstützung anforderten, wurde mir mein Erfolg so richtig bewusst.

CfD: Meines Wissens nach haben Sie Ihre Stelle bei einer der größten Anwaltskanzleien der Stadt aufgegeben, um Ihre eigene Firma zu gründen. Weshalb das?

Zebrowski: Ich habe damals gekündigt, weil ich mich um die Erziehung meiner Kinder kümmern wollte. Ich habe Mark, meinem Mann, schon immer gesagt, dass ich mit dem Arbeiten aufhöre, wenn wir Kinder haben. Doch als die beiden dann da waren, konnte ich einfach nicht aufhören, weil mir mein Job so viel Spaß machte. Privatleben hatte ich jedoch so gut wie keines. Nach meiner ersten Beförderung stieg meine wöchentliche Arbeitszeit von 40 auf 60 Stunden, und drei Jahre lang war das kein Problem für mich. Es war mir egal, da wir noch keine Kinder hatten und mein Mann ebenfalls so lange arbeitete. Nach dem ersten Kind wurde es dann schon schwierig, nach dem zweiten einfach unmöglich.

CfD: Warum unmöglich?

Zebrowski: Meine Tochter ging in die Vorschule, mein Sohn wurde von einem Kindermädchen betreut. Mein Mann und ich hetzten uns nur noch ab und wir gaben viel Geld für die Überstunden unseres Kindermädchens aus. Unter dieser Situation litten wir alle, und die Kinder ganz besonders. Deshalb habe ich dann gekündigt – ich wollte für meine Kinder da sein.

CfD: Wie sind Sie darauf gekommen, sich selbstständig zu machen?

Zebrowski: Als ich meine Stelle aufgab, hielt ich den Kontakt zu Freunden und Arbeitskollegen aufrecht. Das Witzige damals war, dass wir uns gegenseitig beneideten. Sie sahen mich und meine Familie und dachten: »Du kannst so froh sein«; mir ging es andersherum genauso. Ursprünglich wollte ich lediglich eine Vermittlungsagentur für Berufsanfänger und arbeitslose Rechtsanwälte auf die Beine stellen. Daraus hat sich mit der Zeit entwickelt, was mein Unternehmen jetzt bietet: Der Rundum-Service für den Kunden.

CfD: Welche Vorteile hat Ihre Selbstständigkeit im Vergleich zu Ihrer alten Stelle?

Zebrowski: Die freie Zeiteinteilung. Das ist der größte Vorteil. Und dass ich niemals mehr in Strumpfhosen herumlaufen muss.

CfD: Was ist mit Stöckelschuhen?

Zebrowski: Ebenfalls gestrichen. Noch etwas: Wenn man sich selbstständig macht, kann man seine Zeit entweder sehr unproduktiv oder aber sehr produktiv nutzen. Als Angestellte wurde von mir natürlich erwartet, von 7.30 Uhr morgens bis 17.45 Uhr abends anwesend zu sein. Je länger ich im Büro saß, umso besser.

CfD: Und Sie zählten die Minuten?

Zebrowski: Ganz genau. Wenn ich jetzt in meinem Büro sitze, habe ich immer Sehnsucht nach meinen Kindern. Das spornt mich an, möglichst schnell wieder bei ihnen zu sein, und deshalb arbeite ich sehr konzentriert und produktiv. Vielleicht bin ich nicht ganz so aufgetakelt wie damals in der Kanzlei, aber schließlich verdiene ich mein Geld ja nicht mit meinem Aussehen. Ich erledige alle anstehenden Aufgaben so schnell wie möglich, und dann sind sie vom Tisch.

CfD: Durch Ihre Selbstständigkeit bleibt Ihnen also mehr Zeit für Ihre Kinder *und* für sich selbst.

Zebrowski: Genau.

CfD: Welche Nachteile hat es, eine eigene Firma zu haben?

Zebrowski: Ja, Nachteile gibt es natürlich auch. Für *meine* Firma bin *ich selbst* der größte Nachteil. Ich bin sozusagen Mädchen für alles. Das fängt mit dem Bezahlen von Rechnungen an und hört mit jeder noch so kleinen Schreibarbeit auf. Ich habe niemanden, der mich fachlich oder emotional unterstützt. Am meisten vermisse ich jedoch den Gedankenaustausch mit Kollegen, den verbalen Schlagabtausch.

CfD: Bei Selbstständigen ist die Gefahr der Isolation sehr groß.

Zebrowski: Stimmt. Ich denke, dass auch die Firma darunter leiden kann. Ist man auf sich selbst gestellt, neigt man leicht dazu, den Weg des geringsten Widerstands zu gehen.

CfD: Was würden Sie jemandem raten, der mit dem Gedanken spielt, sein Angestelltendasein gegen die Selbstständigkeit einzutauschen?

Zebrowski: Meiner Meinung nach muss man sich unbedingt selbst richtig einschätzen können und viel Selbstdisziplin mitbringen. Es gibt niemanden mehr, der die Verantwortung übernimmt und sagt, was zu tun ist. Und glauben Sie mir, das kann Segen und Fluch zugleich sein. Außerdem müssen Sie sich völlig im Klaren darüber sein, *warum* Sie diesen Weg einschlagen möchten. Der schlechteste Beweggrund für den Schritt in die Selbstständigkeit ist, das große Geld machen zu wollen. Damit ist das Scheitern vorprogrammiert. Man bekommt nämlich rein gar nichts geschenkt. Ein weiterer Punkt, der für meinen Erfolg ausschlaggebend war, ist die strikte Trennung von Büro und Privatwohnung.

CfD: Warum denn das?

Zebrowski: Hätte ich mein Büro innerhalb meiner Privatwohnung, würde ich entweder immer oder nie arbeiten. Beides ist auf Dauer unbefriedigend. Arbeit und Privatleben müssen auch räumlich strikt voneinander getrennt sein. Damit ist es auch für die Familie und die Freunde klar, wo das Arbeitsleben aufhört und das Privatleben beginnt. Vor allem für Kinder ist das extrem wichtig. Diese Aufteilung funktioniert prima für alle Beteiligten.

Die realistische Selbsteinschätzung: Welchen Weg will ich gehen?

3

In diesem Kapitel

- Vorlieben und Abneigungen herausfinden
- Fachkenntnis und Begabung beurteilen
- Den richtigen Tätigkeitsbereich wählen
- Lässt sich Ihre Geschäftsidee vermarkten?

Aus unerfindlichen Gründen schließen sich für die meisten Menschen *Arbeit* und *Vergnügen* gegenseitig aus. Das eine hat mit dem anderen nichts zu tun. Nur in den seltensten Fällen macht die Arbeit auch Spaß. Gehören Sie auch zu den Vertretern, Anwälten oder Verkäufern, die den lieben langen Tag arbeiten und sich die ganze Zeit über ausmalen, was sie nach Feierabend Schönes unternehmen? Vielleicht gehen Sie ja zum Angeln, kümmern sich um Ihren Garten oder bereiten ein köstliches Menü für Ihre bessere Hälfte vor. Tatsache ist, dass die wenigsten Menschen Spaß an ihrer Arbeit haben. Für sie ist Arbeit eine mühselige Plackerei und der Spaß bleibt außen vor.

John, ein Freund von Peter, arbeitete jahrelang als Programmierer für eine Forschungs- und Entwicklungsfirma im High-Tech-Bereich. Wie Sie vermutlich wissen, ist dieser Beruf eine recht einsame Angelegenheit, da Programmierer die meiste Zeit alleine vor ihrem Rechner sitzen. John ist jedoch ein äußerst geselliger Mensch, und obwohl ihm das Programmieren an sich gut gefiel – die Bezahlung dafür ebenso – hätte er beruflich lieber mehr mit Menschen zu tun gehabt. Eines Tages beschloss er, sich seinen beruflichen Wunschtraum zu erfüllen, verkaufte seine Firmenaktien und verwendete den Gewinn als Startkapital für eine Studentenkneipe in Arizona. Anstatt den ganzen Tag in einem sterilen, klimatisierten Kämmerchen zu vereinsamen, genießt es John heute, von vielen Menschen und guter Musik umgeben zu sein. John liebt seine Arbeit und verdient sogar mehr als zuvor. Sollten Sie jemals an Silvester nach Tempe, Arizona, kommen, schauen Sie doch mal im »Palapa« vorbei. Die Kneipe ist vermutlich brechend voll, und John spielt mit seiner Band für ein begeistertes Publikum. (Bestellen Sie ihm unbedingt einen schönen Gruß von Bob und Peter.) Übrigens, John weigert sich, das Rolling Stones-Stück »I can't get no satisfaction« zu spielen.

Dürfen wir Ihnen ein kleines Geheimnis anvertrauen? Arbeit kann *Spaß* machen! Sie sind nicht dazu verurteilt, den Rest Ihres Lebens in einem Beruf zu fristen, der Ihnen weder Freude macht noch Befriedigung bringt. Wenn Sie sich für die Laufbahn eines selbstständigen Consultants entscheiden, ist das vielleicht der erste kleine Schritt in eine glückliche Zukunft, in der sich ungeahnte Möglichkeiten eröffnen. Probieren Sie es doch mal aus! Sie müssen ja auch nicht gleich alle Sicherheiten aufgeben. Behalten Sie Ihre momentane Stelle und betätigen Sie sich zunächst nur in Ihrer Freizeit als Consultant. Um Berater zu werden, müssen Sie nichts weiter tun als sich zu entscheiden, was Ihnen beruflich Spaß machen würde, einen Plan aufstellen, wie Sie den Übergang vom Freizeitberater zum selbstständigen Vollzeitberater gestalten und diesen Plan in die Tat umsetzen.

In diesem Kapitel helfen wir Ihnen herauszufinden, was Ihnen beruflich *wirklich* Freude machen würde und welche Ihrer Kenntnisse geeignet sind, das neue Berufsziel zu verwirklichen. Außerdem lernen Sie, wie Sie beurteilen können, ob sich Ihre Geschäftsidee überhaupt so vermarkten lässt, dass Sie auch davon leben können (ein nicht unwichtiger Punkt!). Abschließend erfahren Sie, wie Sie Ihre Geschäftsideen einem »Härtetest« unterziehen können, um die Spreu vom Weizen zu trennen.

Vorlieben herausfinden

Bestimmt machen Ihnen einige Ihrer beruflichen Aufgaben auch jetzt schon Spaß. Und in Ihrer Freizeit beschäftigen Sie sich sicherlich aus reinem Vergnügen mit vielen Dingen und Hobbys. Nehmen Sie sich jetzt bitte ein paar Minuten Zeit und denken Sie darüber nach, was Ihnen an Ihrem Beruf gefällt. Vielleicht reißen Sie sich darum, ausgefeilte Arbeitsblätter an Ihrem Rechner zu erstellen oder finden nichts interessanter, als komplizierte Verträge zu studieren. Vielleicht blühen Sie erst so richtig auf, wenn Sie Geschäftsreisen für Außenmitarbeiter buchen?

Eine Beförderung muss für den betroffenen Mitarbeiter nicht immer eine Verbesserung bedeuten. Oft reißt sie den angeblichen Glückspilz aus seinem gewohnten Arbeitsfeld, und plötzlich ist er für Sachen zuständig, die ihm überhaupt keinen Spaß mehr machen. Verfügen Sie zum Beispiel über eine technische Ausbildung und arbeiten als Chemiker, Programmierer oder Architekt, werden Sie in Anerkennung Ihrer Fähigkeiten vermutlich bald zum Projektleiter oder Manager befördert. Die Zeiten, in denen Sie selbst eine Werbekampagne entwerfen, sind damit vorbei, denn Ihre neue Aufgabe besteht ab sofort darin, das Projekt zu betreuen und das Mitarbeiterteam zu leiten. Auch wenn Sie hin und wieder selbst kreativ werden können, besteht Ihr Arbeitstag zu 90 Prozent aus Managementaufgaben, wie der Etatzuweisung für die einzelnen Abteilungen, Kostenkontrolle, Mitarbeiterführung, Teamwork-Supervision, endlosen Besprechungen und dem Ausfüllen von Anträgen für alles Mögliche und Unmögliche. Bevor Sie auch nur die leiseste Ahnung davon haben, was eigentlich passiert ist, sind Sie mit Aufgaben betraut, die Ihnen überhaupt keinen Spaß machen. Dann ist ein für alle mal Schluss mit so tollen Sachen wie dem Entwurf von Werbekampagnen, der Planung von Häusern oder dem Gitarrespielen.

Ihre Aufgabe ist es nun, die Dinge beim Namen zu nennen, die Ihnen beruflich und privat am meisten gefallen. Entdecken Sie neue Betätigungsfelder, in denen Sie Freude an der Arbeit haben. Gehen Sie dabei von der beruflichen Selbstständigkeit und nicht von einem Angestelltendasein aus. Stellen Sie die finanziellen Aussichten vorerst noch zurück, darauf kommen wir weiter hinten in diesem Kapitel zu sprechen.

Was macht Ihnen wirklich Spaß?

Zu Beginn der folgenden Übung sollten Sie sich überlegen, was Sie gerne tun. Wir gehen davon aus, dass Sie alles, was Ihnen *wirklich* Spaß macht, auch gut machen. Vergessen Sie vorerst alles, was Ihnen nur halbherzig gefällt oder sich Ihr Vergnügen in Grenzen hält. Wir wollen hier nur Antworten sehen, hinter denen Sie auch voll stehen! Unter jeder Frage haben Sie ausreichend Platz für Ihre Einfälle. Sie können die folgenden Seiten ja auch kopieren und die Übung in einigen Monaten wiederholen.

Wie stellen Sie sich Ihren idealen Tagesablauf in zehn Jahren vor? Teilen Sie ihn in Zeitabschnitte von je 30 Minuten ein und beschreiben Sie, was Sie in jeder halben Stunde tun.

____

____

____

Was wäre Ihr Traumjob? Stellen Sie ihn sich bildlich vor. Riechen Sie ihn. Schmecken Sie ihn. (Okay – lassen Sie es gut sein.) Was möchten Sie den ganzen Tag über tun? Wie möchten Sie Ihre Zeit verbringen? Mit wem möchten Sie am liebsten zusammenarbeiten?

____

____

____

Notieren Sie jetzt Ihre schönsten Erlebnisse bei der Arbeit. Was war so toll daran? Welche Ihrer Fertigkeiten waren konkret nötig?

____

____

____

Was sind Ihre fünf Lieblingsaufgaben bei der Arbeit? Geben Sie an, warum Ihnen jede dieser Aufgaben so viel Spaß macht.

1. ______________________________
2. ______________________________
3. ______________________________
4. ______________________________
5. ______________________________

Was macht Ihnen in Ihrer Freizeit am meisten Spaß? Und warum?

1. ______________________________
2. ______________________________
3. ______________________________
4. ______________________________
5. ______________________________

Welche persönlichen Stärken können Sie in Ihren Traumjob einbringen? Welche Wissenslücken müssten Sie schließen, und welche Erfahrungen fehlen Ihnen noch, um schon heute in Ihren Traumjob arbeiten zu können?

____

____

____

Was macht Ihnen überhaupt keinen Spaß?

Ebenso wie es Dinge gibt, die Ihnen beruflich und privat Spaß machen, gibt es unweigerlich auch einiges, das Sie nicht ausstehen können. Bob macht es zum Beispiel wahnsinnig, wenn er sich mit einer Entscheidung ein für alle Mal festlegen muss. Peter kann es nicht ausstehen, in scheinbar end- und sinnlosen Besprechungen festzustecken. (Bedauerlicherweise gehören Besprechungen zum Alltag eines jeden Managers.)

In der nächsten Übung schreiben Sie alles auf, was Sie auf den Tod nicht ausstehen können. Halten Sie nichts zurück, rücken Sie hemmungslos damit heraus, was Ihnen schon immer gegen den Strich geht. (Keine Angst, Ihre Antworten bleiben unter uns.)

Was wäre Ihr Albtraumjob? Worin bestünden Ihre Aufgaben? Mit wem müssten Sie zusammenarbeiten? Wie sähe Ihr Arbeitstag aus?

____

____

____

Notieren Sie Ihre schrecklichsten Erlebnisse bei der Arbeit. Was war so schrecklich daran? Was mussten Sie tun?

____

____

____

Welche fünf Aufgaben hassen Sie am meisten bei Ihrer Arbeit? Und warum?

1. ____
2. ____
3. ____
4. ____
5. ____

Was macht Ihnen in Ihrer Freizeit überhaupt keinen Spaß? Und warum?

1. ____
2. ____
3. ____
4. ____
5. ____

Eine Visualisierungsübung

Da Sie gerade darüber nachdenken, was Ihnen Spaß macht und was nicht, probieren Sie doch nachfolgende Übung aus; sie kann Ihnen dabei helfen. Ziehen Sie sich an einen ruhigen Platz zurück, an dem Sie weder vom Telefon, von Kollegen oder Familienmitgliedern abgelenkt werden. Machen Sie es sich in einem gemütlichen Sessel bequem. Verdunkeln Sie den Raum, entspannen Sie sich und lassen Sie Ihre Gedanken schweifen. Stellen Sie sich bildlich vor, wie Ihr Leben idealerweise aussehen würde. Wie sähe der ganz normale Tagesablauf aus? Beginnen Sie Ihren Tag wie üblich mit dem Aufstehen und gestalten Sie jede einzelne Minute, bis es Zeit für Sie ist, Schlafen zu gehen. Stellen Sie sich folgende Fragen:

Wo wohnen Sie?

Wodurch werden Sie wach?

Wer liegt beim Aufwachen neben Ihnen? (Was wir mit dieser Frage meinen ist: Sind Sie verheiratet? Haben Sie Kinder? Oder einen Hund?)

Um welche Zeit wachen Sie auf?

Was ziehen Sie an?

Was essen Sie zum Frühstück?

Mit wem frühstücken Sie?

Wo arbeiten Sie?

Wie kommen Sie zur Arbeit?

Wen treffen Sie bei der Arbeit?

Wie sieht Ihr Arbeitsplatz aus?

Wonach riecht es?

Was arbeiten Sie?

Mit wem reden Sie?

Worüber unterhalten Sie sich?

Stellen Sie sich 24 Stunden eines ganz normalen Tages in Ihrem idealen Leben vor. Wie sieht der Rest des Vormittags, Ihre Mittagspause, der Nachmittag, die Heimfahrt, das Abendessen, der Abend und die Schlafenszeit aus? Fragen Sie sich im Detail, was Sie wo, wann und mit wem tun. Diese Übung wird es Ihnen erleichtern, Ihre Vorlieben und Abneigungen deutlich zu erkennen.

Beurteilen Sie Ihr Können

Etwas aus ganzem Herzen tun zu *wollen*, heißt nicht gleichzeitig, es auch so zu *können*, dass sich der gewünschte Erfolg einstellt. Damit Sie beurteilen können, ob Sie als zukünftiger Consultant überhaupt Aussicht auf Erfolg haben (dies gilt ebenso für bereits praktizierende Berater, die sich vielleicht fragen, warum er sich noch nicht eingestellt hat), sollten Sie Ihre persönlichen Fähigkeiten genauestens unter die Lupe nehmen. Dabei helfen wir Ihnen im folgenden Abschnitt.

Worin liegen Ihre persönlichen Stärken?

Während Ihrer langjährigen Berufstätigkeit konnten Sie sicherlich einige Ihrer Aufgaben perfektionieren. Sind Sie vielleicht der beste Budgetplaner der Welt oder gelten Ihre unglaublich ansprechenden Schaufensterdekorationen als sicherer Kundenmagnet? Wofür auch immer Sie als unbestrittener Meister gelten, jetzt ist es an der Zeit, Ihre Stärken beim Namen zu nennen.

Was sind Ihre hervorragendsten beruflichen Fähigkeiten (zum Beispiel: Buchhaltung oder Verhandlungen führen) und weshalb sind Sie so gut darin?

____

____

____

Wofür werden Sie von Ihren Kollegen oder Vorgesetzten gelobt?

____

____

____

Aufgrund welcher persönlichen Stärken (zum Beispiel: analytisches Denkvermögen oder Beharrlichkeit) konnten Sie Ihre beruflichen Fähigkeiten so gut entwickeln?

____

____

____

Was sind die fünf Hauptaufgaben in Ihrem jetzigen Job?

1. ________________________________
2. ________________________________
3. ________________________________
4. ________________________________
5. ________________________________

Welche Kurse oder Schulungen haben Sie besucht, um Ihre Fähigkeiten weiter zu verbessern?

____

____

____

Über welche Zeugnisse, Zulassungen oder Eintragungen (zum Beispiel als Wirtschaftsprüfer oder Sicherheitsgesundheitsschutzkoordinator) zur Ausübung Ihrer jetzigen Tätigkeit verfügen Sie?

____

____

____

Worin liegen Ihre persönlichen Schwächen?

Sie sollten Ihre *Schwächen* ebenso gut kennen wie Ihre *Stärken*. Leichter gesagt als getan. Die meisten Menschen haben die idealistische Vorstellung, dass sie eigentlich alles können (müssten). Nehmen wir einmal an, Sie könnten sich nicht zu dem Eingeständnis durchringen, dass Ihnen das Jonglieren mit Zahlen schon immer Kopfzerbrechen bereitet hat. Lieber nehmen Sie sich vor, diese Schwachstelle irgendwann einmal zu beseitigen, anstatt diesen Punkt als persönliche Schwäche aufzuzählen. Dahinter verbirgt sich der Wunsch, sich möglichst alle Wege für die Zukunft offen zu halten, ganz unabhängig davon, ob es sich um realistische Möglichkeiten handelt. Und obwohl das Motiv durchaus nachvollziehbar und die Absicht lobenswert sind, verschleiern Sie damit den Blick auf Ihre tatsächlichen Stärken.

Bei welchen beruflichen Aufgaben (zum Beispiel: Buchhaltung, Verhandlungen führen, usw.) fühlen Sie sich extrem unwohl und woran liegt das?

____

____

____

Welche persönlichen Eigenschaften (zum Beispiel: Beharrlichkeit und Entschlossenheit) würden Sie gerne besser entwickeln, um beruflich weiter zu kommen und welche Gründe sprechen dafür?

____

____

____

Vor welchen Aufgaben drücken Sie sich und weshalb tun Sie das?

____

____

____

Verschaffen Sie sich einen Gesamteindruck über Ihre Persönlichkeit

Sie haben mittlerweile Ihre Vorlieben und Abneigungen sowie Ihre Stärken und Schwächen bestens kennen gelernt. Mittels der gewonnenen Erkenntnisse können Sie sich nun ein umfassendes Bild über Ihre Persönlichkeit machen und klären, welche Art Consultant Sie sein könnten. Vielleicht wird Ihnen dabei klar, dass Ihr Traumjob nichts mit Ihrem momentanen Beruf zu tun hat, vielleicht müssen Sie aber auch feststellen, dass Sie in keinster Weise als Consultant geeignet sind. Was auch immer dabei herauskommen mag, klären sollten Sie es auf jeden Fall.

Lesen Sie sich vor Beginn der folgenden Übung Ihre Antworten zu der Frage »Was macht Ihnen wirklich Spaß?« nochmals durch. Lassen Sie Ihrer Fantasie freien Lauf und malen Sie sich Ihren Traumjob aus. Vergessen Sie einen Moment, dass Sie als Kassierer in einer Bank oder als Bedienung in einer Fernfahrerkneipe arbeiten. Lesen Sie Ihre Antworten in aller Ruhe durch, schließen Sie die Augen und stellen Sie sich bei jeder Antwort bildlich vor, woran Sie dachten.

Überlegen Sie sich, in welchem Bereich Sie als Berater Ihre Vorlieben und Interessen am besten einbringen könnten. Nur keine falsche Bescheidenheit, jetzt ist es an der Zeit, Ihren wildesten Fantasien freien Lauf zu lassen. Wie bitte? Ihnen fällt nichts ein? Anregungen für die verschiedenen Tätigkeitsbereiche finden Sie in Kapitel 2. Lassen Sie sich jetzt *mindestens* fünf mögliche Consulting-Ideen einfallen. Auf geht's!

Als Nächstes schauen Sie sich bitte Ihre Antworten zu der Frage »Worin liegen Ihre persönlichen Stärken?« an. Denken Sie daran, dass Ihre Antworten nicht unbedingt Aufgaben enthalten, die Sie *tun* wollen, sondern die Sie *beherrschen*. Fehlen Ihnen noch bestimmte Voraussetzungen für Ihren Traumjob, sollten Sie berücksichtigen, wie viel Zeit und Geld Sie dafür investieren müssten. Lehnen Sie sich zurück und stellen Sie sich bildlich die Art von Beratungsunternehmen vor, die Sie aufgrund Ihrer Antworten gründen könnten. Auch hier sollten Ihnen mindestens fünf Geschäftsideen einfallen.

Nun vergleichen Sie bitte die beiden Auflistungen. Gibt es Übereinstimmungen? Ja? Super! Markieren Sie diese gleich farbig. Wie bitte? Keine *einzige* übereinstimmende Antwort? Machen Sie die Übungen noch einmal und lassen Sie bitte Ihrer Fantasie freien Lauf. Wenn Sie schon Ihre Selbstständigkeit als Consultant planen, sollten Sie sich unbedingt etwas aussuchen, was Ihnen zum einen die Freiheit lässt, Ihr Leben nach Ihren Bedürfnissen zu gestalten, und zum anderen sollten Sie Ihre bereits vorhandenen oder ausbaufähigen Fähigkeiten nutzen.

Der letzte Teil der Übung besteht darin, sich Ihre Antworten zu den Fragen »Was macht Ihnen überhaupt keinen Spaß?« und »Worin liegen Ihre persönlichen Schwächen?« nochmals durchzulesen. Was meinen Sie: Spricht eine der hier eingetragenen Antworten gegen eine Ihrer farbig markierten Consulting-Ideen? Ja? Tja, dann streichen Sie diese Geschäftsidee sofort durch. Nein, es spricht nichts dagegen? Sehr gut! Schreiben Sie alle übrig gebliebenen Geschäftsideen hier und jetzt auf:

Nun vervollständigen Sie diesen Satz:

Ich arbeite als Berater für: ____________________

Ich helfe meinen Klienten bei: ____________________

Herzlichen Glückwunsch! Sie haben Tätigkeitsbereiche herausgefunden, in denen Sie sich als Consultant beruflich und persönlich verwirklichen können. Wenn Sie jetzt nicht aufgeben, sind Sie auf dem besten Weg zum Erfolg. Die Idee alleine reicht natürlich noch nicht aus, um wirklich erfolgreich zu sein. Sie müssen nun Kunden gewinnen, die für Ihre Dienste bezahlen, und die Umsetzung Ihrer Idee muss sich finanziell lohnen. Das und vieles mehr ist Thema des nächsten Abschnitts.

Lässt sich Ihre Idee vermarkten?

Sollen Sie nun als Consultant arbeiten oder besser nicht? Diese Frage können nur Sie allein beantworten.

Leider ist es alles andere als einfach, den Erfolg oder Misserfolg Ihres zukünftigen Beratungsunternehmens vorherzusagen. Jedes Jahr werden Tausende von Unternehmen gegründet, die entweder Erfolg haben oder kläglich scheitern. Wie wird es Ihnen ergehen? Das werden Sie leider erst im Laufe der Zeit feststellen können. Über Erfolg oder Misserfolg eines Unternehmens entscheiden viele Faktoren: Ehrgeiz, die Anzahl der zahlungskräftigen Kunden und unternehmerisches Geschick.

Als Nächstes betrachten wir die Faktoren, die Ihre Entscheidung für oder gegen den Schritt in die Selbstständigkeit beeinflussen. Setzen Sie sich bitte intensiv mit allen Faktoren auseinander, bevor Sie Ihren alten Job an den Nagel hängen.

Wer sind Ihre Kunden und was brauchen sie?

Wenn es für Sie nicht nur bei einer guten Idee bleiben soll, brauchen Sie Kunden, die sich Ihre Dienste etwas kosten lassen möchten. Von einer Idee alleine kann schließlich kein Mensch leben. Sie müssen deshalb wissen, welche Zielgruppe Sie ansprechen und welche Dienste innerhalb dieser Zielgruppe benötigt werden. Nur so können Sie feststellen, ob Ihre Idee realisierbar ist.

Also: Wer sind Ihre Kunden und was brauchen sie? Sie müssen mit konkreten Namen und Telefonnummern aufwarten können! Schwammige Aussagen wie »Jeder, der im Internet vertreten sein will« oder »Unmengen von Investoren, die mit den großen Finanzmaklern unzufrieden sind« gelten nicht. Sie sollten den folgenden Satz mit Leichtigkeit ergänzen können:

Meine potenziellen Kunden sind: ____________________

____

Vielleicht helfen Ihnen die folgenden Fragen bei der Klärung Ihrer Zielgruppe:

- ✔ **Wer zählt aller Wahrscheinlichkeit nach zu meinen Kunden?** Stellen Sie eine Liste zusammen. Tragen Sie Namen, Telefonnummern und Anschriften ein. Blättern Sie in den Gelben Seiten, den einschlägigen Fachzeitschriften, lassen Sie Ihre Beziehungen spielen und surfen Sie im Internet. Vage Vorstellungen, zweideutige und unrealistische Einträge haben in dieser Liste nichts verloren.
- ✔ **Was genau brauchen meine Kunden?** Tragen Sie neben den Namen Ihrer Kunden in spe auch gleich mit ein, was jeder einzelne Kunde benötigt. Vielleicht ist einer Ihrer künftigen Kunden auf der Suche nach einem Systembetreuer. Die beste Methode, alles über die Bedürfnisse Ihrer Kunden zu erfahren, ist das persönliche Gespräch. Können Sie Ihrem Kunden *genau* das bieten, was er sucht oder wollen Sie ihm etwas ganz anderes verkaufen?
- ✔ **Welche Wettbewerbsvorteile kann ich bieten?** Die Konkurrenz schläft nicht, selbst wenn Sie eine noch so großartige Geschäftsidee haben. Warum sollten Kunden ausgerechnet Ihre Dienste in Anspruch nehmen? Überlegen Sie sich Ihre Wettbewerbsvorteile und bauen Sie diese zu guten Argumenten aus. Wenn Sie nicht sicher sind, welche Vorzüge die Konkurrenz ins Feld führt, fragen Sie Ihre Kunden. Vermutlich werden sie Ihnen gerne alle Plus- und Minuspunkte der Konkurrenz aufzählen – und Ihre eigenen sicher auch.

Können Sie mit Ihrem Unternehmen Gewinn erwirtschaften?

Die Vorstellung, sein Leben selbst in die Hand zu nehmen und nicht länger nur ein kleines Rädchen in der Maschinerie und Bürokratie eines Großbetriebes zu sein, ist wirklich fantastisch. Als Consultant zu arbeiten heißt vor allem, die Freiheit zu haben, *selbst* zu entscheiden, was man wann erledigt. Ein klitzekleines Detail sollten Sie darüber jedoch nicht vergessen: Ihre Firma muss Gewinn erwirtschaften und langfristig bestehen können, wenn Sie nicht gerade den Jackpot im Lotto geknackt, eine Goldmine im Garten gefunden oder ein Vermögen geerbt haben.

Stellen Sie nun fest, ob Ihr Unternehmen Profit abwerfen kann, und lösen Sie folgende Rechenaufgaben:

- ✔ **Mit welchem künftigen Einkommen rechnen Sie?** Überlegen Sie sich die Höhe Ihres potenziellen Einkommens, und zwar für jeden Monat, jedes Quartal und jedes Jahr. Bleiben Sie dabei bitte auf dem Teppich – Größenwahnsinn ist hier völlig fehl am Platz. Finden Sie heraus, wie hoch das Honorar Ihrer Konkurrenten ausfällt und welchen Umsatz diese im Jahr machen.
- ✔ **Wie hoch schätzen Sie Ihre künftigen Ausgaben ein?** Auch hier sollten Sie Ihre Ausgaben für jeden Monat, jedes Quartal und jedes Jahr genau auflisten. Denken Sie scharf nach, sonst vergessen Sie womöglich etwas ganz Wichtiges! Vergleichen die Aufstellung mit Ihren Kontoauszügen.

Ein guter Tipp: Es ist nie verkehrt, die Ausgaben etwas höher und das Einkommen etwas niedriger anzusetzen.

- ✔ **Sind Ihre voraussichtlichen Einnahmen höher als Ihre Ausgaben oder verhält es sich umgekehrt?** Das ist die Preisfrage. Sind die Einnahmen höher als die Ausgaben, steht unter dem Strich der so genannte »Gewinn«. Ein Gewinn ist immer gut. Wenn die Ausgaben höher sind als die Einnahmen, kreist bereits der Pleitegeier über Ihrer Firma. Das ist *nicht* gut. Sie sollten zwar damit rechnen, dass Ihr Unternehmen erst nach einigen Monaten Gewinn abwirft, doch je eher dies eintritt, desto besser. Ihr Hund soll schließlich nicht verhungern, oder?

Haben Sie das Timing richtig geplant?

In der Geschäftswelt – und nicht nur da – kommt es auf das richtige Timing an. Obwohl sich mit Fleiß und Beharrlichkeit fast alle Hindernisse überwinden lassen, ist es ebenso wichtig, das richtige Produkt zur richtigen Zeit für den richtigen Kunden zu haben. Hätten Sie zum Beispiel bereits 1990 eine Firma für Internet-Beratung gegründet, wären Sie vermutlich verhungert – und das ziemlich schnell. Hätten Sie dasselbe Unternehmen gestern gestartet, wäre Ihr Auftragsbuch vermutlich für längere Zeit voll.

Bitte beachten Sie folgende Aspekte, wenn Sie Ihr Timing überprüfen:

- ✔ **Gibt es einen Markt für Ihre Geschäftsidee?** Vielleicht geistert Ihnen ja die beste Geschäftsidee seit der Erfindung des Rades im Kopf herum, und dennoch interessiert sich kein Mensch dafür. Genau aus diesem Grund geben all die großen Unternehmen Unsummen für Marktforschung und Verbraucherumfragen aus. Weshalb sollte man auch Geld und Zeit damit vergeuden, einem Käufer hinterher zu jagen, den es gar nicht gibt. Sie müssen also den Markt erkunden und sicherstellen, dass es dort echte Kunden gibt, die für Ihr Produkt echtes Geld ausgeben möchten, bevor Sie sich selbstständig machen. Rufen Sie doch einfach Ihre potenziellen Kunden an und fragen Sie nach, ob Bedarf für Ihr Produkt besteht, organisieren Sie so genannte Fokusgruppen, in denen Personen aus Ihrer Zielgruppe über Ihr Produkt diskutieren, und greifen Sie auf verschiedene Methoden aus der Marktforschung zurück.
- ✔ **Sind Sie Ihrer Zeit zu weit voraus?** Vielleicht ist Ihre Geschäftsidee so brilliant und Ihrer Zeit so weit voraus, dass Ihren Kunden noch gar nicht bewusst ist, wie dringend sie Ihr Produkt brauchen. In diesem Fall ist es kostspielig und mühsam, Kunden von dem Nutzen Ihres Produktes zu überzeugen. Achten Sie also unbedingt darauf, dass die Kunden mit Ihren Produkten schon heute etwas anfangen können!
- ✔ **Sind Sie Ihrer Zeit zu weit hinterher?** Andererseits besteht die Gefahr, dass Sie sich auf ein Gebiet stürzen, dass bereits heute Schnee von gestern ist. TQM (Total Quality Management) war in den letzten Jahren ein heißumkämpfter Markt, der Scharen von Beratern und Kunden magisch anzog. Heute ist TQM in den meisten Firmen längst wieder in Ver-

gessenheit geraten. Wer heute noch auf diesen Zug aufspringen will, muss sich schon gewaltig anstrengen, um nicht auf dem Abstellgleis zu landen. Achten Sie bei der Entscheidung für einen Consulting-Bereich darauf, welche Trends sich abzeichnen, denn dafür interessiert sich der Kunde. Die alten Märkte sind größtenteils abgegrast.

Bringen Sie alle Voraussetzungen für einen guten Consultant mit?

Hier geht es um mehr als die Grundvoraussetzungen für die Gründung und Leitung eines Unternehmens. Hier steht Ihre Persönlichkeit auf dem Prüfstand, Ihre Motivation, Belastbarkeit und vieles mehr. Schätzen Sie die Sicherheit des Angestelltendaseins in einem großen Unternehmen, und bricht Ihnen beim bloßen Gedanken an Ihre Selbstständigkeit der kalte Angstschweiß aus, ist ein *Vollzeitjob* als Consultant vermutlich nicht das Richtige für Sie. Kein Grund zur Panik, lesen Sie weiter und nehmen Sie sich die Zeit, sich an den Gedanken zu gewöhnen.

Vergessen Sie nicht, dass sich Ihr sicherer Arbeitsplatz gut mit einer Nebentätigkeit als Consultant vereinbaren lässt. Sie haben *immer* die Möglichkeit, Ihr Arbeitspensum als Berater allmählich zu steigern und etwas weniger Zeit für Ihren Hauptberuf aufzuwenden. Sollten Sie der Nächste sein, der den Rationalisierungs-, Umstrukturierungs- oder Sparmaßnahmen Ihres Betriebs zum Opfer fällt, haben Sie sich bereits ein zweites Standbein aufgebaut.

Anhand der folgenden Überlegungen finden Sie heraus, ob Sie der geborene Consultant sind:

- ✔ **Träumen Sie davon, Ihr eigener Chef zu sein?** Vielleicht sollten wir besser fragen »*Wie oft* träumen Sie davon, sich selbstständig zu machen?« Für viele Berater ist die Vorstellung, selbst die Verantwortung für ihr Leben zu übernehmen, äußerst motivierend. So motivierend, dass der Erfolgs ihres Unternehmens schon so gut wie sicher ist.

- ✔ **Sind Sie selbstständig und diszipliniert?** Als selbstständiger Berater nimmt Sie niemand an die Hand. Keiner schmeißt Sie morgens aus dem Bett, treibt Sie zum Arbeiten an und lobt Sie für gute Arbeit. Sie sind auf sich selbst gestellt. Fühlen Sie sich dem gewachsen? Falls Sie montags nicht aus den Federn kommen, ist der Beruf eines Consultants vermutlich nichts für Sie.

- ✔ **Sind Sie belastbar genug?** Bedenken Sie, dass Sie nicht nur finanziellen, sondern auch emotionalen Belastungen ausgesetzt sind. Fühlen Sie sich bei dem Gedanken wohl, den Schritt in die Selbstständigkeit zu wagen? Können Sie sich auf die Unterstützung Ihrer Freunde, Bekannten und Angehörigen verlassen? Was antworten Sie auf die unvermeidliche Frage »Warum willst Du Deinen guten Job aufgeben?« Stehen Sie hinter Ihrer Antwort? Wenn ja, sind Sie reif, selbstständiger Consultant zu werden.

Das Ziel erreichen: Der Übergang vom Angestellten zum Selbstständigen

4

In diesem Kapitel

- Eventuelle Hürden überwinden
- Übergangsmöglichkeiten
- Auf welcher Etappe befinden Sie sich
- Mit den wichtigsten Dingen beginnen

Für die meisten Menschen ist der Schritt in die Selbstständigkeit ein aufregendes Abenteuer, *vor allem* für diejenigen, die sich als Angestellte in einem großen Unternehmen regelrecht an ihre Arbeit klammern. Die Vorstellung, den normalen Acht-Stunden-Arbeitsalltag aufzugeben, lässt sie in stundenlanges Grübeln und vielleicht sogar in Panik verfallen. *»Bin ich diszipliniert genug, mein eigener Chef zu sein? Gibt es wirklich Leute da draußen, die bereit sind, für mein Wissen und meine Dienste zu bezahlen, und wenn ja, wie viel kann ich damit verdienen? Was wird meine Familie von mir denken, wenn ich meinen Job kündige und mich selbstständig mache? Will ich das überhaupt? Kann ich wirklich auf mein regelmäßiges Gehalt verzichten? Schaffe ich es, meine Krankenversicherung selbst zu bezahlen?«* Es bleibt Ihnen wohl oder übel nichts anderes übrig, als derartige Überlegungen ein für alle mal zu klären. Dabei wird sich herausstellen, ob Sie bereit sind, den Schritt in die Selbstständigkeit erfolgreich vollziehen zu können.

Unternehmergeist genießt hohe gesellschaftliche Anerkennung, und wer als Einzelkämpfer entgegen allen Widrigkeiten ein erfolgreiches Unternehmen auf die Beine stellt, wird häufig als Held gefeiert. In der Regel jedoch fristen die meisten Menschen ihr Berufsleben als Angestellte in verschiedenen Unternehmen aller Größen, in Lehranstalten und Ämtern und füllen täglich die prallen Geldbeutel ihrer Arbeitgeber, während sie selbst meist nur Kleingeld erhalten. Das Zuckerbrot besteht aus regelmäßigen Gehaltszahlungen, Sozialleistungen und gesicherten Rentenansprüchen und lässt die Peitsche erträglich erscheinen.

Der Traum von der Selbstständigkeit und einem selbstbestimmten Leben lässt sich jedoch nicht so einfach begraben. Ganz im Gegenteil! Jedes Mal, wenn in einer Zeitschrift oder im Fernsehen wieder einer der beneidenswerten Menschen vorgestellt wird, der seiner vielversprechenden Angestelltenkarriere den Rücken kehrte und nun ein erfolgreiches Beratungsunternehmen leitet, wird der Wunsch, den großen Traum von der Selbstständigkeit zu verwirklichen, nur noch stärker.

Sie möchten jetzt sicher wissen, wie Sie den Übergang vom Angestellten zum Selbstständigen bewerkstelligen können. Und – vielleicht die wichtigere Frage – wie Sie feststellen können, ob Sie gut auf Ihr Vorhaben vorbereitet sind. Können Sie diese Frage überhaupt beantworten, bevor Sie alles aufs Spiel setzen (und womöglich Ihr eigenes Wohlergehen und das Ihrer Lieben gefährden)? Lässt sich der Übergang in kleinen Schritten vollziehen oder muss es ein Sprung ins kalte Wasser sein? Was für ein Zufall! Genau diese Fragen beantworten wir Ihnen in diesem Kapitel.

Den ersten Schritt tun

Jede noch so große Reise beginnt mit einem kleinen Schritt. Dies gilt auch für Ihren Weg in die Selbstständigkeit, unabhängig davon, wie klein der erste Schritt für Sie sein mag. Manchmal vollzieht sich der Übergang vom Angestellten zum selbstständigen Consultant sehr schnell. Eine betriebliche Umstrukturierungsmaßnahme kann ausreichen, dass sich ein Opfer der Rationalisierungsmaßnahmen entsprechend umorientiert und auf den Weg macht. Der Übergang kann sich jedoch auch ganz allmählich über Jahre hinweg vollziehen. Viele Wege führen nach Rom, und nicht jeder Reisende wählt die gleiche Route.

Zur Planung Ihrer persönlichen Reiseroute müssen Sie deshalb ganz genau wissen, *warum* Sie sich überhaupt auf den Weg machen. Ist Ihr Entschluss das Resultat einer langfristigen Lebensplanung oder eine spontane Reaktion auf ein einschneidendes Ereignis in Ihrem Berufs- oder Privatleben? Mit der Kündigung Ihrer jetzigen Arbeitsstelle werden Sie keinesfalls all Ihre Probleme lösen, sondern sich womöglich welche schaffen. Im Idealfall empfinden Sie die Vorstellung, sich als Consultant selbstständig zu machen, als *die Chance* schlechthin, Ihr Leben endlich selbst zu bestimmen und den Zwängen Ihres jetzigen Arbeitsplatzes zu entfliehen. Bloßer Ärger über momentane Schwierigkeiten am Arbeitsplatz wäre kein guter Ausgangspunkt.

Falls Sie sich absolut *sicher* sind, dass Sie Ihr eigenes Unternehmen gründen möchten, stehen Ihnen ungeahnte Möglichkeiten offen. Dennoch sollten Sie damit rechnen, auf Stolpersteine zu stoßen. Sind Sie nur mangelhaft auf eventuelle Schwierigkeiten vorbereitet, kann dies das Aus für Ihre Pläne bedeuten oder Sie viel Zeit kosten. Folgende Überlegungen sollten Sie anstellen, denn: Gefahr erkannt, Gefahr gebannt!

Finanzielle Überlegungen: Sie brauchen etwas zum Essen und ein Dach über dem Kopf. Außerdem wollen Sie auch bestimmt nicht auf die kleinen Annehmlichkeiten des Lebens wie Kabelfernsehen, Gameboy oder den Internet-Zugang verzichten. Wenn Sie also die Kosten für Ihren persönlichen Lebensunterhalt nicht drastisch senken wollen, muss bei der Planung Ihrer Selbstständigkeit sichergestellt sein, dass Sie mindestens genauso viel verdienen können wie vorher. Bitte berücksichtigen Sie bei der Kalkulation Ihrer Fixkosten auch die wegfallenden Arbeitgeberanteile an der Kranken-, Renten-, Arbeitslosenversicherung sowie Urlaubs-

und Weihnachtsgeld. Außerdem sollten Sie daran denken, dass Zusatzausgaben wie Gewerbesteuer und sonstige Steuern anfallen.

Ihr Lebensstil: Vielleicht gehören Sie ja zu den glücklichen Menschen, deren Arbeitgeber Ihre Rechnungen für Arbeitsessen in Luxus-Restaurants übernehmen, Ihnen einen Firmenwagen zur Verfügung stellen und auch nichts dagegen einzuwenden haben, dass Sie auf Ihren Geschäftsreisen grundsätzlich erster Klasse fliegen. Es ist zwar nicht gesagt, dass Sie als Selbstständiger Ihren Lebensstandard unbedingt herunterschrauben *müssen*, doch die Rechnungen dafür bezahlen Sie selbst. Jede Mark, die Sie *nicht* für Luxusartikel ausgegeben, landet schließlich auf Ihrem *eigenen* Bankkonto! So gesehen fliegt es sich auch in der zweiten Klasse ganz angenehm. Übrigens, wenn Sie zu den Vielfliegern gehören, steht Ihnen schon nach kürzester Zeit ein entsprechender Rabatt zu, mit dessen Hilfe Sie sich Ihren wohlverdienten Flug erster Klasse leisten können.

- ✔ **Ihre langfristigen Karrierepläne:** Je nachdem, welchen Beruf Sie derzeit ausüben, kann eine Kündigung Ihrerseits das absolute Aus für Ihre bisherigen Karrierepläne bedeuten. Ist jetzt wirklich der richtige Zeitpunkt in Ihrem Leben und im Hinblick auf Ihre berufliche Laufbahn, sich selbstständig zu machen? Wenn nicht, wann dann? Stellen Sie unbedingt einen langfristigen Plan für Ihren beruflichen Werdegang auf und überprüfen Sie jedes Jahr, ob er noch zutrifft.

- ✔ **Ihre Persönlichkeit:** Die meisten Menschen wachsen in dem Glauben auf, dass der sichere Arbeitsplatz mit regelmäßigem Gehalt bis zum Rentenalter die Regel ist und können sich kaum etwas anderes vorstellen. In diesem Glauben werden sie von Eltern, Lehrern, Freunden und Geschäftskollegen bestärkt. Geht es Ihnen ähnlich und fällt Ihnen der Gedanke daran, die Sicherheit und den Schutz eines festen Arbeitsplatzes aufzugeben und plötzlich auf sich alleine gestellt zu sein, sehr schwer? Mit dem Schritt in die Selbstständigkeit trennen Sie sich nicht nur von Ihrem vertrauten Arbeitsplatz, sondern auch von Kollegen und Kunden. Besitzen Sie genügend Selbstbewusstsein und Disziplin, um alleine weiter zu kommen? Es gibt nur einen Weg, es herauszufinden: Probieren Sie es aus. Verlassen Sie den sicheren Hafen und setzen Sie die Segel!

- ✔ **Wichtige Bezugspersonen:** Für uns alle gibt es im Leben jemanden, auf dessen finanzielles, seelisches oder körperliches Wohl wir Rücksicht nehmen. Welchen Einfluss hat Ihre Entscheidung für die Selbstständigkeit auf das Leben Ihres Ehe- oder Lebenspartners, das Ihrer Kinder und nicht zuletzt Ihrer Haustiere? Müssen Sie auf den geliebten Zweitwagen verzichten oder Ihren persönlichen Lebensstil stark zurückschrauben, um Ihren Traum wahr zu machen? Werden Sie als Consultant ständig auf Achse sein und kaum noch Zeit für Ihre Familie finden? Sie selbst mögen ja durchaus bereit sein, den Gürtel enger zu schnallen und das eine oder andere Opfer zu bringen, aber können Sie das auch Ihrer Familie zumuten? Denken Sie immer daran, dass sich Ihre Entscheidung auch auf das Leben anderer auswirkt und berücksichtigen Sie Ihre Lieben in Ihrer Lebensplanung.

Nachdem Sie sich nun einen Überblick verschafft haben, mit welchen Schwierigkeiten Sie rechnen sollten, nehmen Sie das Gesamtbild unter die Lupe. Bleiben unter dem Schlussstrich mehr Vorteile als Nachteile übrig? Wenn ja, ist für Sie vermutlich der richtige Zeitpunkt gekommen, zur Tat zu schreiten. Überwiegen die Nachteile noch, sollten Sie sich etwas mehr Zeit lassen.

Zwischenetappen auf dem Weg

Der Traum von der Selbstständigkeit lässt sich nicht von heute auf morgen verwirklichen. Oberstes Gebot ist eine sorgfältige Planung, damit Ihrem Erfolg nichts im Wege steht. Natürlich gibt es Menschen, die aus einer spontanen Eingebung heraus ihren Job kündigen und sich Hals über Kopf in das Abenteuer der Selbstständigkeit stürzen, ohne sich vorher auch nur den leisesten Gedanken über einen Kundenstamm zu machen. Wieder anderen bleibt keine Zeit für einen ausgetüftelten Plan, weil ihnen von heute auf morgen ohne Vorwarnung gekündigt wird. Die meisten der selbstständigen Consultants bauen sich ihr Standbein jedoch langfristiger und in Etappen auf.

Vom Großbetrieb über die Unternehmensberatung zur Selbstständigkeit

Für viele Consultants hat sich der Übergang vom Angestellten zum Selbstständigen ganz wie von selbst vollzogen, indem sie zunächst zu einer Unternehmensberatung wechselten. Ein Freund von Peter war 15 Jahre lang bei der gleichen Firma beschäftigt, sammelte wertvolle Berufserfahrung und besuchte auf Kosten seines Arbeitgebers viele Fortbildungskurse. Schließlich wurde er von einer renommierten Unternehmensberatung abgeworben, in deren Auftrag er Kunden aus der Branche betreute, in der er bereits vorher tätig gewesen war. Nach einiger Zeit als angestellter Unternehmensberater beschloss er, sich seine Erfahrung und seine Kontakte zu Nutze zu machen und gründete seine eigene Firma. Mit Erfolg!

Der Weg vom Großbetrieb über die Unternehmensberatung zur Selbstständigkeit bietet ganz entscheidende Vorteile:

- ✔ Wenn Sie lange genug bei einem Arbeitgeber beschäftigt waren, haben Sie eventuell Anspruch auf eine Betriebsrente.
- ✔ Sind Sie für eine renommierte Unternehmensberatung tätig, lernen Sie den Umgang mit Kunden von der Pieke auf und können wertvolle Erfahrungen in der Branche sammeln. Außerdem macht sich der Name einer bekannten Unternehmensberatung sehr gut auf Ihrer Referenzliste.
- ✔ Sie können nützliche Kontakte knüpfen und so Ihren eigenen Kundenstamm aufbauen.
- ✔ Viele Arbeitgeber wenden sich gerne an ehemals angestellte Consultants, da diese sowohl mit dem Unternehmen als auch mit Kunden und Mitbewerbern

bereits vertraut sind und ohne zeitraubende Einarbeitungszeit sofort mit ihrer Arbeit beginnen können.

Teilzeitbeschäftigung

Einer der sichersten *und* einfachsten Wege in die Selbstständigkeit führt über die Teilzeitbeschäftigung als Consultant. Parallel zu Ihrer Festanstellung können Sie sich in Ihrer Freizeit das eigene Beratungsunternehmen aufbauen. Das Problem dabei ist, dass es des Öfteren zu Terminüberschneidungen kommen kann. Stellen Sie sich nur einmal die kniffelige Situation vor, wenn Sie im Auftrag Ihres Arbeitgebers ganz überraschend an einer Notfallsitzung in München teilnehmen sollen und gleichzeitig einen Termin für die Abschlusspräsentation für einen Ihrer eigenen Kunden in Berlin vereinbart haben.

Aber keine Sorge: Zwei Jobs zur gleichen Zeit sind machbar, vorausgesetzt, Sie planen sorgfältig und sind bereit, viel und lange zu arbeiten. Terminüberschneidungen lassen sich beispielsweise meist dadurch vermeiden, dass Sie nur einen einzigen Terminplaner führen. Und falls ein bestimmter Beratungsauftrag Ihre persönliche Anwesenheit erfordert, können Sie Ihrem Arbeitgeber rechtzeitig mitteilen, wann Sie verhindert sind. Außerdem sollten Sie Ihren Consulting-Kunden Ihre »Geschäftszeiten« mitteilen, damit diese wissen, wann Sie zu erreichen sind. Wer weiß, vielleicht läuft Ihre eigene Firma ja schon bald so gut, dass Ihnen gar nichts anderes übrig bleibt, als Ihren Job als Angestellter zu kündigen.

Hier die Vorteile einer Teilzeitbeschäftigung als Consultant:

- ✔ Sie können in unterschiedliche Beratungsbranchen hineinschnuppern, gleichzeitig einen Kundenstamm aufbauen und genießen dabei die Sicherheit einer Festanstellung.
- ✔ Sie kommen weiterhin in den Genuss der Sozialleistungen und anderer Annehmlichkeiten (nicht zuletzt Ihr Festgehalt!).
- ✔ Scheitert Ihr Ausflug in die Selbstständigkeit, ist das nicht weiter tragisch, da Sie ja immer noch Ihre Arbeitsstelle haben. Sie können es jederzeit wieder auf einen Versuch ankommen lassen, sich selbstständig zu machen.

Zwei parallele Vollzeitbeschäftigungen

Der steinigste Weg in die Selbstständigkeit ist die Kombination einer Vollzeitbeschäftigung für Ihren Arbeitgeber mit der 40-Stunden-Arbeitswoche als Selbstständiger. Dabei verliert man leicht einmal den Überblick und fragt sich vielleicht verzweifelt, für *wen* man heute eigentlich *welche* Aufgabe erledigen muss. Dennoch führt auch diese Möglichkeit ans Ziel und hat ihre Vorteile: Sie können sich voll und ganz in die aufregende Welt des Consultings stürzen, einen soliden Kundenstamm aufbauen, spürbar mehr Geld verdienen – was die Übergangsphase erheblich verkürzt – und sind finanziell weiterhin durch Ihr festes Gehalt abgesichert. Als Nachteil muss allerdings die Gefahr genannt werden, dass Sie sich im wahrsten

Sinne des Wortes zu Tode schuften. (Und das steht bestimmt nicht auf Ihrer Wunschliste für die Selbstständigkeit, oder?)

Die Kombination zweier Vollzeitbeschäftigungen möchten wir Ihnen nicht unbedingt empfehlen, doch sollten Sie sich dennoch für diesen Weg entscheiden, mögen Sie folgende Punkte trösten, wenn Sie der Verzweiflung nahe sind:

- ✔ Sie picken sich die größten Rosinen aus zwei Kuchen – ein regelmäßiges Gehalt inklusive aller Sozialversicherungen und das volle Programm als selbstständiger Consultant.
- ✔ Da Sie über zwei Einkommensquellen verfügen und sich in kürzester Zeit einen soliden Kundenstamm aufbauen, können Sie sicherlich schon bald nur noch auf eigene Rechnung arbeiten.
- ✔ Sie können als Selbstständiger diverse steuerliche Abschreibungsmöglichkeiten nutzen und somit Ihre steuerliche Gesamtbelastung erheblich senken.
- ✔ Mit zwei Vollzeitjobs auf einmal werden Sie nie wieder unter Schlaflosigkeit leiden.

Der ausschlaggebende Großauftrag

Für manche Menschen gilt für den endgültigen Entschluss zur Selbstständigkeit das Motto »Alles oder Nichts«. Bob hat eine Bekannte, die parallel zu ihrer Berufstätigkeit nebenberuflich Lösungskonzepte für potenzielle Consulting-Kunden ausarbeitete. Als sie sich bei einem millionenschweren Auftrag gegen ihre Mitbewerber durchsetzte, zögerte sie keine Sekunde länger, kündigte und ist seitdem ausschließlich als selbständige Beraterin tätig. Wäre das auch etwas für Sie? Ja? Gut, dann sollten allerdings schon einige Beratungsverträge auf Ihrem Schreibtisch liegen, bevor Sie sich ganztags Ihrem Job als selbstständiger Consultant widmen. Auch auf die Gefahr hin, dass wir uns wiederholen: Reichen Sie Ihre Kündigung *erst dann* ein, wenn Sie mindestens einen Vertrag sicher in der Tasche haben! In Kapitel 5 erfahren Sie alles über die Ausarbeitung von Strategien und Lösungsvorschlägen für Ihre Kunden.

Setzen Sie Ihren Existenzgründungsplan erst in die Tat um, wenn Sie den ausschlaggebenden Großauftrag an Land gezogen haben, hat dies folgende Vorteile:

- ✔ Die Sicherheiten Ihrer Festanstellung bleiben Ihnen erhalten, bis Sie einen großen Auftrag unterzeichnet haben.
- ✔ Das Verfassen und Vorlegen von Vertragsentwürfen für Ihre potenziellen Kunden lässt sich gut in der Freizeit erledigen. Und bitte nur in der Freizeit, sonst entstehen möglicherweise Interessenkonflikte und Rechtstreitigkeiten mit Ihrem jetzigen Arbeitgeber.
- ✔ Selbst wenn es nicht zum Vertragsabschluss kommen sollte, haben Sie lediglich einige Stunden Arbeit und ein paar Mark für Briefmarken umsonst investiert.

Sofort voll einsteigen

Eine letzte Möglichkeit, den Übergang in die Selbstständigkeit zu vollziehen, bleibt noch übrig: Sofort und voll einsteigen. Nicht immer liegt die Entscheidung über den Zeitpunkt ausschließlich bei Ihnen. Vielleicht finden Sie ja eines schönen Morgens auf Ihrem Schreibtisch ein Schreiben, in dem Ihnen mit großem Bedauern Ihre Kündigung aufgrund von Umstrukturierungsmaßnahmen mitgeteilt wird. Im Klartext: *»Bitte räumen Sie Ihren Arbeitsplatz. Danke für die angenehme Zusammenarbeit, weiterhin viel Erfolg, aber rufen Sie uns bitte nicht an.«* Möglicherweise haben Sie aber auch das Ende der Karriereleiter in Ihrem bisherigen Beruf erreicht und möchten Ihre berufliche Situation verändern. Oder Sie halten es in Ihrem Büro keinen Tag länger mehr aus und kündigen einfach.

Beschäftigungslosigkeit ist vermutlich die beste Motivation, möglichst schnell etwas Neues zu beginnen. Anstatt sich aber sofort für die nächste Anstellung zu bewerben, begreifen viele Menschen ihre wie auch immer begründete Beschäftigungslosigkeit als Chance, sich selbstständig zu machen. Viele erfolgreiche Berater haben so ihre Laufbahn begonnen.

Der Volleinstieg in das eigene Beratungsunternehmen ist vielleicht nicht gerade der *beste* Weg, da Sie ein sehr dickes finanzielles Polster benötigen, um die schwierige Anfangsphase zu überstehen. *Trotzdem* hat auch dieser Weg seine Vorteile:

- ✔ Sie können sich voller Tatendrang uneingeschränkt Ihrer Existenzgründung widmen.
- ✔ Ohne regelmäßige Gehaltszahlungen wird ganz schnell deutlich, worauf es im täglichen Leben am meisten ankommt: Miete zahlen, Essen kaufen, sich das Auto weiterhin leisten können. Wie sagte Louis der was-weiß-ich-wievielte während der französischen Revolution so treffend: »Im Angesicht des Todes durch den Strang konzentriert man sich auf das Wesentlichste.«

Abhängig von der Personal- und Sozialpolitik Ihres ehemaligen Arbeitgebers können Sie sich unter Umständen Geld aus vermögensbildenden Maßnahmen auszahlen lassen und in Ihre Existenzgründung stecken, damit Sie beim Aufbau Ihres Kundenstamms weniger unter Zeitdruck stehen.

Richard Vaalers Firma: Vaaler Association

Richard Vaalers Unternehmen *Vaaler Association* mit Hauptsitz in Springfield, Virginia, hat sich darauf spezialisiert, andere Unternehmen im Umgang mit dem komplizierten staatlichen Vertragswesen in den USA zur Seite zu stehen. Richards Hauptaufgaben bestehen darin, den Vertragspartnern von Behörden bei der Auslegung der komplexen und ständig überarbeiteten Gesetze und Vorschriften über den Eigentumserwerb und das Beschaffungswesen zu helfen. Er zeigt ihnen den schnellsten und besten Weg durch den Dschungel der Bürokratie und vermittelt sie an die zuständigen Stellen in den Ämtern. Zu Richards Kunden zählen Klein- und Großunternehmen, doch besonders die kleineren Unternehmen, die sich firmeninterne Consultants nicht leisten können, sind als Zielgruppe interessant. Wir riefen Richard an und wollten von ihm hören, warum er sich als UnternehmensConsultants selbstständig gemacht hat und mit welchen Schwierigkeiten er in der Anfangsphase zu kämpfen hatte.

Consulting für Dummies: Was haben Sie vor der Gründung von Vaaler Associates beruflich gemacht?

Richard Vaaler: Ich war 33 Jahre lang als Beamter im Beschaffungswesen, hauptsächlich im Bereich F&E tätig, obwohl ich außer für militärische Waffensysteme und das Bauwesen eigentlich für alles zuständig war. Ich war für viele Angelegenheiten verantwortlich, bei denen es auf Verfügbarkeit und schnelle Reaktionszeiten ankam.

CfD: Sprechen Sie von schnellen Produktionszeiten und Auslastungsoptimierung?

Vaaler: Ja, aber es ging auch um kurzfristige Vertragsvereinbarungen. Viele hatten oberste Priorität, und alles musste immer sehr schnell gehen.

CfD: Warum haben Sie sich selbstständig gemacht?

Vaaler: Nach meiner Pensionierung wollte ich unbedingt weiterarbeiten. Ich bin eigentlich Immobilienmakler, aber ich dachte, ich stelle lieber etwas in der Branche auf die Beine, in der ich mich sowieso bestens auskenne. Ich habe gut daran getan, meine Firma läuft seit zehn Jahren sehr gut.

CfD: Mit welchen Schwierigkeiten hatten Sie während der Gründungsphase zu kämpfen?

Vaaler: Zum Glück legte mir meine Familie keine Steine in den Weg, und auch finanziell war ich abgesichert. Es waren meine ehemaligen Kollegen, die mir Schwierigkeiten bereiteten, denn nach meiner Pensionierung betrachteten sie mich als den üblichen Vertragspartner, gegen den man sich durchsetzen muss.

CfD: Sie meinen, Sie waren plötzlich der Feind, der nicht mehr dazu gehört, sondern als Eindringling behandelt wird?

Vaaler: Genau. Plötzlich war ich der Feind, den sie nicht mehr einschätzen konnten, das Übliche eben. Diese Einstellung hat sich bis heute kaum geändert, und meine Ex-Kollegen machen nur ungern Geschäfte mit mir.

CfD: Wie verhalten Sie sich denn dann Ihren Kunden gegenüber?

Vaaler: Mit meinen Kunden habe ich keine Probleme – sie sind meinen Vorschlägen gegenüber sehr offen und arbeiten gerne mit mir zusammen. Das Problem sind die Kunden meiner Kunden, die Behörden, für die meine Kunden arbeiten. Aus diesem Grund arbeite ich meistens direkt mit meinen Kunden und nicht mit den jeweiligen Ämtern. Dies hat sich als sehr sinnvoll erwiesen, denn so nehme ich keinen Einfluss auf die Geschäftsbeziehung meiner Kunden zu ihren Auftraggebern. Meine Aufgabe ist es, meinen Kunden eine Beurteilung darüber zu liefern, was die Regierungsbehörden brauchen, wie es bearbeitet wird und welche Bedenken oder Forderungen sie in diesem Zusammenhang haben. Dann sehen wir weiter.

CfD: Was waren Ihre ersten Schritte? Haben Sie einfach einen Büroraum angemietet, ein Telefon hineingestellt und ein »Geöffnet«-Schild an die Tür gehängt, oder wie lief das?

Vaaler: Am Anfang habe ich von zu Hause aus gearbeitet, um zu sehen, wie es klappt. Ich habe mich um erforderlichen Gewerbeeintragungen gekümmert, damit alles seine Ordnung hat, und sorgfältig Buch geführt. Da ich die meiste Zeit bei Kunden oder den zuständigen Behörden verbrachte, war das völlig ausreichend.

CfD: Was mussten Sie bei der Anmeldung und Eintragung Ihres Geschäftes berücksichtigen?

Vaaler: Es gibt verschiedene Rechtsformen für ein Unternehmen, und damit muss man sich auseinandersetzen. Ich zum Beispiel bin als GmbH eingetragen, so dass ich nur begrenzt mit meinem Privatvermögen hafte.

CfD: Welche Ihrer Charaktereigenschaften waren Ihrer Meinung nach für den Erfolg Ihres Unternehmens ausschlaggebend?

Vaaler: Ich lasse nicht so schnell locker. Nur mit Beharrlichkeit brachte ich Schwung in den Laden. Eines noch: Schon vor langer Zeit habe ich die Erfahrung gemacht, dass man es niemals jedem Recht machen kann. Wenn etwas schief läuft, darf man nicht gleich das Handtuch werfen. Es ist wie beim Fußballspielen: Nur wenn man im Ballbesitz ist, kann man überhaupt ein Tor schießen.

CfD: Welchen Rat würden Sie jemandem geben, der sich als Consultant selbstständig machen möchte?

Vaaler: Ich hätte für meine Anfangsphase einen etwas sorgfältigeren Plan ausarbeiten und mir mehr Gedanken über Werbung machen können. Bei mir war Werbung eher ein Schuss ins Blaue, ganz nach dem Motto: Irgend jemanden wird es schon treffen. Das ist typisch für mich. Da ich mir finanziell keine großen Sorgen über meine Selbstständigkeit machen musste, habe ich einfach meine Firma gegründet und abgewartet, was passiert. Ich hatte ja meine Rente als Sicherheit. Mich beschäftigten viel mehr die Fragen: Was kann ich tun und besteht ein Markt dafür? Im Nachhinein kann ich eines mit Sicherheit sagen: Ich würde als erstes einen Marketing-Experten engagieren, der eine zielgerichtete Werbestrategie für mein Unternehmen ausarbeitet.

CfD: Wer gehörte zur Zielgruppe Ihrer Werbeaktionen?

Vaaler: Ich konzentrierte mich auf kleinere Unternehmen, da ich davon ausging, dass gerade diese auf meine Hilfe angewiesen seien, doch mittlerweile ist mir klar, dass zwar Bedarf besteht, aber viele Kleinbetriebe vor den Kosten für meine Tätigkeit zurückschrecken.

CfD: Das bereitet Ihnen aber kein Kopfzerbrechen, oder?

Vaaler: Ganz so unwichtig ist das nicht. Denn meiner Erfahrung nach wursteln sich auch die großen Firmen lieber irgendwie durch, als jemanden für eine fachmännische Beratung zu bezahlen. Einer meiner Kunden kämpfte sich zwei Jahre lang mehr schlecht als recht durch seine Schwierigkeiten, bevor er sich dazu durchrang, mich anzurufen. Ich konnte sein Problem sofort lösen, und das für eine wesentlich geringere Summe, als er in den zwei Jahren zuvor mehr oder weniger aus dem Fenster geschmissen hatte.

CfD: Zusammenfassend könnte man also sagen, dass Sie Ihren Kunden Zeit *und* Kosten sparen.

Vaaler: Stimmt genau. Mein Honorar ist für sie eine kleine Investition, die sich langfristig auf jeden Fall auszahlt.

Sind Sie bereit?

Viele sprechen davon, noch mehr Menschen träumen davon: Sich selbstständig zu machen und der eigene Chef zu sein. Der Wechsel vom Angestelltendasein in die Selbstständigkeit ist jedoch ein gewichtiger Einschnitt im Leben des Betroffenen und bedeutet eine große Umstellung. Sind Sie *wirklich* bereit für diesen Schritt? Kreuzen Sie die Antwort an, die am ehesten auf Sie zutrifft, und schon wissen Sie es!

1. **Wie groß ist Ihr Ehrgeiz, als selbstständiger Consultant Erfolg zu haben?**

   a) Ich kann und ich werde Erfolg haben. Punkt.

   b) Ich bin mir ziemlich sicher, dass ich Erfolg haben werde, wenn ich mich nur genügend anstrenge.

   c) Ich weiß noch nicht. Darüber muss ich noch etwas länger nachdenken.

   d) Muss wirklich ich ein eigenes Unternehmen gründen? Kann mir das nicht jemand abnehmen?

   e) Ich habe nie behauptet, dass ich mich selbstständig machen will! Ich glaube, Sie verwechseln mich da mit jemandem.

2. **Sind Sie bereit, hart und mehr zu arbeiten als bisher?**

   a) Darauf können Sie jede Wette abschließen. Für meinen Erfolg tue ich alles!

   b) Aber sicher, sofern es sich finanziell lohnt.

c) Ja, aber nicht am Wochenende oder nachts.

d) Ich hoffe nicht, dass das Ganze ausartet!

e) Wie bitte? Ich soll in meiner eigenen Firma immer noch selbst mit anpacken?

3. Gefällt Ihnen die Vorstellung, Ihr Leben selbst in die Hand zu nehmen?

a) Also bitte! *Wer sonst* sollte mein Leben in die Hand nehmen, wenn nicht ich?

b) Das wäre mir schon sehr recht.

c) Klingt interessant, geht das?

d) Ich habe das schon mal ausprobiert, aber es hat nicht geklappt.

e) *Muss* das denn sein? Kann das nicht jemand anderes tun?

4. Haben Sie bereits Geschäftskontakte geknüpft und einen potenziellen Kundenstamm aufgebaut?

a) Ja. Hier sind ihre Namen, Telefonnummern und Anforderungen.

b) Ja, ich habe einige sehr viel versprechende Kontakte.

c) Nein, noch nicht, aber ich habe meinen potenziellen Kunden schon mal ein paar Ideen vorgestellt.

d) Ich bin mir sicher, dass die Kunden in Scharen in mein Büro stürmen werden, sobald es sich herumgesprochen hat, dass ich mich selbstständig gemacht habe.

e) Für so etwas habe ich im Moment überhaupt keine Zeit.

5. Haben Sie einen Existenzgründungsplan ausgearbeitet?

a) Hier ist er – reicht eine Zusammenfassung oder möchte Sie *alle Details* wissen?

b) Ja, ich habe lange über sämtliche Möglichkeiten nachgedacht und viel geplant.

c) Ich bin gerade dabei.

d) Es gibt doch gar keinen perfekten Plan.

e) Ich habe noch nie einen Plan gebraucht, wozu soll der denn gut sein?

6. Haben Sie genug Geld gespart, um in der Anfangszeit notfalls davon leben zu können?

a) Ich habe ein Jahresgehalt auf der hohen Kante. Glauben Sie, das reicht?

b) Ich kann mich ein halbes Jahr über Wasser halten.

c) Genug für etwa drei Monate.

d) Ich zahle immer noch mein BAföG zurück!

e) Haben Sie mal 'ne Mark für mich?

7. Wie selbstbewusst sind Sie?

a) Mich erschüttert nichts. Ich bin das Selbstbewusstsein in Person.

b) Ich weiß, was ich wert bin und glaube an meinen Erfolg.

c) Ich bin relativ selbstbewusst. Aber stellen Sie mich nicht zu sehr auf die Probe!

d) Diese Art von Fragen machen mich ganz nervös.

e) Die nächste Frage, bitte!

8. Können Sie mit der Unterstützung Ihrer Bezugspersonen rechnen?

a) Klar, sie machen alle mit, sind Teil meines Plans und helfen mir, so gut sie können.

b) Sie unterstützen mich bei allem, was mir Freude macht.

c) Wahrscheinlich schon.

d) Das kann ich jetzt noch nicht sagen.

e) Ich wollte eigentlich erst später mit ihnen darüber reden.

9. Können Sie Ihre Beratertätigkeit notfalls auch dann aufnehmen, wenn Sie vorerst weiterhin bei Ihrem Arbeitgeber beschäftigt sind?

a) Aber sicher, mein Chef ist informiert und plant sogar ähnliches.

b) Wenn ich meine Termine einhalten kann, spricht nichts dagegen.

c) Wie war die Frage noch mal?

d) Das wird schwierig werden!

e) Vielleicht kann ich ja ein paar Stunden im Monat dafür erübrigen.

10. Wie begründen Sie Ihren Entschluss zu kündigen Ihren Freunden gegenüber?

a) Endlich frei!

b) Ganz einfach, die Vorteile überwiegen eventuelle finanzielle Nachteile.

c) Ich weiß nicht. Vielleicht fragt ja keiner.

d) Ich plädiere auf einen Anfall geistiger Umnachtung und bitte sie um etwas Geld.

e) Ganz einfach! Ich tue so, als würde ich immer noch für meinen alten Chef arbeiten.

Und, wie schaut's aus? Addieren Sie nun Ihre Punkte nach folgendem Schema: 5 Punkte für jedes »a«, 3 Punkte für jedes »b«, 0 Punkte für jedes »c«, -3 Punkte für jedes »d« und -5 Punkte für jedes »e«.

Vergleichen Sie Ihre Punktzahl mit den sechs möglichen Ergebniskategorien, und schon wissen Sie, ob Sie bereit sind, Ihre Pläne zu verwirklichen.

25 bis 50 Punkte: Sie sind definitiv *bereit*! Worauf warten Sie noch? Es gibt keinen besseren Zeitpunkt für Ihre Existenzgründung. Ob Sie nun Ihren Job als Angestellter kündigen oder erst mal beides nebenher laufen lassen, der Erfolg ist Ihnen so gut wie sicher!

1 bis 24 Punkte: Ja, der Plan für Ihre Selbstständigkeit ist schon fast perfekt. Sie sollten Ihre Beratertätigkeit jetzt aufnehmen, Ihren alten Job aber noch solange beibehalten, bis Ihr Beratungsunternehmen auf sicheren Beinen steht.

0 Punkte: Bei Ihnen ist die Sache noch unentschieden. Machen Sie diesen Test doch einfach in zwei oder drei Monaten noch einmal.

-1 bis –24 Punkte: Tut uns leid, aber es sieht nicht so aus, als wären Sie bereit für den Schritt in die Selbstständigkeit. Wir legen Ihnen *dringend* ans Herz, dieses Buch von vorne bis hinten zu lesen und den Test in einigen Monaten zu wiederholen. Vielleicht ist eine Festanstellung für Sie auch einfach genau das Richtige.

-25 bis –50 Punkte: Vergessen Sie's! Sie sind der geborene Angestellte. Verkaufen Sie dieses Buch auf der Stelle an einen Ihrer Kollegen. Und dann: Marsch, marsch, zurück an die Arbeit!

Springen Sie nicht in unbekanntes Gewässer!

Gehen wir nun einmal davon aus, dass Sie fest dazu entschlossen sind, den Sprung in die Selbstständigkeit als Consultant zu wagen. Vor dem Sprung in ein unbekanntes Gewässer empfiehlt es sich in jedem Fall zu prüfen, ob es tief, kalt oder gefährlich ist, unabhängig davon, ob Sie erst einmal die große Zehe hineinhalten oder gleich einen Kopfsprung wagen möchten. Zuhause in der Badewanne ist das ein Kinderspiel, doch beim Sprung in die Selbstständigkeit gehört ein bisschen mehr dazu, als nur die Wassertemperatur zu prüfen. Sie wollen sich ja schließlich nicht in einem Piranha-Becken wiederfinden.

Hier ein paar Tipps, damit Sie ein für alle Mal klären können, ob Sie als Consultant eine Zukunft haben und nun endlich loslegen können.

Reden Sie mit anderen Consultants, die bereits selbstständig sind

Es ist ja nicht so, dass Sie gerade das Rad neu erfinden. Vor Ihnen sind schon viele Menschen auf die Idee gekommen, sich als Consultant selbstständig zu machen. Und einige haben sich mit Sicherheit auch auf den Fachbereich spezialisiert, der *Ihr* Steckenpferd ist. Dabei sind manche auf die Nase gefallen, andere haben sich eine goldene Nase verdient. Der Erfahrungsaustausch mit einem erfolgreichen Consultant bringt Ihnen viel mehr als teure Lehrgänge oder Fachbücher, die Sie vermutlich gar nicht lesen werden.

Nehmen Sie vor der Gründung Ihrer eigenen Firma Kontakt zu anderen Consultants auf. Informieren Sie sich so oft und ausführlich wie möglich über deren Berufserfahrung. Treffen Sie sich im Büro oder ganz zwanglos nach Feierabend. Lassen Sie sich genau schildern, was gut oder gar nicht funktioniert hat, welche Hoch- und Tiefphasen sie erlebt haben, und wie Sie letztere vermeiden können. Vielleicht steckt Sie der Enthusiasmus Ihrer Gesprächspartner an oder Sie stellen fest, dass Ihr vermeintliches Traumziel in Wirklichkeit doch nicht so erstrebenswert ist. In jedem Fall sind es wertvolle Erfahrungen, die Ihnen und Ihrer Firma weiterhelfen. Ganz nebenbei knüpfen Sie so Kontakte zu anderen Consultants, auf die Sie im Bedarfsfall später einmal zurückkommen können.

Fangen Sie klein an

Sofern Sie es sich aussuchen können, empfiehlt es sich, bei der Aufnahme Ihrer Beratertätigkeit erst einmal klein anzufangen. Warum? Es ist viel einfacher, die Zeit und Energie für ein kleineres Projekt aufzubringen, anstatt sich als Anfänger sofort mit einem Großauftrag zu überfordern. Arbeiten Sie zum Beispiel weiterhin als Angestellter, bleiben Ihnen für die eigenen Projekte nur die Wochenenden und Abende. Aus eigenen Erfahrung heraus können wir Ihnen versichern, dass ein großer Auftrag außerordentlich zeitintensiv ist. Außerdem bleibt Ihnen bei einem kleinen Projekt mehr Zeit, das neue Handwerk von der Pieke auf zu lernen *und* sich ausgiebig um die Feinheiten zu kümmern.

Bewerten Sie Ihre ersten Versuche

Wie stellen Sie fest, ob Ihre ersten zögerlichen Schritte in die Selbstständigkeit in die richtige Richtung führen? Ganz einfach: Bewerten Sie Ihre ersten Versuche:

- **Entspricht der Beruf des Consultants Ihren Erwartungen?** Manche Menschen haben die verklärte Vorstellung, dass der Beruf eines Consultants ein absoluter Traum ist. Natürlich macht das Beraten viel Freude, aber in der Praxis entspricht die Wirklichkeit nicht immer der Wunschvorstellung. Entspricht die Realität Ihren Erwartungen, oder haben Sie es sich völlig anders vorgestellt? Hatten Sie sich mehr erwartet? Dann überlegen Sie, ob Sie sich das richtige Betätigungsfeld herausgesucht und den richtigen Ansatz gewählt haben. Bleiben Sie cool, vielleicht brauchen Sie ja mehrere Anläufe, bis es richtig klappt.
- **Hat es Ihnen Freude gemacht, als Consultant zu arbeiten?** Die Freude an der Arbeit ist der ausschlaggebende Punkt, vergessen Sie das nicht! Hat es Ihnen gefallen, als Consultant zu arbeiten? Nein? Warum nicht? Liegt es daran, dass es Ihnen noch an Erfahrung mangelt, und Sie sich Ihren Aufgaben noch zu wenig widmen konnten? Bitte bedenken Sie, dass aller Anfang schwer ist und Sie sich während der ersten Monate (vielleicht sogar Jahre) auf einer emotionalen Achterbahn befinden. Bei einer so drastischen Änderung im Leben ist es aber völlig normal, Höhen und Tiefen zu erleben. Bleiben Sie am Ball und

probieren Sie es noch ein paar Mal aus. Sie werden sehen, dass es bald nur noch aufwärts geht. Wenn Ihnen die Tätigkeit eines Consultants jedoch weiterhin keinen Spaß machen sollte, ist der Beruf nichts für Sie.

- ✔ **Wie kamen Sie bei Ihren Kunden an?** Es ist eine feine Sache, wenn Ihnen Ihre Arbeit gefällt. Sie müssen aber auch wissen, ob Ihre Kunden mit Ihnen zufrieden sind (schließlich sollen sie Ihre Rechnung zahlen). Wenn Sie sich als Teilzeitberater nur einen kleinen Zusatzverdienst versprechen, genügen schon einige wenige Kunden. Wenn Sie als Vollzeitberater Ihren Lebensunterhalt finanzieren möchten, sieht die Sache anders aus: Sie sind auf viele höchstzufriedene Kunden angewiesen, damit Ihr Einkommen gesichert ist. Wie erfahren Sie, ob Ihre Kunden zufrieden sind? Ganz einfach: Fragen Sie sie. Bitten Sie Ihre Kunden um ein persönliches Gespräch oder verschicken Sie einen Fragebogen. Sind Sie zuverlässig und liefern gute Arbeit zu einem vernünftigen Preis, brauchen Sie sich keine Sorgen zu machen – die Kunden werden zu Ihnen kommen.

Alles klar? Sie stehen kurz davor, professioneller Consultant zu werden? Wie haben Sie die obigen Fragen beantwortet? Falls Sie sich noch unsicher sind, ob Ihr derzeitiger Arbeitsplatz nicht doch mehr Vorteile bietet, überstürzen Sie den Schritt in die Selbstständigkeit nicht! Hat Ihnen aber das Beraten in jeder Hinsicht besser gefallen als Ihr momentaner Beruf, ist es wirklich an der Zeit, Nägel mit Köpfen zu machen. Dafür wünschen wir Ihnen viel Erfolg und denken Sie daran: Schauen Sie immer nach vorne, niemals zurück!

Teil II

Der Beratungsvorgang

In diesem Teil...

Jeder Consultant, ob nun Experte für Gartenbiotope oder Unternehmensmanagement, geht bei der Problemdefinition für seine Kunden und der Ausarbeitung von Lösungsvorschlägen nach einem bestimmten Konzept vor. In diesem Teil des Buches befassen wir uns mit dem Beratungsvorgang, der Folgendes beinhaltet: Problemdefinition, Sammeln von Informationen, Problemlösung sowie Präsentation und Umsetzung der Lösungsvorschläge.

Das Problem erkennen und eine Lösung vorschlagen

5

In diesem Kapitel

- Das erste Treffen mit Ihrem Kunden
- Zeigen Sie sich von Ihrer besten Seite!
- Die richtigen Fragen stellen
- Partnerschaftlicher Umgang mit Kunden
- Lösungsvorschläge ausarbeiten

Jeder geschäftliche Vorgang hat einen Anfang, ein Ende und einen Mittelteil. Bei einem Beratungsvorgang besteht der Anfang darin, das Problem zu erkennen, der Mittelteil besteht aus dem Sammeln und Auswerten der entsprechenden Informationen, die anschließend als Lösungsvorschläge zu Papier gebracht werden müssen, und das Ende aus der Umsetzung der Lösungsstrategien. Der erste Schritt – die Problemdefinition – ist der kritischste Punkt, da er die Weichen für die gesamte weitere Vorgehensweise stellt. Sie müssen nicht nur blitzschnell das Problem Ihres Kunden auf den Punkt bringen können, sondern gleichzeitig eine Beziehung zu ihm aufbauen, den sinnvollsten Lösungsansatz festlegen und entscheiden, ob Sie diese Aufgabe auch bewältigen können. Keine leichte Aufgabe, stimmt's? Doch mit unserer Hilfe werden Sie spielend damit fertig.

Die Problemdefinition – der erste Schritt – wird meist in einem persönlichen Gespräch mit dem Kunden in spe geklärt. Üblicherweise wird zwar ein Treffen vereinbart, doch es spricht auch nichts dagegen, telefonisch oder schriftlich miteinander zu kommunizieren. Je nach Schwierigkeit des Sachverhalts kann sich die Problemdefinition durchaus über mehrere Besprechungen ziehen. Das persönliche Treffen ist in den meisten Fällen sinnvoller als andere Kommunikationsmethoden, da es den Aufbau einer engen Kundenbeziehung vereinfacht und ein besseres Problemverständnis vermittelt. Unabhängig von der Kommunikationsmethode verfolgen Sie mit der ersten Kontaktaufnahme drei Ziele:

- ✔ Erkennen des Problems
- ✔ Entscheiden, ob Sie der Richtige für diese Aufgabe sind
- ✔ Aufbau einer persönlichen Beziehung zu Ihrem Kunden

Diese drei Punkte gelten für *jeden* Consultant, der sich zum ersten Mal mit seinem Kunden bespricht. Es spielt keine Rolle, ob Sie Hauseigentümer über Mülltrennung beraten (und gleich die entsprechenden Tonnen verkaufen) oder Managementschulungen für eine internationale Unternehmensberatung abhalten. Bei dem ersten Kundenkontakt bestehen Ihre Aufgaben immer darin, das Problem zu erkennen, zu entscheiden, ob Sie für die Lösung dieses Problems geeignet sind, und eine persönliche Beziehung zu Ihrem Kunden aufzubauen.

In diesem Kapitel erfahren Sie, welche Ziele Sie sich für den ersten Kundenkontakt setzen müssen, welche Fragen Sie stellen und auf was Sie unbedingt achten sollten. Außerdem finden Sie Anregungen zum Aufbau einer guten Kundenbeziehung und Informationen darüber, wie Sie ein überzeugendes Angebot unterbreiten.

Die Zielsetzung für den ersten Kundenkontakt

Ganz spontan fällt Ihnen vermutlich für das erste Treffen mit Ihrem Kunden nur ein Ziel ein: Ihn überzeugen, dass er Ihnen den Auftrag erteilt. Letztendlich trifft das ja auch zu. Damit aus dem voraussichtlichen Projekt allerdings auch der gewünschte Erfolg für beide Seiten wird, müssen Sie sich unbedingt ganz genau über Ihren Kunden und seine Probleme informieren, damit Sie einschätzen können, ob eine vertrauensvolle Kundenbeziehung möglich ist und Sie über die erforderlichen Fachkenntnisse verfügen.

Das erste Treffen ist eine spannende Entdeckungsreise: Sie treffen einen völlig unbekannten Menschen, mit dem Sie den Grundstein für eine enge Geschäftsbeziehung legen. Sie lernen ein neues Unternehmen kennen, erfahren Einzelheiten über geschäftliche Erfolge und Misserfolge und müssen spüren, ob Sie und Ihr Kunde gut miteinander auskommen und arbeiten können. Nachfolgende Anregungen dienen Ihnen als Wegweiser für diese wichtige Anfangsphase und stellen die Zielsetzung für den ersten Kundenkontakt dar.

- ✔ **Stellen Sie eine Beziehung zum Kunden her und entwickeln Sie eine Partnerschaft.** Die Beratertätigkeit baut ganz wesentlich auf der guten Beziehung zu den Kunden auf. Haben Sie Freude am Umgang mit Menschen, fällt es Ihnen sicherlich nicht schwer, enge Beziehung aufzubauen und letztendlich ein partnerschaftliches Verhältnis zu den Kunden einzunehmen. Zählen Sie eher zu den Menschen, die Fremden gegenüber zurückhaltend und reserviert auftreten, werden Sie als Consultant ziemlich einsam sein. Bemühen Sie sich, Berührungsängste zu überwinden und eine entspannte Atmosphäre zu verbreiten, die den Grundstein für eine erfolgreiche und langfristige Zusammenarbeit bildet.

- ✔ **Schätzen Sie die Persönlichkeit Ihres Kunden ein und richten Sie sich entsprechend danach.** Ist Ihr Kunde eher ein sachlicher, dominanter Typ, sollten Sie möglichst ohne Umschweife aufs Geschäftliche zu sprechen kommen, während ein Kunde, der sich Zeit für ein längeres Gespräch in freundlicher Atmosphäre nimmt, sehr wahrscheinlich hohen Wert darauf legt, dass es zwischen ihnen beiden »gefunkt« hat, bevor er sich für Ihre Qualifikationen interessiert.

- ✔ **Unterstützen Sie Ihren Kunden bei der Problemdefinition und entwickeln Sie ein Gespür für seine Bedürfnisse.** Ihre Kunden betrachten Sie als den geeigneten Ansprechpartner zur Lösung der firmeninternen Schwierigkeiten und diskutieren natürlich mit Ihnen die eventuellen Projekte. Höchstwahrscheinlich haben Ihre Kunden auch bereits eine grobe

Vorstellung über das Problem oder sogar eine Lösung parat. Ihre Ziel ist nun, das eigentliche Problem festzustellen und zu entscheiden, ob Sie es lösen können.

Ihr Kunde vertritt zum Beispiel die Überzeugung, dass die hohe Mitarbeiterfluktuation in seinem Unternehmen auf das niedrige Lohnniveau zurückzuführen ist. Sie hegen jedoch den Verdacht, dass es eher an dem schlechten Management liegt. So mag Ihr Kunde zwar bereit sein, dem für ihn *offensichtlichen* Problem mit einer allgemeinen Gehaltsaufbesserung zu begegnen, schreckt aber vielleicht vor dem *eigentlichen* Problem des schlechten Managements zurück. Wir haben von vielen Unternehmensberatern gehört, dass beim ersten Treffen fast nie das tatsächliche Problem, sondern lediglich Symptome dieses Problems geschildert werden. Beim zweiten Schritt des Beratungsvorgangs, dem Sammeln der verfügbaren Informationen, werden Sie feststellen können, ob Ihr Kunde das eigentliche Problem verkannt hat.

✔ **Definieren Sie das Projektziel und Zusatzleistungen nach Projektabschluss.** Nachdem Sie festgestellt haben, dass ein Problem vorliegt und sich eine klare Vorstellung davon gemacht haben, legen Sie zusammen mit Ihrem Kunden das Projektziel sowie weitere Leistungen Ihrerseits nach Abschluss des Projekts fest. Normalerweise wissen Kunden ganz genau, welches Ergebnis sich mit Hilfe Ihrer Beratung einstellen soll, selbst wenn sie die notwendigen Maßnahmen dafür nicht kennen. Fragen Sie Ihre Kunden also nach ihren Erwartungen und formulieren Sie daraus konkrete, messbare und realistische Ziele. Fragen Sie Ihren Kunden zum Beispiel »Wie soll dass Ganze denn aussehen, wenn wir fertig sind?«. Nach der Definition der Ziele überlegen Sie sich, ob und welche Zusatzleistungen Ihre Empfehlungen beinhalten sollen, als da wären: Ein Abschlussbericht mit Empfehlungen für das Top-Management, eine Kundenumfrage, Mitarbeiterschulungen oder eine Werbekampagne.

✔ **Legen Sie die Verantwortlichkeiten fest.** Nehmen Sie sich bei den ersten Treffen mit Ihrem Kunden ausreichend Zeit, um festzulegen, wer für welche Aufgabe verantwortlich ist. Dadurch vermeiden Sie, dass während des Projekts Verwirrung darüber entsteht, wer für was zuständig ist. Sollen zum Beispiel *Sie* die Fragebögen an die Mitarbeiter Ihres Kunden verteilen oder nimmt das Ihr Kunde in die Hand? Kümmern Sie sich um Mitarbeiterschulungen oder erledigt das Ihr Auftraggeber? Wer ist für die Umsetzung Ihrer Lösungsvorschläge zuständig – Sie oder Ihr Kunde? Klären Sie diese Fragen jetzt, bevor der Stein ins Rollen gerät.

✔ **Legen Sie fest, welche Informationen und Hilfestellungen Sie von Ihrem Kunden benötigen.** Bei den ersten Gesprächen mit Ihrem Kunden müssen Sie Ihm klarmachen, in welchen Punkten Sie auf seine Mithilfe angewiesen sind und ihm die Zusage zur Kooperation abringen. Wenn Sie Ihrem Kunden zum Beispiel Vorschläge für ein neues Entlüftungssystem zur verbesserten Luftzirkulation und Ableitung von Schmutzpartikeln unterbreiten sollen, benötigen Sie unbedingt genaue Baupläne und die technischen Daten des alten Systems. Legen Sie deshalb gemeinsam mit Ihrem Kunden fest, welche Informationen Sie benötigen und wer Ihre jeweiligen Ansprechpartner sind.

- **Legen Sie die Terminplanung für das Projekt fest.** Vom Wunschtermin Ihres Kunden und Ihrer Fähigkeit, diesem zu entsprechen, hängt sehr viel ab. Kunden, die sich mit einem Problem an einen firmenexternen Consultant wenden, haben es mit der Lösung normalerweise brandeilig. Sind Sie zum Beispiel Bauingenieur und haben die Aufgabe, Vorschläge zur Behebung eines Dammbruchs vorzulegen, wird sich Ihr Kunde wohl kaum mit einem Abgabetermin in zwölf Monaten zufrieden geben. In einer derartigen Situation, in der es um Menschenleben geht, ist bereits eine Woche Bearbeitungszeit zu lang. Stellen Sie also gemeinsam mit Ihrem Kunden einen Terminplan auf, der zum einen den Erfordernissen Ihres Kunden entspricht, und der Ihnen zum anderen genug Zeit lässt, das Projekt sorgfältig zu bearbeiten.

- **Entscheiden Sie, ob Sie den Auftrag annehmen.** Viele Consultants (und Kunden übrigens auch) irren sich in der Annahme, dass *ausschließlich* der Kunde entscheidet, ob Sie den Auftrag erhalten. Die Entscheidung, ein Projekt zusammen durchzuführen, wird im gegenseitigen Einvernehmen getroffen. Ebenso wie Ihr Kunde die Zusammenarbeit mit Ihnen ablehnen kann, weil Sie seiner Ansicht nach vom fachlichen oder menschlichen Gesichtspunkt betrachtet nicht der Richtige sind, können auch *Sie* das Projekt aus verschiedenen Gründen ablehnen. Ablehnungsgründe sind unter anderem der Verdacht, dass der Kunde den notwendigen Änderungen keinesfalls zustimmen wird oder mit persönlichen Differenzen gerechnet werden muss. Zu einer Partnerschaft gehören immer zwei Menschen! Sollten Sie den Auftrag annehmen, besteht Ihre nächste Aufgabe darin, Lösungsvorschläge auszuarbeiten und Ihrem Kunden vorzulegen.

Bei der ersten Kontaktaufnahme geht es um viel mehr, als dem Kunden die eigenen Vorzüge schmackhaft zu machen, um einen Auftrag an Land zu ziehen. Wenn Sie sich bei dem ersten Treffen an die obigen Richtlinien halten, stellen Sie bereits die Weichen für ein überzeugendes Lösungskonzept und einen erfolgreichen Projektabschluss.

Tipps für die ersten Kundenbesprechungen

Vielleicht haben wir Sie jetzt nervös gemacht oder eingeschüchtert, weil wir ständig darauf herumreiten, wie wichtig die erste Begegnung mit Ihrem Kunden ist. Holen Sie mal tief Luft und entspannen Sie sich. Selbst wenn Sie noch Anfänger in der Consulting-Branche sind, haben Sie Ihren Kunden bestimmt eine Menge zu bieten, und glauben Sie uns, Ihre Kunden wissen das.

Nachfolgend noch einige Tipps, damit Sie bei Ihren Kunden sicher auftreten können und einen positiven Eindruck von sich und Ihrem Unternehmen hinterlassen.

- **Entspannen Sie sich!** Sicher, die ersten Treffen sind entscheidend. Läuft es gut, haben Sie vielleicht für Monate oder sogar Jahre mehr als genug zu arbeiten. Ist es schlecht gelaufen, sind Sie aber wenigstens um eine Erfahrung reicher. Es kommt darauf an, möglichst schnell eine gute Beziehung zu Ihrem

Kunden aufzubauen, und dafür müssen Sie von Anfang an eine angenehme Atmosphäre schaffen. Das geht aber nur, wenn Sie selbst Zuversicht ausstrahlen und sich wohlfühlen. Ganz ruhig, entspannen Sie sich! Sie haben sich doch gut auf dieses Gespräch vorbereitet und wissen genau, was Sie können. Es gibt überhaupt keinen Grund zur Panik! Ganz im Gegenteil. Wenn Sie Ihre Hausaufgaben gemacht haben, können Sie doch eigentlich Ihren Tatendrang kaum noch zügeln und brennen darauf, Ihrem Kunden zu helfen. Denken Sie positiv, auch wenn Sie nervös werden. Es kann Sie inspirieren!

- ✔ **Bringen Sie in Erfahrung, wer aus welchem Grund an diesem Gespräch teilnimmt.** Informieren Sie sich, welche Mitarbeiter Ihres Kunden an dem Meeting noch teilnehmen und welche Positionen sie besetzen. Sie können sich dann gezielt auf Themen vorbereiten, die für einzelne Teilnehmer interessant sein könnten. Bringen Sie zum Beispiel in Erfahrung, dass der Chefinformatiker anwesend sein wird, können Sie einfließen lassen, dass Sie sich bestens mit Netzwerken und Datenbanken auskennen. Damit haben Sie schon einen sehr aufmerksamen Zuhörer für sich gewonnen.

- ✔ **Machen Sie einen guten Eindruck.** Der erste Eindruck zählt, und Sie haben nur einmal die Möglichkeit, einen *guten* ersten Eindruck zu hinterlassen. Sie treten als Profi auf, und dementsprechend professionell sollten die Art Ihrer Begrüßung, Ihre Kleidung, Ihre Ausdrucksweise und Ihr persönliches Auftreten sein. Als Finanzberater für Banken sollten Sie sich auch wie ein Banker kleiden. Als Experte für das Aufpolieren von Sportbooten erscheinen Sie natürlich ganz leger in Shorts, Polo-Shirt, Turnschuhen und Windjacke. Erzählen Sie Ihrem Kunden von bereits erfolgreich abgeschlossenen Projekten, und streuen Sie gelegentlich ein paar Namen von Kunden ein, die man in der Branche kennt. Allerdings sollten Sie darauf achten, dabei nicht in Wichtigtuerei zu verfallen. Wenn Sie eine Referenzliste verteilen, fragen Sie *vorher* bei den Referenzkunden nach, ob sie damit einverstanden sind. Lassen Sie Ihren Kunden spüren, dass Sie ihm aufmerksam zuhören, ernsthaft daran interessiert sind, ihm zu helfen und zielgerichtet zur Tat schreiten können. Jetzt haben Sie alles getan, um einen guten ersten Eindruck zu hinterlassen.

- ✔ **Bereit sein ist alles.** Es kann vorkommen, dass ein Kunde Sie auf die Probe stellt und Ihnen fachlich sehr spezielle Fragen stellt, um sowohl Ihr Wissen als auch Ihre Reaktion und Ihr Urteilsvermögen zu prüfen. Die beste Möglichkeit, sich in so einem Fall nicht zu blamieren, ist eine sorgfältige Vorbereitung *vor* dem Treffen. Handelt es sich um ein Treffen mit einem Neukunden, informieren Sie sich so umfassend wie möglich über sein Unternehmen: Absatzmärkte, Technologiebereich, Belegschaft, Erfolge und Misserfolge. Der Kunde wird nicht nur wohlwollend zur Kenntnis nehmen, dass Sie sich über sein Unternehmen informiert haben, sondern auch zu schätzen wissen, dass Sie sich wertvolle Zeit dafür nahmen. So sammeln Sie Pluspunkte!

- **Hören Sie aufmerksam zu.** Nur wenn Sie Ihrem Kunden aufmerksam *zuhören*, können Sie sein Problem auch richtig verstehen und Lösungsansätze entwickeln. Es gibt Consultants, die sich einbilden, sie müssten möglichst pausenlos reden, um ihr Fachwissen ausreichend unter Beweis zu stellen. Doch das ist definitiv nicht angebracht. Wenn Sie nicht gerade irgendeine Präsentation durchführen, gilt für alle Kundenbesprechungen die Regel: Mehr zuhören als selbst reden. *Nur so* können Sie Ihren Kunden wirklich verstehen und erfahren, was er von Ihnen erwartet.
- **Machen Sie sich Notizen.** Sobald zwischen Ihnen und Ihrem Kunden die Durchführung eines Projekt vereinbart ist, müssen Sie die weitere Vorgehensweise planen und Ihrem Kunden zur Genehmigung vorlegen. Im Laufe der ersten und auch allen nachfolgenden Besprechungen werden viele Ideen, Bedenken, Konzepte, Ansätze und Abmachungen zur Sprache kommen. Notieren Sie sich alle wichtigen Punkte dieser Gespräche, damit Sie das Projekt entsprechend planen und umsetzen können. Außerdem wird es Ihrem Kunden gut gefallen, wenn er sieht, dass Sie großen Wert auf seine Beiträge legen. Gewöhnen Sie sich auch an, direkt nach den Meetings Ihre persönlichen Eindrücke zu notieren, solange sie noch frisch im Gedächtnis sind.

Das ist doch alles gar nicht so schlimm, oder? Sie werden sehen, mit jedem Kundengespräch, das Sie hinter sich gebracht haben, wächst Ihr Selbstvertrauen und schwindet Ihre Nervosität. Sie werden schon bald nicht mehr wissen, warum Sie überhaupt jemals Angst davor hatten, und sich richtig professionell verhalten. Bis es soweit ist, arbeiten Sie einfach weiter an sich und suchen Sie, schon aus Übungszwecken, regelmäßig Ihre Kunden auf.

Stellen Sie viele Fragen

Bevor Sie Ihrem Kunden einen so fantastischen Lösungsvorschlag präsentieren können, dass er sofort sein Scheckbuch zückt, müssen Sie *viele* Fragen gestellt haben. Sobald sich ein Kunde für Sie entschieden hat, müssen Sie wissen, welche Fragen jetzt wichtig sind. Die Antworten, die Sie im Frühstadium des Beratungsvorgangs erhalten, bestimmen den gesamten weiteren Verlauf. Womit wir beim nächsten Schritt wären: Formulieren Sie Ihre Fragen so, dass Sie hilfreiche Antworten erhalten. Nachfolgend einige Fragestellungen zur Auswahl. Selbstverständlich können Sie diese Liste beliebig erweitern.

- Um welches Problem handelt es sich?
- Was ist Ihrer Meinung nach die Ursache dieses Problems?
- Wie lange besteht dieses Problem schon in Ihrem Unternehmen?
- Haben Sie schon versucht, dieses Problem zu beheben? Wie? Und was ist dann passiert?
- Wie soll ich Ihrer Meinung nach vorgehen?

- Was ist Ihr Ziel?
- Können firmeninterne Schwierigkeiten bei der Umsetzung möglicher Lösungen auftreten?
- Glauben Sie, dass das Management notwendigen Änderungsmaßnahmen zustimmen wird, sofern der Projekterfolg davon abhängt?
- Welche messbaren Ergebnisse erwarten Sie nach Abschluss des Projekts?
- Wann soll das Projekt abgeschlossen sein?
- Welche Rolle werden Sie im Laufe des Projekts und im Anschluss daran übernehmen?
- Welche Informationen können Sie mir liefern und wie können Sie mich anderweitig unterstützen?
- Bin ich für die Umsetzung meiner Lösungsstrategien verantwortlich?
- Haben Sie einen Projektetat aufgestellt?
- Haben Sie bezüglich dieses Projektes persönliche Bedenken?
- Wann soll ich anfangen?

Stellen Sie bereits zu Beginn möglichst viele Fragen, so ersparen Sie sich später viel zeitraubenden Ärger. Das Frage-und-Antwort-Spiel sollte der wichtigste Bestandteil bei dem ersten Kundengespräch sein.

Wie Jim Harris Mitarbeitern lehrt, ihren Job zu lieben

Jim Harris, Gründer des Unternehmens *The Jim Harris Group* (E-Mail: `74442.2232@compuserve.com`) ist seit über zwanzig Jahren als Consultant tätig. Seine Erfahrung sammelte er als Lehrkraft an der Universität, im Verwaltungsbereich, in der Unternehmensführung und in Zusammenarbeit mit dem Einzelhandel. Außerdem arbeitet er seit fünf Jahren als Unternehmensberater mit Schwerpunkt Mitarbeiterführung, hält Vorträge und verfasst Fachartikel darüber. Die Jim Harris Group hat sich darauf spezialisiert, die Methoden zu untersuchen, mit denen es erfolgreichen Unternehmen gelingt, ein erstklassiges Arbeitsklima zu schaffen. Jims Buch »Getting Employees to Fall in Love with Your Company« *(Wie sich Mitarbeiter in ihren Beruf verlieben)* bietet über 130 bewährte Richtlinien, mit denen Unternehmen das Arbeitsumfeld verbessern können. Wir baten Jim, uns seinen Ansatz zur Problemdefinition zu verraten und uns zu schildern, wie der Erfolg eines Beratungsunternehmens gesichert werden kann.

Consulting für Dummies: Für wie wichtig halten Sie den Erstkontakt mit Ihrem Kunden, und wie gehen Sie dabei vor?

Jim Harris: Die ersten Begegnungen sind außerordentlich wichtig. Noch bevor man sich daran macht, das Problem einzukreisen, muss man eine positive Beziehung zu seinem Kunden aufbauen. Gerade als Consultant ist man in erster Linie auf eine vertrauensvolle Beziehung zum Kunden angewiesen, der geschäftliche Aspekt muss vorerst in den Hintergrund rücken. Dieses Vertrauensverhältnis muss gleich von Anfang an geschaffen werden. Deshalb konzentriere ich mich bei den ersten Treffen darauf, ob meine Kunden und ich sowohl menschlich als auch von der Arbeitsweise her zusammenpassen und ob ich aufgrund meiner Berufserfahrung der richtige Mann für die anstehende Aufgabe bin. In den ersten Gesprächen geht es deshalb häufig noch gar nicht um das eigentliche Problem, sondern ausschließlich darum, ob eine gute Beziehung aufgebaut werden kann.

CfD: Sie investieren also viel Zeit, um den Grundstein für eine vertrauensvolle Beziehung zum Kunden zu legen?

Harris: Ja. Und wie Sie vielleicht selbst wissen, dauert es manchmal Monate, bevor ein Kunde soviel Vertrauen hat, dass er tatsächlich zum Telefon greift und Hilfe zu einem Problem anfordert.

CfD: Einige der besten langfristigen Kundenbeziehungen sind über einen langen Zeitraum gewachsen. Die Vorstellung, man wäre als Consultant »aus den Augen, aus dem Sinn«, trifft überhaupt nicht zu.

Harris: Stimmt genau. Gerade eben habe ich noch mit einem Kunden gesprochen, mit dem ich seit über zwei Jahren in Kontakt stehe. Jetzt ist es soweit, dass ich ihm für ein spezielles Problem einen Lösungsvorschlag unterbreiten kann. Tja, bei manchen Kunden dauert es eben etwas länger.

CfD: Wie gehen Sie bei der Definition des Problems vor? Und wie unterscheiden Sie zwischen dem tatsächlichen Problem und dem, das der Kunde zu erkennen *glaubt*?

Harris: Ich konzentriere mich dabei auf drei Punkte: Erstens: Eine der wichtigsten Aufgaben eines Consultants besteht darin, dem Kunden die tatsächlichen Fakten zu erläutern. Damit will ich sagen, dass wir aus einer unvoreingenommenen Perspektive heraus dem Kunden helfen, den Problemen auf den Grund zu gehen, anstatt nur die offensichtlichen Symptome zu behandeln. Als ich an meinem Buch »Getting Employees to Fall in Love with Your Company« schrieb, konnte ich mit einigen der erfolgreichsten Unternehmen wie *The Home Depot* und *South West Airlines* Erfahrungen sammeln, die mir über diesen Punkt richtig die Augen öffneten. So bekam ich wider Erwarten ganz neue Töne der Unternehmen zu hören, als sie sich unter der veränderten Perspektive betrachteten: »Wir sind ja gar nicht so gut, wie wir dachten. Wir sind eine große Bürokratie mit firmeninternen Machtkämpfen, und rangeln uns um die Etats!« Manchmal braucht es einen Außenstehenden, der nicht nur erkennt, wo die Stärken eines Unternehmens liegen, sondern auch deutlich die Schwächen aufzeigt. Ich halte es also für ganz wichtig, dass ein Consultant seinem Kunden zuallererst die Scheuklappen abnimmt, auch wenn der Kunde die Realität vielleicht nicht wahrhaben möchte. Mir ist es zum Beispiel einmal passiert, dass der Chef einer Einzelhandelskette felsenfest davon überzeugt war, sein Problem ließe sich dadurch lösen, dass sich sein Verkaufspersonal ein Video über freundliches Lächeln ansieht.

CfD: Soll das ein Witz sein?

Harris: Nein, das stimmt wirklich. Er dachte im Ernst, damit wäre das Problem zu lösen. Offen gesagt bestand das tatsächliche Problem darin, dass von Seite des Managements jegliche Eigenverantwortung der Mitarbeiter im Ansatz erstickt wurde. Es gab da doch tatsächlich eine Checkliste zum Abhaken aller anderen Checklisten, die dem Management zur Genehmigung vorgelegt werden mussten. Ich habe sie also erst einmal auf den Boden der Tatsachen gestellt. Das war zwar nicht, was sie sich versprochen hatten, aber als ihr Consultant war genau das mein Job.

CfD: Es hört sich nicht gerade so an, als hätten die Mitarbeiter viel zu lachen gehabt!

Harris: In diesem speziellen Fall nicht, aber ich konnte ihnen trotzdem helfen. Ich möchte aber als positiven Aspekt auch erwähnen, dass die schonungslose Wahrheit den Kunden durchaus angenehm überraschen kann. Zur Zeit arbeite ich für ein medizintechnisches Unternehmen, das sich auf die Behandlung von Krebs spezialisiert hat. Es gab die Vermutung, dass die Mitarbeiter ein moralisches Problem mit dem neuen Vorstand und seinen Vorgehensweisen hätten. Wir führten kurzerhand eine vertrauliche Mitarbeiterbefragung durch, und zu unser aller Überraschung stellte sich heraus, dass der neue Vorstand sehr beliebt war und seine Unternehmenspolitik volle Unterstützung fand. Das Problem lag darin, dass das Management den Mitarbeitern an der vordersten Front kein Gehör schenkte. Es ist und bleibt die erste Aufgabe für mich, meinen Kunden die Augen zu öffnen, ob sie nun wollen oder nicht. Manchmal entdecken sie danach eine schöne Überraschung.

CfD: Und wie sehen die beiden anderen Punkte aus?

Harris: Nach meiner Erfahrung als externer Consultant ist Punkt zwei: Das Problem des Kunden mit dessen Augen zu betrachten. Außerdem lege ich besonderen Wert darauf, den Kunden als Glied einer Kette zu sehen. Das heißt, wir verfolgen das jeweilige Problem durch die gesamte Unternehmensstruktur und konzentrieren uns nicht nur auf die leitenden Angestellten, das Verkaufspersonal und die Manager, obwohl das in erster Linie unsere Auftraggeber sind. Wir überlegen uns auch, wie sich das Problem für die Kunden unserer Kunden stellt, und gehen eventuell noch zwei oder drei Ebenen tiefer. Als ich einmal eine Schulung für obere und mittlere Führungskräfte eines milliardenschweren Einzelhandelsunternehmens abhielt, beging ich den fatalen Fehler, dass ich bei der Entwicklung eines Konzepts für das Verkaufpersonal nur auf die Führungsebene hörte. Wir entwickelten das Konzept, und das Projekt wurde ein Reinfall, weil ich mich überhaupt nicht um die nächste Kundenebene gekümmert hatte. Da fällt mir noch ein Beispiel ein: Einer meiner Kunden besitzt einen Kurierdienst. Bei einer von mir organisierten Konferenz mit den Kunden dieses Kurierdienstes stellte sich heraus, dass die Uniformen der Fahrer einer der Gründe waren, dass die Kunden speziell diesen Kurierdienst anforderten. Mein Kunde hatte geglaubt, dass die Uniformen ein Problem wären, da sie ihn unnötig viel Geld kosteten. Seine Kunden fanden die jedoch Uniformen sehr gut, weil sich die Fahrer dadurch von ihren Konkurrenten abhoben und die Uniformen sozusagen als Ausdruck von Professionalität galten.

CfD: Das bedeutet, man darf ein Problem nicht nur firmenintern definieren, sondern muss auch das externe Umfeld der nächsten Kunden mit einbeziehen.

Harris: Genau, und mir wurde klar, dass ich bei der Problemdefinition und dem Einnehmen des Kundenstandpunktes nicht getrennt vorgehen kann, weil diese beiden Vorgänge Hand in Hand gehen. Es sind eigentlich überhaupt keine getrennten Einzelschritte, sondern Bestandteile eines wichtigen größeren Schritts.

CfD: Gut, kommen wir dann auf den dritten Punkt zu sprechen!

Harris: Der dritte und übrigens sehr wichtige Punkt ist: Sich nicht auf etwas versteifen und flexibel bleiben. Ich möchte diesen Punkt etwas näher erläutern, da er vielleicht nicht auf Anhieb verständlich ist. Bei der Definition des Problems, dem Erkennen der Realität und der Betrachtung vom Standpunkt des Kunden aus beginnt man eigentlich schon damit, den Lösungsweg zu formulieren. Wir Consultants bringen dabei leicht das eigenes Ego ins Spiel und glauben, mit allen Problemen fertig werden zu können. Stimmt aber nicht. Wir sind ein Hilfsmittel, eine Ressource. Wir bauen Beziehungen auf, die möglichst lange anhalten sollen, das dürfen wir nicht vergessen. Ich muss meinen Kunden des Öfteren sagen, dass ich für ihr Problem nicht der richtige Ansprechpartner bin. Wenn ich meinen Kunden aber dadurch weiterhelfen kann, dass ich ihnen einen geeigneten *Kollegen* vermittle, dann tue ich es. Genauso lief das auch mit diesem Kurierdienst. Es ging damals um die Ausarbeitung von verbesserten Auswahlkriterien für die Einstellung von Mitarbeitern. Ich verstehe zwar etwas davon, aber es ist nicht mein eigentliches Fachgebiet. Zufällig ist ein Freund und Kollege von mir Experte auf diesem Gebiet. Ich habe meinen Kunden also an ihn verwiesen, und sie haben fantastisch zusammengearbeitet. Daraufhin stieg ich in der Achtung meines Kunden. Wenn ich also an einer Problemdefinition arbeite, gehe ich niemals davon aus, dass ich auch derjenige bin, der die beste Lösung vorschlagen kann. Ich darf mich nicht darauf versteifen, dieses Projekt unbedingt selbst machen zu müssen. Manchmal reicht es aus, einen Kollegen einzuschalten, und manchmal ist es besser, den gesamten Auftrag weiterzugeben.

CfD: Das heißt, selbst wenn Sie mangels Fachkenntnis eine spezielle Aufgabe nicht selbst übernehmen können, empfehlen Sie die entsprechenden Kollegen, damit das Projekt trotzdem zustande kommt. Ihre Kunden können sich darauf verlassen, dass Sie sich auf die eine oder andere Weise um jedes Problem kümmern.

Harris: Genau so ist es. Sie wissen ja auch, wie unser Beruf in der Praxis aussieht. Wir Consultants, ganz besonders diejenigen unter uns, die kleinere Unternehmen leiten, treten praktisch miteinander in Geschäftsbeziehung, um bestimmte Kundenanforderungen erfüllen zu können. Dies erweist sich als sehr sinnvoller Ansatz. Die Kollegen helfen mit ihrem Fachwissen für ein bestimmtes Projekt zusammen, und nach Abschluss des Projektes wird die Zusammenarbeit wieder beendet.

CfD: Das Tolle daran ist, dass sich der Kunde immer darauf verlassen kann, dass ihm geholfen wird, egal von wem.

Harris: Richtig. Manchmal bin ich der Projektleiter, manchmal arbeite ich bei einem Projekt anderer Consultants mit. Eine Hand wäscht die andere, man darf sich nur nicht zu sehr darauf versteifen, alle Probleme selbst lösen zu wollen.

CfD: Wie sehr sind die Kunden bei der Problemdefinition und der Ausarbeitung von Lösungen beteiligt?

Harris: Die Kunden müssen zu 100 Prozent in jeden einzelnen Schritt von Anfang bis Ende mit einbezogen werden, da Sie als Consultant ein Außenstehender innerhalb ihrer Arbeitsumgebung sind. Falls möglich, sollten die obersten Führungskräfte ebenfalls an einem Projekt beteiligt sein. Ich für meinen Teil versuche, schon während ich das Problem definiere und die Beziehung zum Kunden aufbaue, Vorgesetzte mit einzubeziehen, die mindestens zwei Positionen höher sitzen. Ich bemühe mich immer, sowohl die höher gestellten Mitarbeiter als auch die Kundenkette nach unten zu berücksichtigen. Bei einem kleineren oder mittleren Unternehmen ist es meist sowieso jemand aus der Unternehmensleitung, der sich an mich wendet. Dennoch versuche ich grundsätzlich, ob ich noch einen höher gestellten Mitarbeiter in die Problemdefinition mit einbeziehen kann. Schließlich kann bei meinem Punkt eins, dem Kunden die Fakten vor Augen halten, immer auch etwas Unangenehmes herauskommen. Ich möchte deshalb von Anfang an sichergehen, dass die Kunden auch wirklich verstehen, worum es in ihrer Situation wirklich geht.

CfD: Worauf sollten Ihrer Meinung nach Kunden bei der Auswahl eines Consultants achten?

Harris: Ich glaube, ich würde dies genauso angehen wie die Auswahl eines Top-Managers oder eines anderen Mitarbeiters, der an vorderster Front steht. Das entscheidende Kriterium für mich ist, dass ähnliche Ziele und Wertvorstellungen vorhanden sind. Wenn die Einstellung zur Arbeit bei Kunde und Consultant übereinstimmt, ist das meiner Meinung nach das Beste, was innerhalb der Geschäftsbeziehung passieren kann. Passen die Wertvorstellungen nicht zusammen, wird die Zusammenarbeit vermutlich nicht sehr erfolgreich verlaufen, egal wie viel Erfahrung Sie haben oder wen Sie einschalten. Meine ersten Fragen an einen potenziellen Consultant wären: »Wofür stehen Sie in und mit Ihrem Unternehmen ein? Welche Werte sind Ihnen wichtig? Was möchten Sie erreichen, und wie realisieren Sie Ihre Ziele?« Als nächstes würde ich Referenzen einholen, und mich noch intensiver über die Person des Consultants informieren. Hat er einen guten Ruf? Bleibt er am Ball? Hält er Termine ein? Berechnet er mehr, als ausgemacht war? Gab es bei Projektabschluss schon einmal unliebsame Überraschungen?

CfD: Und was würden Sie einem Consultant raten, der dabei ist, eine eigene Firma zu gründen?

Harris: Dass er Geduld mitbringen muss, sich langsam aber sicher einen guten Ruf aufbauen soll und sich nicht mehr Arbeit aufhalst, als er tatsächlich schaffen kann. Als ich damals meinen Posten als Manager einer großen Einzelhandelskette aufgab und mein eigenes Unternehmen gründete, hat mir in finanzieller Hinsicht eine Sache sehr geholfen. Ich fragte mich nicht »*Wie viel* muss ich arbeiten, damit ich im ersten Jahr ein Einkommen in der Höhe meines Managergehalts erzielen kann?« sondern »*Wie wenig* reicht zum Überleben aus?«. Das war mein finanzielles Ziel. Jeder Existenzgründer sollte sich also fragen: »Wie hoch ist meine private Miete? Was kann ich für ein Büro ausgeben?« Vielleicht stellt sich heraus, dass um die 50.000 Mark schon ausreichen würden. Und genau das sollte das finanzielle Ziel für das erste Jahr der Selbstständigkeit sein. Wenn dies gelingt und man auch noch erfolgreich ist, läuft die Sache schon fast von alleine.

CfD: Und mit dem Erfolg wächst gleichzeitig das Geschäft.

Harris: Wenn dann Consultant und Kunde auch noch für die gleichen Werte eintreten und ihre Beziehung langfristig pflegen, kommen die Kunden immer wieder. Je nach Situation wird man entweder als selbstständiger Consultant oder als Leiter eines internen Projektteams angefordert. Rund 80 Prozent meiner Aufträge kommen aufgrund von Weiterempfehlungen zustande, und im Laufe der Zeit werden es immer mehr. Ehrlich gesagt halte ich jede Weiterempfehlung für eine bessere Werbung als groß angelegte Marketingstrategien, um die ich mich überhaupt nicht kümmere.

Eine partnerschaftliche Beziehung zum Kunden aufbauen

Sie haben die Wahl: Sie können entweder *mit* Ihren Kunden oder *gegen* sie arbeiten. Wir verraten wir Ihnen mal ein kleines Geheimnis: Die schöne Welt des Consulting ist nicht immer reines Zuckerschlecken. Wenn man sich gerade mit einem starrsinnigen Kunden oder unkooperativen, schwierigen Angestellten abplagen muss, wünscht man sich manchmal, man wäre doch lieber Bibliothekar geworden. Wenn Sie gegen Ihren Kunden arbeiten, ist das Problem, dass *keiner* gewinnt und *jeder* verliert. Sie verlieren kostbare Zeit für einen Projektplan, den der Kunde nicht zu schätzen weiß oder gar nicht mehr will, und der Kunde verliert, weil er auf seinem Problem vorerst sitzen bleibt.

Falls Sie zu einem Kunden ein gespanntes Verhältnis haben oder sich aus einem unbestimmten Grund mit ihm nicht so recht wohlfühlen, ist es eventuell besser, sich von diesem Kunden zu trennen. Es gibt sicher andere, mit denen Sie besser klar kommen. Stimmt die Chemie zwischen Consultant und Kunde nicht von Anfang an, wird sich das wahrscheinlich auch nicht mehr ändern.

Noch einmal klar und deutlich: Sie arbeiten nicht gegen, sondern mit Ihrem Kunden innerhalb einer partnerschaftlichen Beziehung. Dann stehen Sie beide auf der Gewinnerseite. Nachfolgend einige bewährte Tipps, wie Sie dies erreichen können:

- ✔ **Das A und O ist die Zusammenarbeit.** Dies gilt ohne Ausnahme für jedes Projekt. Sitzt der »Herr Experte« auf einem hohen Ross und grenzt sich so vom Unternehmen und dessen Mitarbeitern ab, wird der Kunde bezweifeln, dass der Consultant einen guten Einblick in das Unternehmen gewonnen hat und seine Berichte und Vorschläge wenig beachten. Es ist auch nicht gerade das Gelbe vom Ei, wenn umgekehrt der Kunde seinen Consultant wie irgendeinen Untergebenen behandelt, jeden seiner Schritte mit Argusaugen überwacht und ihm keinen Spielraum lässt. So kann kein Consultant sinnvolle Arbeit leisten. Die beste Lösung ist die Zusammenarbeit zwischen Kunde und Consultant, die gegenseitige Unterstützung, damit dass gemeinsame Projekt Erfolg haben kann.

- ✔ **Kommunizieren Sie offen miteinander.** Kommunikation besteht immer aus sprechen *und* zuhören. Wenn Sie endlose Monologe halten, werden Sie das Problem Ihres Kunden und seine Erwartungen niemals verstehen. Gegenseitiges Vertrauen und Respekt sind das Fundament einer guten Partnerschaft, in der die Partner offen miteinander sprechen und sich auch aufmerksam zuhören. In einer echten Partnerschaft zählt jede Meinung gleich viel und die Kommunikation verläuft offen, ehrlich und in beide Richtungen.

- ✔ **Bringen Sie Schwierigkeiten gleich zur Sprache.** Schwierigkeiten sollten in jeder Partnerschaft – so auch in der zwischen Consultant und Kunden – am besten sofort offen und ehrlich besprochen werden. Wenn Sie um den heißen Brei herumreden oder Probleme lieber nicht ansprechen, um die Beziehung nicht zu »belasten«, lösen sich die Probleme weder von alleine, noch trägt dies zu Ausarbeitung von sinnvollen Lösungsstrategien bei. Ganz im Gegenteil: Ihre Lösungsvorschläge werden unvollständig und sehr wahrscheinlich falsch sein, da Sie die alle kritischen Punkte großzügig übersehen haben. Besprechen Sie deshalb alle Schwierigkeiten *unverzüglich* mit Ihrem Kunden. Gehen Sie dabei diplomatisch vor und erweisen Sie ihm den nötigen Respekt, doch zögern Sie nicht, das Kind beim Namen zu nennen. Daraus wird sich eine echte Partnerschaft entwickeln, die Märchenversion einer Ehe ohne Probleme vergessen Sie ganz einfach.

- ✔ **Entscheiden Sie gemeinsam.** Sofern es möglich ist, sollten Sie alle wichtigen, projektbezogenen Entscheidungen mit Ihrem Kunden gemeinsam treffen. Wenn sich Ihr Kunde als Teammitglied fühlt, verlaufen die wöchentlichen Projektbesprechungen sicher wesentlich harmonischer. Aus demselben Grund können Sie Ihren Kunden auch darum bitten, Sie in seine projektbezogenen Entscheidungen einzubeziehen. Sie vertiefen so Ihre Beziehung und können bessere Lösungsvorschläge liefern.

- ✔ **Achten Sie auch auf personelle Probleme.** Manche Unternehmen erwarten von ihrem Consultant, sich ausschließlich mit technischen Abläufen zu befassen und personelle Probleme – unentschlossene oder tyrannische Manager und Vorgesetzte, chronische Unpünktlichkeit, permanentes Überziehen der Mittagspause – zu ignorieren. Ein grober Fehler! Wenn Sie das Problem Ihres Kunden erfolgreich lösen sollen, müssen Sie auch das Verhalten der Mitarbeiter in Ihre Überlegungen mit einbeziehen dürfen. Natürlich kann das Chaos im Betrieb durch Fehler in der Unternehmenspolitik, in einem System oder Verfahren entstanden sein. Aber auch Mitarbeiter können Fehler machen, die sich katastrophal auswirken. Der Erfolg der Geschäftsbeziehung zwischen Consultant und Kunde kann sich deshalb nur dann einstellen, wenn dem Consultant Zugriff und Zutritt zu allen Unternehmensbereichen seines Kunden gewährt wird. Besprechen Sie diesen Punkt möglichst vor Beginn Ihrer Tätigkeit, und nicht erst, wenn Sie schon mitten drin stecken.

Auch wenn ein gutes Verhältnis zwischen Ihnen und Ihrem Kunden nicht gleich *alle* Probleme löst, macht es doch vieles sehr viel einfacher. Ihre Arbeit macht mehr Spaß, ist produktiver, und der Kunde kann mit Ihren Lösungsvorschlägen auch wirklich etwas anfangen.

Überzeugende Lösungsstrategien entwickeln

Nachdem Sie den ersten Kontakt mit Ihrem Kunden gut überstanden haben, müssen Sie ihm einen so überzeugenden Lösungsvorschlag auf den Tisch legen, dass er Ihnen vor Begeisterung um den Hals fällt. Der Umfang dieses Vorschlags hängt zum einen von Ihrem Tätigkeitsfeld und zum anderen von den Erwartungen Ihres Kunden ab.

Nehmen wir einmal an, Sie seien ein Computerexperte und Ihre Aufgabe bestünde darin, eine neue 3,5 GB Festplatte einzubauen. In diesem Fall wäre eine 35 Seiten umfassende Abhandlung über die Vorzüge von Speichererweiterungen inklusive ausführlicher Wettbewerbsvorteile, die Sie bieten können, stark übertrieben. Ihr Kunde erteilt Ihnen den Auftrag vermutlich ohne viel Aufhebens, sobald klar ist, dass Sie qualifiziert sind, kein horrendes Honorar verlangen und den Job zum gewünschten Termin erledigen. Falls Sie jedoch als Unternehmensberater ein umfassendes Strategiepaket für ein auf mehrere Jahre angelegtes Projekt unterbreiten möchten, wären 35 Seiten bei weitem nicht ausreichend.

Für alle Lösungsstrategien gilt ganz unabhängig von ihrem Umfang, dass sie leicht verständlich formuliert, ansprechend gestaltet und möglichst kurz gehalten werden. Nachfolgend einige Tipps, die Sie sich zu Herzen nehmen sollten.

- ✔ **Gehen Sie auf die Anforderungen, Fragen und Bedenken Ihres Kunden ein.** Hören Sie Ihrem Kunden aufmerksam zu und definieren Sie ganz genau seine

Anforderungen, Fragen und Bedenken. Anschließend formulieren Sie für jeden Punkt einen Lösungsvorschlag.

- ✔ **Richten Sie sich nach den Vorlieben Ihres Kunden.** Bei Lösungsvorschlägen zählt allein, was Ihr Kunde will. Falls Ihr Kunde es ganz toll finden sollte, wenn auf jeder Seite Ihres Vorschlags ein Farbfoto prangt, machen Sie ihm diese Freude, selbst wenn Sie selbst der Ansicht sind, dass dadurch vom Inhalt abgelenkt wird.
- ✔ **Schieben Sie die Ausarbeitung Ihrer Lösungsvorschläge nicht bis zur letzten Minute hinaus.** Fangen Sie damit an, sobald Sie sich entschieden haben, dass Sie das Projekt gerne übernehmen würden. Lassen Sie sich nicht dazu hinreißen, die Aufgabe auf die lange Bank zu schieben. Ohne Termindruck sind Sie bei Ihrer Arbeit wesentlich entspannter, vermeiden Flüchtigkeitsfehler und sind rechtzeitig, wenn nicht gar vorzeitig fertig.
- ✔ **Nehmen Sie sich die Zeit, Ihren Vorschlag vor der Abgabe nochmals zu überarbeiten.** Planen Sie immer ausreichend Zeit ein, damit Sie Ihre Lösungsstrategie nach Fertigstellung noch einmal überarbeiten können, bevor der Kunde sie erhält. Falls Sie schlampige Arbeit abliefern, wird Ihr Kunde in spe wahrscheinlich den Verdacht hegen, dass auch der Rest Ihrer Arbeit ähnlich schlampig erledigt wird.
- ✔ **Denken Sie immer daran, dass Sie nicht der Einzige sind, der diesen Job erledigen kann.** Ihr Lösungsvorschlag muss mindestens genauso gut, wenn nicht besser als der Ihrer Mitbewerber sein. Behalten Sie die Konkurrenz im Auge, und verlassen Sie sich nicht allzu sehr auf Ihre Erfolge. Die Konkurrenz ist groß, und sie schläft nicht! Setzen Sie sich das Ziel, dass jeder neue Lösungsvorschlag besser als der vorherige wird. Achten Sie auf neue Entwicklungen in der Branche und halten Sie mit Innovationen Schritt.
- ✔ **Erstellen Sie sich eine Datenbank mit Ihren Lösungsstrategien.** Unserer Erfahrung nach besteht etwa die Hälfte des Inhaltes von Lösungsvorschlägen aus immer dem gleichen Text. Wozu sich also unnötige Mühe machen?

Es gibt keine goldene Regel, wie lang die perfekte Lösungsstrategie sein soll. In den meisten Fällen jedoch wird die Sachlage entweder in Briefform zusammengefasst oder in Berichtform ausführlich geschildert. Im nächsten Abschnitt stellen wir Ihnen beide Möglichkeiten vor.

Die Briefform

Of genügt ein kurzes Anschreiben von ein bis zwei Seiten, in dem die wichtigsten Informationen für den Kunden kurz und bündig zusammenfasst sind. Lösungskonzepte in Briefform sind für einfache Projekte geeignet, in denen weder hohe Kosten noch lange Bearbeitungszeiten veranschlagt werden.

Folgende Punkte sollte Ihr Anschreiben jedoch immer beinhalten:

- **Worum geht es?** Nach einer kurzen Einleitungsfloskel, in der Sie sich für das Treffen und das Interesse des Kunden an Ihrer Arbeit bedanken, kommen Sie ohne Umschweife auf den Punkt zu sprechen. Schildern Sie kurz, was Sie zu bieten haben, zählen Sie die zu erwartenden Ergebnisse auf und liefern Sie Ihrem Kunden Gründe, weshalb er sich für eine Zusammenarbeit mit Ihnen entscheiden sollte.
- **Ihr Vorhaben.** Wie wollen Sie im Einzelnen vorgehen? Schildern Sie kurz Ihren Plan für das Projekt.
- **Zielsetzung.** Fassen Sie die voraussichtlichen Projektergebnisse zusammen. Falls Sie eine Strategie im Sinne haben, mit der sich Ihr Kunde 1 Million Mark sparen kann, sollten Sie ihm dies jetzt mitteilen. Wollen Sie Ihrem Kunden beibringen, wie man einen Videorekorder programmiert, ist hier der richtige Platz für diese Information.
- **Aktionsplan.** Führen Sie kurz die einzelnen Schritte auf, mit denen Sie die gewünschten Ergebnisse erzielen werden. In den Aktionsplan gehören auch sämtliche Ihrer Überlegungen, auf denen die Schritte aufbauen und alle wichtigen Einzelheiten, die Ihr Kunde erfahren sollte.
- **Ihr Preis.** Das Wichtigste überhaupt.
- **Zahlungsbedingungen.** Es empfiehlt sich, anstelle einer Gesamtrechung für das gesamte Projekt Teilzahlungen zu vereinbaren, die nach Abschluss bestimmter Projektstufen fällig werden. Damit vermeiden Sie nicht nur eine gähnende Leere auf Ihrem Konto, sondern auch böse Überraschungen nach Fertigstellung eines großen Projektes, für das der Kunde eventuell nicht zahlen will. Selbst wenn Sie sich vertraglich für einen solchen Fall abgesichert haben, dauert es oft Monate oder Jahre, bis Sie Ihr Geld erhalten, wenn Sie den Kunden tatsächlich vor Gericht zerren müssen.
- **Weitere Vorgehensweise.** Machen Sie Ihrem Kunden klar, dass nun er an der Reihe ist. Erklären Sie ihm, was er tun muss, damit das Projekt starten kann und Sie loslegen können. Am einfachsten ist es, Sie bitten Ihren Kunden, Ihr Angebot anzunehmen, indem er Ihr Schreiben unterzeichnet, das unterschriebene Original an Sie zurücksendet und die erste Abschlagszahlung leistet. Sobald Sie den unterzeichneten Vertrag in Händen haben, haben Sie einen rechtskräftigen, für beide Vertragsparteien verbindlichen Vertrag vor sich liegen.

Damit Sie sich ein Bild davon machen können, wovon wir die ganze Zeit reden, finden Sie auf der nächsten Seite einen Musterbrief eines freiberuflichen Consultants, der Software entwickelt. Zum Schutz der beiden Beteiligten haben wir die Namen natürlich geändert!

28. Januar 20xx

Software Brains
Frau Lieselotte Maier
Geniegasse 3
90766 Fürth

Sehr geehrte Frau Maier,

vielen Dank, dass Sie mir heute die Gelegenheit gaben, mit Ihnen über das neue Computerprogramm zu sprechen. Wie ich bereits während unseres Gesprächs erwähnte, bin ich davon überzeugt, dass die Windows-Version des beliebten Kinderspiels »Hula-Hopp« weltweit bei Millionen von Anwendern auf großes Interesse stoßen würde. Nach Durchsicht der von Ihnen bereits geleisteten Arbeit fielen mir jedoch einige Programmpunkte auf, zu denen ich Ihnen ein paar Verbesserungsvorschläge hinsichtlich Farbe, Grafiken, Gesamtpräsentation und Programm-Interaktivität unterbreiten könnte. Außerdem würde ich mit Ihnen gerne noch Fragen bezüglich des Gesamteindrucks des Programms, der Zielgruppe und der ansprechensten grafischen Gestaltung besprechen.

Nach meiner ersten Analyse Ihrer Beta-Version möchte ich Ihnen Folgendes vorschlagen:

- Wir besprechen telefonisch Ihre genauen Vorstellungen über das Programm. Dieses Gespräch findet eine Woche nach Unterzeichnung des Vertrags und Eingang der ersten Abschlagzahlung statt.
- Auf der Grundlage dieses Telefonats und einer nochmaligen Analyse der Beta-Version erhalten Sie einen schriftlichen Bericht mit kreativen Lösungen. Sie erhalten den Bericht eine Woche nach unserem Telefonat.
- Vollständige Überprüfung der Beta-Version auf Fehler innerhalb der Funktionalität und des optischen Eindrucks sowie Einbau von Änderungen, die von Ihnen genehmigt wurden. Sie erhalten das überarbeitete Programm zwei Wochen nach Genehmigung meiner weiteren Vorgehensweise per E-Mail.
- Bereitstellung eines Online-Supports und Beantwortung Ihrer Fragen (hinsichtlich dieses Projekts) per Telefon und E-Mail.

Mein Honorar für dieses Projekt beläuft sich auf DM 7.000,–. Es gelten folgende Zahlungsbedingungen: Die erste Abschlagszahlung in Höhe von DM 2.000,– wird nach Vertragsabschluss fällig, die restlichen DM 5.000,– nach Übergabe des Programms in seiner endgültigen Form. Sind Sie an einer Zusammenarbeit mit mir interessiert, unterzeichnen Sie bitte beide Anschreiben im Original und senden mir eines davon zusammen mit einem Verrechnungsscheck über DM 2.000,– an oben stehende Adresse zurück.

Ich freue mich auf die künftige Zusammenarbeit an diesem Projekt und kann Ihnen versichern, dass Sie mit dem Endprodukt ausgesprochen zufrieden sein werden. Für weitere Fragen stehe ich Ihnen gerne zur Verfügung.

Mit freundlichen Grüßen

J. Edgar Gerber

Angebot angenommen durch:

Lieselotte Maier

Die Berichtform

Bei einer Lösungsstrategie für ein komplexes, kostenintensives Projekt, das für einen längeren Zeitraum geplant ist, erwartet der Kunde in der Regel einen umfassenden Bericht. Dieser Bericht kann zehn, aber vielleicht auch Hunderte von Seiten umfassen und enthält im Prinzip dieselben Informationen wie das Anschreiben in Briefform, nur werden diese wesentlich detaillierter aufgeführt. Im Vergleich zu dem Musterbrief, in dem die voraussichtlichen Projektergebnisse in zwei Zeilen zusammengefasst sind, besteht dieser Teil in einem Bericht aus mindestens fünf Seiten.

Aus Platzgründen verzichten wir auf den Abdruck eines vollständigen Beispielberichts (Tut uns leid, unser Verleger hat dies strikt abgelehnt!), doch wenn Sie die folgenden Punke beachten, kann eigentlich nichts schief gehen.

- ✔ **Deckblatt:** Das Deckblatt enthält eine Übersicht über das geplante Projekt sowie Ihren Namen, Ihre Telefon- und Faxnummer und Ihre E-Mail-Adresse. Je nach Projekt können hier auch bereits die voraussichtlichen Kundenvorteile genannt werden.
- ✔ **Titelseite:** Wie Sie zu Recht vermuten, enthält die Titelseite den Projekttitel, das jeweilige Datum, den Namen Ihres Unternehmens sowie den Firmennamen Ihres Kunden.
- ✔ **Inhaltsverzeichnis:** Wir haben Sie ja gewarnt! Der Bericht *ist* lang! Ihr Kunde braucht ein Inhaltsverzeichnis mit Seitenangaben, damit er sich problemlos in diesem Ungetüm zurechtfindet.
- ✔ **Zusammenfassung:** Für den Fall, dass Ihr Kunde ganz fürchterlich beschäftigt ist und keine Zeit hat, sich das komplette Werk durchzulesen, das Sie in wochenlanger Arbeit mühevoll erstellt haben, fassen Sie hier das Projekt zusammen, so dass er in 30 Sekunden weiß, wie die Sache läuft.
- ✔ **Voraussichtliches Ergebnis:** Wie beim Anschreiben in Briefform nennen Sie hier das voraussichtliche Ergebnis Ihrer Bemühungen, nur viel, viel detaillierter.
- ✔ **Detaillierter Arbeitsplan:** Im Arbeitsplan schildern Sie jede Ihrer Aufgaben innerhalb des Projekts. Consultants, die mit Behörden arbeiten, schreiben häufig schon alleine für den Arbeitsplan 25 Seiten und mehr, da wirklich jeder klitzekleine Arbeitsschritt im Detail erläutert wird. Besorgen Sie sich ausreichend Toner für Ihren Laserdrucker!
- ✔ **Zeitplan:** Der lapidare Satz »Das Projekt ist sechs Monate nach Vertragsschluss fertig gestellt« reicht für einen umfassenden Bericht vermutlich nicht aus. Bei groß angelegten, langfristigen Projekten sollten Sie einen ordentlichen Projektplan aufstellen, in dem für jede Aufgabe ein Anfangs- und Fertigstellungstermin festgelegt ist. Besteht Ihr Arbeitsplan aus vielen Haupt- und Nebenaufgaben, erstellen Sie den Zeitplan am besten in Tabellenform oder als übersichtliche Grafik, damit er auf einen Blick zu verstehen ist.
- ✔ **Honorar:** Welche Aufgaben erachten Sie als notwendig und welche Kosten veranschlagen Sie dafür? Legen Sie zu Beginn eine Zahlungsweise fest, die *Ihnen* entgegenkommt, zum Beispiel monatliche Abschlagszahlungen oder ein Stundenhonorar. Sie können die

Zahlungsmodalitäten im Nachhinein immer noch ändern, falls Ihr Kunde damit nicht einverstanden ist. Manche Kunden zahlen lieber erst nach Abschluss einzelner Aufgaben, andere bestehen auf einem erfolgsabhängigen Honorar oder auf Zahlung bei Lieferung (zum Beispiel Ihres Zwischen- oder Abschlussberichts). Falls Ihr Kunde auf derartigen Zahlungsvereinbarungen besteht, werden Ihre Abrechungen sehr schnell komplizierter werden, als Ihnen lieb ist.

- ✔ **Qualifikation und Berufserfahrung:** An dieser Stelle führen Sie ins Feld, welche großartigen Erfahrungen Sie sammeln konnten, und wie viele Seminare und Schulungen Sie besucht haben, um es soweit gebracht zu haben. Hier ist auch der richtige Platz für Ihren Universitätsabschluss oder ähnliches. Falls Ihre Stammkunden einverstanden sind, macht es auch einen guten Eindruck, diese als Referenz anzugeben.
- ✔ **Lebenslauf:** Wenn Sie der Meinung sind, Ihr Lebenslauf dient der Sache, legen Sie ihn bei. Falls Sie eigene Mitarbeiter mit Projektarbeiten betreuen werden, können Sie deren Lebensläufe ebenfalls anheften. Ein guter Rat: Ändern Sie Ihren Lebenslauf notfalls leicht ab, damit er Sie auch wirklich perfekt für das aktuelle Projekt qualifiziert!
- ✔ **Dankesbriefe und Empfehlungsschreiben:** Falls einer Ihrer Kunden so von Ihrer Arbeit begeistert war, dass er Ihnen dies schriftlich unbedingt mitteilen musste, legen Sie diese Anschreiben bei, falls Ihr Kunde in spe darum bittet.

Nach der Abgabe Ihrer Lösungsstrategie sollten Sie bei Ihrem Kunden nachfragen, ob er Ihre Unterlagen erhalten hat und alle notwendigen Informationen für seine Entscheidung vorliegen. Haken Sie auch *vorsichtig* nach, wann Sie mit einer Antwort rechnen können. Werden Sie nicht allzu ungeduldig, sonst erhalten Sie vielleicht die Antwort, die Sie nicht hören wollten: »Nein, Danke!«.

Wird Ihr Angebot akzeptiert (letztendlich ist Ihr Lösungsvorschlag nichts anderes als ein Angebot!), geht es mit dem nächsten Schritt des Consultingvorgangs weiter: Der Sammlung von Informationen. Rein zufällig befassen wir uns im nächsten Kapitel genau mit diesem Thema.

Daten hier, Daten dort, Daten gibt's an jedem Ort

6

In diesem Kapitel

- Informationsquellen auswählen
- Den Kunden in die Datenerhebung einbeziehen
- Achtung vor Datenchaos!

Nach dem ersten Treffen mit Ihrem Kunden, in dem geklärt wurde, ob und welches Problem vorliegt (siehe Kapitel 5), und Sie einen ersten Eindruck über das vorhandene Problem und seine Ursachen gewonnen haben, ist die Vorarbeit geleistet. Die Situation ist ähnlich wie bei einem Arzt, dessen Patient über Schmerzen im Brustkorb klagt. Der Patient (Kunde) glaubt vielleicht, dass seine Schmerzen von einem Herzproblem verursacht werden, und Sie als Arzt (Consultant) *vermuten*, dass dies durchaus der Fall sein kann. Doch bevor Sie nicht weitere Untersuchungen durchgeführt und nähere Informationen vorliegen haben, können Sie nicht mit Bestimmtheit sagen, woran Ihr Patient leidet. Der vermeintliche Herzfehler könnte sich ja auch als Verdauungsproblem erweisen! Mit Hilfe der erhobenen Daten können Sie zum einen feststellen, ob sich Ihr Verdacht bewahrheitet, und zum anderen können Sie schon mal festlegen, wie Sie die Zielsetzung Ihres Kunden am besten erreichen. Vielleicht stellen Sie aber auch fest, dass Sie sich geirrt haben. Wie auch immer, Sie benötigen vollständige, genaue und aktuelle Daten, damit Sie wissen, woran Sie sind.

Machen Sie sich bei jeder Datenerhebung, die Sie für einen Kunden durchführen, auf Chaos gefasst. In jedem Unternehmen wird eine schier unglaubliche Informationsflut erzeugt, die als firmeninterne Memos, Berichte, Pläne, Grafiken und externe Informationsbroschüren, Presseberichte, Zeitungsartikel und andere Unterlagen auf Sie einstürzt. Passen Sie also auf, dass Sie beim Aussortieren der für Sie relevanten Daten nicht in dieser Informationsflut untergehen. Allerdings dürfen Sie auch nicht zu wenig herausfischen, sonst fehlt Ihnen womöglich ein ganz wichtiges Detail. Die nicht ganz einfache Aufgabe besteht deshalb darin, genau die Daten zu sammeln, die Sie brauchen – nicht mehr und nicht weniger. Dies ist sicherlich oft leichter gesagt, als getan, doch Sie sollten sich dieses Ziel auf jeden Fall setzen!

Ein weiteres Problem bei der Datenerhebung ist, dass Sie oft tief in das Unternehmen und seine hierarchischen Strukturen eindringen müssen, um die *Wahrheit* herauszufinden. Wenn Sie sich mit Mitarbeitern über das vorliegende Problem unterhalten, werden Sie sehen, dass bei den ersten Befragungen immer die anderen die »Schuldigen« sind, und sich diese Sichtweise nur langsam verlagert. So bekommen Sie von einer Kundin als erste Aussage vielleicht zu hören: »Die Lohnabrechnung ist ein einziges Durcheinander!«. Nach weiterem Nachbohren Ihrerseits fällt dann eventuell die Antwort schon etwas spezifischer aus: »Wenn die vom Lohnbüro nicht ständig so lange Mittagspause machen würden, hätten Sie mehr Zeit für eine ordentliche Lohnabrechung!« Auf nochmaliges Nachfragen Ihrerseits kommen Sie wahrscheinlich zum Kern des Problems: »Na gut, wahrscheinlich habe ich nur deshalb noch keinen Gehaltszettel erhalten, weil ich meinen Stundennachweis vor ein paar Wochen nicht rechtzeitig abgegeben habe!« Die Wahrheit kommt unweigerlich ans Tageslicht, wenn Sie eine Vielzahl von Mitarbeitern aus allen Ebenen und Tätigkeitsfeldern des Unternehmens befragen.

Es ist eine Kunst für sich, genau die Informationen zu sammeln, die Sie für Ihre weitere Vorgehensweise benötigen. In diesem Kapitel erfahren Sie, welche zuverlässigen Datenquellen normalerweise beim Kunden zur Verfügung stehen, und wie Ihr Kunde Sie beim Sammeln der Informationen unterstützen kann. Außerdem lernen Sie, wie Sie die gefährlichsten Fallen bei der Datenerhebung vermeiden können.

Die wichtigsten Informationsquellen

Das Auswählen der geeigneten Informationsquellen und das Sammeln von aktuellen, relevanten Daten ist ein kritischer Schritt innerhalb des Beratungsvorgangs. Es gibt einen ganz einfachen Trick, wie Sie herausfinden können, welche Daten Sie benötigen: Sie entwerfen zuerst ein abstraktes Modell, eine Theorie, womit Sie das Problem erklären und Ihre Lösungsstrategie entwickeln können. Anschließend sammeln Sie vorerst nur die Informationen, die Ihre Theorie entweder als richtig beweisen oder als falsch widerlegen. Wenn Sie festgestellt haben, dass Ihre Problemdefinition und Ihr Lösungsansatz richtig sind, haben Sie einen Ausgangspunkt für das Sammeln spezieller Informationen.

Wenn man sich einmal überlegt, wie viele Informationsquellen es gibt, scheint diese Aufgabe unglaublich schwierig. (Und der Schein trügt nicht, wenn Sie riesige Datenmengen aus vielen verschiedenen Quellen einholen!) Sie können sich Ihre Arbeit wesentlich erleichtern, wenn Sie zusammen mit Ihrem Kunden festlegen, welche Daten Sie wirklich brauchen.

Glücklicherweise ist die Anzahl an Informationsquellen begrenzt. Im Großen und Ganzen lassen sie sich in folgenden sechs Kategorien zusammenfassen:

- **Direkte Beobachtung:** Eine der besten Methoden der Datenerhebung – vor allem wenn Sie erfahren möchten, wie Mitarbeiter ihre Arbeit eigentlich *wirklich* erledigen oder ein bestimmtes Problem lösen (und sich nicht auf deren *Aussage* verlassen möchten) – ist die direkte Beobachtung dieser Mitarbeiter während ihrer Arbeit. Es ist immer wieder erstaunlich, wie sehr sich die *persönliche Einschätzung* der eigenen Arbeit von der *tatsächlichen Leistung* unterscheidet. Dieser Widerspruch lässt sich nur durch eine direkte Beobachtung der Mitarbeiter an ihrem Arbeitsplatz auflösen.
- **Firmeninterne Unterlagen und Akten:** Unabhängig von seiner Größe gibt es in jedem Unternehmen firmeninterne Unterlagen und Akten, in denen Geschäftsvorgänge dokumentiert werden: Geschäftsbücher, Bestellungen, firmeninterne Memos, Unternehmens-

politik, Richtlinien, Vermarktungsstrategien, Geschäftsziele und vieles mehr. Für Ihre Datenerhebung müssen Sie genau festlegen, welche dieser Unterlagen Informationen für das Projekt beinhalten, und anschließend müssen Sie zusammen mit Ihrem Kunden die jeweiligen Unterlagen beschaffen. Sind Sie beispielsweise der Überzeugung, dass das Sicherheitsproblem Ihres Kunden dadurch entstand, dass der Wach- und Schließdienst sich nicht korrekt an die Sicherheitsvorschriften hält, lassen Sie sich Sicherheitsprotokolle und ähnlichen Aufzeichnungen aushändigen, damit Sie sich über die Arbeit des Wachdienstes ein genaues Bild machen können.

✔ **Firmenexterne Unterlagen:** In den meisten Unternehmen sind bestimmte Unterlagen zur Veröffentlichung bestimmt, so zum Beispiel Presseberichte, Zeitungsartikel, Rundfunk- und Fernsehinterviews, Lizenzen und Zulassungen, Gesundheitsprüfungen und Bilanzen. Firmenexterne Unterlagen erhalten Sie sehr einfach in Bibliotheken, von Behörden und Auskunftsstellen. Und jeder, der schon einmal im Internet gesurft hat, weiß, dass dort unzählige Informationen nur darauf warten, heruntergeladen zu werden. Sie werden vielleicht überrascht sein, welche Informationen Sie erhalten, wenn Sie einfach den Firmennamen Ihres Kunden oder den Namen eines führenden Mitarbeiters in einer Suchmaschine wie AltaVista oder Yahoo! eingeben.

✔ **Meinungsumfrage und Fragebogen:** Meinungsumfragen und Fragebögen, ganz besonders anonyme, stellen eine gute Möglichkeit dar, gezielt Informationen von den Mitarbeitern Ihres Kunden, dessen Kunden, Zulieferern und anderen Geschäftspartnern zu sammeln. Natürlich müssen Sie vorher genau festlegen, welche Informationen Sie benötigen und die Fragen entsprechend formulieren. So können Sie Fragen stellen, die mit einem einfachen »Ja« oder »Nein« beantwortet werden können oder darum bitten, dass ausführliche Antworten gegeben werden. Möchten Sie zum Beispiel wissen, wie die Endkunden Ihres Auftraggebers seinen Kundenservice bewerten, können Sie für diese Umfrage einen umfassenden Fragenkatalog entwerfen. Zur Durchführung der Umfrage lassen Sie sich eine Namensliste der Endkunden aushändigen und rufen anschließend entweder alle oder einen repräsentativen Teil davon an. Bitten Sie sie, Ihren Fragenkatalog zu beantworten, und Sie werden mit Sicherheit sehr wertvolle Informationen für Ihre Aufgabe erhalten.

✔ **Einzel- und Gruppengespräche:** Zu jeder Datenerhebung eines Consultants gehören unbedingt Gespräche mit den Mitarbeitern des jeweiligen Unternehmens. In Einzelgesprächen können Sie gezielte Fragen stellen (»Und was tun Sie als nächstes, wenn Sie das Paket gewogen haben?«), bei Gruppengesprächen können die Teilnehmer zu einer Fragestellung ihre Meinung kundtun (»Können Sie sich vorstellen, warum in der Nachtschicht so viele Unfälle passieren?«). Befragen Sie grundsätzlich alle Mitarbeiter, die direkt von dem eigentlichen Problem betroffen sind, sowie alle anderen, die interessante Anregungen geben könnten. Einzelgespräche sind oft informativer als Gruppengespräche, da sich der Befragte offen und ehrlich äußern kann und keine Angst vor Vorgesetzten oder Kollegen haben muss. Andererseits gewinnt man in Gruppengesprächen einen guten Einblick in eventuelle Rivalitäten zwischen Mitarbeitern oder Abteilungen und sieht oft deutlich bestehende Spannungsfelder innerhalb des Unternehmens. Falls Sie bereits sehr viele Daten gesammelt haben, können Sie diese auch in den Gesprächen zur Diskussion stellen. Mehr zu diesem Thema und anderen potenziellen Fallgruben innerhalb des Datendschungels finden Sie unter »Achtung vor Datenchaos!« am Ende dieses Kapitels.

- **Persönliche Erfahrung:** Je länger Sie in Ihrem Beruf gearbeitet haben – als Selbstständiger oder Angestellter – um so größer ist Ihr Erfahrungsschatz. Vielleicht verfügen Sie ja über mehr als 20 Jahre Berufspraxis als Experte für die Schädlingsbekämpfung beim Institut für Agrarforschung und haben schon unzählige Artikel zu diesem Thema verfasst. Ihre Fachkenntnis und Erfahrungen sind ebenfalls wertvolle Informationsquellen, welche die Daten, die Sie von Ihrem Auftraggeber erhalten haben, vervollständigen können. Vielleicht hatten Sie auch ähnliche Probleme schon für andere Auftraggeber gelöst. Nutzen Sie immer Ihren eigenen reichhaltigen Erfahrungsschatz!

Das Sammeln der notwendigen Daten aus so vielen verschiedenen Informationsquellen kann natürlich sehr mühsam und zeitaufwendig werden. Zum Glück können Sie sich die Aufgabe erleichtern: Bitten Sie Ihren Kunden um Unterstützung! Das spart nicht nur Zeit und Geld, sondern hat auch den angenehmen Nebeneffekt, dass Sie die Beziehung zu Ihrem Kunden weiter vertiefen können. Schließlich schweißt das Arbeiten an einem gemeinsamen Ziel eng zusammen, und an dieser Stelle lautet das Ziel: Ihnen die erforderlichen Informationen zu beschaffen. So schlagen Sie zwei Fliegen mit einer Klappe: Sie vertiefen die Beziehung zu Ihrem Kunden und machen sich die Arbeit leichter.

Wie Sie die Unterstützung Ihres Kunden erhalten

Das Sammeln von Daten für ein Kundenprojekt ist ein wichtiger, aber auch extrem zeitintensiver Bestandteil des Beratungsvorgangs – nicht nur für Sie selbst, sondern auch für Ihren Kunden. Wenn Sie nicht aufpassen, kann dabei der Fortschritt des gesamten Projekts ins Stocken geraten, was Ihnen nicht nur jede Menge Kosten und Frust bescheren kann, sondern möglicherweise Ihren Auftraggeber veranlasst, Ihre Kompetenz in Frage zu stellen.

Sie behalten bei dem Aussortieren der relevanten und aktuellen Daten leichter den Überblick, wenn Sie Ihren Kunden in diese Aufgabe mit einbeziehen. Das alte Sprichwort »Viele Hände finden ein rasches Ende« gilt auch für den Beratungsvorgang. Wenn Sie nicht befürchten müssen, dass Ihr Kunde Daten manipulieren könnte, sondern der Meinung sind, dass seine Mithilfe Ihnen beiden die Aufgabe erleichtert (und dies ist meist der Fall), bitten Sie ihn um nachfolgend aufgeführte Punkte.

- **Gemeinsame Entscheidung über die geeigneten Daten.** Wenn Sie sich eine grobe Vorstellung darüber gemacht haben, welche Informationen Sie benötigen, besprechen Sie mit Ihrem Kunden, wie und wo Sie an diese Informationen kommen können. So einigen Sie sich mit Ihrem Kunden beispielsweise darauf, dass der monatliche Umsatzbericht aktuellere Daten bietet als die vierteljährlich veröffentlichten Bilanzen. Sobald einmal festgelegt ist, *welche* Daten geeignet sind, können Sie sich daran machen, diese einzuholen.

- ✔ **Auskunft darüber, wo Sie die gewünschten Informationen finden.** Ihr Kunde weiß schließlich am besten, wo Sie die benötigten Daten finden. Wozu sollten Sie Detektiv spielen und nach Informationen suchen, wenn Sie mit Hilfe Ihres Kunden viel schneller und billiger an die jeweiligen Informationsquellen gelangen? Falls sich die Daten als unvollständig oder ungeeignet erweisen sollten, können Sie immer noch auf eigene Faust nach besseren suchen. Der direkte Weg zu den Informationen über Ihren Kunden ist aber immer einen Versuch wert.

- ✔ **Die Angestellten zur Kooperation auffordern.** Wenn Sie ein erfahrener Consultant sind, wissen Sie wahrscheinlich aus eigener Erfahrung, dass die Angestellten eines Unternehmens (das heißt im Klartext jeder, mit Ausnahme Ihres Auftraggebers) an einen Consultant ebenso freudig denken wie an ihren Zahnarzt. Als Außenstehender stoßen Sie vielleicht auf eine Mauer des Schweigens, werden in die Irre geführt oder müssen mit sonstigen Hindernissen kämpfen, da sich manche Mitarbeiter nicht nur weigern, mit Ihnen zusammenzuarbeiten, sondern Ihre Bemühungen aktiv zunichte machen wollen. Ihr Kunde kann Ihnen den Weg zu den erforderlichen Daten damit ebnen, dass er seinen Angestellten klar macht, dass Ihre Unterstützung nicht nur erwünscht, sondern erwartet wird.

- ✔ **Unterstützung dabei, die erforderlichen Informationen tatsächlich in die Hände zu bekommen.** Die benötigten Daten befinden sich womöglich im Archiv eines Lagers oder sind über Filialen im ganzen Land verstreut. Sobald Sie erst einmal wissen, welche Informationen Sie brauchen, kann Ihr Kunde sie sich zusenden lassen. Oft genügt ein Anruf, damit Sie die richtigen Informationen zum richtigen Zeitpunkt vor sich liegen haben. Wenn Sie sich selbst auf den Weg zu den Daten machen, kann das viel Zeit kosten und teuer werden. Außerdem müssen Sie so nicht mit eventuellen bürokratischen Hürden und widerspenstigen Mitarbeitern kämpfen.

- ✔ **Konstante Unterstützung der »Datenhüter« sicherstellen.** Es kann vorkommen, dass Sie die Daten, die Sie im Laufe eines Projekts zusammentragen, ohne die Hilfe der Mitarbeiter, die für die Verwaltung dieser Daten zuständig sind, überhaupt nicht richtig einordnen und verstehen können. Ein solcher Mitarbeiter ist eine sehr große Hilfe, wenn Sie die vorliegenden Daten im größeren Zusammenhang verstehen und auswerten möchten. *»Sind es die neuesten Daten? Hängen sie mit früheren Änderungen innerhalb der Unternehmenspolitik zusammen? Gab es schon einmal Ansätze, firmeninterne Probleme zu lösen?«* Fragen Sie nach, welcher Mitarbeiter oder welche Abteilung für die jeweilige Datenerhebung zuständig ist lassen Sie sich erklären, was die Daten bedeuten, und wozu sie genutzt wurden. Sofern erforderlich, kann Ihnen Ihr Auftraggeber einen Voll- oder Teilzeitmitarbeiter zur Unterstützung zur Verfügung stellen.

Ihr Kunde wird Sie entweder gerne unterstützen oder von Ihnen erwarten, dass Sie sich selbst um den gesamten Aufgabenbereich der Datensammlung kümmern. Am besten sichern Sie sich gleich während der ersten Kundenbesprechungen die Unterstützung Ihres Kunden, indem Sie ihm die Vorzüge seiner Beteiligung bei der Datenerhebung schmackhaft machen. Zwei entscheidende Vorteile sollten Sie dabei betonen. Erstens: Mit seiner Hilfe wird die Qualität der gesammelten Daten wesentlich verbessert (und damit die Gesamtqualität Ihrer Arbeit). Zweitens: Rechnen Sie ihm vor, wie viele Stunden weniger Sie ihm berechnen werden, wenn Sie weniger Zeit für die Datensammlung aufwenden müssen. Sie sollten die Unterstützung des Kunden bei der Datenerhebung gleich zu Beginn als festen Vertragsbestandteil aufnehmen, anstatt Ihren Kunden damit im Laufe des Projekts zu überfallen. Achten Sie darauf, dass Ihr Vertrag einen Abschnitt erhält, in dem genau aufgeführt ist, welche Art von Unterstützung Sie von Ihrem Kunden erwarten.

Achtung vor Datenchaos!

Wenn Sie nicht aufpassen, stellen Sie womöglich im Anschluss an den aufwendigen Datensammlungsprozess fest, dass wichtige Informationen fehlen, unvollständig oder sogar gefälscht sind, weil Sie auf unzuverlässige Quellen zurückgegriffen haben. Ein derartiges Datendesaster wird Sie nicht nur Geld kosten und Ihnen erhebliche Kopfschmerzen verursachen, sondern kann im schlimmsten Fall dazu führen, dass Ihr ganzes Projekt scheitert, wenn Sie aufgrund falscher Daten die falschen Schlüsse gezogen haben. Außerdem kann Ihre Glaubwürdigkeit als professioneller Consultant stark darunter leiden. Es ist daher besonders wichtig zu prüfen, ob die Datenquellen gültig und richtig sind und keine Probleme verursachen, die möglicherweise ein Datenchaos zur Folge haben.

Nachfolgend lernen Sie die häufigsten Fallen bei der Datenbeschaffung kennen und erfahren, wie Sie diese vermeiden können.

- ✔ **Übersehen wichtiger Informationsquellen:** Es kann leicht einmal vorkommen, dass eine Datenquelle übersehen wird, zum Beispiel, weil ein Mitarbeiter versetzt wurde oder keiner weiß, dass sich in einem unscheinbaren Schuhkarton wichtige Aufzeichnungen über Managerversammlungen befinden. Möglicherweise verschweigt Ihnen Ihr Auftraggeber aus Angst vor unangenehmen Enthüllungen ganz bewusst bestimmte Informationsquellen, oder Sie haben eine wichtige Information schlicht und ergreifend vergessen. Es besteht jedoch die Gefahr, dass Sie ausgerechnet die Information vergessen haben, die ausschlaggebend für den erfolgreichen Abschluss Ihres Projekts ist. Seien Sie also bei der Suche nach »Ihren« Daten unermüdlich und unerbittlich.

- ✔ **Übersehen vorgefasster Meinungen:** Jeder Mitarbeiter und Angestellte – vom Pförtner bis hin zum Vorstand – hat eine eigene vorgefasste Meinung über irgendetwas und irgendjemanden, selbst wenn er es nicht offen sagt. So vertraut Ihnen beispielsweise ein Produktdesigner an, dass das Problem mit der Produktentwicklung ausschließlich auf die Schlamperei der Marketingabteilung zurückzuführen ist. Wenn Sie dieser Aussage nicht gründlich nachgehen, werden Sie vielleicht nie erfahren, dass dieser Mitarbeiter einen tiefen Groll gegen die Leiterin der Marketingabteilung hegt, da ihre Provision letztes Jahr wesentlich höher ausgefallen ist als seine eigene. Das Geheimnis, bei Mitarbeiterbefragungen aller Art die Spreu vom Weizen zu trennen und genaue Daten zu erhalten, liegt darin, sich klar zu machen, dass die meisten Informationen mit den Vorurteilen der Befragten behaftet sind. Sie müssen diesen Vorurteilen auf den Grund gehen und herausfiltern lernen, welche wichtigen objektiven Informationen dahinter stecken.

- ✔ **Übersehen Ihrer eigenen vorgefassten Meinungen:** Ob Sie es glauben oder nicht, auch Sie haben vielleicht das eine oder andere Vorurteil. Vielleicht ist Ihr Kunde Wiener Abstammung, und Sie trauen keinem Österreicher über den Weg. Oder Sie sind der Ansicht, Ihr Kunde hat keinen blassen Schimmer, wovon er eigentlich spricht, und nur Sie allein wüssten Bescheid. Nehmen Sie sich und Ihre möglichen Vorteile genau unter die Lupe, damit Ihre Datenerhebung dadurch nicht beeinträchtigt wird. Versuchen Sie, Vorurteile abzulegen und unvoreingenommen an Ihre Arbeit zu gehen.
- ✔ **Sich mit unvollständigen Daten zufrieden geben:** Es kann vorkommen, dass Sie um ganz bestimmte Informationen gebeten haben, doch nur einen Teil davon oder ganz andere Informationen erhalten. Die Versuchung ist groß – vor allem wenn Sie unter Zeitdruck stehen oder sowieso eine Unmenge von Daten auswerten müssen –, dass Sie sich damit zufrieden geben. Vorsicht, das kann katastrophale Auswirkungen auf Ihr gesamtes Projekt haben! Haben Sie unvollständige oder gar keine Informationen erhalten, sollen Sie sich umgehend an Ihre Datenquelle wenden und darauf bestehen, dass man Ihnen sofort weiterhilft. Stoßen Sie bei der Datenerhebung immer wieder auf Widerstand, bitten Sie Ihren Auftraggeber um Unterstützung.
- ✔ **Unvollständige Dokumentation Ihrer Daten:** Wenn Sie erst einmal mitten in der Datenerhebung stecken, besteht die Gefahr, dass Sie aufgrund der unglaublichen Datenmenge leicht den Überblick verlieren. Im Eifer des Gefechts konzentrieren Sie sich möglicherweise auf die Erfassung von Daten, die längst ordentlich dokumentiert sind, wie zum Beispiel Berichte, Anweisungen, Mitarbeiterrekrutierung, Produktplanung und ähnliches und vernachlässigen dabei andere, noch nicht erfasste Daten wie Gesprächsnotizen und Fragebögen. Oft sind es aber die Informationen aus *Ihren eigenen* Quellen, die sich bei der Problemerkennung als die wichtigsten erweisen. Lassen Sie es nicht zu, dass Ihnen diese Informationen durch Ihre Finger rinnen. Dokumentieren Sie Ihre Gespräche, Interviews und sonstigen Interaktionen mit dem Personal direkt im Anschluss daran.

Die Daten, die Sie in dieser Phase des Beratungsvorgangs einholen, sind der Ausgangspunkt Ihrer weiteren Vorgehensweise. Achten Sie darauf, dass alle Informationen exakt, vollständig und aktuell sind, und prüfen Sie deren Gültigkeit, bevor Sie damit den nächsten Schritt wagen: Problemlösung und Entwicklung von Lösungsstrategien. In Kapitel 7 befassen wir uns damit, wie Sie Ihre gesammelten Daten sinnvoll nutzen.

Problemlösungen und Strategien entwickeln

7

In diesem Kapitel

- Informationen strukturieren
- Problemlösungen und Alternativen entwickeln
- Strategien entwickeln, einordnen und auswählen

Kommen wir nun zu der Frage, wie es jetzt mit all den gesammelten Daten weitergehen soll. Wie Sie sich sicherlich noch erinnern (falls Sie das Buch von hinten nach vorne lesen, wir reden von Kapitel 5), besteht der erste Schritt des Beratungsvorgangs in der Definition des Problems. Der darauf folgende Schritt – die Beschaffung der erforderlichen Informationen – dient dazu, die vorherige Problemdefinition zu bestätigen oder zu modifizieren. Haben Sie und Ihr Kunde in den Vorabbesprechungen zum Beispiel die mangelnde Schulung der Zweigstellenleiter als Problem des Unternehmens definiert, sollte sich diese Annahme aufgrund der eingeholten Informationen entweder bestätigen oder Sie auf eine ganz andere Spur bringen.

Bevor Sie jedoch beurteilen können, ob die Informationen Ihre Theorie stützen oder untergraben, müssen Sie die Daten sinnvoll strukturieren. Dazu teilen Sie sie am besten in klar definierte Kategorien auf und prüfen anschließend, ob sich Gemeinsamkeiten und Tendenzen abzeichnen. Während Sie Ihre Daten ordnen, sich von Unwichtigem trennen und auf Wesentliches konzentrieren, ergeben sich meist ganz von selbst verschiedene Lösungsansätze.

In diesem Kapitel wollen wir Ihnen zeigen, wie Sie aus den verschiedenen Alternativen die optimale Lösungsstrategie für Ihren Kunden entwickeln können. Sie sollten dabei die Anforderungen Ihres Kunden, die Kosten-Nutzen-Analyse Ihrer Strategie und die Unternehmenskultur des jeweiligen Betriebs berücksichtigen, damit Ihr Lösungsvorschlag nicht nur das Problem Ihres Kunden löst, sondern sich auch in den Betrieb an sich integrieren lässt. Unserer Erfahrung nach werden Lösungsstrategien, die nicht mit der bestehenden Unternehmenskultur und -politik vereinbar sind, schnell zu den Akten gelegt und vergessen.

In diesem Kapitel lernen Sie, wie sich die gesammelten Daten sinnvoll strukturieren lassen. Wir stellen Ihnen ein effektives Problemlösungsschema vor und erklären auch, wie Sie sich die Entscheidung darüber erleichtern, welche Strategie Sie Ihrem Kunden vorlegen.

Sämtliche Informationen sinnvoll nutzen

Nach ein, zwei (oder drei) Wochen intensiver Datenerhebung stecken Sie vermutlich bis zum Hals in Daten unterschiedlichster Art. Die Ergebnisse von Meinungsumfragen, Fokus-Gruppen sowie Unterlagen aus den Archiven, Managementberichte und vieles mehr liegt nun vor Ihnen auf Ihrem Schreibtisch. Das ist auch gut so, denn je mehr Daten Sie zur Verfügung haben, umso höher ist die Wahrscheinlichkeit, dass Sie auf den Kern des Problems stoßen. Es besteht jedoch die Gefahr, dass Sie sich von dieser Informationsmenge ziemlich überfordert fühlen. Gelingt es Ihnen nicht, Ihre Daten systematisch zu ordnen und zwischen wichtigen und unwichtigen Informationen zu unterscheiden, gerät Ihr Projekt bald ins Stocken, und Ihr Kunde wird sich vermutlich fragen, ob er mit Ihnen die richtige Wahl getroffen hat. Und das wollen wir doch nicht, oder?

Glücklicherweise gibt es eine Methode, mit der Sie Ihre Daten sortieren und die Tendenzen und Muster erkennen, die Ihnen den richtigen Lösungsweg weisen. Anhand der nachfolgend beschriebenen Tipps haben Sie schon bald die benötigten Informationen vor sich liegen.

Informationen ordnen und aussortieren

Sie haben Ihre Datenerhebung abgeschlossen und sitzen nun also vor einem Stapel (oder eher einem Berg) aus Informationen aus verschiedensten Quellen: Projektablaufsberichte, Disketten, Ausdrucke, Verkaufsprognosen, Werbestrategien, Memos, Presseberichte und ähnliches. Ihre erste Aufgabe besteht jetzt darin, alle Daten in überschaubare Kategorien zu sortieren. Aus Jahresberichten werden zum Beispiel Monatsberichte. Für jeden Monat nehmen Sie weitere Unterteilungen vor, zum Beispiel in Verkaufszahlen, Ausgaben, und so weiter. Es liegt ganz an Ihnen, in welche Kategorien Sie Ihre Daten einteilen, berücksichtigen Sie dabei jedoch die Art Ihres Projekts und Ihre persönlichen Vorlieben.

Im Anschluss daran sortieren Sie Ihre Informationen aus. Vielleicht haben Sie ja mehrere Kopien derselben Seite oder dieselben Informationen aus unterschiedlichen Quellen erhalten. Wenn ja, trennen Sie sich von allem Ballast!

Haben Sie bei der Beschaffung von Informationen Fragebögen eingesetzt, lesen Sie zuerst diejenigen, die am ausführlichsten beantwortet wurden. Da der jeweilige Befragte sich viel Zeit genommen hat, um Ihnen viele Informationen zukommen zu lassen, enthalten Sie von seinen Antworten sicherlich sehr produktive und ausgereifte Anregungen.

Ordnen Sie Arbeitsschritte nach ihrer zeitlichen Reihenfolge

Jede Aufgabe wird normalerweise in einer logischen und zeitlich gegliederten Abfolge erledigt. Zur Strukturierung Ihrer Daten gehört deshalb auch, die unterschiedlichen Arbeitsschritte von Angestellten und Mitarbeitern der Reihe nach zu ordnen. Was *behauptet* ein Mitarbeiter als erstes, zweites, drittes und so weiter zu tun? Stimmt dies mit der *tatsächlichen* Reihenfolge überein? Gibt es einen Unterschied zwischen Aussage und tatsächlicher Reihenfolge, und wenn ja, warum?

Ein Mitarbeiter der firmeninternen Poststelle erzählt Ihnen vielleicht, dass er als erstes die Eilsendungen und als zweites die Normalpost an die Mitarbeiter verteilt; als drittes kümmert er sich um die ausgehende Post. Ihrer persönlichen Beobachtung nach wissen Sie aber, dass er die Eilsendungen immer erst nach der Normalpost verteilt, weshalb wichtige Schriftstücke oft zu spät bearbeitet werden.

Zeitliche Arbeitsabläufe lassen sich sehr übersichtlich als Flussdiagramm oder auf Klebezetteln an der Wand darstellen. Dies bezeichnet man als Process Mapping (Ablaufsverfolgung). So können Sie später, wenn Sie sich mit der Problemlösung und Strategieentwicklung beschäftigen, die Arbeitsschritte leicht umsortieren.

Nach Mustern, Tendenzen und Themenbereichen suchen

Bei der Durchsicht der mittlerweile geordneten Daten werden Sie mit Sicherheit feststellen, dass sich bestimmte Muster und Themenbereiche abzeichnen. Bei der Untersuchung der Umsatzzahlen eines Unternehmens stoßen Sie vielleicht darauf, dass der Umsatz zu Monatsbeginn sehr gut ist, zum Monatsende hin jedoch kontinuierlich absinkt. Oder Sie stellen fest, dass sich während der Nachtschicht mehr Unfälle am Fließband ereignen als in der Früh- oder Spätschicht. Tendenzen dieser Art zeigen Ihnen, wo Sie bei der Ausarbeitung von Lösungsstrategien tiefer nachbohren sollten.

Irrelevante Daten aussortieren

Bei der weiteren Analyse Ihrer Daten, nachdem sich bereits Muster und mögliche Lösungsstrategien erkennen lassen, werden Sie vermutlich feststellen, dass einige der Informationen für Ihr Projekt völlig unwichtig sind. Sortieren Sie diese Daten aus und verschwenden Sie keinen weiteren Gedanken daran. Konzentrieren Sie sich ausschließlich auf die projektrelevanten Daten, die für die Ausarbeitung Ihrer Lösungsstrategie wichtig sind.

Ausarbeiten von Einzelinformationen

Konzentrieren Sie sich nun auf die allerwichtigsten Daten und suchen Sie nach dem kleinsten gemeinsamen Nenner, das heißt, nach derjenigen Information, die sich langsam als möglicher Lösungsansatz herauskristallisiert. Nehmen wir einmal an, Sie untersuchen mögliche Gründe dafür, weshalb in einem Unternehmen eine allgemein schlechte Arbeitsmoral herrscht. Ein Großteil der von Ihnen in Einzel- und Gruppengesprächen gesammelten Informationen weist darauf hin, dass die Ursache des Problems im fehlendem Engagement der Führungskräfte zu suchen ist. In diesem Fall sollten Sie sich auf die Informationen konzentrieren, anhand derer Sie einzelne Führungskräfte identifizieren können und festgestellt werden kann, worin deren

Versagen besteht. Die Ausarbeitung von Einzelinformationen bildet die Basis Ihrer Lösungsstrategie, dem Kernstück des Beratungsvorgangs.

Puh! Das Ordnen der Daten ist ganz schön anstrengend, nicht wahr? Aber einer muss es ja schließlich tun! Immerhin haben Sie Ihre Daten jetzt strukturiert und können sich jetzt mit vollem Elan an die eigentliche Aufgabe machen, die Ihnen mit Sicherheit mehr Spaß machen wird.

Bill Eastman über den Aufbau von Geschäftsbeziehungen

Bill Eastman ist Vorstand der Unternehmensberatung *Applied Innovations Group* mit Sitz in Gloucester, Virginia (E-Mail: `epriseos@aol.com`). Applied Innovations hat sich für seine Geschäftstätigkeit auf die Nutzung des Internets spezialisiert. Seine Kunden sind fast ausschließlich Firmen, die von der Consulting-Branche schon immer etwas vernachlässigt wurden, zum Beispiel Dienstleistungsunternehmen, die ihren Jahresumsatz von $ 20 Millionen auf $ 100 Millionen steigern wollen, oder Firmen aus der verarbeitenden Industrie, die den Sprung von $ 100 Millionen Jahresumsatz auf $ 500 Millionen schaffen wollen. Wir befragten Bill über den Aufbau von partnerschaftlichen Kundenbeziehungen und das Erfolgsgeheimnis einer Unternehmensberatung.

Consulting für Dummies: Wie bauen Sie langfristige Geschäftsbeziehungen auf?

Bill Eastman: Wir sind davon überzeugt, dass grundlegende Veränderungen in der Firmenpolitik nur dann realisiert werden, wenn die entsprechenden Strategien nicht innerhalb des Unternehmens aufgestellt wurde. Warum das so ist? Nun, entweder sind unsere Kunden zu beschäftigt mit anderen Aufgaben oder sie können sich nicht gegen etablierte Entscheidungsträger durchsetzen. Dieses Problem lösen wir, indem wir für kurze Zeit gemeinsam eine Firma gründen, deren Mitarbeiter aus unseren eigenen Leuten und Entscheidungsträgern des Kundenbetriebes besteht. Die Leitung dieser gemeinsamen Firma ist völlig unabhängig vom Kundenbetrieb und sozusagen eine Sonderfiliale unseres Auftraggebers. Auf diese Weise können wir neue Ideen ausprobieren, nach den besten Konzepten suchen und diese in den bestehenden Geschäftsablauf integrieren. Consulting heißt nicht, einfach nur präsent zu sein, sondern verlangt nach Technologietransfer. Die neugegründete Firma wird nach Abschluss des Projekts sofort wieder aufgelöst.

CfD: Das ist ja ein völlig innovativer Ansatz. Viele Projekte, die innerhalb des Kundenbetriebs abgewickelt werden, stoßen auf enormen Widerstand der Mitarbeiter.

Eastman: Allerdings. Wenn der Kunde jedoch nicht bereit ist, sich auf diese Lösungsstrategie einzulassen, muss man sich ernsthaft fragen, ob sich mit ihm überhaupt eine echte Partnerschaft entwickeln lässt. Man kann zwar dennoch zusammenarbeiten, dem Kunden Fachwissen, Produkte oder Dienstleistungen verkaufen, aber das Verhältnis ist ganz klar keine gleichberechtigte Partnerschaft, sondern eher eine Käufer-Verkäufer-Beziehung. Dagegen ist im Prinzip auch nichts einzuwenden, kein Kunde ist wie der andere, wir bemühen uns jedoch immer, Kunden zu gewinnen, denen unser Konzept auf Anhieb gefällt und einleuchtet. Bei diesen Kunden geht es nicht darum, dass wir sie erst von der Notwendigkeit von Änderungen überzeugen müssten, sondern vielmehr darum, dass sie zwar genau wissen, was zu tun wäre, aber bis über beide Ohren in Arbeit stecken und keine Zeit haben. Deshalb wenden sie sich an uns.

CfD: Die meisten erfolgreichen Unternehmen haben einen guten Plan. Wie sieht Ihrer aus?

Eastman: Wir haben einen Fünf-Punkte-Plan für unser Unternehmen, und der ist ehrlich gesagt nicht so trocken, wie es sich vielleicht anhört. Im Grunde lautet das Geheimnis, Augen und Ohren immer offen zu halten. Übrigens, wir schreiben schwarze Zahlen und haben es nicht nötig, einen Kredit aufzunehmen. Unser Geschäft läuft. Der erste Punkt unseres Plans ist, unseren Bekanntheitsgrad zu steigern, den Namen unseres Unternehmens in aller Munde zu bringen. Wir wollen stark in unseren Zielmärkten auftreten und deren Interesse wecken. Dazu zählen die Mitgliedschaft in Berufsverbänden, Interessenvertretungen, die Veröffentlichung von Artikeln in Fachzeitschriften, Beitritt in News- und User-Groups im Internet und zahlreiche andere Werbemaßnahmen. Dabei konzentrieren wir uns aber auf ganz bestimmte Branchen.

CfD: Was sind das für Branchen?

Eastman: Unser Hauptaugenmerk richtet sich auf sogenannte »Infocom-Unternehmen«, also Firmen, die mit Information und Kommunikation zu tun haben. Wir betrachten unser Unternehmen als eine Art Geschäftsbereich-Management, das heißt, wir versuchen, mehrere Unternehmen in ein Geschäftspaket zusammenzuschnüren, das wir als »Infocom« bezeichnen. Dieses Paket umfasst Software-Hersteller, Multimedia-Unternehmen, Systemhäuser, Telefongesellschaften und Hardware-Hersteller, die Computer und Schaltgeräte produzieren. Wir arbeiten zwar auch in anderen Bereichen, aber die Infocom-Branche ist für uns am interessantesten.

CfD: Wie lautet der zweite Punkt Ihres Plans?

Eastman: Die Suche nach gleichgesinnten Auftraggebern. Wir verschaffen uns das entsprechende Image auf dem Markt, das die Kunden anspricht, die gemeinsame Lösungen finden möchten. Dabei konzentrieren wir uns vor allem auf den Dienstleistungssektor. Wir kennen uns zwar auch mit Produktqualität gut aus, aber das ist nicht unser Haupttätigkeitsbereich, da es hier viel zu viele Mitbewerber gibt. Die Qualität von Dienstleistungen ist ein Bereich, der sowohl für die Kunden als auch für die Consultants wesentlich schwieriger zu handhaben ist, und genau das ist unser Spezialgebiet. Wir konzentrieren uns auf Unternehmen, deren

Erfolg mit der Qualität ihrer Kundenbetreuung steht und fällt, deren Geschäftsbereiche äußerst komplex und unglaublich unbeständig sind. Diese Unternehmen befinden sich stets auf äußerst unsicherem Boden!

CfD: Was meinen Sie mit »unsicherem Boden«?

Eastman: Früher verlief das Geschäftsleben in geordneten Bahnen. Heutzutage ist die Geschäftswelt ein gefährliches und unbeständiges Terrain. Niemand kann es sich leisten, sich auf seinen Lorbeeren auszuruhen, sonst verpasst er den Anschluss. Sicherlich werden nach wie vor Geschäftspläne entwickelt, doch diese müssen viel besser geplant werden. Taktisch gesehen benötigt man einen Späher, der vorausschaut und vorausplant, um den Nachkommenden zu sagen, worauf sie achten müssen. Dann muss sofort eine Entscheidung an vorderster Front gefällt werden.

CfD: Und sobald man die erste Schwierigkeit überwunden hat, lauert bereits die nächste, oder?

Eastman: Stimmt. Am besten laufen die Manager im Spähtrupp mit, so dass sie ihre Mitarbeiter vor Gefahren warnen können.

CfD: Gut. Und der dritte Punkt?

Eastman: Die Gründung einer temporären Firma, in der das Projekt – die Strategie und Umsetzung – sozusagen als Beta-Version läuft. Ich habe dieses Konzept vorhin bereits angedeutet. Wir geben dabei alle Erfahrungen, die wir in diesem Projekt gewinnen, an das Unternehmen unseres Auftraggebers weiter, so dass er die bewährten Lösungen in die Tat umsetzen kann, während wir die nächste Testphase angehen. Gleichzeitig schulen wir die Mitarbeiter aus seinem Unternehmen, die bei uns mitarbeiten.

CfD: Wie sieht der vierte Punkt aus?

Eastman: Diesen Punkt bezeichnen wir als Rücktransfer, das heißt, die kompletten Ergebnisse aus der temporären Firma werden im »Stammunternehmen« umgesetzt. Wir übernehmen dann die Aufgabe, Fachwissen zur Verfügung zu stellen und das Personal zu schulen. Sobald der Technologietransfer zu unseren Kunden nach Schritt Drei erfolgt ist, erhalten sie für ein geringes Entgelt die jeweils neuesten Entwicklungen. Das bedeutet, dass wir nun Informationen an die Consulting-Teams verkaufen, die sich aufgrund der Zusammenarbeit mit uns innerhalb des Unternehmens unseres Kunden gebildet haben.

CfD: Ganz nach dem Motto: Einmal Kunde, immer Kunde?

Eastman: Genau so lautet unser Ziel. Womit wir beim fünften und letzten Punkt wären: Wir veröffentlichen unsere Erfahrungen, berichten über unsere Erfolge *und* Misserfolge, womit wir eigentlich wieder an Punkt 1 angelangt wären, da dies wiederum unseren Bekanntheitsgrad steigert.

CfD: Gibt es ein Erfolgsrezept für die Zukunft des Consultants?

Eastman: Sie müssen in der Lage sein, etwas Neues und Einzigartiges zu präsentieren, mit dem sich die Kunden identifizieren können. Früher hatte ich zum Beispiel die Zeitschrift »Business Week« abonniert. Ich lese sie zwar immer noch, habe mein Abonnement jedoch gekündigt, weil es mehr bringt, deren Website zu besuchen. Klar, dass hier *nicht* die Zukunft liegt. Zukunft heißt, eine Homepage zu haben, die von den Besuchern an ihre individuellen Bedürfnisse angepasst werden kann, die interaktiv ist. Wir haben eben unser Infocom-Paket, das aus Firmen der Informations- und Kommunikationsbranche besteht, und wir stellen die neuesten Informationen und Entwicklungen ins Netz. Unser Ziel ist, immer auf dem neuesten Stand zu sein, was technologisch gesehen für unsere Kunden Wettbewerbsvorteile bringt, und wir helfen ihnen bei der Implementierung, damit sie erfolgreich Geschäfte tätigen können. Und wenn unsere Kunden erfolgreich sind, sind wir es auch.

Der richtige Weg zur Entwicklung von Problemlösungen

Die Entwicklung von Problemlösungen ist das Herzstück des Beratungsvorgangs. Bei der Problemlösung nehmen Sie sich die strukturierten, geordneten Daten vor und entwickeln daraus mehrere Lösungsansätze, von denen dann einer zu der Strategie ausgearbeitet wird, die Sie letztendlich Ihrem Kunden präsentieren. Sie sollten sich deshalb zu Beginn noch möglichst viele Wege offen halten. Anschließend sortieren Sie einige der Lösungsansätze aus (nicht wegwerfen, vielleicht können Sie sie für ein anderes Projekt verwenden), indem Sie alle Alternativen gegeneinander abwägen, bis nur noch der optimale Lösungsweg übrigbleibt. Legen Sie sich zu diesem Zeitpunkt bitte noch nicht endgültig fest, sondern sammeln Sie erst einmal die *besten* Lösungsmöglichkeiten.

Bei der Entwicklung von Lösungen gibt es einen richtigen und einen falschen Weg. Sie haben mal wieder Glück gehabt, denn wir verraten Ihnen den richtigen:

1. **Brainstorming:**

   Der erste Schritt in der Aufstellung möglicher Lösungsstrategien besteht darin, sich anhand der strukturierten Daten zu fragen, welche Probleme daraus ersichtlich werden und alles zu notieren, was Ihnen dazu einfällt. (Im Englischen wird diese Vorgehensweise, wie Sie sicherlich wissen, als *Brainstorming* bezeichnet.) Selbstverständlich können Sie dieses Brainstorming alleine oder mit Ihren Kollegen – sofern vorhanden – durchführen, doch Sie erhalten wesentlich mehr Anregungen, wenn Sie auch Ihre(n) Kunden einbeziehen.

   Das Geheimnis eines erfolgreichen Brainstormings liegt darin, *sämtliche* Ideen aufzunehmen, auch wenn sie noch so abwegig erscheinen mögen. Eine objektive Beurteilung können Sie später immer noch durchführen. Lassen Sie alle Beiträge zu und notieren Sie diese unbedingt, damit keiner vergessen wird.

2. **Überlegen Sie sich die Folgen aller möglichen Lösungen.**

   Nehmen Sie sich jeden Lösungsvorschlag einzeln vor und überlegen Sie sich seine logischen Konsequenzen. Besteht das Problem Ihres Kunden zum Beispiel darin, dass die Qualität der in seinem Werk gefertigten Leiterplatinen mangelhaft ist, könnte eine mögliche Ursache sein, dass die Arbeiter die falsche Löttechnik anwenden. Wenn Sie diesen Gedankengang konsequent zu Ende denken, werden Sie darauf kommen, dass entweder die Mitarbeiter entsprechend zu schulen sind oder die Vorgesetzten ihre Arbeiter besser kontrollieren müssen.

3. **Wägen Sie die Alternativen gegeneinander ab und grenzen Sie Möglichkeiten ein.**

   Vergleichen Sie alle Alternativen miteinander und legen Sie fest, welche zu dem gewünschten Ergebnis führen, und welche keine großen Einfluss darauf haben. Damit Sie Ihre abschließenden Lösungsvorschläge entwickeln können, müssen Sie jetzt ernsthaft aussortieren, bis nur noch einige wenige Lösungsmöglichkeiten übrig bleiben. Streichen Sie deshalb jetzt alle Alternativen, die sich aller Wahrscheinlichkeit schlecht realisieren lassen, und konzentrieren sich auf diejenigen, die am *besten* geeignet sind.

4. **Wählen Sie die besten Lösungswege aus.**

   An diesem Punkt sollten Sie eine überschaubare Liste mit möglichen Lösungsstrategien vor sich liegen haben. Diskutieren Sie diese mit Ihrem Kunden, bis nur noch etwa fünf gute Strategien übrig sind. Können Sie das Licht am Ende des Tunnels schon sehen? Gut, denn nach Fertigstellung dieser Aufgabe können Sie damit beginnen, Ihre Lösungsstrategie auszuarbeiten.

   Nun haben Sie es also geschafft: Sie haben den Datensumpf hinter sich gelassen, Lösungsansätze aufgestellt und stehen nun vor einer vernünftigen Auswahl an Alternativen, anhand derer Sie Ihre endgültige Lösungsstrategie entwickeln. Genau dafür hat Sie Ihr Kunde engagiert: Sich Ihre Erfahrung zu Nutze zu machen und sich von Ihnen beraten zu lassen, wie er seine Probleme lösen kann. Schön, dass Sie es schon fast geschafft haben!

Lösungsstrategien entwickeln

Ihre Kunden engagieren Sie, damit Sie ihnen Strategien empfehlen, mit denen sie ihre Probleme lösen können. Sie müssen jedoch jedes Strategienpaket auch daraufhin prüfen, ob es auch wirklich auf die Probleme Ihres Kunden zugeschnitten ist, und ob Ihr Kunde bereit ist, Ihre Vorschläge in die Tat umzusetzen. Sämtliche noch so guten Ratschläge dieser Welt – wunderschön gebunden und optisch ansprechend präsentiert – sind für die Katz‘, wenn sie in den Wind geschlagen werden. (Sollten Sie zufällig eine Katze kennen, die Interesse hat, schicken Sie uns bitte eine entsprechende E-Mail.)

Der beste Lösungsvorschlag für einen Kunden zeichnet sich dadurch aus, dass er wirkungsvoll und geradlinig ist. Dabei müssen Sie auch die Kosten, Anforderungen, Ressourcen und die

Firmenkultur Ihres Kunden berücksichtigen. Nachfolgend finden Sie einige Richtlinien für die Ausarbeitung von Lösungsstrategien:

✔ **Wählen Sie die beste Handlungsstrategie aus.** Zum jetzigen Zeitpunkt haben Sie etwa fünf mögliche Handlungsstrategien zur Auswahl, die Sie in Ihrem letzten Arbeitsschritt festgelegt haben. Arbeiten Sie diese Punkte nochmals durch und berücksichtigen Sie dabei folgende Kriterien:

- **Kosten-Nutzen-Analyse:** Bevor Sie sich für eine Lösungsstrategie entscheiden, müssen Sie die Kosten gegenüber ihrem potenziellen Nutzen abwägen. Zieht eine Lösung hohe Kosten nach sich, während der Nutzen eher gering ist, hat sie mit Sicherheit keinen Platz ganz oben auf Ihrer Liste verdient. Fallen jedoch nur geringe Kosten an und führt sie zu optimalen Ergebnissen, handelt es sich gewiss um den Spitzenreiter.

- **Anforderungen und Ressourcen Ihres Kunden:** Die optimale Strategie berücksichtigt nicht nur die tatsächlichen, konkreten Kundenanforderungen, die Sie während Ihren Nachforschungen und dem Brainstorming ermittelt haben, sondern sind exakt auf die aktuelle Situation des Unternehmens und des Personals Ihres Kunden zugeschnitten. Jedes Unternehmen hat seine eigenen, ganz bestimmten Anforderungen und kann auf unterschiedliche Ressourcen zurückgreifen. So verfügen manche Firmen nur über geringe Geldmittel, aber eine hohe Mitarbeiterzahl, während andere Unternehmen im Geld schwimmen, aber keine Mitarbeiter haben, die sie für die Lösung ihrer Probleme abstellen können. Bei der Erarbeitung Ihrer Lösungsvorschläge müssen Sie die jeweiligen Gegebenheiten berücksichtigen.

- **Die Unternehmensphilosophie Ihres Klienten:** Jede Firma vertritt ihre eigene Unternehmensphilosophie, die in Ihren Vorschlägen ebenfalls berücksichtigt werden muss. Selbst die genialsten Strategien werden bestenfalls nur zögernd umgesetzt oder verstauben im schlimmsten Fall ungenutzt in irgendeiner Schublade, wenn sie gegen die Unternehmensphilosophie Ihres Kunden laufen. Beinhaltet Ihr Vorschlag zum Beispiel einen drastischen Personalabbau, obwohl Ihr Kunde stolz darauf ist, dass in der ganzen Firmengeschichte noch nie ein Mitarbeiter entlassen wurde (und es auch so bleiben soll), wird Ihre Strategie garantiert auf keine Begeisterung stoßen.

- **Personal und Unternehmenspolitik:** Die Firmenpolitik beeinflusst in hohem Maße, wie die Dinge innerhalb eines Unternehmens gehandhabt werden. Dies muss in Ihrem Lösungsvorschlag ebenso berücksichtigt werden wie die Art und Weise, wie ausgeprägt die Rangordnung innerhalb eines Unternehmens ist. Ignorieren Sie diese Gegebenheiten, lassen sich Ihre noch so wunderbaren Strategien nicht in die Praxis umsetzen. Ein noch so guter Vorschlag, der die Vorteile einer stärkeren Mitarbeiterbeteiligung an Entscheidungen herausstellt, wird mit Sicherheit abgelehnt, wenn einflussreiche Führungskräfte keine Einmischung dulden wollen.

- **Strategien entwerfen:** Sobald Sie sich ausgiebig mit den oben genannten Kriterien befasst haben, besteht der nächste Schritt des Beratungsvorgangs darin, die Strategien zur Vorlage bei Ihrem Kunden auszuarbeiten. Selbst wenn noch *etwas* Zeit bis zur Präsentation der endgültigen Version bei Ihrem Kunden bleibt, sollte Ihre Lösungsstrategie zu diesem Zeitpunkt bereits einigermaßen präzise, durchdacht und ausgefeilt sein.

- **Ordnen Sie Ihre Lösungsstrategien:** Prüfen Sie alle in Frage kommenden Lösungsstrategien anhand der oben genannten Kriterien noch einmal und ordnen Sie sie gemäß ihrer Durchführbarkeit. Sobald Sie damit fertig sind, sind Sie im Geschäft. Bieten Sie Ihrem Kunden mehrere Möglichkeiten zur Auswahl. Lassen Sie ihn entscheiden, ob er eine kostengünstigere, schnellere oder hochwertigere Lösung bevorzugt. Entwickeln Sie eine erstklassige Strategie und eine Minimalstrategie. Dadurch können Sie leichter einschätzen, wann der Job für Sie erledigt sein wird, und Ihr Kunde kann sich für eine Lösung zwischen beiden Extremen entscheiden.

So, nun haben Sie die schwierigsten, aber auch die befriedigendsten Schritte des Beratungsvorgangs geschafft. Mit den von Ihnen entwickelten Lösungsstrategien können Sie sich nun an die nächste Aufgabe machen: Die Präsentation beim Kunden. Viel Glück!

Schildern Sie Ihre Ergebnisse: Die Präsentation der Lösungsstrategie

8

In diesem Kapitel

- Ihren Kunden Feedback geben
- Die Kundenbesprechung planen
- Den Kunden dazu veranlassen, Ihre Strategien in die Praxis umzusetzen

Im Laufe des Beratungsvorgangs gelangen Sie früher oder später an den Punkt, an dem Sie eine Reihe von Lösungsvorschlägen für Ihren Kunden ausarbeiten müssen. Genau dafür bekommen Sie schließlich einen Haufen Geld. Es wird von Ihnen erwartet, dass Sie sich mit den Problemen der Kunden auseinandersetzen und aufgrund Ihres Fachwissens Lösungsstrategien entwickeln, die in das gelobte Land der Umsatzsteigerung mittels verbesserter Produkte, Produktionsverfahren oder Geschäftsabläufe führen. Genauso wichtig wie der Inhalt Ihrer Strategie ist aber auch deren Präsentation in einer Weise, die nicht nur das Interesse des Kunden weckt, sondern ihn vollständig überzeugt. Und genau darum geht es in diesem Kapitel.

Wie präsentieren Sie also Ihrem Kunden die entwickelten Strategien? Ein kurzes Schreiben verfassen, es der Empfangsdame auf den Schreibtisch legen und dann ganz schnell verduften? Sicher, in manchen Fällen mag dies ein verlockender Gedanke sein, doch in der Regel sollten Sie sowohl einen schriftlichen Bericht erstellen als auch eine Präsentation entwickeln. Grundsätzlich gilt, dass der Kunde zu Ende des Projekts etwas Greifbares in Händen halten will. In den meisten Fällen handelt es sich dabei um einen schriftlichen Bericht. Damit Ihr Kunde Ihre Ausführungen nachvollziehen und später in die Praxis umsetzen kann, sollten Sie Ihre Ergebnisse immer persönlich präsentieren – Ihrem Kunden alleine, einer Gruppe von Managern oder anderen ausgewählten Mitarbeitern.

Ihr primäres Ziel in dieser Phase des Beratungsvorgangs ist es, Ihren Kunden von Ihren Lösungsstrategien zu überzeugen. Im Grunde heißt dies nichts anderes, als ihm Ihre Vorschläge zu verkaufen. Dazu sollten Sie sich ein bisschen mehr einfallen lassen, als ein paar Zahlen herunterzuleiern. Sie müssen Ihre Lösungsvorschläge mit voller Überzeugung präsentieren, Begeisterung wecken und Ihrem Kunden deutlich machen, wie wichtig die Umsetzung Ihrer Empfehlungen für seinen Erfolg ist.

In diesem Kapitel gehen wir auf die Präsentation bei Ihrem Kunden ein und geben Ihnen einige hilfreiche Tipps, wie Sie ihm die Lösungsvorschläge überzeugend und nachhaltig nahe bringen. Des Weiteren erläutern wir, mit welchen Mitteln Sie die Präsentation erfolgreich durchführen, so dass Ihr Kunde Ihre Empfehlungen auch annimmt und in die Praxis umsetzt. Dieses Kapitel befasst sich also mehr mit der allgemeinen Art der Präsentation, während in

Kapitel 13 detailliert erläutert wird, welche Punkte Ihre endgültige Lösungsstrategie enthalten muss und welche Präsentationstechniken es gibt.

Feedback für Ihren Kunden: Wie Sie den Weg bereiten

Bei der Vorbereitung des Feedback-Meetings mit Ihrem Kunden sollten Sie mehrere Dinge beachten, die es Ihnen (und Ihrem Kunden) erleichtert, das Beste aus Ihrer Präsentation herauszuholen. Wenn Sie die folgenden Ratschläge beherzigen, bereiten Sie den Weg für die Umsetzung Ihrer Vorschläge in die Praxis.

Es liegt sehr an Ihnen selbst, ob Ihr Kunde Ihre Vorschläge akzeptiert und realisiert. Beachten Sie deshalb bei der Vorbereitung Ihrer Präsentation grundsätzlich die nachfolgenden Tipps; es lohnt sich in jedem Fall, da Sie somit Ihren Kunden zufrieden stellen, und nur ein zufriedener Kunde wird Ihren Rat auch befolgen. Außerdem dürfen Sie niemals vergessen, dass ein zufriedener Kunde Folgeaufträge vergibt und Sie weiter empfiehlt.

- **Bringen Sie überzeugende Argumente.** Sicher, bei der Präsentation Ihrer Empfehlungen geht es vor allem darum, Ihre Lösungsvorschläge für die aktuellen Probleme zu erklären. Allerdings gehört dazu auch, dass Sie sich und Ihren Rat ja auch *verkaufen* und nicht nur *schildern* wollen. Und ganz unabhängig davon, wie dringlich ein Unternehmen seine Probleme gelöst sehen will, werden Sie immer bei irgendjemandem auf Widerstand stoßen. Berücksichtigen Sie dies bei Ihrer Präsentation, und betonen Sie ausführlich die Vorteile Ihrer Strategie für das Unternehmen und seine Mitarbeiter. Ihre Argumente müssen rundum überzeugend sein!

- **Beziehen Sie Ihre Kunden ein.** Haben Sie während des gesamten Beratungsvorgangs die Spielregeln beachtet, ist Ihr Kunde voll in die Präsentation Ihrer Strategie integriert, da Sie ihn bisher stets über alle Zwischenergebnisse informiert und ihn um Stellungnahme gebeten haben. So sind Sie nicht nur umfassend mit der gesamten Materie vertraut, sondern haben es Ihrem Kunden im gleichen Zug ermöglicht, sich mit den Lösungsvorschlägen anzufreunden, bevor Sie diese offiziell präsentieren. Die konstante Integration des Kunden in den Beratungsvorgang stellt sicher, dass Ihre Vorschläge optimal auf die Anforderungen des Unternehmens zugeschnitten sind *und* aller Wahrscheinlichkeit nach umgesetzt werden. Bei Lösungsstrategien, die Sie im Alleingang entwickeln und einem widerstrebenden Publikum vorstellen, ist das mehr als fraglich. Außerdem können Sie sich dank der Einbeziehung Ihres Kunden schon vorab Gedanken über mögliche Einwände machen und diese mittels der entsprechenden Informationen entkräften.

- **Vermeiden Sie Überraschungen.** Kunden mögen keine Überraschungen. Falls Ihre Vorschläge persönliche Prinzipien Ihres Kunden missachten oder an den Grundpfeilern seiner Unternehmensphilosophie rütteln, haben Sie es leider versäumt, Ihren Auftraggeber ausreichend einzubeziehen. Eine gute Kooperation mit Ihrem Kunden zeigt sich nicht nur darin, dass er auf Ihre Lösungsvorschläge nicht überrascht reagiert, sondern auch, dass er sie vor der eigentlichen Präsentation im Geiste bereits umgesetzt hat. Dies erreichen Sie nur, wenn Sie Ihren Kunden von Anfang an bei der Definition des Problems, dem Sammeln der Informationen und der Entwicklung von Problemlösungen mit einbeziehen.

Sollten Sie wider Erwarten doch noch ein oder zwei Überraschungen aus dem Ärmel hervorzaubern wollen, informieren Sie Ihren Ansprechpartner vorher in einem Gespräch unter vier Augen darüber.

- **Seien Sie offen und ehrlich.** Die Wahrheit kann manchmal sehr weh tun. Sicherlich ist es immer viel angenehmer, der Überbringer guter statt schlechter Nachrichten zu sein. Trotzdem: Sie werden dafür bezahlt, die Karten auf den Tisch zu legen. Sorgen Sie dafür, dass Ihr Kunde die ganze Wahrheit erfährt und nicht mit politisch korrekten Formulierungen oder halben Sachen abgespeist wird.

  Seien Sie wertneutral. Vermeiden Sie es auf jeden Fall, Kritik an den Entscheidungen Ihres Auftraggebers zu üben, mit denen er sein Unternehmen in die aktuelle Misere gebracht hat. Es wäre definitiv ein Fehler, eine Präsentation mit Worten wie: »Was in Ihrem Unternehmen geschehen ist, ist das Dümmste, was mir in meiner ganzen Laufbahn als Unternehmensberater jemals begegnet ist!« zu eröffnen. Dadurch verlieren Sie sehr wahrscheinlich diesen Kunden und Ihre Vorschläge wandern schneller in den Papierkorb als Sie »Uups!« sagen können. Es mag ja durchaus zutreffen, dass das Management einige falsche Entscheidungen getroffen hat, doch Sie müssen Ihrem Kunden diplomatisch aufzeigen, wie sich das Problem lösen lässt.

- **Unterstützen Sie Ihren Kunden.** Die Durchsetzung von Änderungen ist nicht immer einfach, vor allem, wenn Ihre Lösungsstrategien Maßnahmen enthalten, welche die ganze Unternehmensstruktur umkrempeln. Umstrukturierung, Personalabbau oder Neuorganisation sind oft die Kernpunkte der Lösungsstrategien vieler Unternehmensberater. Stellen Sie sich darauf ein, Ihrem Kunden sowohl menschlich als auch organisatorisch zur Seite zu stehen, wenn er sich mit drastischen Änderungen abfinden muss.

Prima, jetzt kennen Sie einige der goldenen Regeln für eine erfolgreiche Präsentation. Ihre nächste Aufgabe besteht darin, das Feedback-Meeting mit Ihrem Kunden zu planen und abzuhalten. Im nächsten Abschnitt gehen wir Schritt für Schritt darauf ein.

Janice Seto lernt das ABC der Unternehmensberatung

Janice Seto aus Bowmanville, Kanada, studiert derzeit Betriebswirtschaft an der Universität von Victoria, British Columbia. Schwerpunkt des Studiengangs an dieser Universität ist die Unternehmensberatung. Als bislang einzige Universität arbeitet sie eng mit westkanadischen Unternehmen und Industriebetrieben zusammen. Janice war vor ihrem Studium mehrere Jahre berufstätig; sie war außerdem Verwaltungsmitglied für Wirtschaftsbeziehungen zwischen Malaysia und Kanada in Kuala Lumpur, ist Mitglied des Fördervereins für Lehrbeauftragte am Ontario-College und der Handelskammer von Greater Victoria. Janice berichtet über ihre Erfahrungen an der Universität von Victoria und darüber, wie sich eine gute Beziehung zwischen Unternehmensberater und Kunde aufbauen lässt.

Consulting für Dummies: Warum haben Sie sich dafür entschieden, ausgerechnet an der Universität von Victoria zu studieren? Es gab doch bestimmt sehr viele Universitäten zur Auswahl.

Janice Seto: Ich habe mehrere Jahre im Ausland gearbeitet und wollte keinen der üblichen Studiengänge belegen, in dem 100 bis 200 Studenten ohne jegliche Berufserfahrung in einen Hörsaal gepfercht werden und vier Jahre lang von einer Vorlesung zur anderen hetzen müssen. Das ist nichts für mich. Ich war zwar an einer sehr guten Universität, der Universität von Toronto, aber ein Studium dieser Art ist genug. Ich wollte einen kleinen, neuartigen Studiengang belegen, in dem es nicht nur darum geht, wie man andere ausbootet, sondern in dem die Betonung auf Teamarbeit, Kreativität, Innovation und internationaler Ausrichtung liegt. Und ich wollte ein praxisbezogenes Studium.

CfD: Und das alles bietet Ihnen die Universität von Victoria?

Seto: Ja, und die Dozenten sind mit Recht stolz darauf. Die *School of Business*, die Wirtschaftakademie, wurde völlig neu konzipiert und besteht erst seit fünf Jahren. Aufgrund neuer Tendenzen an anderen Wirtschaftsschulen wurde ein ganz neuer Studieninhalt entwickelt, der neben den üblichen Kursen wie Buchhaltung und Finanzwesen einen Kooperationsteil enthält. Der Schwerpunkt liegt auf der praktischen Anwendung der Fähigkeiten. Sie bieten zum Beispiel ein Mentor-Programm und integrierte Managementübungen (IME) an, wobei in Arbeitsgruppen von jeweils fünf Studenten zwei Mal im Semester eine Woche lang ein Consulting-Projekt bearbeitet wird, das von einem der größeren lokalen Unternehmen bei der Universität in Auftrag gegeben wird. Zum Studienabschluss muss man entweder ein Consulting-Projekt bearbeitet haben oder eine Magisterarbeit schreiben.

CfD: Wow!

Seto: Ja, es ist wirklich toll. Die Kurse über Consulting- und Recherchemethoden, Anwesenheit ist übrigens Pflicht, behandeln den kompletten Beratungsvorgang, obwohl die Zeit sehr knapp bemessen ist. Wir erfahren alles, angefangen von der Klärung der Situation, der Problemdefinition über die Ausarbeitung und Vorlage eines Angebots, die Vertragsaushandlung, Informationsbeschaffung, Analyse bis hin zur Präsentation unserer Lösungsstrategien beim Kunden.

CfD: Da fehlt ja wirklich nichts!

Seto: Stimmt genau. Natürlich kann man bei diesem Umfang nicht allzu sehr in die Tiefe gehen. Ich denke, man kann das mit meiner Tätigkeit im Förderverein für Lehrbeauftragte vergleichen. Dort lernt man die Theorie der Lehrtätigkeit, die

Praxis muss man sich selbst aneignen, indem man das Gelernte *anwendet*. Genau das tun wir hier. Zuerst lernen wir die Theorie des Beratens, der Kundenbeziehung, der Analyse und Recherchemethoden und anschließend weist man uns ein Projekt zur Übung zu, während dessen wir auf die echten Anforderungen des Studienabschlusses vorbereitet werden. Gerade erst haben wir ein IME-Projekt über die Forstwirtschaft von British Columbia fertiggestellt. Gestern hatten wir eine hitzige Diskussion mit Umweltschützern und Forstbeauftragten, die uns teilweise ziemlich feindselige Fragen gestellt haben. Wir hatten zuvor einige Tage an der Küste campiert und den Wald untersucht; zuerst mussten wir mit ziemlich wütenden Holzfällern diskutieren, anschließend mit ebenso aggressiven Umweltaktivisten und zu guter Letzt mit stinksauren Regierungsvertretern.

CfD: Klingt ganz danach, als säßen Sie zwischen allen Stühlen!

Seto: Sicher, aber das macht wesentlich mehr Spaß, als den ganzen Tag in Hörsälen herumzusitzen.

CfD: Sagen Sie uns doch mal: Wie wichtig ist eine gute Beziehung zwischen Kunde und Consultant?

Seto: Nun, man sollte schon eine ähnliche Wellenlänge haben, damit man eine Vertrauensbeziehung aufbauen kann. Ich erzähle Ihnen einmal, wie ich gerade bei einer Kreditgenossenschaft vorgehe. Als wir dem Management vorgestellt wurden, waren die wohl eher skeptisch und empfingen uns mit den Worten: »Sie wissen aber schon, dass da ein großes Stück Arbeit auf Sie wartet. Wenn Sie nichts von Kreditgenossenschaften und dem Bankwesen an sich verstehen, müssen Sie erst einmal einen Crash-Kurs machen.« Um diesem Gespräch eine positive Richtung zu geben und eine Vertrauensbasis zu schaffen, erzählte ich ihnen, dass wir im Rahmen einer IME bereits für ihre Genossenschaft gearbeitet hätten und ließ den Namen des Managers fallen, der mit dem Projektkoordinator unserer Universität zusammengearbeitet hatte. Anschließend war das Klima wesentlich entspannter, und sie waren von unserer Kompetenz sehr angetan. Solche Sachen gehören zum täglichen Brot eines Unternehmensberaters. Ich bin zum Beispiel auch Mitglied der Handelskammer vor Ort und kenne nur zwei andere Studenten, die ebenfalls dort Mitglied sind. Ich werde oft gefragt, warum ich das tue, und ich kann darauf nur zurückfragen »Warum denn nicht?« Als ich in Malaysia war, arbeitete ich in der Verwaltung für kanadisch-malaysische Wirtschaftsbeziehungen mit. Warum? Weil es sich gut im Lebenslauf macht und es sehr wichtig ist, dass der eigene Name als Absender der E-Mail genannt wird. Die Kunden möchten wissen, mit wem sie es zu tun haben und etwas über die Person und den beruflichen Werdegang erfahren. Es sind gute Möglichkeiten, etwas über sich selbst zu vermitteln und dem Kunden die Einschätzung zu erleichtern, ob eine produktive Zusammenarbeit möglich ist.

CfD: Was können Sie für den Aufbau einer guten Kundenbeziehung empfehlen?

Seto: Wenn Sie gerade an einem Projekt arbeiten, sollten Sie sich regelmäßig mit dem Kunden treffen. Sie müssen Ihrem Kunden gegenüber ehrlich sein und ihn über eventuelle Schwierigkeiten informieren. Wenn sich zum Beispiel eine bestimmte Abteilung sehr unkooperativ verhält, müssen Sie Ihrem Auftraggeber diplomatisch vermitteln, dass Sie auf die Zusammenarbeit mit dieser Abteilung unbedingt angewiesen sind. Kunde und Consultant müssen sich gegenseitig auf dem Laufenden halten. Grundsätzlich darf man nie den Bezug zu den vereinbarten Projektrichtlinien verlieren. Kunden wollen jemanden, der nachfragt und selbst den Anspruch hat, gute Arbeit zu leisten, und ich glaube, das ist eine gute Voraussetzung für die Beziehung. Falls Sie mit einem Kunden zu tun haben, dessen Vorstellungen gegen Ihre geschäftlichen oder moralischen Prinzipien verstoßen, sollten Sie sich darauf gar nicht erst einlassen.

CfD: Richtig. Über die Zusammenarbeit muss von beiden Beteiligten entschieden werden. Beide müssen sich über die Vorgehensweise einig sein. Wie schaffen Sie es, aus einer normalen Geschäftsbeziehung eine vertrauensvolle Partnerschaft zu entwickeln, in der miteinander und nicht gegeneinander gearbeitet wird?

Seto: Eine wirklich interessante Frage. Lassen Sie mich Ihnen schildern, was unser Professor darauf geantwortet hat. Bei einem unserer letzten Consulting-Projekte hat unser Professor ein intensives Arbeitswochenende mit den Kunden organisiert – er ist dafür extra nach Ottawa geflogen. Er übernahm die Aufgabe eines Gruppenleiters und veranstaltete gruppendynamische Übungen und Brainstorming mit den Kunden. Wie lautet die Firmenphilosophie? Was sind die Ziele des Unternehmens? Er ließ sie die strategischen Überlegungen herausarbeiten, fragte nach, ob mit Unterstützung aus der obersten Führungsriege zu rechnen ist und bestand auf genau formulierte Zielstellungen. Wer wird gegen und wer für das Projekt eintreten? Damit lagen anschließend wirklich alle Karten offen auf dem Tisch. Er stellte einen Aktionsplan auf, dem alle zustimmten, und teilte die Anwesenden in kleine Gruppen auf. Eine Gruppe sollte klären, welche langfristigen Schulungs- und Fortbildungsmaßnahmen im Unternehmen geplant sind, die andere befasste sich mit Forschung und Entwicklung. Anschließend ließ er eine nach Prioritäten geordnete Aufgabenliste erstellen, die 40 Punkte enthielt. Danach wurde in Gemeinschaftsarbeit ein konkreter Zeitplan entwickelt.

CfD: Wie stellt man es am besten an, wenn man seinem Kunden eine schlechte Nachricht überbringen muss?

Seto: Normalerweise wendet sich ein Kunde an einen Unternehmensberater, weil er ein Problem hat. So ist er bereits auf eine schlechte Nachricht vorbereitet, auch wenn noch nicht so recht klar ist, woraus das Problem genau besteht. Außerdem hat jede schlechte Nachricht auch eine gute Seite, da sie aus recherchierten Fakten besteht, die eine Chance zur Behebung des Problems darstellen. Man muss es als Möglichkeit zur Verbesserung betrachten und dem Kunden auch so verkaufen. Die schlechte Nachricht ist nicht das Ende vom Lied.

CfD: Was können Sie jemandem raten, der eine Laufbahn als Consultant plant?

Seto: Man muss im eigenen Fachgebiet absoluter Experte sein und alles, wirklich alles, darüber wissen. Man muss unterschiedliche Ansätze und deren Vor- und Nachteile kennen. So verschafft man sich Respekt und Ansehen, womit die Grundlage für den beruflichen Erfolg gesichert ist. Es gibt natürlich jede Menge gute Angebote auf dem Markt, deshalb sollte man sich und sein Produkt gut präsentieren können. Ich glaube jeder, der ein professioneller und erfolgreicher Consultant werden möchte, muss sich innerhalb seines Fachgebietes spezialisieren und in der Lage sein, seine Kenntnisse überzeugend zu präsentieren.

Abhaltung eines Feedback-Meetings

Es ist soweit: Nach intensiver Problemdefinition, mühevoller Informationssammlung und der Lösung der Probleme steht das Feedback-Meeting mit Ihrem Kunden an. Jetzt präsentieren Sie Ihrem Kunden die Lösungsstrategie und bereiten den Weg für deren Akzeptanz oder Ablehnung. Läuft das Meeting gut, wird sich Ihr Kunde an die Umsetzung Ihrer Ideen machen. Wenn nicht, landen Ihre Lösungsvorschläge wortwörtlich im Müll.

Das Feedback-Meeting ist *Ihr* großer Auftritt! Sie legen den zeitlichen Ablauf und die Gestaltung der Präsentation fest. Natürlich können und sollten Sie auf die Wünsche Ihres Kunden eingehen und Raum für Diskussionen und Nachfragen einplanen, doch kommen Sie anschließend immer wieder auf Ihren geplanten Präsentationsablauf zurück.

Nachfolgend stellen wir Ihnen die fünf Schritte vor, anhand derer Sie ein erfolgreiches Feedback-Meeting leiten:

1. **Präsentation der Hintergründe, Projektziele und der angewandten Methodik.**

   Der erste Teil Ihrer Präsentation besteht aus einer kurzen Beschreibung des Projekts und der Probleme, für deren Lösung Sie engagiert wurden, der Zielsetzung und der Methodik, mit der Sie Ihre Lösungsstrategie entwickelt haben. Unterstreichen Sie die Rolle Ihres Kunden bei der Problemlösung und der Entwicklung der Lösungsstrategie. Alle diese Punkte müssen im Vorfeld mit Ihrem Kunden abgesprochen worden sein.

2. **Präsentation Ihrer Empfehlungen.**

   Es hat zwar ein bisschen gedauert, aber jetzt ist es endlich soweit: Sie präsentieren Ihre Schlüsselstrategien und erläutern gleichzeitig, aus welchem Grund sie zur Lösung der vorhandenen Probleme bestens geeignet sind. Stellen Sie Ihrem Kunden auch mögliche Alternativlösungen vor (wie zum Beispiel kostengünstigere, schneller umzusetzende oder qualitativ höherwertigere) und erklären Sie, weshalb Sie zu einer anderen Strategie raten.

3. **Anregung zur Diskussion.**

   Eine schwierige Aufgabe in dieser Phase des Beratungsvorgangs ist es, die Kunden zur Diskussion Ihrer Lösungsstrategien anzuregen. Schließlich möchten Sie, dass die Anwesenden Fragen stellen, Sie zur Stellungnahme auffordern, die Alternativen abwägen, nach weiteren Informationen bitten oder irgendetwas tun, womit Sie Ihre nächsten Schritte in die richtige Richtung lenken können. Verfallen die Anwesenden nach Ihrer Präsentation in ein anhaltendes Schweigen, müssen Sie sie aus der Reserve locken. Fragen Sie zum Beispiel nach, ob Ihre Lösungsstrategie allen verständlich ist oder ob es Fragen dazu gibt.

4. **Einen Aktionsplan ausarbeiten.**

   Ihre Lösungsvorschläge sind, wie der Name schon sagt, *Vorschläge*. Sie können Ihren Kunden die Entscheidung nicht abnehmen, sondern nur Informationen bieten, aufgrund derer die Kunden selbst entscheiden können. Sie sollten aber dennoch behutsam darauf drängen, dass eine Entscheidung getroffen wird, vorzugsweise solange Sie noch anwesend sind, um ihren Kunden beratend zur Seite zu stehen. Nachdem Sie sich so gründlich mit dem Projekt auseinandergesetzt haben, werden Sie wahrscheinlich derjenige sein, der sowohl das Problem als auch die geeignete Lösung am besten kennt. Sie sind deshalb bei der Entscheidung über die weitere Vorgehensweise von unschätzbarem Wert für Ihre Kunden.

5. **Festlegung Ihrer zukünftigen Rolle.**

   In manchen Fällen ist die Präsentation die letzte »Amtshandlung« des Consultants. Es kann es aber durchaus vorkommen, dass Ihr Auftraggeber Sie für die Umsetzung Ihrer Lösungsvorschläge gerne weiterhin engagieren möchte. Nutzen Sie das Feedback-Meeting, um Ihre Rolle bei zukünftigen projektbezogenen Aufgaben, falls solche geplant sind, zu besprechen.

Nachdem Sie Ihrem Kunden nun die Lösungsstrategien vorgestellt haben, bleibt nur noch deren Umsetzung in die Praxis. Dies ist keine Selbstverständlichkeit, denn es gibt massenhaft Lösungsvorschläge, die niemals realisiert wurden. Die praktische Anwendung Ihrer theoretischen Lösungsvorschläge rückt schon einen riesigen Schritt näher, wenn es Ihnen gelingt, Ihrem Kunden die Strategien so schmackhaft zu machen, dass er am liebsten selbst darauf gekommen wäre.

Wie Sie dies anstellen können, erfahren Sie rein zufällig im folgenden Abschnitt.

Wie man dem Kunden die Lösungsstrategien schmackhaft macht

Im Laufe des Beratungsvorgangs muss der Kunde Ihre Lösungsstrategien so verinnerlichen, als wären sie seine eigenen, sonst landen sie unweigerlich im Papierkorb. Die Umsetzung Ihrer Vorschläge hängt zum größten Teil davon ab, wie stark er bei ihrer Entwicklung beteiligt war. Natürlich haben Sie von Anfang an auf dieses Ziel hingearbeitet, haben eine vertrauensvolle und partnerschaftliche Beziehung aufgebaut und den Kunden in den gesamten Beratungsprozess einbezogen, doch jetzt ist der Zeitpunkt gekommen, an dem es so richtig Ernst wird.

Ihre Strategien sind nur so gut wie ihre Umsetzung. Selbst die besten Lösungsvorschläge sind vergebliche Liebesmühe, wenn sie nicht realisiert werden. Nachfolgend ein paar Tipps, wie Sie dafür sorgen können.

- ✔ **Einverständnis in allen Punkten.** Sorgen Sie dafür, dass alle Schwierigkeiten angesprochen und gelöst werden. Besteht Ihre Lösungsstrategie zum Beispiel daraus, dass alle Zulieferer Ihres Kunden zukünftig einen Qualitätsnachweis erbringen müssen, und gibt es während des Feedback-Meetings Einwände, dass dies zu höheren Einkaufspreisen führt, müssen Sie auf jeden Fall darauf eingehen. Vermitteln Sie gemeinsam mit Ihrem Kunden zwischen Gegnern und Befürwortern der Maßnahme und schließen Sie einen Kompromiss. Ignorieren Sie Einwände, gefährden Sie unter Umständen die Umsetzung Ihrer Lösungsstrategien.
- ✔ **Bestehen Sie auf einer Entscheidung und Verteilung der Verantwortlichkeiten.** Das Feedback-Meeting ist genau der richtige Ort, zum richtigen Zeitpunkt einen Zeitplan für die Umsetzung Ihrer Lösungsvorschläge auszuarbeiten. Zudem ist es genau der richtige Moment, Ihren Kunden zu verbindlichen Zusagen zu bewegen, dass er die Verantwortung für die Einhaltung des Zeitplans übernimmt. Sofern Sie nicht völlig das Thema verfehlt haben, sollte inzwischen klar sein, dass sich das Problem des Kunden nur durch die Umsetzung Ihrer Strategien beheben lässt.
- ✔ **Bieten Sie Ihrem Kunden an, auch in der Umsetzungsphase sein Partner zu sein.** Können Sie sich noch daran erinnern, dass wir Sie vor einigen Kapiteln darum gebeten haben, sich wie ein Verkäufer zu verhalten? Ja? Gut. Wir hoffen, Sie spielen diese Rolle noch immer. Wenn nicht, sollten Sie sich schleunigst wieder an Ihren Text erinnern. Ihr Kunde kann das Projekt mit oder ohne Ihre Mithilfe weiterführen. Sollte Ihr Vertrag nicht vorsehen, dass Sie auch bei der Umsetzung Ihrer Lösungsstrategien mitwirken (was Sie eigentlich immer als Vertragsgegenstand aufnehmen sollten), können Sie dies nun anbieten.

  Dafür gibt es zwei gute Gründe: Erstens, Sie können dazu beitragen, dass die Umsetzung Ihrer Vorschläge tatsächlich erfolgt, und zwar so, wie Sie es für richtig halten. Zweitens, Sie vertiefen die Beziehung zum Ihrem Kunden. Wird das Projekt in der Praxis ein Erfolg, haben Sie Folgeaufträge so gut wie sicher in der Tasche.

Herzlichen Glückwunsch! Für einige von Ihnen ist der Beratungsvorgang nun abgeschlossen, denn Ihre Kunden entschlossen sich, Ihre entwickelten Lösungsstrategien ohne Sie in die Tat umzusetzen. Es empfiehlt sich dennoch, ab und zu nachzufragen, wie der Stand des Projekts ist und ob Sie in irgendeiner Weise helfen können. Man weiß ja nie, ob der Kunde es sich nicht doch anders überlegt.

Auf die restlichen Leser – die Consultants, die auch für die Umsetzung der Lösungsvorschläge zuständig sind – wartet noch ein ganzes Stück Arbeit. In Kapitel 9 befassen wir uns damit, wie Sie während dieser Phase mit Ihren Kunden zusammenarbeiten.

Die Umsetzung: Sorgen Sie dafür, dass jeder einzelne Punkt sitzt

9

In diesem Kapitel

- Einen Aktionsplan erstellen
- Mögliche Hindernisse aus dem Weg räumen
- Das Ergebnis der Umsetzung bewerten

Ihre Lösungsstrategien sind die Früchte Ihrer Arbeit. Und es war weder für Sie noch für Ihren Kunden ein Zuckerschlecken, sie auszuarbeiten. Versinken die Vorschläge jetzt jedoch in den unergründlichen Tiefen irgendeines Schreibtisches, war die ganze Schufterei umsonst. Jeder Consultant wird wohl zugeben, dass es sehr schmerzt, wenn seine Lösungsstrategien niemals in die Tat umgesetzt werden.

Als Consultant befinden Sie sich in einer schwierigen Lage. Sie wissen *ganz genau*, welche Maßnahmen das Problem Ihres Kunden lösen würden, doch leider sind nicht Sie derjenige, der die Umsetzung Ihrer Vorschläge entscheidet, sondern Ihr Auftraggeber. Womöglich zerpflückt er Ihre Lösungsstrategie in Einzelmaßnahmen und pickt sich nur diejenigen heraus, die ihm im Moment gerade als politisch korrekt erscheinen. Der Kunde ist König.

Sie können jedoch an der Umsetzung Ihrer Lösungsstrategien mitarbeiten, denn schließlich ist das der Sinn und Zweck Ihrer Arbeit: Mittels Ihrer Vorschläge die Probleme des Kunden tatsächlich zu lösen.

In diesem Kapitel erfahren Sie, wie Sie zusammen mit Ihrem Kunden einen Aktionsplan für die Umsetzung aufstellen, und wir geben Ihnen einige Tipps, wie diese Phase des Projekts für alle Beteiligten einfacher gestaltet werden kann. Zum guten Schluss erklären wir Ihnen, warum und wie Sie das Ergebnis der Umsetzung beurteilen sollten.

Ohne Plan geht gar nichts

Für die erfolgreiche Umsetzung Ihrer Lösungsstrategien ist ein Aktionsplan erforderlich, in dem peinlich genau festgelegt ist, wer welche Schritte bis wann durchführen muss. Je nach Projektgröße und Umfang Ihrer Strategien kann dieser Aktionsplan aus einer oder sehr vielen Seiten bestehen. Der beste Plan ist jedoch in jedem Fall der, den Sie in enger Zusammenarbeit mit Ihrem Kunden aufgestellt haben, denn nur dann wird sich Ihr Kunde für die Umsetzung verantwortlich fühlen und sich dafür einsetzen, dass der Plan vollständig ausgeführt wird.

Bei der Ausarbeitung des Aktionsplans sollten Sie folgende Punkte beachten:

- ✔ **Definieren Sie die einzelnen Aufgaben.** Jeder gute Plan beinhaltet einzelne Schritte, die wiederum aus verschiedenen Aufgaben bestehen. Auch Ihr Aktionsplan besteht aus verschiedenen Aufgaben, die auf den erfolgreichen Abschluss der Umsetzungsphase abzielen. Die Aufgaben müssen klar und unmissverständlich definiert werden, und da Ihr Kunde bei der Umsetzung Ihrer Lösungsstrategie die Hauptrolle spielt, muss er oder sie bei der Festlegung der Einzelheiten die Hauptarbeit übernehmen.

- ✔ **Legen Sie Termine fest.** Damit ein Plan seinen Zweck erfüllt, muss festgelegt werden, wann die einzelnen Aufgaben erledigt sein müssen. Die für bestimmte Aufgaben verantwortlichen Mitarbeiter müssen genau wissen, bis wann sie ihre Aufgaben zu erledigen haben, sonst werden diese immer zugunsten anderer Dinge auf die lange Bank geschoben. Legen Sie deshalb für jede Aufgabe einen Zeitplan mit Anfangs- und Abschlussdatum fest.

- ✔ **Weisen Sie Zuständigkeitsbereiche zu.** Für jede Aufgabe muss es einen Zuständigen geben, der für die erfolgreiche und termingerechte Erledigung dieser Aufgabe verantwortlich ist. Um keine Verwirrung aufkommen zu lassen, sollte die Verantwortung für eine Aufgabe nur bei einer Person liegen, denn viele Köche verderben bekanntlich den Brei. Sind mehrere Personen (oder gar ein ganzes Komitee) für ein- und dieselbe Sache zuständig, fühlt sich letzten Endes keiner verantwortlich, was zur Folge hat, dass Aufgaben gar nicht oder viel zu spät erledigt werden.

Damit die Mitarbeiter Ihres Kunden ihre Aufgaben ordnungsgemäß erfüllen können, müssen sie natürlich über die entsprechende Befugnis verfügen. Stellen Sie sicher, dass diese Mitarbeiter grünes Licht von ihren Vorgesetzten erhalten.

- ✔ **Überlegen Sie, ob ein Testlauf sinnvoll wäre.** Ist die Liste Ihrer Vorschläge sehr kurz oder arbeiten Sie für ein kleines Unternehmen, können Sie die Umsetzung vermutlich ohne Testläufe oder ähnliches direkt angehen. Je umfangreicher Ihre Lösungsstrategien jedoch sind, beziehungsweise je mehr sich dadurch für die Mitarbeiter und Kunden Ihres Auftraggebers ändert, umso sinnvoller ist ein Pilotprojekt, bei dem Ihre Lösungsstrategien *vor* der endgültigen Umsetzung getestet werden. Haben Sie zum Beispiel die Homepage Ihres Kunden gestaltet, sollten Sie diese genauestens prüfen, bevor sie ins Netz gestellt wird. Somit können Sie und Ihr Kunde feststellen, ob Text und Grafik aussehen wie (von Ihnen beiden) gewünscht und ob sämtliche Links und Hypertext-Funktionen fehlerfrei sind. Bei manchen Projekten, wie zum Beispiel bei der Einführung eines rechnergestützten Buchhaltungsprogramms oder Inventurprogramms, ist ein Testlauf unabdingbar.

- ✔ **Legen Sie fest, wie Sie den Erfolg der Umsetzung beurteilen können.** Im letzten Teil des Aktionsplans legen Sie die Faktoren, zum Beispiel Maßeinheiten, fest, mit denen sich der Erfolg der Umsetzung messen lässt. Diese Faktoren beziehen sich auf die bereits bei Projektbeginn zusammen mit Ihrem Kunden festgelegten Zielsetzungen. Was erwartet Ihr Kunde von Ihnen? Was erwarten Sie selbst? Beide Standpunkte sollten im Aktionsplan ausformuliert sein. Sollte die Umsetzung tatsächlich scheitern, können Sie anhand der oben genannten Punkte der Ursache auf den Grund gehen.

Bei der Gestaltung Ihres Aktionsplans haben Sie völlig freie Hand, achten Sie aber darauf, dass sämtliche oben genannten Punkte darin vorkommen. Auf der nächsten Seite finden Sie unter Abbildung 9.1 einen Musteraktionsplan eines Beraters für Audio-Video-Technik für den Einbau einer neuen Lautsprecheranlage in eine Konzerthalle. Beachten Sie, dass alle unsere Tipps in diesem Musterplan berücksichtigt wurden.

Unabhängig vom Umfang und Dauer der Umsetzung Ihrer Lösungsstrategien klärt ein Aktionsplan grundsätzlich, wer welche Aufgaben wann erledigt. Natürlich gibt es in jeder Umsetzungsphase Höhen und Tiefen. Unter »Worauf warten Sie noch? Los geht's!« finden Sie einige Tipps, wie Sie den Erfolg Ihrer Umsetzung sichern und Rückschläge vermeiden können.

Worauf warten Sie noch? Los geht's!

Wäre es nicht toll, wenn Sie nur mit dem Finger schnippen müssten, und schon wären sämtliche Lösungsvorschläge fix und fertig umgesetzt? Vergessen Sie es! Die Umsetzungsphase ist leider eine der schwierigsten Phasen Ihres Projekts – sowohl für Sie als auch für Ihren Kunden. Manchmal genügt es schon, eine winzige Kleinigkeit zu übersehen, und der schöne Plan löst sich in Nichts auf. Dann stellen sich im Unternehmen Ihres Kunden ganz schnell wieder die vorherigen Umstände ein, und Ihr Kunde ist vielleicht ganz froh, dass er sich nun doch nicht auf Neuerungen einlassen muss.

Sie können sich aktiv an der Umsetzung Ihrer Lösungsvorschläge beteiligen, damit diese möglichst reibungslos vonstatten geht (ein *paar* Haken wird es immer geben). Wir empfehlen Ihnen folgende Vorgehensweisen:

✔ **Überwinden Sie den Widerstand.** Dachten Sie wirklich, das bisschen an Widerstand, das Ihnen während der Informationserhebung entgegengebracht wurde, sei alles gewesen, was die Mitarbeiter Ihres Kunden aufbringen können? Weit gefehlt. Jetzt, wo die Umsetzung Ihrer Lösungsvorschläge tatsächlich stattfinden soll, werden sich all diejenigen Mitarbeiter verbünden, die von den geplanten Änderungen am stärksten betroffen sind, und sich in einen letzten verzweifelten Versuch bemühen, den alten Status quo beizubehalten. Wenn Ihre Lösungsvorschläge auf Dauer umgesetzt werden sollen, müssen Sie potenzielle »Widerständler« erkennen und sie sich einzeln vorknöpfen.

✔ **Erwarten Sie nicht zu viel.** So gut wie nichts lässt sich von heute auf morgen ändern. Selbst nach einer umfangreichen Umorganisation der Betriebsabläufe wird ein Fließbandarbeiter seine Arbeit erst einmal so weiter machen, wie er es gewohnt ist. Wie heißt es doch so schön: Gut Ding‘ will Weile haben. Üben Sie sich in Geduld, dann werden Sie schon merken, dass sich die Dinge wie geplant entwickeln. Schrauben Sie Ihre Erwartungen für die Umsetzung Ihrer Lösungsvorschläge auf ein realistisches Maß zurück. Räumen Sie den Mitarbeitern Ihres Kunden bei der Aufstellung Ihres Aktionsplans ausreichend Zeit ein, damit sie sich an die Änderungen gewöhnen und in die täglichen Routineaufgaben einbauen können.

Einbau einer neuen Lautsprecheranlage in der städtischen Konzerthalle

Aktionsplan

Nach sorgfältiger Untersuchung der akustischen Gegebenheiten in der Konzerthalle und Prüfung der bestehenden Lautsprecheranlage, sind wir – Superb Audio Associates – zu dem Schluss gekommen, dass die bestehende Anlage durch das Modell Friztek 100 ersetzt werden sollte. Zur Umsetzung dieses Vorschlags empfehlen wir Folgendes:

Aufgabe 1: Kauf der Lautsprecheranlage Friztek 100 durch Superb Audio Associates nach eingehendem Preisvergleich. Spätestens zum 25. Mai ist der Kauf abgewickelt und die Anlage an Superb Audio Associates geliefert.

Aufgabe 2: Ausbau der jetzigen Lautsprecheranlage aus der Konzerthalle. Die Mitarbeiter der Konzerthalle sind sowohl für den Ausbau als auch für die Reparatur eventuell dabei entstandener Schäden zuständig. Fertigstellungstermin: 1. Juni.

Aufgabe 3: Einbau der neuen Lautsprecheranlage Friztek 100. Die Installation, Montage und Verdrahtung sämtlicher Komponenten des neuen Systems unterliegen den Mitarbeitern von Superb Audio Associates. Fertigstellungstermin: 5. Juni.

Aufgabe 4: Durchführung eines Systemtests. Superb Audio Associates führt den Funktionstest der neuen Anlage durch und stellt sicher, dass sie sämtlichen technischen Anforderungen hinsichtlich Nennleistung, Rauschabstand und Verzerrung entspricht. Fertigstellungstermin: 7. Juni. Superb Audio Associates führt alle erforderlichen Einstellarbeiten durch, damit die Anlage dem vereinbarten Leistungsumfang entspricht.

Aufgabe 5: Schulung der Mitarbeiter der städtischen Konzerthalle hinsichtlich der Bedienung der neuen Lautsprecheranlage. Superb Audio Associates hat bis spätestens 10. Juni alle Mitarbeiter der Konzerthalle in der Bedienung der Lautsprecheranlage Friztek 100 geschult. Im Bedarfsfall steht der Consultant für eine Nachschulung zur Verfügung.

Anhaltspunkte zur Überprüfung der erfolgreichen Umsetzung:

Das Projekt gilt als erfolgreich durch Superb Audio Associates abgeschlossen, wenn folgende Punkte eingetreten sind:

1. Die neue Lautsprecheranlage, Modell: Friztek 100, wurde bis spätestens 5. Juni installiert, montiert und verdrahtet.
2. Die Anlage Friztek 100 wurde bis spätestens 7. Juni hinsichtlich der technischen Anforderungen (Leistung, Rauschabstand und Verzerrung) getestet und genügt den Anforderungen.
3. Sämtliche Mitarbeiter der Konzerthalle wurden bis spätestens 10. Juni in der Bedienung der Lautsprecheranlage Friztek 100 geschult.

✔ **Prüfen Sie nach, ob alle Aufgaben erfüllt wurden.** Die erfolgreiche Umsetzung Ihres Aktionsplans hängt von der termingerechten Erledigung der einzelnen Aufgaben und dem konstanten Engagement der damit beauftragten Mitarbeiter ab. Überprüfen Sie deshalb aufmerksam, ob die Aufgaben auch planmäßig erledigt werden. Arbeitnehmer, denen Ihre Pläne nicht geheuer sind, »vergessen« manchmal gerne die ihnen zugewiesenen Aufgaben oder müssen sich plötzlich ganz dringend anderen, weitaus wichtigeren Aufgaben widmen. Die beste Methode, einem derartigen Verhalten entgegenzuwirken ist, die Aufgaben eindeutig zu formulieren, einen bestimmten Mitarbeiter damit zu beauftragen, zu kontrollieren, ob der jeweilige Zeitplan eingehalten wurde, und die Verantwortlichen gegebenenfalls zur Rechenschaft zu ziehen.

✔ **Pflegen Sie die Beziehung zu Ihrem Kunden.** Für eine erfolgreiche und dauerhafte Umsetzung des Aktionsplans sind Sie auf die Mithilfe Ihres Kunden angewiesen. Diese ist Ihnen allerdings nur gewiss, wenn Sie die gemeinsame Beziehung auch beständig pflegen. Dazu gehört, dass Sie hin und wieder Kontakt zu ihm aufnehmen, ihn um Anregungen und Rat bitten und ein gutes Arbeitsklima schaffen und erhalten. Ist das Verhältnis zu Ihrem Kunden erst einmal getrübt, können Sie Ihre Lösungsvorschläge in der untersten Schublade Ihres Schreibtisches verstauen.

Erkennen Sie das Endlos-Syndrom. Manche Umsetzungsvorhaben ziehen sich schier endlos hin. Bevor Sie wissen, was eigentlich Sache ist, wird die Umsetzung so zäh, dass sich keiner mehr daran erinnert, sie überhaupt jemals begonnen zu haben. Falls Sie es zulassen, dass sich die Umsetzung Ihrer Lösungsvorschläge endlos in die Länge zieht, hätten Sie sich Ihre Arbeit gleich sparen können. Stellen Sie mit Ihrem Kunden einen verbindlichen Zeitplan auf, der für jeden Schritt festlegt, wann er begonnen und abgeschlossen sein muss. Vermeiden Sie eine Planung auf Jahre, nennen Sie besser bestimmte Kalenderwochen. Ein genauer Zeitplan hängt natürlich auch von der Art der Projekts ab: Komplexität und Dringlichkeit der Umsetzung, verfügbare Ressourcen und Unterstützung seitens der Unternehmensleitung.

Wenn Sie die oben stehenden Tipps befolgen, haben Sie Ihr Soll bei der Umsetzung Ihrer Lösungsvorschläge erfüllt. Vergessen Sie nicht, dass auch die Kunden ihren Teil beitragen müssen. Denken Sie immer daran: »Jedermann hat jederzeit das Recht, einen noch so gut gemeinten Rat in den Wind zu schlagen.« Auch Sie können Ihre Kunden nicht zu ihrem Glück zwingen. Das Einzige, was Sie tun können, ist, den Kunden die Vorteile Ihrer Lösungsstrategien deutlich zu machen. Entscheiden sich Ihre Kunden trotzdem gegen Ihre Lösungen, müssen Sie diese Entscheidung akzeptieren. Nur nicht die Flinte ins Korn werfen, der nächste Kunde ist bestimmt einsichtiger!

Der letzte Schritt in der Umsetzungsphase besteht darin, das Projektergebnis zu beurteilen. Zufälligerweise handelt der nächste Abschnitt genau davon.

Evan Rose weiß Bescheid

Evan Rose aus Columbia, Maryland, arbeitet für das Beratungsunternehmen *Continuous Improvement Systems*, das sich darauf spezialisiert hat, die Kunden bei der produktiven Nutzung von Ressourcen wie Personal, technischer Ausrüstung, Betriebsstätten und liquider Mittel zu unterstützen. Dies erfolgt mittels Programmen zur Produktivitätssteigerung, Qualitätssicherung und strategischer Planung. Evans erster Schritt in die Welt der Unternehmensberatung war seine Tätigkeit für die Beraterfirma *Alexander Proudfoot Company*, einer international tätigen Unternehmensberatung mit Sitz in Chicago, Illinois. Wir sprachen mit Evan darüber, wie seine Firma bei der Umsetzung ihrer Lösungsstrategien vorgeht.

Consulting für Dummies: Wie wichtig ist es, dass ein Unternehmensberater an der Umsetzung seiner Lösungsvorschläge teilhat?

Evan Rose: Meiner Meinung nach ist das fast das Wichtigste im ganzen Beratungsvorgang. Wenn mich in der Consulting-Branche etwas stört, ist es ehrlich gesagt genau der Punkt, dass zwar sehr viele Consultants den Kunden ihre Lösungsvorschläge verkaufen, aber anschließend nicht konsequent die Umsetzung bis zum Schluss unterstützen. Man muss sich darüber im Klaren sein, dass jede Änderung eines eingefahrenen Verhaltensmusters immer irgendwo auf Widerstand stößt. Dieser Widerstand wirft Probleme auf, die gelöst werden müssen. Stehen Sie Ihrem Kunden dabei nicht zur Seite, leisten Sie nicht die Arbeit, für die Sie bezahlt werden. Glauben Sie mir, wenn mich jemand nach meinem Beruf fragt, antworte ich meistens mit erklärenden Begriffen wie Verwandlungskünstler, Problemlöser oder Instruktor. Wir setzen bei unseren Kunden Programme ein, die ein positives Ergebnis sichern.

CfD: Wie bringen Sie Ihre Kunden dazu, Ihre Lösungsvorschläge zu akzeptieren und aktiv bei der Umsetzung mitzuwirken?

Rose: Wir setzen unterschiedliche Taktiken ein, um dieses Ziel zu verwirklichen. Die einfachste ist eine Führungstaktik, die wir »zielgerichtete Führung« nennen. Als Voraussetzung für die Anwendung dieser Taktik muss man sich ein klares Bild über seine Ziele machen. Anschließend stellt man seinem Kunden eine Reihe von Fragen, die ihn zu diesem Ziel führen. Keiner lässt sich gerne vorschreiben, was er zu tun hat. Die meisten Menschen möchten bei Entscheidungen mitreden dürfen. Deshalb vermeiden wir Anweisungen wie »Tun Sie das!« oder »Das müssen Sie so machen!«, sondern stellen Fragen wie »Glauben Sie, dass uns diese Vorgehensweise weiterhilft?« Der Zweck dieser Fragen ist, sich die Zustimmung und Beteiligung des Kunden bei der Entwicklung von Lösungen zu sichern. Hat man dies geschafft, ist die Umsetzung der Lösungsvorschläge viel einfacher, da der Kunde die Gedankengänge bereits nachvollzogen und seinen Beitrag dazu geleistet hat. Bei dieser Taktik muss man seinen Kunden auch gut zuhören. Schon oft hat sich

Kombination unserer Lösungen und der Beiträge des Kunden als optimaler Lösungsweg erwiesen.

CfD: Diese Technik ist unter den Verkäufern weit verbreitet. In einem Verkaufsgespräch lauten die Fragen auch immer so: »Möchten Sie nicht am liebsten Ihre Produktivität steigern und gleichzeitig die Produktionskosten senken?« Derartige Fragen führen immer zu der Lösung, die der Anbieter ganz zufällig verkauft. Unternehmensberater haben im Endeffekt auch kein anderes Ziel.

Rose: Richtig. Kann sich Ihr Kunde nicht mit Ihren Lösungsvorschlägen identifizieren, haben Sie keine Chance, Änderungen zu bewirken. Der Kunde muss so hinter Ihren Vorschlägen stehen, als wären es seine eigenen.

CfD: Was tun Sie, wenn sich ein Kunde partout nicht mit Ihren Lösungsvorschlägen anfreunden will? Versuchen Sie es weiter oder geben Sie auf?

Rose: In einem solchen Fall glaube ich, dass der Fehler auf unserer Seite zu suchen ist. Entweder fehlen bestimmte Informationen oder unser Ansatz war falsch. Vielleicht haben wir unserem Kunden zu wenig Informationen geliefert, so dass er keine adäquate Entscheidung treffen kann. In jedem Fall müssen wir der Ursache für dieses Kundenverhalten auf den Grund gehen und das Problem gemeinsam lösen. Es ist ja auch oft so, dass die erforderlichen Änderungen nicht alle auf einen Schlag durchgesetzt werden müssen, sondern Schritt für Schritt vollzogen werden können. Ist zum Beispiel der erste Teil unseres Aktionsplans vom Kunden abgesegnet, und wir können daraufhin eine Verbesserung nachweisen, kann ich darauf aufbauen. Es ist sehr wichtig, dass ein offenes und vertrauensvolles Verhältnis zwischen Unternehmensberater und Kunden besteht, und der Consultant immer den Erfolg und Vorteil seines Kunden als oberstes Gebot vor Augen hat.

CfD: Was tun Sie noch, damit Ihre Lösungen akzeptiert und umgesetzt werden?

Rose: Sobald wir einen Fuß in die Tür eines Unternehmens gesetzt haben, führen wir eine umfassende Analyse der Finanzlage, der Mitarbeiter, der Unternehmensstruktur und Betriebsabläufe durch. Nach dieser Analyse wissen wir schon ziemlich gut Bescheid, welche Möglichkeiten es überhaupt gibt, nach welchem Führungsstil das Top-Management arbeitet und wie das allgemeine Betriebsklima ist. Die meisten Kunden sind sich ja darüber im Klaren, dass sie Probleme haben, und oft können sie uns auch einige konkrete Punkte nennen. Allerdings ist es für sie sehr frustrierend, dass sie das Problem nicht ohne Hilfe in den Griff bekommen. Aus diesem Grund sind die Kunden meist sehr kooperativ, wenn wir ihnen das Ergebnis unserer Analyse präsentieren. Damit ist der erste wichtige Schritt in Richtung Identifikation mit unseren Lösungsvorschlägen bereits an dieser Stelle getan.

CfD: Spielt die interne Unternehmenspolitik Ihrer Kunden eine Rolle für Sie?

Rose: Aber sicher! In den meisten Unternehmen ist der schwierigste Teil unserer Arbeit, die Enttäuschung und das Misstrauen der mittleren Führungsebene zu überwinden. Der Vorstand kennt ja meist das Problem, traut jedoch den Führungskräften der mittleren Ebene dessen Lösung nicht zu. Dann kommt ein externer Consultant hereinspaziert, verlangt ein horrendes Honorar und stellt die gleichen Probleme fest und Gegenmaßnahmen auf, wie es die mittleren Führungskräfte auch schon getan haben. Nur leider konnten diese die Probleme nicht lösen, weil zu wenig Erfahrung oder Ressourcen vorhanden waren. Plötzlich sind wir mit von der Partie und werden als Bedrohung ihrer Autorität empfunden. Wir müssen diese Schranke überwinden und eine vertrauensvolle Beziehung zu dieser Mitarbeitergruppe aufbauen, damit wir effektiv arbeiten können. Am besten erreichen wir dies, wenn wir ihnen helfen, ihren Frust abzubauen, und ihnen zeigen, wie sie einige der Probleme selbst lösen können. Es ist sehr wichtig, dass die Führungskräfte der mittleren Ebene auch Anerkennung für erfolgreiche Problemlösung erhalten.

CfD: Wie gehen Sie mit Widerstand aus den Reihen der Belegschaft um?

Rose: Ich spreche so etwas direkt an. Erst letzte Woche beschwerte sich ein Manager aus der mittleren Führungsebene darüber, dass seine Firma auf die Hilfe eines Außenstehenden angewiesen sei, um die Probleme in den Griff zu bekommen. Ich pflichtete ihm erst einmal bei, erklärte aber auch, dass es manchmal notwendig sei, den objektiven Rat eines Außenstehenden einzuholen, und dass es doch sehr gut sei, die schon längere Zeit bestehenden Probleme endlich anzugehen. Ich machte ihm außerdem klar, dass ich auch ihm dabei helfen könnte, die notwendigen Verbesserung für seine Abteilung durchzusetzen.

Ich wollte ihm nahe legen, meine Hilfe anzunehmen. Ich erkundigte mich, wie lange die Probleme schon existierten, und seine Antwort lautete: »Seit ich hier arbeite.« Mein Hauptargument war deshalb, dass es dann doch wohl *höchste* Zeit wäre, einen externen Consultant mit der Lösung dieser Probleme zu beauftragen, da es offensichtlich innerhalb des Unternehmens nicht möglich gewesen war. Ich fordere meine Kunden auch grundsätzlich auf, mir mitzuteilen, wenn sie mir in irgendeinem Punkt nicht zustimmen. Dann können wir diese Punkte besprechen und gemeinsam nach einer Lösung suchen. Meiner Meinung nach ist eine offene Konfrontation wesentlich besser als wenn ein Mitarbeiter mir freundlich ins Gesicht lächelt und mir zustimmt, dann aber hinter meinem Rücken gegen mich arbeitet.

CfD: Woran sollten Berufsanfänger in der Consulting-Branche denken?

Rose: Unsere Branche ist die einzige, in der man auch nach Jahren der Berufstätigkeit immer noch etwas dazulernt. Vor allem aus diesem Grund macht mir mein Job so viel Freude. Man hat mit Kunden aus den unterschiedlichsten kulturellen, gesellschaftlichen und ökonomischen Schichten und mit Mitarbeitern aus allen Ebenen – von der Putzfrau bis zum Vorstand – zu tun. Die Tätigkeit als Consultant kann *sehr befriedigend* sein. Am besten fühle ich mich, wenn mir ein Kunde freudestrahlend mitteilt: »Schauen Sie mal, das alles haben *wir* geändert!« anstatt zu sagen: »Das hat unser Consultant geleistet.« Genau das will ich für meine Kunden erreichen. Ich bin nicht deshalb Consultant, weil ich Lob und Anerkennung will. Interessanterweise kommen 99,9 Prozent unserer Neuaufträge durch die Empfehlung anderer Kunden zustande – das ist unsere Belohnung. Der Nachteil unseres Jobs – zumindest bei dem was wir tun ist, dass man ständig auf Achse ist. Das kann für die Familie ziemlich hart sein, vor allem, wenn man Kinder hat. Man arbeitet sehr lange und sehr hart und ist ständig auf Geschäftsreisen. Manchmal nervt es gewaltig, wenn man kurz vor Mitternacht noch zum Flughafen hetzen muss. Glücklicherweise ist meine Frau sehr verständnisvoll – ihre Unterstützung hat mir sehr geholfen.

Das Ergebnis der Umsetzung bewerten

So, nun sind Sie am Ende Ihres Projekts angelangt, und ein ganzes Stück Arbeit liegt hinter Ihnen. Sie haben mit Ihrem Kunden eine Reihe großartiger Lösungsvorschläge entwickelt, die gemäß Ihrem Plan auch in die Tat umgesetzt wurden. Wie stellen Sie nun fest, ob Ihre Lösungsstrategie auch die gewünschte Wirkung zeigt? Ganz einfach: Sie überprüfen das Resultat der Umsetzung und vergleichen es dann mit Ihrem ursprünglichen Aktionsplan.

Glücklicherweise ist diese Aufgabe nicht schwierig, da Sie zur Beurteilung der Ergebnisse einfach nur Ihren Aktionsplan zur Hand nehmen müssen, und den haben Sie doch wohl, oder? Wir gehen einmal davon aus und erzählen Ihnen, wie Sie nun vorgehen:

1. **Daten erheben.**

   Wie schon zuvor müssen Sie auch nun wieder Daten sammeln, mit denen sich prüfen lässt, ob Ihre Lösungsvorschläge tatsächlich greifen. Manche Ergebnisse sind auf den ersten Blick erkennbar, bei anderen dauert es Monate oder gar Jahre, bis sie sich zeigen. Haben Sie zum Beispiel Maßnahmen zur Verbesserung des Betriebsklimas in die Wege geleitet, können Sie mittels Umfragen bereits nach wenigen Wochen feststellen, ob es sich tatsächlich verbessert hat. Wurde zur Steigerung der Produktqualität auf Ihre Anregung hin jedoch die Fertigungstechnik geändert, dauert es mehrere Monate, bis neue Daten darüber zur Verfügung stehen und die Ergebnisse Ihrer Lösungsvorschläge deutlich erkennbar sind. Wie dem auch sei, eines ist klar: Ohne die entsprechenden Informationen können Sie den Erfolg Ihrer Strategie nicht beurteilen.

2. **Vergleichen Sie die Planziele mit den tatsächlichen Ergebnissen.**

   Kontrollieren Sie, ob die Umsetzung tatsächlich nach Ihrem Aktionsplan verläuft. Je nach Art, Umfang und Dringlichkeit Ihres Projekts sollten Sie dies vielleicht sogar täglich oder wöchentlich tun. Legen Sie fest, ob bestimmte Aufgaben schneller abgewickelt werden müssen, oder ob mehr Zeit dafür gewährt werden muss.

3. **Fragen Sie Ihren Kunden, ob er mit dem Ergebnis zufrieden ist.**

   Erfolg lässt sich am einfachsten dadurch messen, indem Sie Ihren Kunden fragen, ob er mit Ihrer Arbeit zufrieden ist und ob er Sie für einen guten Consultant hält. (Manche Consultants behaupten sogar, alles andere wäre unwichtig.) Treffen Sie sich mit den Kunden, versenden Sie Fragebögen oder rufen Sie an. Egal, *wie* Sie es herausfinden, wichtig ist, *dass* Sie sich danach erkundigen.

4. **Fragen Sie sich selbst, ob Sie mit dem Ergebnis zufrieden sind.**

   Keine Widerrede: Auch Sie müssen sich die Frage stellen, ob Sie mit dem Projektverlauf zufrieden waren. War Ihr Umgang mit Ihrem Kunden angemessen? Haben Sie das Projekt bestmöglich bearbeitet? Würden Sie beim nächsten Mal etwas anders machen, und wenn ja, was? Möchten Sie mit diesem Kunden auch in Zukunft zusammenarbeiten? Haben Sie an diesem Projekt gut verdient, oder blieb am Ende nichts übrig? Stellen Sie sich diese und ähnliche Fragen, um herauszufinden, ob auch Sie mit dem Projekt zufrieden sind.

5. **Nutzen Sie das Feedback Ihres Kunden für zukünftige Projekte.**

   Notieren Sie sich die Anmerkungen Ihres Kunden über Ihre Arbeit, um diese Informationen für künftige Projekte nutzen zu können. Das Feedback Ihres Kunden hilft Ihnen, Ihre Vorgehensweise bei allen Schritten des Beratungsvorgangs – Problemdefinition, Informationsbeschaffung, Auswertung, Präsentation der Lösungsvorschläge und deren Umsetzung – zu verbessern und effektiver zu gestalten. Jeder Consultant lernt immer wieder etwas dazu.

6. **Verfassen Sie einen Effizienzbericht.**

   Alle Top-Consultants verfassen einen Effizienzbericht, in dem sowohl gute als auch schlechte Erfahrungen dokumentiert werden, wodurch eine konstante Verbesserung des Beratungsvorgangs gesichert wird. Und dies ist ein entscheidender Wettbewerbsvorteil für zukünftige Projekte.

Sie sehen also, dass Sie und Ihr Kunde aus der Abschlussbeurteilung Ihres Projekts – war es top oder ein Flop – viel lernen können. Nutzen Sie das Feedback Ihres Kunden, um aus Fehlern zu lernen und Ihre Leistung zu verbessern. Bei jedem Projekt lernt man etwas dazu, und der Gewinn an Erfahrung und Wissen ist schließlich Ihr größter Vorteil.

Teil III

Schlüsselqualifikationen eines Consultants

»Die Aufmerksamkeit lässt nach, mach' Dich bereit für einen Tusch.«

In diesem Teil...

Unter den vielen Consultants, die sich in den verschiedenen Sparten tummeln, gibt es einige, die wirklich gut sind. In diesem Teil erfahren Sie, mit welchen Schlüsselqualifikationen Sie sich von der großen Masse abheben. Außerdem behandeln wir folgende Themen: Image und Ruf eines Consultants, moralische Prinzipien, Selbstdisziplin, Kommunikation und sinnvoller Einsatz von technischen Hilfsmitteln.

Gewusst wie: Image, Ruf und moralische Prinzipien

10

In diesem Kapitel

- Verschaffen Sie sich ein professionelles Image
- Verschaffen Sie sich einen guten Ruf
- Halten Sie sich an moralische Prinzipien

Ein Großteil der Tätigkeit als Consultant besteht darin, einen potenziellen Kunden davon zu überzeugen, dass man in jeder Hinsicht die beste Wahl für ein bestimmtes Projekt darstellt. Preis und Fachwissen sind wichtige Entscheidungskriterien für einen Kunden, denn kein vernünftiger Mensch wird einen fachlich inkompetenten Consultant engagieren, nur weil er seine Dienste am billigsten anbietet. Neben Preis und Fachwissen gibt es allerdings einen anderen, kaum greifbaren und sehr subjektiven Faktor, der dennoch großes Gewicht bei der Wahl eines Consultants besitzt.

Richtig, wir sprechen vom Image.

Image ist der Gesamteindruck, den Sie anderen vermitteln. Ihr Image besteht aus vielen Einzelzutaten, die in einem ausgewogenen Verhältnis zueinander stehen und anschließend gegart werden müssen (wir verwenden hier übrigens nur beste Zutaten!). Neben so offensichtlichen Zutaten wie persönlichem Auftreten, beruflichem Erfolg, professionellen Visitenkarten und ähnlichem sind auch Ihr Ruf und Ihre moralischen Prinzipien *sehr* wichtige Faktoren dabei, welchen Eindruck Sie bei Ihren Klienten hinterlassen.

Kunden achten sehr darauf, dass ihr zukünftiger Consultant ein gutes Image, einen guten Ruf und ausgeprägte Prinzipien besitzt, und sind im Allgemeinen auch bereit, für diese Eigenschaften etwas tiefer in die Tasche zu greifen. Überlegen Sie doch selbst einmal: Für wen würden Sie sich entscheiden, wenn Sie die Wahl hätten zwischen einem fachlich kompetenten Consultant mit mittelmäßigem Ruf und einem ebenso kompetenten mit tadellosem Ruf? Womit dieser Punkt geklärt wäre, oder?

Die gute Nachricht ist: Image, Ruf, Wert- und Moralvorstellungen sind Faktoren, an denen Sie arbeiten können. In diesem Kapitel geht es darum, wie Sie Ihr Image entwickeln und sich in Ihrem Beruf einen guten Ruf verschaffen. Außerdem zeigen wir auf, wie wichtig Berufsehre und Moralvorstellungen für einen Consultant sind und warum es sich lohnt, einen persönlichen Ehrenkodex zu vertreten.

Ein professionelles Image aufbauen

Obwohl ein gutes Image alleine noch nicht ausreicht, um einen Kunden zu gewinnen, spielt es dennoch eine sehr wichtige Rolle. Ihr Image setzt sich aus vielen Faktoren zusammen: Ihre Art, sich zu kleiden, wie Sie sprechen, Ihr Auftreten, Ihr Büro samt Einrichtung und Ihr Geschäftswagen. All das hat Einfluss darauf, wie und was Ihre Mitmenschen über Sie denken.

Glücklicherweise können Sie Ihr Image jederzeit ändern. Obwohl natürlich der erste Eindruck zählt, kann man auch nachträglich noch daran arbeiten, den hinterlassenen Eindruck zu verbessern. Manches, wie die Einrichtung Ihrer Büroräume oder die Gestaltung Ihrer Visitenkarten, lässt sich ohne größeres Aufheben verändern, während es bei anderen Dingen etwas länger dauert. Zum Beispiel, wenn man persönliche Schwachpunkte überwinden möchte. (Nicht immer ist der gute Vorsatz auch von Erfolg gekrönt, wie einige von uns nur zu gut wissen!)

Hier ein paar Tipps, wie Sie Ihr Image aufpolieren können:

- **Bleiben Sie sich treu.** Die erste Regel für den Aufbau eines professionellen Image lautet, dass Sie sich so geben *wie Sie sind*. Kommen Sie nicht auf die Idee, als Herr Großmaul oder Frau Neureich, Herr Dummschwätzer oder Frau Besserwisser aufzutreten. Stellen Sie Ihre persönlichen Stärken – Ihre Kreativität, Ihre Beharrlichkeit oder Ihre Belastbarkeit – heraus und bauen Sie darauf auf. Sollten Sie persönliche Charakterschwächen haben (was wir uns nicht vorstellen können), versuchen Sie, diese mit der Zeit abzulegen.
- **Es kommt auf die Verpackung an.** Wenn Sie professionell auftreten, werden Ihre zukünftigen Kunden Sie auch wie einen Profi behandeln. Kunden halten rein gar nichts von der klugen Empfehlung, dass man niemanden nach seinem Äußeren beurteilen möge! Wenn Sie einem Kunden anbieten, er solle das Wohlergehen seines millionenschweren Unternehmens, das er im Schweiße seines Angesichts aus dem Nichts aufgebaut hat, vertrauensvoll in Ihre Hände legen, tauchen Sie dort bitte nicht im Jogginganzug auf. Vermitteln Sie ihm einen seriösen Eindruck von Ihrer Arbeit, sonst sind Ihre Chancen, den Auftrag zu erhalten, gleich Null.
- **Taten zählen mehr als schöne Worte.** Schöne Worte kann nun wirklich jeder von sich geben. Auch wenn Sie sich in Ihren Werbeunterlagen und Ihrem Angebot in den höchsten Tönen darüber auslassen, wie wichtig es Ihnen ist, nur das Beste für Ihren Kunden zu leisten, zählen diese Worte nichts. Papier ist geduldig. Was zählt, ist die Qualität Ihrer geleisteten Arbeit. Glauben Sie uns: Wenn Sie Ihren Worten auch Taten folgen lassen, werden Ihre Kunden Sie zu schätzen wissen, und Sie werden sich vor lauter Aufträgen bald nicht mehr retten können.
- **Arbeit und Arbeitsplatz müssen harmonieren.** Der Arbeitsplatz eines Finanzberaters sollte eine dezente, stilvolle und konservative Atmosphäre verbreiten. Dagegen sollte der Arbeitplatz eines freischaffenden Grafikers oder Innenausstatters, Energie, Kreativität und Lebendigkeit ausstrahlen. Der springende

Punkt ist also, dass Ihr Arbeitsbereich eine positive Aussage über Ihre Tätigkeit vermittelt, so dass ein Besucher schon auf den ersten Blick erkennt, was Sie ihm bieten können.

- ✔ **Lassen Sie Ihre Geschäftspapiere für sich sprechen.** Ihre Visitenkarten, Ihr Briefpapier, Ihre Präsentationen und alle Unterlagen, die Sie außer Haus geben, sprechen Bände über Ihre Professionalität und die Qualität Ihrer Arbeit. Verwenden Sie nur hochwertiges Papier, achten Sie auf gute Druckqualität und lassen Sie sich Ihre Werbeunterlagen und Homepage professionell gestalten. Denken Sie daran, dass Ihre Geschäftspapiere den guten Eindruck vermitteln sollen, den Sie bei Ihren Kunden dauerhaft hinterlassen möchten.

Ein gutes Image ist sehr wichtig für Ihren Erfolg. Machen Sie sich bewusst, dass Sie bei Ihren Kunden konstant auf dem Prüfstand stehen. Mit nur geringem Aufwand (bei manchen Consultants etwas mehr) können Sie Ihr Image verbessern. Damit sichern Sie sich nicht nur zahlreiche, sondern auch wesentlich besser bezahlte Aufträge. Und etwas besseres kann Ihnen kaum passieren.

Wie Sie sich einen guten Namen machen

Ein guter Ruf wirkt sich vorteilhaft auf Ihr Image aus, während ein schlechter Ihr Image natürlich trübt. Wie es schon für Ihr Image zutraf, tragen auch hier viele Faktoren dazu bei, welchen Ruf Sie genießen. Die Qualität Ihrer Arbeit, Auftritte in der Öffentlichkeit, Ihr Einsatz für wohltätige Zwecke und vieles mehr bestimmen Ihren Ruf.

Noch etwas: Es ist wesentlich einfacher, sich einen guten Ruf zu erarbeiten und ihn zu behalten, als einen schlechten Ruf jemals wieder loszuwerden. Ist der gute Ruf erst einmal dahin, denken die Kunden nicht im entferntesten daran, mit Ihnen zu arbeiten, selbst wenn Sie ein unschlagbar günstiges Angebot unterbreiten. Jeder wird sich zwar an Ihren ruinierten Ruf, aber ganz bestimmt nicht an Ihre früheren Erfolge erinnern können. Es kann Jahre dauern, bis man wieder einen makellosen Ruf genießt. Es ist deshalb nur zu Ihrem Besten, sich einen guten Ruf zu schaffen und zu erhalten. Ihre Kunden werden mit Stolz erzählen, dass sie mit Ihnen zusammen arbeiten und Ihnen so zu neuen Kunden verhelfen.

Zu diesem Zweck nachfolgend einige Tipps, wie Sie sich einen guten Ruf verschaffen oder – falls das Schicksal Sie hart getroffen hat – wiederherstellen:

- ✔ **Leisten Sie großartige Arbeit.** Einen guten Ruf verschaffen Sie sich in erster Linie durch hervorragende Leistungen. Je mehr Sie leisten, umso besser Ihr Ruf. Ihre Kunden verlangen und verdienen das Beste, was Sie bieten können. Entsprechen Sie diesen Erwartungen! Versuchen Sie immer, mehr zu leisten, als Sie zugesagt haben.
- ✔ **Verhalten Sie sich kooperativ und umgänglich.** Wie können Sie Ihren Ruf ganz schnell ruinieren? Richtig: Wenn Sie es allen Menschen besonders schwer machen, mit Ihnen auszukommen. Sie mögen ein brillanter Consul-

tant mit durchaus annehmbaren Honorarvorstellungen sein, doch wenn Sie Ihren Kunden durch Ihre Art auf die Nerven gehen, werden diese in Zukunft einen großen Bogen um Sie machen. Verhalten Sie sich so, dass sich Ihre Kunden gerne mit Ihnen unterhalten und sich nicht durch ihre Sekretärin verleugnen lassen, sobald Sie aufkreuzen.

- ✔ **Halten Sie Ihre Erfolge nicht geheim.** Informieren Sie Ihre Kunden ruhig über Ihre Tätigkeit. Legen Sie keine falsche Bescheidenheit an den Tag, wenn Sie einen dicken Auftrag von einem namhaften Unternehmen an Land gezogen haben. Machen Sie kein Geheimnis daraus, wenn Sie ein großes Projekt erfolgreich abgewickelt haben. (Holen Sie aber vorher die Zustimmung des betreffenden Kunden ein!) Stand ein Bericht über Sie in der Zeitung oder waren Sie gar im Fernsehen zu bewundern? Dann verteilen Sie doch einfach Kopien des Artikels oder Videoaufzeichnungen an Ihre Kunden. Machen Sie umfassenden Gebrauch der modernen Kommunikationsmittel wie Newsletter, E-Mail und so weiter, damit Ihre Erfolge bald in aller Munde sind.
- ✔ **Treten Sie in der Öffentlichkeit auf.** Halten Sie Vorträge, zum Beispiel in Ihrer Gemeinde oder bei Veranstaltungen Ihrer Berufskollegen oder veröffentlichen Sie Fachartikel. Stellen Sie sich als Top-Ansprechpartner für Ihr Fachgebiet bei der Redaktion Ihrer Tageszeitung oder des lokalen Rundfunk- und Fernsehsenders vor. Stellen Sie eine Pressemappe zusammen und schicken Sie diese an verschiedene Medienvertreter.
- ✔ **Werden Sie als Dozent tätig.** Eine Lehrtätigkeit an einer Volkshochschule oder Universität verbessert Ihren Ruf als qualifizierter Consultant ungemein. Außerdem bilden Sie sich damit auch selbst weiter und können nützliche Kontakte knüpfen. Vielleicht lernen Sie sogar etwas von Ihren Studenten!
- ✔ **Schreiben Sie ein Buch.** Viele Consultants, die ein Buch veröffentlicht haben, genießen seitdem einen ganz hervorragenden Ruf. Das Schreiben eines Buches verbessert nicht nur den Ruf, sondern führt eventuell zu ganz konkreten Anfragen seitens der Kunden, wenn diese Sie beispielsweise einladen, Ihre Ideen den Mitarbeitern vorzustellen. Bob ist vor allem deshalb ständig auf Achse, weil er Vorträge und Präsentationen über die Themen seiner Bücher halten soll. Vielleicht verdienen Sie am Ende mehr an Ihren Büchern als durch Ihre Beratertätigkeit.
- ✔ **Arbeiten Sie ehrenamtlich.** Viele Wohltätigkeitsverbände – Jugendorganisationen, Umweltschutzgruppen, Kirchengemeinden und andere wohltätige Institutionen könnten Ihr Wissen gut gebrauchen, es sich aber nicht leisten, Sie einzuschalten. Ihre unentgeltliche Mitarbeit in Einrichtungen, deren Ziele Sie aus ganzem Herzen unterstützen, hilft nicht nur diesen Institutionen weiter, sondern fördert auch Ihren Ruf und verschafft Ihnen interessante Kontakte.
- ✔ **Seien Sie ehrlich und halten Sie sich an moralische Prinzipien.** Eigentlich versteht es sich von selbst: Durch Unehrlichkeit und moralisch bedenkliches

Verhalten zerstören Sie Ihren guten Ruf und alles, was Sie mühsam aufgebaut haben, sofort und dauerhaft. Da Sie als Consultant oft genug mit streng vertraulichen Informationen zu tun haben, genügt der geringste Verdacht der Untreue, und Sie sind Ihren Job ein für allemal los. Verstoßen Sie *niemals* gegen Ihre Schweigepflicht, und drehen Sie auch sonst keine krummen Dinger. Wir halten dieses Thema für so brisant, dass wir ihm den ganzen nächsten Abschnitt widmen.

Arbeiten Sie hart daran, sich einen guten Ruf zu verschaffen und zu bewahren. Vermeiden Sie alles, was Ihrem Ruf schaden und das Vertrauen Ihrer Kunden, das Sie so schwer erarbeitet haben, zerstören könnte.

Tun Sie das Richtige! In Sachen Moral

Wie würden Sie reagieren, wenn Sie Ihr bester Kunde darum bittet, ihm vertrauliche Produktinformationen eines Konkurrenten, der zufällig ebenfalls zu Ihren Kunden zählt, zu verraten? Was tun Sie, wenn Ihr Kunde Sie fragt, ob man den Auftrag nicht am Finanzamt vorbeischleusen könnte, weil er nicht weiß, wohin mit seinem Schwarzgeld? Was antworten Sie einem potenziellen Kunden, wenn er Ihnen sehr viel Geld für ein Projekt anbietet, für das Sie aber eigentlich fachlich nicht geeignet sind?

Tagein, tagaus werden Consultants mit kritischen Gewissensfragen wie diesen konfrontiert. Es muss an dieser Stelle deutlich gesagt werden, dass die Grenze zwischen moralisch korrektem und moralisch verwerflichem Verhalten eindeutig gesteckt ist. Abhängig davon, wie Sie sich in solch bedenklichen Situationen entscheiden, stellen Sie sich entweder auf die Seite der guten oder der bösen Jungs. Leider kann es jedoch vorkommen, dass der Grenzstrich verwischt und Sie sich in einer gefährlichen Grauzone wiederfinden.

Im nächsten Abschnitt behandeln wir die wichtigsten moralischen Grundsätze und zeigen Ihnen, wie Sie Ihren persönlichen Ehrenkodex entwickeln und verwirklichen können.

Moralische Fallstricke

Ein Consultant bewegt sich so gut wie immer und überall in gefährlichem Terrain mit vielen moralischen Fallstricken. Die Versuchung, einmal kurz die Seiten zu wechseln, lauert überall. Was spricht eigentlich dagegen, auch einmal ein böser Junge zu sein? Solange niemand ernsthaften Schaden erleidet, könnte man die moralischen Prinzipen ja etwas weniger eng sehen und der jeweiligen Situation anpassen. Natürlich nur, wenn es sich finanziell lohnt, oder?

Sie können zwischen Ehrlichkeit und Korruption frei wählen. Ja, so einfach ist das.

Wir können Ihnen nur raten, sich für Ehrlichkeit zu entscheiden. Glauben Sie uns, Sie werden nicht nur besser schlafen können, sondern auch einen untadeligen Ruf genießen. Und Ihre Kunden werden es Ihnen danken, dass sie eine Sorge weniger haben.

Gegen die nachfolgend aufgeführten moralischen Fallstricke sollten Sie gewappnet sein. Sie können leider nie vorhersagen, wann Sie mit ihnen rechnen müssen und wer sie Ihnen vor die Füße spannen wird.

- ✔ **Interessenkonflikt.** Ein Interessenkonflikt besteht dann, wenn Ihre persönlichen oder geschäftlichen Interessen sich nicht mit denen Ihres Kunden vereinbaren lassen. Ein Beispiel hierfür wäre ein Consultant, der seinem Kunden eine teure Brandbekämpfungsanlage eines bestimmten Herstellers empfiehlt, ohne auch nur ein einziges Gegenangebot eingeholt zu haben. Sein Kunde weiß natürlich nicht, dass unser Freund für jede Anlage, die auf seine Empfehlung hin verkauft wird, eine dicke Provision kassiert.

- ✔ **Persönliche Beziehungen.** Wird aus der rein geschäftlichen Beziehung zwischen Consultant und Kunde eine persönliches Freundschaft – oder gar ein intimes Verhältnis – ist die Gefahr unsauberer Praktiken extrem groß.

- ✔ **Kompetenz (beziehungsweise Inkompetenz).** Sind Sie wirklich für die Aufgabe qualifiziert, die Ihnen gerade angeboten wird? Haben Sie denn tatsächlich die Zeit, sich intensiv um das neue Projekt zu kümmern, oder stecken Sie nicht schon jetzt bis über beide Ohren in Arbeit? Steht nicht jetzt schon fest, dass Sie diesen Neuauftrag an einen Kollegen abgeben müssen, weil Sie keine Zeit haben? Denken Sie immer daran, dass Ihre Kunden *Sie* beauftragen, weil sie davon ausgehen, dass Sie dieses Projekt auch selbst übernehmen – entweder weil Sie es ihnen zugesagt haben oder weil Sie nichts anderweitiges verlauten ließen. Stehen Sie dann doch nicht zur Verfügung, stecken Sie tief in der Patsche. Einigen Sie sich mit Ihrem Kunden auf eine eventuelle Weitergabe des Auftrags, *bevor* Sie mit der Arbeit beginnen.

- ✔ **Insiderwissen.** Vor allem als Unternehmensberater erhalten Sie Kenntnis über höchstbrisante und strikt vertrauliche Informationen eines Unternehmens: Umsatzzahlen, Geschäftspläne und -strategien. Ein Missbrauch dieser Informationen, zum Beispiel die Weitergabe von Informationen über Kunde A an seinen stärksten Konkurrenten, der zufällig Ihr Kunde B ist, stellt einen unverzeihlichen Vertrauensbruch Ihrerseits dar.

- ✔ **Honorar und Termineinhaltung.** Ist Ihr Honorar angemessen? Führen Sie peinlichst genau Buch darüber, wie viele Stunden Sie für Ihren Kunden tätig waren? Können Sie eindeutig verhindern, dass Ihre Arbeit für Kunde A Kunde B berechnet wird und dass keine Rechnungen für nicht geleistete Arbeit Ihr Haus verlassen (zum Beispiel, weil Sie während der gerade in Rechnung gestellten Arbeitszeit doch bei einem anderen Kunden waren oder ein anderes Projekt bearbeitet haben)? In diesem Bereich sind unzählige moralische Fallstricke gespannt, über die Sie jederzeit stolpern können. Damit Sie Ihre Kunden nicht (versehentlich) übers Ohr hauen, sollten Sie sich eingehend mit Kapitel 18 befassen.

Stephen Crow auf dem Sportplatz des Arbeitslebens

Stephen Crow (E-Mail: `scrow@ibm.net`) ist Professor an der Universität New Orleans, Louisiana. Stephen erhielt seinen Doktortitel 1989 von der Universität von Nord-Texas für seine Arbeit über Personal- und Betriebsführung. Im Herbst 1989 folgte er dem Ruf der Universität New Orleans und ist seitdem Dozent für betriebswirtschaftliche Fächer. Von 1968 bis 1989 war er Personalleiter und Angestellter in leitender Funktion für unterschiedliche Arbeitgeber. Heute organisiert und leitet Stephen Management-Seminare und hält Vorträge in Firmen. Außerdem übt er die Tätigkeit eines Obmanns am amerikanischen Schiedsgerichtshof aus. Er betätigt sich aktiv auf dem Gebiet der Forschung und hat mehr als 100 Artikel in wissenschaftlichen Zeitschriften und praktischen Ratgebern veröffentlicht. Seine Frau und er verbringen ihre Zeit abwechselnd in ihrem Haus in New Orleans und in ihrer Plantage in Lonesome Duck, Mississippi. Sie haben vier Töchter, vier Enkelkinder und drei Airdale-Terrier. In seiner Freizeit bastelt er gerne Vogelhäuschen. Wir sprachen mit Stephen über ethische Grundsätze im Beratungswesen.

Consulting für Dummies: Sollten sich Berater mit den moralischen Aspekten ihrer Tätigkeit befassen, und wenn ja, warum?

Stephen Crow: Nun ja, ein Arzt oder Rechtsanwalt muss sich vermutlich öfter mit moralischen Gesichtpunkten befassen als ein Consultant, da ein Fehlverhalten ihrerseits schlimmere Folgen nach sich zieht. Täuscht sich ein Arzt, stirbt der Patient womöglich. Irrt sich ein Rechtsanwalt, landet sein Mandant vielleicht unschuldig im Gefängnis. Welche Folgen hat es, wenn sich ein Consultant täuscht? Sicherlich nicht ganz so drastische, aber es kann schon sehr unangenehm werden. Aus unserer Forschungstätigkeit wissen wir zum Beispiel inzwischen, dass ein Personalabbau zwar den Shareholder-Value steigert, aber beileibe nicht das hochgelobte Allheilmittel für ein unwirtschaftlich arbeitendes Unternehmen ist. In den letzten zehn Jahren wurde Tausende hoch qualifizierter Arbeitnehmer auf Grund klangvoller moderner Maßnahmen wie Personalabbau, Neustrukturierung, Umorganisation und Lean Management auf die Straße gesetzt. Bedauerlicherweise hat man mittlerweile nachgewiesen, dass Massenentlassungen in den meisten Fällen zu keiner Verbesserung der Betriebssituation geführt haben. Die Consultants, die ihren Auftraggebern zu derartigen Maßnahmen geraten und deren Umsetzung vorangetrieben haben, haben sich in gewissem Maße moralisch unkorrekt verhalten.

Sollten sich Consultants also mit moralischen Aspekten ihrer Tätigkeit befassen? Meine Überzeugung nach ist moralisch korrektes Verhalten bei jeder Beratungstätigkeit äußerst wichtig. Ein falscher Rat wider besseren Wissens oder mangels ausreichender Informationen kann fatale Folgen haben.

CfD: Welchen Rat geben Sie Ihren Studenten in diesem Zusammenhang mit auf den Weg?

Crow: Ich behandle dieses Thema ausführlicher, als ihnen vielleicht lieb ist, aber ich versuche immer, nicht als Moralapostel aufzutreten. Ich bemühe mich, moralisch einwandfreies Verhalten als notwendige Überlebenstaktik im Berufsleben darzustellen. So erkläre ich meinen Stunden zum Beispiel, dass es in einem Betrieb keine Geheimnisse gibt. Wer ein Techtelmechtel mit seiner Sekretärin anfängt, was heutzutage nicht nur als unmoralisch, sondern auch als sexuelle Belästigung gilt, muss sich darüber klar sein, dass er zum Gegenstand von Klatsch und Tratsch innerhalb des Betriebs wird. Ist dies erst einmal geschehen, hat man seine moralische Glaubwürdigkeit auch schon verloren. Alle Welt wird darüber tuscheln, was es wohl noch für dunkle Geheimnisse geben mag. Wer seine Sekretärin sexuell belästigt, stiehlt vielleicht auch. Menschen neigen zu Verallgemeinerungen, das heißt, wer sich einmal unmoralisch verhält, dem haftet das Urteil »Unmoralisch« für immer an. Und wer erst einmal in diese Schublade geschoben wurde, steht vermutlich bald am Ende seiner beruflichen Karriere.

CfD: Was raten Sie einem Consultant, der in moralischer Hinsicht in der Klemme steckt? Wie kann man einem Kunden mitteilen, dass man moralische Bedenken bezüglich eines Auftrags hat, ohne ihn gleich für immer zu verlieren?

Crow: Sie müssen das Richtige tun. Wenn Sie das Gefühl haben, Ihr Kunde bittet Sie um etwas, das moralisch nicht ganz in Ordnung ist, sollten Sie Ihrem Gefühl trauen. Es wäre ein Fehler, sich vernunftmäßig damit zu beruhigen, dass wahrscheinlich jeder Consultant schon einmal gegen moralische Prinzipien verstoßen hat. Sprechen Sie mit Ihrem Kunden darüber. Die meisten Kunden wollen im Grunde genommen auch das Richtige tun, nur ist ihnen nicht immer bewusst, was falsch oder richtig ist. Sagen Sie Ihrem Kunden niemals, dass er etwas Unehrenhaftes von Ihnen verlangt. Bleiben Sie freundlich, schildern Sie Ihrem Kunden Ihre Bedenken hinsichtlich der möglichen Folgen seiner Bitte und schlagen Sie eine Alternative vor. Zum Beispiel: »Ich kann verstehen, dass ein Personalabbau als Lösung erscheint, aber ich habe aufgrund neuester Forschungsergebnisse gewisse Bedenken. Insbesondere eine Studie konnte nachweisen, dass ein Stellenabbau nicht automatisch zu einer Umsatzsteigerung führt. Ganz im Gegenteil, Massenentlassungen haben nicht nur katastrophale Folgen für die Betroffenen, sondern auch für die Übriggebliebenen, die nun unter erheblich mehr Leistungsdruck stehen. Was halten Sie von folgender Alternative? ...«

CfD: Was tun Sie, wenn Ihr Kunde trotzdem nicht locker lässt?

Crow: Würde mein Kunde etwa zu mir sagen: »Was scheren mich die Mitarbeiter, wir ziehen das jetzt durch!« würde ich keinesfalls kampflos aufgeben, sondern einen zweiten Anlauf unternehmen: »Geben Sie mir noch etwas Zeit, vielleicht ergibt eine weitere Untersuchung eine viel bessere Lösung!« Lautet seine Antwort dann aber: »Nein, verdammt noch mal, ich will Nägel mit Köpfen machen!« bleibt mir nur noch die Entscheidung, den Auftrag abzulehnen oder mich darauf einzulassen. Falls der Consultant tatsächlich moralische Bedenken hat, ist es in einer solchen Situation das einzig Richtige, den Kunden darauf hinzuweisen, dass dessen Vorhaben gegen die eigene Berufsehre verstößt und man den Auftrag leider ablehnen muss. Dabei sollte man einen kühlen Kopf bewahren und dem Kunden Zeit lassen, sich die Angelegenheit noch einmal zu überlegen. Vielleicht hat sich der Kunde vorher gar keine Gedanken über moralische Werte gemacht und ändert seine Meinung noch. Ist allerdings klar, dass er dies nicht vorhat und er gereizt reagiert, sollten Sie diesen Auftrag abschreiben.

CfD: Es ist doch ein ziemlich heißes Eisen, einem Kunden unmoralisches Verhalten vorzuwerfen und die Zusammenarbeit zu beenden, oder?

Crow: Sicher. Doch welche Alternative bleibt? Einen faulen Kompromiss eingehen? Die Mitarbeiter in Reih und Glied antreten lassen und sie zum Arbeitsamt schicken? Einen anderen Consultant empfehlen, der das Ganze nicht so eng sieht? Nein, danke. Vielleicht bringt gerade Ihr entschlossenes »Nein« den Kunden doch noch ins Grübeln.

CfD: Gibt es einen allgemeingültigen Ehrenkodex, oder hängt moralisch korrektes Verhalten von der Situation ab?

Crow: Es gibt keine absoluten Moralprinzipien. Glauben Sie mir, wenn dies der Fall wäre, hätten wir alle sie schon längst auswendig gelernt. Es ist einfach unmöglich, eine allgemeingültige Regel für moralisch korrektes Verhalten aufzustellen, da es zu viele verschiedene Wertvorstellungen und Überzeugungen gibt. In der Sphäre der Moral ist die jeweilige Situation der ausschlaggebende Imperativ. Für solche Sprüche kassiere ich von meinen Kollegen oft herbe Kritik. Lassen Sie mich bitte erklären, wie ich es meinen Studenten in meiner Vorlesung »Sportplatz Arbeitsleben« nahe bringe.

Auf dem Sportplatz Arbeitsleben werden die meisten Urteile über menschliches Verhalten gebildet. Stellen wir es uns als Fußballfeld vor. Sagen wir nun, dass der Bereich zwischen Tor- und Strafraum auf der einen Hälfte des Spielfeldes für moralisch einwandfreies Verhalten steht: Hart arbeiten, hohe Einsatzbereitschaft zeigen, gute Teamarbeit leisten und so weiter. Auf der gegnerischen Hälfte des Spielfelds steht dieser Bereich für unmoralisches Verhalten: Verlogenheit, Betrug, Diebstahl, Schadenfreude, Ausbeutung und ähnliches. Im gesamten restlichen Spielfeld, also etwa auf zwei Drittel der Fläche, entscheiden sich die Menschen für ein bestimmtes Verhalten am Arbeitsplatz.

Im Allgemeinen gilt ein Verhalten nahe des moralisch korrekten Bereichs als akzeptabel, das heißt, es ist nicht so schlimm, wenn eine ansonsten fleißige Arbeitskraft ihre Mittagspause hin und wieder um 15 Minuten überzieht. Je weiter man sich dann aber auf die andere Seite vorwagt, um so fragwürdiger wird das Verhalten. Ich denke in diesem Kontext an unschickliches und unfeines Benehmen wie schmutzige Witze, Schläge unter die Gürtellinie oder ein Furzkissen auf den Chefsessel zu legen und ähnliche Missetaten.

Im Fußball ist es ein klarer Verstoß gegen die Spielregeln, wenn man seinen Gegner foult, und trotzdem passiert es ständig. Es ist eindeutig gegen die Spielregeln und hat die rote Karte zur Folge, wenn man seinem Gegner ein Bein stellt. Andererseits ist es jedoch absolut zulässig, seinen Gegner auf nicht unbedingt rücksichtsvolle Weise den Ball abzunehmen. Hin und wieder kann ein Spieler sich schon einmal etwas unfairer Methoden bedienen, und in den meisten Fällen kommt er damit durch.

CfD: Was hat Ihr Beispiel aus der Welt des Fußballs mit der Geschäftswelt zu tun?

Crow: Es verstößt eindeutig gegen die Regeln, wenn ein Mitarbeiter sich am Firmenvermögen bereichert. Trotzdem ist es gängige Praxis in den Betrieben, dass jeder Mitarbeiter etwas mitgehen lässt – Papier, Kugelschreiber, Tesafilm und so weiter. Auch Privatgespräche während der Arbeitszeit sind in der Regel der Fälle nicht gestattet. Andererseits wird Ihnen niemand auf die Finger klopfen, wenn Sie ab und zu Ihre Kinder anrufen, und sich erkundigen, ob das Haus noch steht.

Was passiert also? Fakt ist, dass sämtliche Regeln, Gesetze und moralische Prinzipien ihre Grauzonen haben, der Spielraum für den Einzelnen ist also recht groß. Die Höchstgeschwindigkeit in geschlossenen Ortschaften liegt eindeutig bei 50 km/h, wir wissen aber alle, dass wir keine sonderlichen Schwierigkeiten bekommen, solange wir nicht schneller als etwa 55 km/h fahren. Richtig oder falsch, das ist hier die Frage. Viele von uns begreifen selbst eindeutige Vorschriften und Gesetze lediglich als Richtlinien, die einen Spielraum für das eigene Verhalten lassen.

CfD: Wodurch ist denn nun festgelegt, was falsch und was richtig ist?

Crow: Durch die vorherrschende Moralvorstellung der Belegschaft und die betriebsinternen Anweisungen.

CfD: Sollte ein Consultant jemals von seinen Prinzipien abweichen?

Crow: Ja – wenn seine moralischen Prinzipien falsch sind. Wir alle sind doch davon überzeugt, dass wir uns moralisch absolut korrekt verhalten. Einige von uns sind eingebildete Moralapostel, die von ihrem hohen Ross herunter steigen müssen. Wir leben in einer stark wettbewerbsorientierten Welt, und obwohl wir uns vielleicht moralische Pluspunkte verschaffen, indem wir auch die andere Wange hinhalten, ist es realistischer und befriedigender, manchmal zu einem Gegenschlag auszuholen.

CfD: Was bereitet Ihnen bei den Stichworten Moral und Consultants das größte Kopfzerbrechen?

Crow: Die Vorstellung, dass ein Consultant zu selbstgerecht wird und seine zwanghafte Vorliebe für Regeln mit moralisch korrektem Verhalten gleichsetzt.

Über die schwarzen Schafe unter den Consultants mache ich mir keine Sorgen. Ein Consultant, der sich moralisch nicht korrekt verhält, wird nicht lange überleben. Ein unmoralischer Mensch zerstört sich mit der Zeit selbst. Wer sich nicht an Regeln halten und sich nicht anpassen will, schaufelt sich sein eigenes Grab. In der Consulting-Branche hängt alles vom guten Ruf ab, und es lässt sich nichts verheimlichen. Falls ein Consultant sich etwas zu schulden kommen lässt, spricht sich das wie ein Lauffeuer herum, und außer miesen Jobs wird er keine Aufträge mehr bekommen.

Andererseits sind auch die ewigen Moralapostel zum Scheitern verurteilt. Die Arbeitswelt ist den Gesetzen der Konkurrenz unterworfen, und Consultants werden nun einmal engagiert, weil sich die Auftraggeber davon einen Konkurrenzvorteil versprechen. Der Kunde kennt den Unterschied zwischen richtig und falsch ganz genau. Er weiß, dass er seinen Gegner nicht foulen und nicht schneller als 50 km/h fahren darf. Deshalb will er von uns wissen, wie er den Gegner ohne drohenden Platzverweis foulen und wie schnell er ohne die Gefahr eines Führerscheinentzugs fahren kann. Meiner Ansicht nach kann ein Consultant sehr viel effizienter und doch moralisch integer arbeiten, wenn er die Grenzen zwischen richtig und falsch genau kennt und weiß, wie er sich sicher in dem Bereich zwischen diesen Grenzen bewegen kann.

Den eigenen Ehrenkodex entwickeln

Moralische Prinzipien sind für jeden Berufstätigen wichtig. Dies gilt *vor allem* für Consultants, da ihnen die Kunden großes Vertrauen entgegenbringen und sie im Rahmen ihrer Tätigkeit mit strikt vertraulichen Informationen konfrontiert werden. Einen allgemein gültigen Ehrenkodex für Consultants gibt es nicht, da sie in so vielen unterschiedlichen Bereichen arbeiten und der beispielsweise für Immobilienmakler zugeschnittene Ehrenkodex sich nicht für Finanzberater eignen würde. Es gibt allerdings einige moralische Grundsätze, anhand derer Sie Ihren eigenen Ehrenkodex entwickeln können und sollten.

Nachfolgend einige Regeln, die für *jeden* Consultant als Basis für den beruflichen Ehrenkodex verwendet werden können. Bitte lesen Sie diese Grundregeln sorgfältig durch und erstellen Sie daraus Ihren eigenen Ehrenkodex.

- ✔ **Rechnen Sie Ihre Arbeitsstunden korrekt ab.** Rechnen Sie nach Arbeitszeit ab, sind Sie dafür verantwortlich, genau Buch über die für einen bestimmten Auftraggeber geleisteten Arbeitsstunden zu führen und sie Ihrem Kunden nachzuweisen. Ihr Kunde erwartet und vertraut auf eine ehrliche Abrechnung. Stellen Sie nicht geleistete Arbeitszeit in Rechnung, verhalten Sie sich nicht nur unehrlich, sondern begehen einen eindeutigen Vertrauensbruch. Und falls Ihr Auftraggeber Ihnen nicht vertraut, erhalten Sie keine Folgeaufträge und werden garantiert nicht weiterempfohlen.

- **Versprechen Sie nichts, was Sie nicht auch halten können.** Auch wenn Sie einen potenziellen Kunden *unbedingt* mit Ihrem unglaublichen Wissen beeindrucken möchten, sollten Sie sich davor hüten, etwas Unmögliches in Aussicht zu stellen. Dies wäre unaufrichtig – Ihr Kunde wäre mit einem kompetenteren Consultant besser bedient – und außerdem begeben Sie sich damit in die Gefahr, dass Sie und Ihre Firma scheitern. Es spricht natürlich absolut nichts gegen eine gute Portion Optimismus, aber versprechen Sie nichts, was Sie nicht auch wirklich einhalten können. Verlassen Sie nicht darauf, dass Ihr Kunde Ihr Versprechen vergisst oder sich später auch mit halben Sachen zufrieden geben wird, wenn Sie den Auftrag erst einmal in der Tasche haben. Sie machen sich damit selbst etwas vor und erweisen Ihrem Kunden mit Gewissheit keinen Gefallen.

- **Halten Sie Ihre Versprechen.** Ein Teil Ihres Erfolgs als Consultant beruht auf dem strikten Einhalten von Zusagen. Haben Sie den Abgabetermin für einen Auftrag zum Beispiel auf den 31. März gelegt, geben Sie die Unterlagen auch zum 31. März (oder sogar früher) ab, und keinen Tag später. Haben Sie zugesagt, die Pläne für ein Landschaftsbauvorhaben zu einem Preis von DM 2.000 zu erstellen, dürfen Sie keinen Pfennig mehr berechnen, außer Ihr Kunde hat plötzlich Sonderwünsche. Sollte es Ihnen einmal nicht möglich sein, eine Zusage einzuhalten, setzen Sie Ihren Kunden unverzüglich davon in Kenntnis und machen Sie ihm einen angemessenen Gegenvorschlag.

- **Bieten Sie Ihren Kunden keine unnötigen Produkte oder Dienstleistungen an.** Es gibt Kunden, die sich hundertprozentig und absolut sicher sind, welche Probleme in ihrer Firma auf welche Art und Weise gelöst werden müssen. Sie selbst müssten nur noch zugreifen, und schon haben Sie einen möglicherweise sehr lukrativen Auftrag an der Hand. Man nennt so etwas auch Eulen nach Athen tragen. Sollten Sie jedoch *sicher* wissen, dass es *bessere* Lösungen für das Problem gibt, sollten Sie Ihren Kunden darüber informieren und die angebotene Arbeit ablehnen. In den meisten Fällen weiß Ihr Kunde Ihre Ehrlichkeit zu schätzen, und Sie steigen in seiner Achtung (und in der aller anderen, denen er diesen Vorfall schildert).

- **Seien Sie offen und ehrlich.** Ihre Kunden bezahlen teures Geld für Ihr Wissen und Ihre Erfahrung. Werden Sie nach Ihrer Meinung gefragt, sollten Sie offen und ehrlich antworten und die Realität nicht beschönigen, um die möglicherweise bittere Wahrheit angenehmer zu machen.

- **Behandeln Sie vertrauliche Informationen entsprechend.** Im Rahmen Ihrer Tätigkeit werden Sie viele streng vertrauliche Informationen eines Unternehmens zu Gesicht bekommen. Gelangen diese Informationen an die Öffentlichkeit oder werden sie an Unbefugte weitergegeben, kann dies zu erheblichen finanziellen Verlusten führen oder sonstige schwerwiegende Folgen für Ihren Kunden haben. Sie genießen bei Ihrem Auftraggeber eine Vertrauensstellung, enttäuschen Sie ihn nicht. Falls Sie den Namen oder die Firma Ihres Auftraggebers zum Beispiel in Ihrer Referenzliste oder einer Pressemappe veröffentlichen möchten, fragen Sie bitte vorher um Erlaubnis.

✔ **Legen Sie Interessenkonflikte offen dar.** Sind Sie in Ihrem Fachgebiet ein gefragter Consultant, ist es manchmal nicht gerade einfach, Interessenkonflikte zu vermeiden. Wenn sich die Kunden um Sie reißen, kann es vorkommen, dass Sie gleichzeitig für zwei Konkurrenzunternehmen an derselben Problemstellung arbeiten sollen. Sobald sich ein Interessenkonflikt abzeichnet, müssen Sie beide Kunden darüber in Kenntnis setzen und nach einer Lösung suchen. Entweder sichern Sie Ihren Kunden mündlich zu, dass Sie die jeweiligen Daten selbstverständlich nicht weitergeben, oder Sie unterzeichnen einen Vertrag über Ihre Geheimhaltungspflicht. Sollte sich das Problem damit nicht aus der Welt schaffen lassen, müssen Sie einen der beiden Aufträge ablehnen.

✔ **Nutzen Sie Ihr Insiderwissen nicht zum eigenen Vorteil.** Eventuell erhalten Sie im Laufe Ihrer Tätigkeit für ein Unternehmen Kenntnis über Vorgänge, die nicht nach außen dringen dürfen. Vielleicht erfahren Sie zum Beispiel, dass ein bestimmtes Produkt patentiert werden soll, was den Aktienwert erheblich steigern wird. Es verstößt nicht nur gegen moralische Grundsätze, dieses Insiderwissen zu Ihrem eigenen Vorteil zu nutzen – in diesem Fall, viele Aktien dieser Firma zu erwerben, bevor die Patentierung publik gemacht wird – sondern ist zudem noch illegal.

✔ **Brechen Sie keine Gesetze.** Es kann Ihnen durchaus passieren, dass Ihr Kunde Sie um etwas bittet, das nicht nur gegen Ihre moralische Überzeugung, sondern auch eindeutig gegen geltendes Recht verstößt. Gehen Sie nicht über Los und ziehen Sie nicht DM 4.000 ein. Gehen Sie nur. Und kommen Sie niemals wieder.

Diese Richtlinien machen sich zwar sehr gut in diesem Buch, aber im echten Leben werden Sie vermutlich in Situationen geraten, die nicht so eindeutig sind. Jeder Mensch hat seine eigenen Prinzipien und Wertvorstellungen, und was für den einen gilt, mag für den anderen noch lange nicht zutreffen. Die Schwierigkeit, die es zu meistern gilt, ist, abweichende Vorstellungen unter einen Hut zu bringen, so dass eine Zusammenarbeit trotzdem möglich ist. Klaffen allerdings Ihre Wertvorstellungen und die Ihres Kunden zu weit auseinander, sollten Sie die Zusammenarbeit ablehnen und nach anderen Kunden suchen, bei denen es größere Übereinstimmung gibt.

Falls Sie sich doch einmal in einer moralischen Zwickmühle wiederfinden, sollten Sie das Problem unverzüglich mit Ihrem Kunden besprechen und nach Alternativen suchen, die Ihr Gewissen nicht belasten. Die meisten Kunden respektieren dies, auch wenn sie Ihre Ansichten nicht teilen. Gelingt es Ihnen nicht, sich aus diesem moralischen Dilemma zu befreien, sollten Sie den betreffenden Auftrag ablehnen, ohne Ihrem Kunden dabei auf die Füße zu treten. Wie auch immer Sie im Einzelfall vorgehen, schlagen Sie unter keinen Umständen alle Türen hinter sich zu und denken Sie daran, dass böse Worte weder jetzt noch in Zukunft für Sie sprechen.

Nehmen Sie sich ausreichend Zeit, um sich Ihren beruflichen Ehrenkodex aufzustellen. Am besten, Sie drucken ihn aus und hängen ihn gut sichtbar in Ihrem Büro auf. Verteilen Sie ihn auch an Ihre Kunden. Das allerwichtigste ist jedoch: Handeln Sie danach! Noch ein Tipp: Lassen Sie die Finger von allen Jobs, die Ihnen zweifelhaft vorkommen.

Der Berufsehrenkodex von ICCA

Nachfolgend finden Sie den Ehrenkodex der Beraterfirma ICCA (*Independent Computer Consultants Association*), einem gemeinnützigen Verein mit Sitz in St. Louis, Missouri, der für selbstständige Computerexperten nach neuen Geschäftswegen sucht und über Förderprogramme informiert. (Besuchen Sie doch einmal deren Homepage unter `www.icca.org`). Der ICCA veröffentlicht folgenden Ehrenkodex (Copyright: ICCA), der als Musterbeispiel für seine Mitglieder und die Branche der Hard- und Softwareberater dient.

1. Unsere Consultants arbeiten ehrlich und anständig und geben wissentlich keine Fehlinformationen.
2. Unsere Consultants installieren und verwenden an ihrem eigenen Computer und an denen ihrer Kunden ausschließlich ordnungsgemäß lizenzierte Software.
3. Unsere Consultants offenbaren Interessenkonflikte noch vor Vertragsabschluss beziehungsweise unverzüglich nach Eintreten des Interessenkonflikts.
4. Unsere Consultants geben ihre Ratschläge nur dann als unparteiisch aus, wenn diese erwiesenermaßen vorurteilsfrei sind und der Consultant kein eigennütziges Interesse an der Entscheidung des Kunden hat.
5. Unsere Consultants gewährleisten, die Projekte sowohl fachlich als auch terminlich nach bestem Wissen abzuschließen.
6. Unsere Consultants informieren den Kunden über sämtliche, den Vertrag betreffende Angelegenheiten, selbst wenn diese zum Nachteil des Consultants gereichen oder den Vertrag insgesamt gefährden.
7. Unsere Consultants behandeln sämtliche ihnen überlassene Informationen streng vertraulich und geben diese nicht ohne Zustimmung des jeweiligen Kunden weiter.
8. Unsere Consultants verwenden keine Insiderinformationen zu ihrem eigenen Vorteil.
9. Unsere Consultants schließen keine gesetzeswidrigen Verträge oder Verträge ab, die vom Klienten für illegale Zwecke benutzt werden könnten.
10. Sämtliche Unternehmen, die Mitglied des ICCA sind, sowie deren Vertreter und Mitarbeiter verpflichten sich, diese Bestimmungen einzuhalten und alles zu unterlassen, was dem Ansehen des ICCA schaden könnte.

Die Kunst der Zeiteinteilung und der Organisation

11

In diesem Kapitel

- Wie Sie Ihre Zeit am sinnvollsten einteilen
- Bringen Sie Ordnung in Ihr Büro ... und Ihr Leben!
- Terminplanung

Die Arbeit eines selbstständigen Consultants unterscheidet sich ganz wesentlich von der eines Angestellten. Wenn man einen Vorgesetzten hat, will dieser ganz genau wissen, wie lange und wie produktiv gearbeitet wird und wie die Arbeit vorankommt. Für ein Vollzeit-Gehalt wird auch Vollzeit-Arbeit – und vielleicht ein paar Überstunden extra – erwartet. Als Selbstständiger können Sie sich den Luxus erlauben, nur halbtags zu arbeiten – entweder die erste oder die zweite Hälfte eines ganzen Tages!

Als selbstständiger Consultant sind Sie nur *sich selbst* Rechenschaft schuldig. Niemand sagt Ihnen, was Sie tun, wie Sie Ihren Laden führen, wann Sie zu Arbeit erscheinen sollen und wann Sie nach Hause gehen dürfen. Schlafen Sie gerne bis mittags, ist das Ihre Entscheidung. Beschließen Sie nach einer Stunde Arbeit, für den Rest des Tages bummeln zu gehen, ist das ebenfalls Ihre Sache. Selbst für Ihren dreimonatigen Urlaub müssen Sie niemanden um Erlaubnis bitten. Sie können verreisen, so oft und so lange Sie wollen. Einen Haken gibt es aber: Wenn Sie nicht arbeiten, verdienen Sie nichts. Und wenn Sie nichts verdienen ... Okay, okay, Sie wissen selbst am besten, was dann passiert.

Für *jeden* Berufstätigen ist Zeit ein kostbares Gut, und für Selbstständige gilt dies ganz besonders. Zeit *ist* Geld, und Sie können es sich nicht leisten, sie zu vergeuden. Deshalb müssen Sie lernen, Ihre Zeit sinnvoll einzuteilen und Ordnung zu halten. Tun Sie das nicht, verschwenden Sie eine Menge Zeit und Geld, da es Ihnen durchaus passieren kann, dass Sie verzweifelt nach einem wichtigen Bericht suchen, genervt feststellen, dass Sie ein völlig uninteressantes Werbeschreiben nun schon zum dritten Mal in der Hand haben oder einen absolut wichtigen Termin verbummeln, weil Sie vergessen haben, sich Datum und Uhrzeit zu notieren.

Sie haben aber auch ein Glück! Warum? Weil wir Ihnen auch in diesem Punkt weiterhelfen können. Wie? Lesen Sie weiter, dann werden Sie es schon sehen.

Teilen Sie Ihre Zeit ein – es ist schließlich Ihre!

Zuerst einmal wollen wir Ihnen ein kleines Geheimnis zu verraten: Wenn *Sie* Ihre Zeit nicht selbst einteilen, tut es ein anderer *für Sie*. Eine Frage an alle, die noch als Angestellte arbeiten: Wie oft kommt es vor, dass andere Menschen über Ihre Zeit bestimmen? Wie oft saßen Sie in einer Besprechung und hatten nicht die leiseste Ahnung, worum es eigentlich geht und was Sie hier verloren haben? Wie oft mussten Sie einen dringenden Auftrag einschieben und konnten Ihre eigene höchst eilige Arbeit deshalb nicht rechtzeitig fertig stellen? Wie oft hat Sie ein Kollege in ein Gespräch verwickelt, weil er Ihnen unbedingt bis ins kleinste Detail schildern musste, was er am letzten Wochenende Tolles unternommen hat?

Einer der großen Vorteile der Selbstständigkeit ist, dass *Sie selbst* über Ihre Zeit, Ihren Terminkalender und Ihr Leben bestimmen können. In diesem Kapitel zeigen wir Ihnen, wie Sie Ihre Zeit optimal einteilen.

Entscheiden Sie, was wichtig ist und was nicht

Prioritäten sind eine feine Sache. Sie legen nicht nur fest, *was* Sie tun müssen, sondern auch *wann*. Das Problem dabei ist nur, dass Sie sich eigentlich um sehr viele Menschen, Termine und Erledigungen gleichzeitig kümmern müssen und die obersten Plätze auf Ihrer Prioritätenliste heiß umkämpft sind. Manches gehört zu Recht auf Ihre Liste, während Sie für Unwichtiges keine Sekunde Ihrer wertvollen Zeit verschwenden sollten. Leider kommt es immer vor – dies gilt vor allem für selbstständige Consultants – dass man sich stundenlang mit Sachen beschäftigt, die entweder gar nicht oder ganz unten auf der Liste stehen. Das führt dazu, dass sehr wichtige Dinge zu Gunsten völliger Nebensächlichkeiten vernachlässigt werden und man kein bisschen vorwärts kommt.

Auch die revolutionäre Entwicklung zur Informationsgesellschaft konnte diese Situation nicht entschärfen. Ganz im Gegenteil, denn mittlerweile muss scheinbar *alles sofort* erledigt werden. Ein Kollegin möchte in einer Stunde Ihren Kommentar zu einem 25seitigen Bericht? Tja, über Fax oder als E-Mail lässt sich die Übermittlung schnell und einfach bewerkstelligen, und schon ist das Ganze auf Ihrem Tisch gelandet. Bei einem Kunden wurde bei dem Programm, das Sie letzten Monat installiert haben, ein Fehler entdeckt? Eine kurze Nachricht auf Ihrem Pager oder Handy, und schon müssen Sie sich darum kümmern. Sie leiten Ihre eingehenden Telefonate in Ihre Mailbox um? Sicher dauert es auch bei Ihnen nicht lange, bis Ihre Box überquillt vor lauter wichtigen Nachrichten Ihrer Kunden und Geschäftspartner, die sich alle um Ihre Zeit reißen. Bob kann ebenfalls ein Lied davon singen. Seine 60 Nachrichtenspeicherplätze sind ruckzuck belegt. Und der arme Bob braucht Stunden, um alle Nachrichten abzuhören, zu sortieren und festzulegen, wie er im Einzelfall vorgehen soll.

Dank der modernen Kommunikationstechnologie ist Ihre Zeit und Aufmerksamkeit gefragter denn je zuvor. Gleichzeitig lenken Sie mehr und mehr Dinge davon ab, Ihre dringenden Aufgaben anzugehen. Zusätzlich müssen Sie sich über die neuesten technischen Entwicklungen auf dem Laufenden halten und den Preisstandards in Ihrer Branche entsprechen können. Wie können Sie also Wichtiges von Unwichtigem trennen und sich nur auf die Dinge konzentrieren, die Sie Ihrem jeweiligen Ziel näher bringen? Im Kampf gegen endlose Faxnachrichten, überquellende Eingangskörbchen, Eilsendungen, unzählige Nachrichten auf Ihrem Anrufbeantworter und Hunderte von E-Mails helfen Ihnen folgende Überlegungen weiter:

- ✔ **Welchen Effekt erwarten Sie sich von der Aufgabe?** Lohnt sich die vor Ihnen liegende Aufgabe – können Sie damit ein gesetztes Ziel erreichen? Dann sollte sie auf Ihrer Liste ganz oben stehen. Lohnt sie sich nicht – das heißt, trägt sie nichts oder nur wenig zur Erfüllung Ihres Ziels bei? Dann sollte sie ganz unten auf Ihrer Liste stehen. Ist Ihr Ziel zum Beispiel die Verdoppelung des Jahresumsatzes, sollten Sie allen damit verbundenen Aufgaben – wie Angebote erstellen oder telefonische Kundenakquisition – oberste Priorität einräumen. Überlegen Sie sich gut, ob Sie Unwichtiges nicht ganz aus Ihrer Liste streichen sollten.
- ✔ **Handelt es sich um einen Notfall?** Denken Sie immer daran, dass Sie vor allem durch Notfallsituationen bei Ihren Kunden Ihre Brötchen verdienen. Freuen Sie sich also über Zwischenfälle dieser Art. Planen Sie in Ihrem Terminkalender genug Zeit ein, damit Sie flexibel auf die unvermeidlichen Notfälle reagieren und diesem Zwischenfall die angemessene Priorität einräumen können.
- ✔ **Können Sie die Aufgabe delegieren?** Je nach Größe Ihrer Firma verfügen Sie eventuell über Kollegen und Mitarbeiter, die Sie entlasten könnten. Ihre Aufgabe ist es, im Voraus festzulegen, ob nicht einer Ihrer Mitarbeiter besser für eine bestimmte Aufgabe geeignet ist als Sie selbst. Trifft das zu, sollten Sie ihm diese Aufgabe auch übertragen. Verschwenden Sie Ihre wertvolle Zeit nicht damit, sich um Sachen zu kümmern, die ein anderer besser und kostengünstiger erledigen kann. Heben Sie sich Ihre Zeit für Aufgaben auf, für die Ihre Qualifikation und Ihr Wissens erforderlich sind.

Jeder Consultant muss Prioritäten setzen und danach handeln. Gewöhnen Sie es sich an, Ihre täglichen Aufgaben auf Wichtigkeit zu prüfen und die entsprechenden Prioritäten zu setzen. Vor allem aber müssen Sie sich an die gesetzte Prioritätenfolge halten. Beginnen Sie mit den wichtigsten Tätigkeiten und schließen Sie diese ab, bevor Sie sich anderen Aufgaben widmen.

Setzen Sie Ihre Prioritäten à la Franklin Quest

Die Tagesplaner von Franklin Quest haben sich in der gesamten Geschäftswelt in den USA durchgesetzt. Der Anordnung der Seiten, Einlegeformulare und Info-Tabellen dieses Planers liegt die Philosophie zu Grunde, dass sowohl im privaten als auch im beruflichen Leben nichts über Ordnung geht und man immer wissen sollte, welche Dinge wichtig und welche unwichtig sind. Franklin Quest bezeichnet diese Philosophie als »Pyramide der persönlichen Produktivität«. Diese Pyramide setzt sich aus vier Teilen zusammen:

1. **Oberste Ziele:** Ihre wichtigsten persönlichen Ziele sind der Sockel der Pyramide. Sie bestehen aus den Dingen, die Sie sich am sehnlichsten Wünschen und am liebsten tun.

2. **Langfristige Ziele:** Die zweite Ebene der Pyramide – Ihre langfristigen Ziele – besteht aus konkreten Schritten, die Sie Ihren obersten Zielen nahe bringen. Möchten Sie als oberstes Ziel einen Universitätsabschluss erreichen, gehört an diese Stelle das entsprechende Studienfach, zum Beispiel Betriebswirtschaft.

3. **Zwischenschritte:** Die nächst höhere Ebene der Pyramide beschreibt alle notwendigen Zwischenschritte zu Ihren langfristigen Zielen. Ist Ihr langfristiges Ziel ein Betriebswirtschaftsstudium, bestehen die Zwischenschritte beispielsweise daraus, Unterlagen von Universitäten und Fachhochschulen einzuholen.

4. **Tägliche Aufgaben:** An der Spitze der Pyramide stehen Ihre täglich anfallenden Aufgaben, mit deren Hilfe Sie Ihre Zwischenschritte erledigen können. Der Grundgedanke der Franklin-Quest-Philosophie ist, dass Ihre täglichen Aufgaben auf die Verwirklichung Ihrer obersten Lebensziele hinarbeiten.

Der nächste Schritt besteht darin, sämtlichen täglichen Aufgaben einen Prioritätscode zuzuweisen. »Extrem wichtige« Aufgaben werden mit einem »A«, »wichtige« Aufgaben mit einem »B« und »Zusatzaufgaben« mit einem »C« gekennzeichnet. Falls mehrere Aufgaben mit dem gleichen Buchstaben gekennzeichnet sind, erfolgt eine weitere Abstufung der Priorität anhand einer Nummerierung (A1, A2, A3, und so weiter). Wenn Sie sich an dieses System der Prioritätenvergabe halten, bringen Sie Ihre täglichen Aufgaben tatsächlich jeden Tag einen Schritt näher an Ihr oberstes Ziel.

Wie Sie besser mit Ihrer Zeit umgehen

Manchmal wünscht man sich, ein Tag hätte mehr als 24 Stunden, um alle anstehenden Aufgaben bewältigen zu können. Doch wie Sie es auch drehen und wenden, an dieser Tatsache lässt sich leider nichts ändern. Die gute Nachricht lautet, dass Sie an Ihrer Zeiteinteilung etwas ändern und so innerhalb der begrenzten Zeit Ihre Aufgaben effektiv erledigen können.

Hier sind acht Tipps, die Ihnen helfen, Ihre Zeit effektiv einzuteilen:

- **Ordnung ist das halbe Leben!** Vielleicht kannten Sie diesen Spruch bereits. Und wenn nicht, kennen Sie ihn jetzt. Mit Ordnung ist schon viel Zeit gewonnen. Warum? Weil Sie wissen, wo Sie alles auf einen Griff finden können. Versinken Sie jedoch im Chaos, verlieren Sie wichtige Notizen, verpassen Termine und stehen in einem riesigen Durcheinander, worunter Ihre gesamte Arbeit leidet. Nehmen Sie sich genug Zeit, um Ordnung zu schaffen und Ordnung zu halten. Im nächsten Abschnitt finden Sie weitere Tipps, wie Ihnen das gelingt.

- **Planen Sie zur Durchsicht Ihrer Prioritätenliste vor Arbeitsbeginn Zeit ein.** Schon viele Selbstständige haben sich notgedrungen und ungewollt zu perfekten Krisenmanagern entwickelt – sie stürzen von einer Krise in die nächste. Wie kann man sich da noch um die *Ursachen* kümmern, um weitere Krisen vielleicht zur Abwechslung *vermeiden* zu können? Möchten Sie Ihre Zeitplanung nicht von ungewollten Umständen über den Haufen werfen lassen, müssen Sie sich genug Zeit lassen, um voraus zu planen, Ihre Prioritäten zu prüfen und gegebenenfalls neu zu ordnen. Stellen Sie sich immer wieder die Frage, welche Aufgaben *wirklich* wichtig sind und ob Sie damit Ihr Ziel erreichen können. Am besten tun Sie das vor Arbeitsbeginn.

- ✔ **Planen Sie zur Erledigung liegengebliebener Kleinigkeiten und zur Planung des nächsten Tages am Ende Ihres Arbeitstages Zeit ein.** Gewöhnen Sie es sich nicht an, nach einem harten Arbeitstag überstürzt aus dem Büro zu hasten. Erledigen Sie eventuell liegengebliebene Kleinigkeiten und bereiten Sie den nächsten Arbeitstag vor. Was liegt zum Beispiel noch alles auf Ihrem Schreibtisch? Haben Sie auch nicht vergessen, den wichtigen Brief zu unterschreiben und zur Post zu bringen oder die versprochenen Rückrufe zu tätigen? Streichen Sie erledigte Aufgaben von Ihrer Prioritätenliste und tragen Sie neue Aufgaben ein. Räumen Sie Ihr Telefonbuch auf, heften Sie Unterlagen ab, und bereiten Sie sich selbst einen ordentlichen Arbeitsplatz vor, über den Sie sich morgen freuen können.

- ✔ **Fangen Sie immer mit dem Wichtigsten an und verschieben Sie, wenn es schon sein muss, lieber die unwichtigen Aufgaben.** Sicherlich ist man oft versucht, Aufgaben oberster Priorität auf die lange Bank zu schieben und statt dessen ein paar unwichtigere Kleinigkeiten zu erledigen, die schnell abgehakt sind und womöglich auch mehr Spaß machen. Sie glauben vielleicht, es wäre viel effektiver, erst den Kleinkram zu erledigen, damit Sie sich mit vollem Elan und höchster Konzentration auf die wirklich wichtigen Angelegenheiten stürzen können. Leider weit gefehlt! Im Grunde schieben Sie die wichtigen Aufgaben vor sich her und stehen sich selbst im Wege, anstatt diese zu Ende zu bringen. Sie sollten sich immer zuerst um die wichtigsten Angelegenheiten – die nicht notwendigerweise die eiligsten sein müssen – kümmern und den notwendigen Spielraum in Ihrem Zeitplan für unvorhergesehene Zwischenfälle einräumen. Wie bereits gesagt, müssen Sie unterscheiden zwischen den *wichtigsten* Dingen, die Sie Ihrem Ziel oder dem Ihrer Kunden näher bringen, und den *dringlichsten* Aufgaben, die unabhängig von ihrer Wichtigkeit den eiligsten Termin haben.

- ✔ **Werfen Sie überflüssigen Papierkram weg.** Aus eigener Erfahrung wissen Sie sicherlich, wie zeitaufwendig es ist, jedes einzelne Werbeschreiben und sonstigen überflüssigen Papierkram durchzulesen. Außerdem sammelt sich dieser bevorzugt auf dem Schreibtisch an, und schon ist das Chaos perfekt. Falls Sie keine glückliche Ausnahme sind, erhalten Sie jährlich Millionen von uninteressanten Postwurfsendungen (wir haben sie zwar nicht gezählt, aber es scheinen unendlich viele zu sein), auf die Sie getrost verzichten könnten. Am besten ist es, Sie schmeißen diesen Kram gleich ungeöffnet in den Papierkorb!

  Passiert Ihnen dasselbe mit Ihrem elektronischen Posteingang? Dann gilt auch dieselbe Regel wie oben. Kennen Sie den Absender einer E-Mail nicht, oder werden Sie mit unzähligen Werbe-Mails bombardiert, gibt es nur eins: Löschen. Auf den Cyber-Friedhof damit!

- **Nutzen Sie Zwangspausen.** Als Consultant verbringen Sie viel Zeit in Flugzeugen, Taxen und Vorzimmern. Nutzen Sie diese Zeit, um Informationsmaterial zu studieren, Notizen zusammenzufassen und Korrespondenz zu erledigen. Stecken Sie sich immer einige Unterlagen in die Aktentasche, damit Sie derartige Zwangspausen sinnvoll ausnutzen können.
- **Nutzen Sie die Technik zu Ihrem Vorteil.** Es gibt technische Errungenschaften, mit denen man auf ausgeklügelte Weise unglaublich viel Zeit *verschwenden* kann (oder haben Sie im Internet jemals schon etwas auf Anhieb gefunden), aber zum Glück auch solche, mit denen man sich unglaublich viel Zeit *spart*. Moderne Computer werden immer schneller und kleiner, Faxgeräte ermöglichen es Ihnen, Unterlagen in Sekunden um die ganze Welt zu schicken, und über Handy, Pager und E-Mail-Adresse bleiben Sie ständig mit Ihren Kunden in Verbindung, egal wo Sie sich gerade aufhalten. Nutzen Sie diese zeitsparenden Wunder der Technik. Halten Sie sich über Neuentwicklungen auf dem Laufenden und prüfen Sie, mit welcher Neuanschaffung Sie noch effizienter und effektiver arbeiten können.
- **Rüsten Sie Ihren Computer auf.** Wie alt ist Ihr Rechner? Arbeiten Sie immer noch mit einem 486er-Prozessor oder (Gott behüte!) mit einem 386er? Steht da wirklich noch ein Macintosh Classic auf Ihrem Schreibtisch? Wenn ja, vergeuden Sie jede Woche einige *Stunden* Ihrer kostbaren Zeit mit geduldigem Warten, bis Ihr alterschwacher Computer endlich beendet hat, was Sie ihm befohlen haben. Diese Uraltmodelle sind nicht nur wesentlich langsamer als moderne Rechner, sondern unterstützen auch die gängigsten Betriebssysteme nicht oder nur schlecht. Versuchen Sie erst gar nicht, moderne und professionelle Software zu installieren. Am besten, Sie verkaufen Ihren alten Computer oder spenden ihn für einen guten Zweck (denken Sie an die Spendenquittung!) und kaufen einen neuen. Alternativ können Sie einen Rechner auch leasen, um immer auf dem neuesten Stand zu sein, vorausgesetzt, Ihre Firma wirft genug ab, um die monatlichen Raten bezahlen zu können.

In der Regel sollten Sie den besten Rechner kaufen, den Sie sich leisten können. Schließlich möchten Sie ja nicht, dass er bereits wenige Monate nach dem Kauf schon wieder hoffnungslos veraltet ist. In Kapitel 14 finden Sie weitere Informationen über Computer und Zubehör.

Schaffen Sie Ordnung!

Sie wissen ja, was passiert, wenn Sie zulassen, dass Ihr Schreibtisch im Chaos versinkt. Wenn Sie Ihren Schreibtisch unter dem Papierstapeln nicht mehr erkennen können, verlieren Sie nicht nur den Überblick, sondern womöglich noch den Verstand. Wichtige Unterlagen sind auch nach stundenlangem Suchen nicht mehr aufzufinden, Sie verpassen einen Termin nach dem anderen, und die Telekonferenz, die Sie eigentlich organisieren sollten, haben Sie völlig vergessen. Und das Schlimmste dabei ist: Chaos entwickelt eine unaufhaltsame Eigendynamik. Wenn Sie es nicht schaffen, der Unordnung Herr zu werden, ist es mit Ihrer Selbstständigkeit bald vorbei.

Die Lösung? Schaffen Sie Ordnung, bevor es zu spät ist! Gerade im Geschäftsleben ist Ordnung das halbe Leben, denn nur dann wissen Sie auf Anhieb, wo Sie die Sachen finden, die Sie für Ihre Arbeit benötigen und vergeuden Ihre Zeit nicht mit der mühvollen Suche danach. Es gibt viele Möglichkeiten, Ordnung in Ihrem Büro zu schaffen und zu halten. Die einfachste Möglichkeit besteht aus einem simplen Wandkalender! Reicht diese Lösung nicht aus, gibt es eine Vielzahl anderer Hilfsmittel, zum Beispiel Projektplanungssoftware.

Im nächsten Abschnitt erfahren Sie, wie Sie mit einfachen Mitteln Ordnung schaffen und halten können. Denken Sie immer daran, dass die beste Lösung nicht unbedingt die teuerste und komplizierteste sein muss. Das Geheimnis liegt vielmehr darin, sich für eine Methode zu entscheiden und diese strikt und ohne Ausnahme zu befolgen.

Ordnung beginnt bei Ihnen!

Sehen Sie sich doch einmal in Ihrem Büro um. Falls Sie das Gefühl haben, Ihnen entgleitet die Kontrolle über Ihren Zeitplan und Ihre Arbeit, gibt es vielleicht ganz offensichtliche Gründe dafür. Ist Ihr Schreibtisch ein einziges Durcheinander aus Bücherstapeln, ungeöffneter Post, leeren Coladosen? Hat sich in Ihrer Kaffeetasse schon Schimmelpilz eingenistet? Gut, einen Rechner, Drucker und ein Telefon haben Sie auch noch entdeckt, aber Ihr Büro sieht aus, als wäre erst vor wenigen Augenblicken ein Wirbelsturm hindurch gefegt. Vielleicht finden Sie ja, dass Ihr Büro so wenigstens keine nüchterne und sterile Atmosphäre ausstrahlt, aber ordentlich arbeiten können Sie mit Sicherheit in diesem Durcheinander nicht!

Ordnung beginnt bei Ihnen. Wälzen Sie die Verantwortung für ein ordentliches Büro nicht auf Ihre Mitarbeiter (falls sie nicht schon lange geflüchtet sind), Kunden, Kinder, Freunde, Ihren Hund oder Ihre Katze ab. Einzig und alleine *Sie* sind für die Ordnung in Ihrem Leben zuständig, und wenn Sie es Stück für Stück angehen, können Sie auch das perfekte Chaos wieder in Ordnung bringen.

Sagen Sie dem Chaos den Kampf an

Wenn Sie Ordnung schaffen möchten, brauchen Sie einen Aktionsplan. Glücklicherweise haben Ihnen schon einen vorbereitet. Nachfolgend finden Sie einige Tipps, wie Sie aus dem Chaos, das Sie Ihr Büro nennen, einen Ort der Ordnung und Schaffenskraft machen. Vorbei die Zeiten der verzweifelten Suche nach wichtigen Akten; nie wieder sich erst den Weg zum Schreibtisch bahnen müssen; keine wichtigen Termine mehr versäumen! Schon bald ist Ihr Büro so ordentlich und aufgeräumt, dass Sie es kaum mehr als Ihre eigenes wiedererkennen werden.

- **Räumen Sie Ihr Büro auf!** Ob Sie Ihr Büro in Ihrer Garage, im Esszimmer oder in einem exklusiven Geschäftshaus eingerichtet haben, spielt in dem Fall keine Rolle. Sie müssen es aufräumen! Hier unser Tipp: Nehmen Sie ein Schneeschippe und machen Sie aus allen auf dem Fußboden verstreuten Dingen einen großen Haufen. Anschließend schauen Sie sich jedes einzelne Stück an. Muss es abgeheftet werden? Ja? Dann tun Sie es jetzt. Ist es Müll? Ja? Dann schmeißen Sie es weg. Sind Sie sich nicht ganz sicher, legen Sie es auf einen neuen Haufen. Den arbeiten Sie anschließend ab, indem Sie sich bei jedem Stück fragen: »Brauche ich es wirklich noch?« Lautet Ihre Antwort »Nein«, schmeißen Sie es auf der Stelle weg, bevor Sie es sich anders überlegen können.

- **Räumen Sie Ihren Schreibtisch auf!** Nachdem Sie Ihr Büro aufgeräumt haben, ist als nächstes Ihr Schreibtisch dran. Wagen Sie es ja nicht, einfach nur alles, was auf Ihrem Schreibtisch liegt, auf den Boden zu werfen! Den haben Sie ja gerade erst aufgeräumt und so soll es auch bleiben! Nehmen Sie jedes einzelne Blatt, alle Umschläge, Faxe, Rechnungen, Bücher und so weiter in die Hand und heften Sie die Unterlagen ab. Legen Sie Locher, Stifte, Ordner und andere Gegenstände dahin, wo sie hingehören. Bringen Sie alles zur Post, was verschickt werden muss, dann ist es von Ihrem Tisch. Die Termine und Telefonnummern auf Ihren losen Zetteln tragen Sie in den Kalender ein, danach wandern sie in den Papierkorb. Unnützen Kram werfen Sie bitte gleich weg. Noch eins: Überlegen Sie beim Aufräumen, welche Dinge Sie wo benötigen.

Beim Aufräumen Ihres Schreibtisches gilt die Regel: Nehmen Sie jeden Gegenstand nur einmal in die Hand.

- **Ist Ihr Büro sinnvoll eingerichtet?** Ihr Computer steht auf dem Schreibtisch, der Drucker am Fenster, das Büromaterial ist in einem Schrank verstaut und der Vogelkäfig steht auf dem Beistelltisch. Vielleicht war das anfangs auch einmal ganz in Ordnung, aber macht diese Anordnung immer noch Sinn? Wäre es nicht besser, Sie stellen den Computer (nicht den Bildschirm) unter den Schreibtisch und hängen den Vogelkäfig an einen Haken in der Decke? Sehen Sie, jetzt haben Sie schon viel mehr Platz! Schauen Sie sich in Ihrem Büro um und betrachten Sie die Einrichtung unter dem Aspekt, dass Sie in Zukunft Ordnung halten und sich die Arbeit erleichtern möchten. Stellen Sie dieses und jenes ein bisschen um, bis Sie mit dem Ergebnis völlig zufrieden sind.

- **Legen Sie sich einen Terminplaner zu.** Ordnung im Büro und ordentliche Terminplanung sind für Ihren Erfolg gleichermaßen wichtig. Kaufen Sie sich also sofort einen Terminkalender, denn kein Mensch kann sich alle Termine einfach so merken. Auch Sie nicht! Es muss Sie auch nicht viel kosten, denn *jeder* normale Kalender reicht aus. Hauptsache ist, Sie tragen Ihre Termine auch ein. Falls Sie sich nicht mit einem simplen Terminplaner begnügen möchten, können Sie sich natürlich im Laden um die Ecke auch etwas Exklusiveres leisten.

- **Räumen Sie regelmäßig auf!** Nachdem Sie mühsam Ordnung im Büro, auf dem Schreibtisch und in Ihrem Terminkalender geschaffen haben, soll es ja auch so bleiben! Verfallen

Sie nicht in die alte Angewohnheit, sich Termine auf Zetteln zu notieren, die Sie doch wieder in irgendwelchen Hosentaschen vergessen, sondern tragen Sie Termine gleich in den Kalender ein. Das spart Ihnen einen Arbeitsschritt und bewahrt Sie vor einer neuen Zettelwirtschaft, die wieder nur zu Chaos beiträgt. Gewöhnen Sie sich an, am Ende Ihres Arbeitstages alle Unterlagen abzuheften und den Aktenordner in einen Aktenschrank zu stellen. Alles hat seine Platz und dort gehört es auch hin. Ein kleiner Trost: Es ist wesentlich einfacher, Ordnung zu halten als Ordnung zu schaffen.

✔ **Schaffen Sie sich einen Scanner an.** Erhalten Sie die Mehrheit Ihrer Unterlagen per Fax oder als E-Mail? Prima, dann können Sie E-Mails direkt am Rechner speichern und Faxe einscannen und ebenfalls elektronisch speichern. Das spart jede Menge Papier.

✔ **Gewöhnen Sie sich an, alles möglichst sofort zu erledigen.** Hängen Sie sich notfalls einen Zettel an die Wand, auf dem zu lesen ist: »Was du heute kannst besorgen, das verschiebe nicht auf morgen«. Nehmen Sie Ihre Unterlagen nicht vier oder fünf Mal zur Hand, bevor Sie sich entscheiden, was Sie damit tun wollen. Entscheiden Sie sofort nach Erhalt, ob Sie das Schreiben ablegen, beantworten oder zerreißen. Sie können auf diese Weise lernen, schneller eine Entscheidung zu treffen und verschwenden gleichzeitig nicht unnötig Zeit mit dem Umschichten von Papierstapeln.

Wie Sie Ihre Termine übersichtlich planen

Es gibt heutzutage unzählige Möglichkeiten, Termine einzutragen und zu planen. Ganz normale Taschenkalender sind ebenso im Angebot wie High-Tech-Laptops. Zwischen diesen technischen und finanziellen Extremem haben Sie die Wahl zwischen Tischkalendern, Tagesplanern, elektronischen Organisern und anderen Lösungen. Für das Werkzeug Ihrer Terminplanung können Sie je nach Belieben ein paar Pfennige oder ein paar Tausender auf den Tisch legen.

Im folgenden Abschnitt erfahren Sie, welche Funktionen Ihr Terminplaner auf alle Fälle bieten muss und welche Vor- und Nachteile die einzelnen Lösungen mit sich bringen.

Wie wir unsere Prioritäten und Termine im Überblick behalten

Wie Sie sich vorstellen können, sind wir beide recht beschäftigt. Trotzdem haben wir es geschafft, uns gemütlich bei einer Tasse Kaffee zusammen zu setzen und uns darüber zu unterhalten, wie wir in unserem hektischen Berufsalltag den Überblick bewahren.

Bob Nelson: Ordnung ist das oberste Gebot. Egal, nach welchen System man Ordnung schafft und hält, wenn man sich strikt daran hält, funktioniert es auch.

Peter Economy: Ich weiß genau, was Sie meinen. Ich habe alles Mögliche ausprobiert, um meine Prioritäten zu setzen und Aufgaben sinnvoll zu planen. Manches hat gut geklappt, manches weniger gut. Das Wichtigste dabei war immer, sich für ein System zu entscheiden und es auch wirklich anzuwenden.

Nelson: Ich habe mein System auf zwei Hauptpunkte reduziert. Erstens: Ich halte meine To-Do-Liste möglichst kurz. Es stehen normalerweise nicht mehr als sechs Punkte darauf. Hin und wieder ändert sich der eine oder andere Punkt, aber da ich fast nur langfristige Ziele verfolge, kommt das nicht allzu häufig vor. Zweitens: Ich schreibe für jede Woche eine Telefonliste, auf der alle Leute stehen, die ich in dieser Woche anrufen muss. Hinter jedem Namen steht die jeweilige Telefonnummer und der Grund des Anrufs. Außerdem ordne ich die Liste nach Dringlichkeit, das heißt, ganz oben stehen die wichtigsten Telefonate.

Economy: Und wann erstellen Sie diese Telefonliste?

Nelson: Meistens am Sonntagabend oder Montagmorgen – immer am Wochenanfang.

Economy: Ich weiß, dass Sie noch eine dritte Methode haben, wichtige Dinge nicht aus den Augen zu verlieren, Bob. Sie schreiben Ihre wichtigsten Lebensziele auf Zettel und kleben sie dann auf die Seitenwand eines Regals. Wenn ich mich recht entsinne, waren auf diesen Zetteln die Punkte Familie und Gesundheit dick unterstrichen.

Nelson: Stimmt genau. Und weil sie alle auf Zetteln stehen, kann ich die Priorität meiner Ziele jederzeit umstellen.

Economy: Nach welchem System behalten Sie den Überblick über Ihre To-do-Liste und Telefonliste?

Nelson: Ich verwende keinen speziellen Tagesplaner oder so. Ich muss überwiegend Telefonate erledigen oder geschäftlich verreisen, deshalb reicht mir der Monarch-Planer von Franklin Quest völlig aus. Der Planer hat mit Abstand den schmalsten Zeilenabstand, den ich je bei so einem Planer gesehen habe, und so stehen mir 50 Zeilen anstatt der üblichen 30 zur Verfügung, in die ich meine Termine und ähnliches eintragen kann. Ich kaufe übrigens nur diese linierten Seiten aus der Produktreihe von Franklin Quest, die restlichen Sachen brauche ich nicht. Welches System verwenden *Sie*?

Economy: Ich habe eine ganze Reihe davon ausprobiert, unter anderem auch das System von Franklin Quest. Einer meiner ehemaligen Arbeitgeber hat uns Mitarbeitern sogar eine Schulung über den richtigen Einsatz von Quest-Produkten spendiert. Aber ich war es irgendwann leid, ständig diesen dicken Planer mit mir herumzuschleppen. Außerdem fand ich es nicht gut, dass man immer nur einen Tag sieht. Ich glaube, ich habe schon jeden Kalender ausprobiert, den es auf dem Markt gibt – angefangen bei echt witzigen Taschenkalendern bis zu den großen Wandkalendern, auf denen ich alles Mögliche mit einem Marker eingetragen habe. Irgendwie hat mich aber nichts davon so richtig überzeugt.

Nelson: Sie sind ein ziemlicher Computerfreak, oder? Haben Sie in der Richtung schon mal etwas ausprobiert?

Economy: Als wir das Buch *Management für Dummies* schrieben, habe ich Microsoft Schedule+ ausprobiert, da es im Microsoft Office Software-Paket enthalten war. Es ist ein ziemlich gutes Programm, mit dem man wirklich alles machen kann, was zur Terminplanung wichtig ist. Was mich jedoch gestört hat war, dass ich für jede Telefonnummer und für jeden Termin immer meinen Rechner hochfahren musste. Nach einiger Zeit habe ich es dann nicht mehr verwendet. Vor einigen Jahren entschloss ich mich, nach einem System zu suchen, das genau auf meine Anforderungen zugeschnitten ist. Nach endloser Sucherei habe ich es endlich gefunden: Quo Vadis.

Nelson: Quo Vadis? Was ist das?

Economy: Quo Vadis ist eine Firma, die eine Vielzahl von Planern anbietet. Sie war nicht leicht zu finden, aber die Mühe hat sich wirklich gelohnt. Ich verwende deren Modell namens Trinote, das ist so schön klein. Es hat ungefähr das Format von *Consulting für Dummies*, ist aber nur einen guten Zentimeter dick. Man sieht immer die ganz Woche auf einen Blick, was für mich ein absolutes Muss ist. Das Trinote-System ist auf dem typischen Terminkalender aufgebaut, in dem man Termine von 7.00 Uhr morgens bis 21.00 Uhr abends eintragen kann. Es ist genug Platz für Anmerkungen vorgesehen, zum Beispiel, wen man noch anrufen, ein Fax senden oder besuchen muss. Im Anhang gibt es ein Adressbuch, das sich herausnehmen lässt. Ich habe den Planer, und damit alle wichtigen Informationen, immer dabei, und Batterien braucht er auch nicht.

Nelson: Und wie benutzen Sie dieses System?

Economy: Eigentlich genauso wie Sie Ihres. Ich trage alle Termine ein, und zu Beginn jeder Woche trage ich noch die wichtigen Aufgaben und Telefonate ein. Bei den einzelnen Tagen stehen die wichtigsten Aufgaben ganz oben auf der Seite und alle anderen Aufgaben in der Reihenfolge ihrer Dringlichkeit. Ich bemühe mich immer, nur so viel einzutragen, wie ich auch gut bewerkstelligen kann, doch manchmal kommt es trotzdem vor, dass ich zehn oder mehr Aufgaben an einem einzigen Tag erledigen muss. Und wenn ich mir dann nicht alles aufschreibe, vergesse ich die Hälfte. Es läuft immer wieder auf das altbekannte Sprichwort hinaus: »Was du heute kannst besorgen, das verschiebe nicht auf morgen.«

Nelson: Hauptsache, es funktioniert. Wichtig ist, überhaupt ein System zu haben, und wenn es nichts taugt, muss man sich ein anderes überlegen.

Das Problem ist, dass viele Menschen – vor allem Consultants – eine To-do-Liste nach der anderen aufstellen, aber keinen einzigen Punkt wirklich erledigen. Man muss sich auf eine Liste beschränken und genügend Selbstdisziplin aufbringen, die einzelnen Punkte der Reihe nach abzuarbeiten, anstatt sich um andere Dinge zu kümmern, die vielleicht gerade mehr Spaß machen. Mein Standpunkt ist, dass man seine Zeit immer sinnvoll dafür nutzen muss, die gesteckten Ziele auch tatsächlich zu erreichen. Selbst wenn nur ein einziger Punkt auf der To-do-Liste steht, darf man seine Zeit nicht unnütz verstreichen lassen.

Econonmy: Ich gebe Ihnen absolut Recht, Bob. Was halten Sie von einem weiteren Kaffee?

Nelson: Ja, gerne. Aber diese Runde geht auf mich.

Altbewährt, doch immer wieder gut: Der Kalender

Der gute alte Kalender ist immer noch die einfachste und vielseitigste Möglichkeit, den Überblick zu bewahren. Ort und Uhrzeit einer Besprechung, Abgabetermine von Projekten, Verabredungen und vieles mehr lassen sich schnell, einfach und übersichtlich in einen Kalender eintragen. Und wenn sich etwas ändert, nimmt man einfach einen Radiergummi zur Hand, und die Sache ist erledigt. Kalender sind zwar nicht unbedingt supermodern und besonders angesagt, aber einfach zu nutzen und unglaublich zuverlässig.

Legen Sie Wert auf eine große Auswahl, liegen Sie mit einem Kalender genau richtig. Kalender sind in allen möglichen Farben, Größen und Formen erhältlich. Sie suchen nach einem Taschenkalender? Kein Problem. Sie möchten einen aktentaschengroßen Kalender mit Blümchenmuster? Auch so etwas gibt es. Was halten Sie von einem Wandkalender, in den Sie Ihre Termine mit farbigen Markern eintragen können? Gut? Na, dann los, was immer Ihr Herz begehrt, Sie werden es in gutsortierten Schreibwarenläden finden.

Einige der Hauptvorteile von Kalendern sind:

- ✔ Sie können Ihre Einträge mit einem Bleistift vornehmen, der sich einfach heraus radieren lässt (sehr empfehlenswert für ständige Terminverschiebungen!)
- ✔ Sie müssen niemals Batterien austauschen!
- ✔ Sollte Ihr Kalender einmal herunterfallen, zerbrechen weder Motherboard, Festplatte noch Mikrochips in Tausend Teile. Sie brauchen sich einfach nur zu bücken, ihn aufzuheben, abzuwischen, und er ist wieder so gut wie neu!

Noch ein Vorteil: Kalender haben sich im Laufe der Zeit nicht sonderlich verändert und werden es auch in Zukunft nicht tun. Sie können völlig ohne Menübefehle und teueres Zubehör benutzt werden. Der gute alte Kalender hat keine Akkus, die zum unpassenden Moment leer werden oder eine Festplatte, die genau in dem Augenblick abstürzt, wenn Sie Ihre Termine für die nächste Woche checken möchten. Trotz der erheblichen Neuentwicklungen auf dem Markt der Terminplanung und -verwaltung werden wir Consultants vermutlich auch in Zukunft auf einen Kalender zurückgreifen.

Eine Stufe weiter: Der Tagesplaner

Für diejenigen unter Ihnen, die einen ganz normalen Kalender zu low-tech finden und auf Zusatzformulare und sonstigen Krimskrams abfahren, ist ein Tagesplaner die bessere Wahl. Doch was genau *ist* ein Tagesplaner?

Im Grunde genommen ist ein Tagesplaner auch nichts anderes als ein Terminkalender, aber er bietet viele Variationsmöglichkeiten und Extras:

- ✔ **Planermappe:** Die meisten Zeitplan-System-Mappen sind aus Kunststoff, Stoff oder Leder. Zusätzliche Seiten und anderes Zubehör können nach Bedarf eingefügt beziehungsweise herausgenommen werden. Es gibt sie in den unterschiedlichsten Größen, angefangen vom Hosentaschenformat bis hin zur Größe eines Notebooks.
- ✔ **Prioritätenliste:** In einem Tagesplaner können Sie Ihre Prioritätenliste bequem unterbringen und haben sie so immer dabei.
- ✔ **Terminkalender:** Hier können Sie Ihre Termine, zu erledigende Anrufe und andere wichtige Ereignisse eintragen. Selbstverständlich können Sie auch Unwichtiges eintragen. Moment mal, wenn Sie genug Zeit haben, Unwichtiges einzutragen, sollten Sie sich fragen, ob Sie Ihre Zeit auch wirklich gut einteilen!
- ✔ **Spesenabrechnungsformulare:** Sie sind gerade auf Geschäftsreise? Prima! Hier können Sie die Kosten für das Taxi, das Geschäftsessen und Sonstiges eintragen. Wenn Sie Ihre Spesen von der Steuer absetzen möchten, ist dieses Formular ein wahrer Segen. Glauben Sie uns, es wird Ihnen *viel* leichter fallen, Ihre Einkommenserklärung anzufertigen, wenn Sie aufgeschrieben haben, *wer* Ihnen *warum*, *wann* und *wo* Kosten verursacht hat. Kein Mensch kann sich so etwas über ein Jahr lang merken! Die Finanzbeamten lassen übrigens nur ordentlich verbuchte Belege gelten, Ihr (noch so gutes) Erinnerungsvermögen wird hingegen immer angezweifelt!
- ✔ **Adress-/Telefonnummernverzeichnis:** Namen, Adressen, Telefonnummern, Faxnummern, Postleitzahlen. Alles alphabetisch geordnet. Wow!
- ✔ **Tabellen, Formulare und Einlegeseiten:** Sie wollen Daten, Fakten und Informationen? Bitteschön! In diese Zubehörseiten können Sie Ihre Blutgruppe und Lottoglückszahlen eintragen, es gibt fertige Umrechnungstabellen, Zeitzonenübersichten, Vorwahlenverzeichnisse, den Ferienkalender der einzelnen Bundesländer und vieles mehr. Das reicht Ihnen nicht? Gut, dann besorgen Sie sich doch noch Gesprächsprotokolle, Kalorientabellen, Messe- und Ausstellungskalender, ein integriertes Lineal in Form eines Golfschlägers oder einen Solar-Taschenrechner. Die Möglichkeiten sind nahezu unbegrenzt (solange Ihr Bankkonto mitspielt).

Auch wenn Tagesplaner aufgrund ihrer vielfältigen Ergänzungsmöglichkeiten eine Reihe an Vorteilen bieten, sollten Ihnen folgende Nachteile klar sein. Erstens: Wenn Sie Ihren Tagesplaner mit allen möglichen Zusatzseiten vollstopfen, wird er ziemlich unhandlich und schwer. Sind Sie des öfteren dienstlich unterwegs, wird es Ihnen vermutlich bald zu lästig, einen Tagesplaner mit dem Gewicht eines Backsteins mit sich herum zu schleppen. Zweitens: Es erfordert einiges an Selbstdisziplin und Zeit, einen Tagesplaner auch ständig auf dem neuesten Stand zu halten. Wenn Sie sonst nicht viel zu tun haben, ist das an sich kein Problem, doch als vielbeschäftigter Consultant (und dazu können wir Sie doch zählen, oder?) ist das einfacher gesagt denn getan. Sie müssen ja nicht nur Ihre diversen Termine abhaken, sondern auch ständig neue Prioritäten setzen, Telefonnummern eintragen, Lebensziele verfolgen und sich nebenbei noch um alles andere kümmern, was Sie sich vorgenommen haben.

Was auch immer Sie tun, eines dürfen Sie auf keinen Fall: Ihren Planer *verlieren*. Für jeden, der wirklich nach seinem Tagesplaner lebt, wird dieses beschriebene Papierbündel zu einem lebenswichtigen und unentbehrlichen Werkzeug. Was, wenn es plötzlich weg ist? Dann ist Ihr Geschäft – zumindest ein paar Tage lang – lahm gelegt.

Große und kleine Computer

Computer sind mittlerweile aus dem Geschäftsleben nicht mehr wegzudenken und können natürlich auch Projekte, Termine und Adressen verwalten. Sind Sie ein Fan moderner Technik und freuen sich jedes Mal, wenn Sie eine E-Mail über das PCMCIA-Modem Ihres Laptops oder über Ihr Handy senden können, haben wir genau das Richtige für Sie. Rufen Sie aber vor einem Kauf lieber noch einmal Ihren Kontostand ab (und denken Sie daran, dass Sie diese Ausgaben steuerlich geltend machen können).

Wenn Sie glauben, dass Tagesplaner schon alles zu bieten haben, was man so braucht, werden Sie gleich Ihr blaues Wunder erleben. Bevor Sie sich jetzt allerdings sofort auf die Socken machen und den erstbesten elektronischen Schnickschnack kaufen, über den Sie in Ihrer Computerzeitschrift gelesen haben, sollten Sie sich folgendes gründlich überlegen:

- ✔ **Was brauche ich wirklich?** Gute Frage. Suchen Sie nach einem elektronischen Terminplaner und Telefonverzeichnis? Nichts leichter als das. Möchten Sie den Verlauf Ihrer Projekte verfolgen und Faxe senden und empfangen können? Okay. Möchten Sie auch E-Mails empfangen und senden können? Fein. Es gibt elektronische Organiser, die all das und noch viel mehr für Sie erledigen können. Bevor Sie einen kaufen, sollten Sie sich jedoch genau überlegen, welche Funktionen Sie unbedingt brauchen. Anschließend lesen Sie sich die jeweiligen Produkttests in den Computerzeitschriften durch und lassen sich in verschiedenen PC-Läden beraten.

- ✔ **Wie hoch ist mein Budget?** Einen ordentlichen elektronischen Organiser bekommen Sie für etwa DM 100,–, für einen *Personal Assistant* müssen Sie mehrere hundert Mark hinlegen. Ein einfacher elektronischer Organiser verwaltet Ihre Adressen, Telefonnummern und Termine, während ein Personal Assistant zusätzlich Faxe und E-Mails senden und empfangen kann und zum Teil Aufgaben eines Rechners erledigt. Wenn Sie noch ein paar Tausender mehr ausgeben möchten, bekommen Sie einen Laptop oder Arbeitsplatzrechner, mit dem Sie so gut wie alles machen können – außer Ihre Katze füttern lassen, wenn Sie außer Haus sind. Vielleicht kann das die nächste PC-Generation.

- ✔ **Groß oder klein?** Elektronische Planer sind in allen möglichen Größen erhältlich. Manche – von Timex oder Microsoft – werden wie eine Armbanduhr am Handgelenk getragen und können verschiedene Daten von Ihrem Rechner herunterladen. Oder Sie entscheiden sich für ein Laptop oder einen Arbeitsplatzrechner, auf denen die unterschiedlichsten Softwarepakete zur Termin- und Adressverwaltung laufen. Denken Sie daran: Je kleiner ein Gerät ist, umso weniger Funktionen lassen sich unterbringen und um so teurer sind sie in den meisten Fällen.

Nachfolgend finden Sie die wichtigsten Informationen über die unterschiedlichen elektronischen Planer, damit Sie entscheiden können, welcher Ihren Anforderungen am besten entspricht.

Elektronische Organiser: mehr als ein simpler Taschenrechner!

Elektronische Organiser – wie zum Beispiel der Wizard von Sharp oder der B.O.S.S. von Casio – arbeiten mit einem Mikroprozessor, sind etwa handtellergroß und bieten neben der Taschenrechnerfunktion, die bei allen elektronischen Organisern integriert ist, weitere nützliche Optionen. Der Wizard von Sharp bietet beispielsweise eine Textverarbeitungsfunktion mit einer Mini-Tastatur, ein Telefonnummern- und Adressverzeichnis, Kalender und Prioritätslisten, eine Projektmanagement-Funktion, die nicht abgeschlossene Aufgaben automatisch in den Arbeitsplan des nächsten Kalendertages verschiebt, ein Modem mit einer Übertragungsrate von 9.600 Baud/Sekunde, eine Weltuhr mit Weckfunktion und vieles mehr. Nicht schlecht für ein Gerät, das kleiner als ein Taschenbuch ist und mit zwei AAA-Batterien betrieben wird, oder?

Die Vorteile eines elektronischen Organisers sind, dass sie handlich und relativ kostengünstig sind und dennoch viele Funktionen bieten. Da sie nur den Bruchteil des Preises für einen Laptop kosten, werden sie bei Consultants immer beliebter.

Der Nachteil eines elektronischen Organisers ist seine winzige Tastatur. Denken Sie nicht einmal im Traum daran, längere Texte eingeben zu wollen. Nutzen Sie in diesem Fall einen Laptop oder Computer und laden Sie die entsprechende Datei in Ihren Organiser.

Der Personal Assistant – Ihr Freund und Helfer

Personal Assistants – wie zum Beispiel der Newton von Apple oder der Envoy von Motorola – sind im Grunde genommen nichts anderes als kleine tragbare Computer mit speziellen Kommunikationsfunktionen. Als der Newton vor einigen Jahren auf den Markt kam, war er der Zeit noch weit voraus, und die Begeisterung über das neue Produkt hielt sich etwas in Grenzen. Inzwischen wurde die Texterkennung von handschriftliche Eingaben um einiges verbessert, was den Personal Assistants zu größerer Popularität verhalf.

Mit einem zuverlässigen Personal Assistant (PA) können Sie Ihre Termine und Geschäftskontakte verwalten, E-Mails senden und empfangen sowie Faxe versenden und vieles mehr.

Stellen Sie sich doch bitte einmal folgende Situation vor: Sie haben einen Termin mit Ihrem Kunden zum Mittagessen vereinbart und wollen mit ihm über die Präsentation Ihrer Lösungsvorschläge vor der Geschäftsleitung sprechen. Bevor Sie an diesem Morgen das Haus verlassen, schalten Sie Ihren PA ein, öffnen Ihren Tagesterminkalender und notieren sich Uhrzeit und Ort des heutigen Termins. Damit Sie ihn ganz sicher nicht verpassen, stellen Sie die Weckfunktion auf eine Stunde vor der Besprechung ein. Unterwegs zu dieser Besprechung fällt Ihnen im Taxi noch eine wichtige Information ein, Sie schreiben diese per Hand auf den Sensorbildschirm Ihres PA und faxen die Nachricht an Ihren Geschäftspartner in Blackpool.

Beim Mittagessen erfahren Sie von Ihrem Kunde einige wichtige Punkte, die unbedingt in Ihren Lösungsvorschlägen berücksichtigt werden müssen. Sie greifen nach Ihrem PA und schreiben mit. Sie erstellen anschließend eine E-Mail mit den entsprechenden Anweisungen und senden sie Ihrem Kollegen über das im PA integrierte Handy ins Büro. Sie trinken währenddessen noch in aller Ruhe einen Espresso. Schon wenige Minuten später sind Sie wieder unterwegs. Wetten, dass ein normaler Kalender da nicht mithalten kann? Vielleicht ist Ihr Kunde von dieser Technik ebenfalls fasziniert und möchte alle Funktionen Ihres PA genau erklärt haben. Schön – somit können Sie ein paar Stunden Beratungshonorar mehr in Rechnung stellen!

Personal Computer: Laptops oder Desktops

Als Consultant haben Sie ganz bestimmt einen Computer. Vielleicht nutzen Sie ihn ja, um Berichte zu erstellen oder allgemein zur Textverarbeitung, um Serienbriefe oder Datenbanken zu erzeugen, oder Sie brauchen ihn für E-Mails. Zusätzlich zu diesen alltäglichen Aufgaben können Sie Ihren Computer auch als äußerst leistungsstarkes Werkzeug für Ihre Termin- und Adressverwaltung verwenden, das Ihren herkömmlichen Kalender oder Tagesplaner überflüssig macht.

Laptops sind in der ganzen Geschäftswelt überaus beliebt, da man sie problemlos überall hin mitnehmen kann. Da sie fast standardmäßig mit Modem und Netzwerkkarte ausgestattet sind und auch leistungsstarke Software lauffähig ist, haben moderne Consultants ihr Büro quasi immer dabei – im Taxi, im Büro des Kunden oder im Hotelzimmer.

Mit den meisten rechnergestützten Projektplanungsprogrammen lassen sich To-do-Listen erstellen, Termine, Aufgaben, Adressen und Telefonnummern verwalten, Besprechungen planen und vieles mehr. Natürlich laufen auch Textverarbeitungsprogramme mit Serienbrieffunktion, Datenbanken und Kommunikationssoftware, so dass große und kleine Computer aus dem Leben der Consultants nicht mehr wegzudenken sind.

Eines steht fest: Egal, ob Sie mit Hilfe eines altbewährten Kalenders oder eines nagelneuen Pentium III Desktops Ihre Termine und Kontakte verwalten, es gibt *keine* Entschuldigung, Schlamperei einreißen zu lassen. Entscheiden Sie sich für ein Planungssystem, das Ihren Anforderungen am besten entspricht. Bei so vielen verschiedenen Möglichkeiten ist mit Sicherheit eines dabei, was sowohl zu Ihnen als auch in Ihre Tasche passt.

Kommunizieren, kommunizieren und nochmals kommunizieren

12

In diesem Kapitel

- Reden kann schließlich jeder, sich mitteilen will gelernt sein
- Stellen Sie sinnvolle Fragen
- Werden Sie ein guter Zuhörer
- Schreiben Sie doch mal wieder

Kommunikation hier, Kommunikation dort – was soll es denn dazu eigentlich so Wichtiges zu sagen geben? Nun in erster Linie einmal, dass bei jeder Tätigkeit eines Consultants die Kommunikation eine wichtige Rolle spielt. Kommunikation ist ein Element, das sich durch alle Bestandteile des Beratungsvorgangs hindurchzieht, ob Sie nun einen potenziellen Kunden wegen eines Vorstellungstermins anrufen, Lagerarbeiter darüber befragen, ob sie die Unternehmenspolitik beherzigen oder ob Sie der Geschäftsleitung Ihre Ergebnisse und Strategien präsentieren.

Möchten Sie ein erfolgreicher Consultant werden (mit weniger sollten Sie sich nicht zufrieden geben), müssen Sie die hohe Kunst der Kommunikation lernen. Kommunikation ist die Basis, auf der die Beziehung zwischen Consultant und Kunden aufbaut und der Stoff, der dieses Verhältnis zusammenhält. Wenn Sie mit Ihren Kunden gut kommunizieren können, wächst nicht nur das Vertrauen in Sie und Ihre Fähigkeiten, sondern auch die Bereitschaft, gerne und auch in Zukunft mit Ihnen zu arbeiten.

Manchen Menschen fällt das Kommunizieren leichter als anderen. Diese haben einfach den Kniff heraus, ihre Gedanken mündlich oder schriftlich zu vermitteln. Für all diejenigen, die noch keine DM 100.000 für einen Vortrag oder ihre Lebensgeschichte angeboten erhielten, haben wir eine tolle Nachricht. Kommunikation lässt sich *lernen*. Wie? Beherzigen Sie unsere einfachen Ratschläge (mehr darüber in diesem Kapitel) und halten Sie sich an das Sprichwort »Übung macht den Meister«. Und wenn Sie mit dem Üben fertig sind, üben Sie noch weiter!

Je öfter Sie mit anderen Menschen kommunizieren – schriftlich oder mündlich – um so besser klappt es. Je mehr Übung Sie darin bekommen, um so selbstbewusster kommunizieren Sie und um so mehr wird es Ihnen gefallen. Je mehr es Ihnen gefällt, um so besser wird Ihr Verhältnis zu den Kunden. Im Handumdrehen werden Sie mit Anfragen überhäuft (Sie wissen doch sicherlich noch, dass wir eine Provision von 10 Prozent für jeden Auftrag vereinbart haben, oder?)

Eines noch zur Kommunikation mit Ihren Kunden: Richten Sie sich nach den Vorlieben Ihrer Kunden – nicht nach Ihren eigenen. Telefoniert Ihr Kunde lieber, anstatt sich eine E-Mail durchzulesen, greifen Sie zum Telefonhörer. Legt Ihr Kunde Wert auf einen einzigen Ansprechpartner in Ihrer Firma, sorgen Sie dafür, dass er es immer mit demselben Mitarbeiter zu tun hat. Bespricht Ihr Kunde Projekte am liebsten bei einem ausgedehnten Mittagessen, tun Sie ihm den Gefallen – selbst wenn Sie Geschäftsessen nicht leiden können. Gehen Sie auf die Wünsche Ihrer Kunden ein, denn nur zufriedene Kunden kommen wieder! Natürlich müssen Sie außerdem noch gute Arbeit leisten!

Dieses Kapitel befasst sich mit der zwischenmenschlichen Kommunikation und vor allem mit der *Art* des Kommunizierens. Welche Bedeutung hat die *mündlichen* Kommunikation und die Fähigkeit, die richtigen Fragen zur richtigen Zeit zu stellen. Wir befassen uns mit dem wohl wichtigsten Aspekt der Kommunikation – dem Zuhören – und erklären Ihnen, wie Sie ein guter (beziehungsweise noch besserer) Zuhörer werden. Im letzten Teil dieses Kapitels erfahren Sie, wie Sie Ihren möglicherweise angestaubten Schreibstil auffrischen können. Detaillierte Informationen über einen weiteren, wichtigen Aspekt der Kommunikation mit Kunden – der Präsentation – finden Sie in Kapitel 13.

Über die Macht des gesprochenen Wortes

Zum Alltag eines jeden Consultants gehört die mündliche Kommunikation. Ein großer Teil Ihres Erfolgs hängt von Ihrer Fähigkeit ab, sich anderen verständlich mitteilen zu können, egal, ob Sie Ihrem potenziellen Kunden klar machen wollen, dass Sie beim Schätzen seiner Kunstgegenstände die beste Wahl sind, die er jemals haben wird, oder ob Sie sich in Ihrer Eigenschaft als Wirtschaftsprüfer danach erkundigen, wie Zahlungseingänge in einer Firma verbucht werden, oder ob Sie der Geschäftsleitung eines Kunden Ihre Lösungsstrategien vermitteln wollen.

Die meisten Menschen sind davon überzeugt, dass sie sich anderen gut mitteilen können. Doch selbst wenn Sie den ganzen lieben Tag lang nichts anderes tun, als mit Kunden zu sprechen, können Sie Ihre Kommunikationsfähigkeit mit Hilfe der folgenden Tipps immer noch verbessern:

- **Erst denken, dann sprechen:** Es ist immer eine gute Idee, das Gehirn vor dem Mundwerk arbeiten zu lassen, bevor Sie Ihrem Kunden eine Antwort geben oder selbst eine Frage stellen wollen. Die Versuchung ist zwar oft sehr groß, ohne viel Nachdenken einfach zu reagieren, aber wie Sie aus eigener Erfahrung bestimmt bestätigen können, ist die *erste* Reaktion nicht immer die *beste*.
- **Drücken Sie sich verständlich aus und fassen Sie sich kurz:** Möchten Sie Ihrem Kunden in einem Gespräch Informationen vermitteln, drücken Sie sich leicht verständlich aus, damit Ihr Kunden versteht, wovon Sie reden. Fassen Sie sich auch möglichst kurz, sonst lässt die Aufmerksamkeit Ihres Gesprächs-

partners bald nach! Komplizierte und langwierige Ausführungen verwirren nur, und mit verwirrten Gesprächspartnern lässt sich nur schwer eine Diskussion führen.

Wir kennen einen Consultant, der grundsätzlich nur im Stehen telefoniert. Warum? Weil er so schneller auf den Punkt kommt.

- ✔ **Stellen Sie viele Fragen – und hören Sie sich die Antworten aufmerksam an:** Mit Ihren Nach- und Zwischenfragen zeigen Sie Ihrem Kunden nicht nur, dass Sie großes Interesse an einem Thema haben, sondern erfahren auch interessante Einzelheiten über Ihren Kunden und seine Anforderungen. Stellen Sie allerdings nur so viele Fragen, wie es Ihrem Zweck dient und Ihre Zeit erlaubt.
- ✔ **Lassen Sie Ihrer Begeisterung freien Lauf.** Wenn Sie sich darauf freuen, ein Projekt für Ihren Kunden zu bearbeiten oder ihn über die Fortschritte seines Projektes in Kenntnis zu setzen, sollten Sie es ihn auch spüren lassen. Je mehr Sie Ihrer Begeisterung über das gemeinsame Projekt Ausdruck verleihen, umso mehr reißen Sie Ihren Klienten mit, und umso wahrscheinlicher erhalten Sie den Auftrag (und umso wahrscheinlicher werden Ihre Rechnungen pünktlich bezahlt).

Zeigen Sie Einfühlungsvermögen. Ihr Kunde wird Sie viel besser verstehen können, wenn Sie auf ihn als Person eingehen. Versetzen Sie sich in seine Lage. Wenn Ihr Kunde sehr unter Stress steht und wirklich nur ein paar Minuten Zeit für Sie hat, müssen Sie mit ihm anders kommunizieren, als mit einem Kunden, der anscheinend unbegrenzt Zeit hat und gerne stundenlang über Gott und die Welt philosophiert.

- ✔ **Sehen Sie Ihren Kunden als Menschen.** Wie schon mehrfach erwähnt, ist der Aufbau einer Beziehung zwischen Kunde und Consultant ein wichtiger Kernpunkt der Beratertätigkeit. Diese Beziehung lässt sich am einfachsten aufbauen, wenn Sie Ihren Kunden als Menschen betrachten. Die Art der Beziehung ist und bleibt natürlich auf rein geschäftlicher Basis, aber es spricht nichts dagegen, auch den *Menschen* in Ihrem Kunden näher kennen zu lernen. Worüber freut und ärgert er sich, hat er Familie, Hobbys, gibt es vielleicht gemeinsame Freizeitinteressen (hat hier jemand »Tennis« gesagt?). Passen Sie jedoch auf, dass Sie die Grenzen zwischen persönlichen und geschäftlichen Beziehungen auf jeden Fall wahren. Manche Kunden sind gerne bereit, eine freundschaftliche Beziehung zu ihrem Consultant aufzubauen, andere bleiben lieber auf Distanz. Wichtig ist in jedem Fall, dass Sie eine gute Beziehung entwickeln, die dauerhaft und für Sie beide von Vorteil ist.

Schon mit diesen einfachen Mitteln können Sie Ihren Worten mehr Aussagekraft und Wirkung verleihen. Probieren Sie unsere Tipps doch aus! Wir garantieren Ihnen, dass Sie den Unterschied schon bald merken werden.

Die richtigen Fragen zur richtigen Zeit

Consultants machen ja wirklich viel, aber Fragen stellen sie eigentlich immerzu. Viele, viele Fragen. »*Wie viel Geld können Sie für die Renovierung Ihres Hauses ausgeben? Wann soll die Meinungsumfrage fertig sein? Wissen Sie eigentlich, dass wir die höchste Erfolgsquote in unserer Branche haben?*« Es verstreicht kein Tag, an dem der Consultant seinen Kunden oder potenziellen Kunden keine Fragen stellt.

Da Ihre Tätigkeit als Consultant also zum Großteil daraus besteht, Fragen zu stellen, fragen Sie sich vielleicht, wann und wie Sie dies am besten tun. Bevor wir Ihnen *diese* Frage beantworten, erklären wir Ihnen, warum Consultants so viele Fragen stellen (müssen).

Warum überhaupt Fragen stellen?

Wenn man sich das einmal gründlich überlegt, kommt man auf Tausende von Gründen. Zuerst fällt Ihnen vielleicht nur ein, dass Sie auf ein *warum, was, wann* und *wo* lediglich eine einfache Antwort erhalten möchten. Doch die Kunst der richtigen Fragestellung geht weit über die Erwartung einer einfachen Antwort hinaus.

Wenn Sie wissen, wie eine Frage zu formulieren und wann sie zu stellen ist, gewinnen Sie tiefe Einsicht darüber, was Ihren Kunden bedrückt oder beschäftigt. Diese Einsicht dient Ihnen als Wegweiser, welche Richtung Sie in der Diskussion einschlagen sollten. Nachfolgend einige der vielen Gründe, warum ein Consultant viel fragen muss:

- ✔ **Um Informationen zu erhalten.** Durch Fragen wie »Welches Ergebnis wollen Sie damit erreichen?« oder »Ab wann wollen Sie einen Consultant damit beauftragen?« erhalten Sie exakt die Informationen, die Sie brauchen.
- ✔ **Um Informationen weiterzugeben.** Mit Hilfe von Fragen können Sie Ihren Kunden über das Leistungsspektrum Ihrer Beraterfirma und vieles andere informieren. Probieren Sie doch einmal Fragen aus wie »Habe ich Ihnen schon gesagt, dass wir Ihnen neben der grafischen Gestaltung Ihrer Werbeunterlagen auch den Druck von Messemappen und ähnlichem anbieten können?« oder »Wussten Sie schon, dass unserer größter Kunden die Firma Apple Macintosh ist?«.
- ✔ **Um sicherzustellen, dass alles richtig verstanden wurde.** Ihre Kunden haben während Ihrer Präsentation zwar vielleicht zustimmend genickt, aber haben sie auch *wirklich* verstanden, wovon Sie sprachen? Stellen Sie in diesen Situationen Fragen wie »Ist soweit alles klar?« oder »Haben Sie dazu noch Fragen?«.
- ✔ **Um das Interesse zu prüfen.** Natürlich möchten Sie möglichst bald wissen, ob Ihr Kunde auch wirklich Interesse an Ihren Ideen oder Ihrem Produkt hat. Stellen Sie Fragen wie »Sind Sie an einer Verhandlung über dieses Projekt interessiert?« oder »Wollen wir zum Vertragsabschluss kommen?«.
- ✔ **Um Ihren Kunden zur Diskussion anzuregen.** Natürlich liegt es in Ihrem Interesse, dass sich Ihr Kunde an dem Gespräch beteiligt. Regen Sie ihn zur Teilnahme an, indem Sie

nachfragen »Was halten Sie von meiner Idee?« oder »Was ist das größte Problem, das Sie mit der jetzigen Produktionsplanung haben?«.

Es gibt viele weitere Gründe, Ihrem Kunden Fragen zu stellen, als nur einfach wissen zu wollen, wann der Vertrag unterzeichnet werden soll oder wie viel Geld er ausgeben kann. Wichtig ist auch, die zwei Arten der Fragestellung zu kennen.

Fragen stellen: Wie geht das?

Selbstverständlich können Sie Ihren Kunden Löcher in den Bauch fragen, doch im Grunde genommen lassen sich alle Fragen in zwei unterschiedliche Fragetypen einteilen: Ergänzungsfragen und Entscheidungsfragen. Ebenso wie sich eine Tür öffnen und schließen lässt, können Sie durch die Art Ihrer Fragen das Tor der Kommunikation öffnen oder schließen.

Es gibt Situationen, in denen entweder nur Ergänzungsfragen oder nur Entscheidungsfragen passend und Ihrem Diskussionsziel dienlich sind. Nachfolgend finden Sie die Erklärung beider Kategorien einschließlich einiger Tipps, wann Sie welchen Fragentyp verwenden sollten.

✔ **Ergänzungsfragen:** Fragen dieser Art fordern Ihren Gesprächspartner auf, erklärende Antworten zu geben. Möchten Sie wissen, was Ihr Kunde über ein bestimmtes Thema denkt, sollten Sie Ergänzungsfragen stellen. Reicht Ihnen jedoch ein simples »Ja« oder »Nein«, sind Ergänzungsfragen fehl am Platz. Ergänzungsfragen wie »Was halten Sie von unserem Angebot?« oder »Wie kommen wir an diese Informationen?« regen ein Gespräch an, da ein schlichtes »Ja« oder »Nein« hier nicht genügt. Mit Ergänzungsfragen bringen Sie Ihren Kunden dazu, Ihnen sein Herz auszuschütten und offen seine Meinung darzulegen.

✔ **Entscheidungsfragen:** Entscheidungsfragen können mit einem simplen »Ja«, »Nein« oder einer ähnlich knappen Antwort beantwortet werden. Mit Entscheidungsfragen wie »Wie viele Jahre sind Sie schon in dieser Branche tätig?« oder »Sagt Ihnen unser Vorschlag zu?« erhalten Sie schnell präzise Informationen, können aber keine Diskussion in Gang bringen oder erfahren, was Ihr Kunde denkt. Möchten Sie einfach nur klare Antworten auf klare Fragen – ohne endlose Diskussion – sollten Sie Entscheidungsfragen stellen.

Zusätzlich zu diesen beiden Fragenkategorien haben Sie noch andere Möglichkeiten, um Ihren Kunden aus der Reserve zu locken. Manchmal reicht ein einziges Wort, um eine Reaktion Ihres Gegenübers zu provozieren. Erzählt Ihr Kunde Ihnen zum Beispiel, dass der Consulting-Etat um weitere DM 200.000 aufgestockt wurde, reicht ein erstauntes »Oh?« Ihrerseits vielleicht schon aus, um eine Reaktion wie diese zu erhalten: »Ja, und ich habe noch keine Ahnung, wie wir es bis Ende dieses Geschäftsjahres ausgeben können!« Sicherlich können Sie Ihrem Kunden bei diesem Problem bestens weiter helfen.

Selbst so einfache Bemerkungen und Laute wie »Ach wirklich?«, »Bestimmt nicht!«, »Häh?«, »Hm…« oder »Aha…« kitzeln oft eine Reaktion bei Ihrem Gesprächspartner heraus. Auch ein beharrliches Schweigen ist für manche Menschen so unangenehm, dass sie sich selbst zum Reden veranlasst fühlen. Vielleicht erklärt sich ja so das Sprichwort »Schweigen ist Gold«?

Sinn und Zweck des Fragens an sich ist damit geklärt, also kommen wir zur Sache: Wie stellt man die richtigen Fragen? Überlegen Sie sich *vor* dem Gespräch mit Ihrem Kunden, was Sie erreichen möchten, und halten Sie sich dann an die unten stehenden Regeln. Wichtig ist, dass Sie wissen, was Sie erreichen möchten. Dann können Sie sich eine Strategie zurechtlegen, wie Sie an Ihr Ziel kommen. In den meisten Fällen geht dieser Plan auch auf.

- ✔ **Informieren Sie sich im Voraus.** Bevor Sie einen Termin für das »Frage-Antwort-Spiel« vereinbaren, sollten Sie sich über Ihren Kunden und dessen Probleme informieren und sich überlegen, was Sie ihm anbieten könnten. Vergeuden Sie weder die kostbare Zeit Ihrer Kunden oder Ihre eigene mit unnötigen Fragen, die Sie selbst im Vorfeld hätten klären können.
- ✔ **Stellen Sie direkte Fragen.** Reden Sie nicht um den heißen Brei herum und stellen Sie Ihrem Kunden auch keine Fangfragen (Wehe!). Nur auf direkte, ehrlich gemeinte Fragen erhalten Sie auch direkte, ehrlich gemeinte Antworten.
- ✔ **Gehen Sie nicht gleich zu Beginn ins Detail.** Beginnen Sie Ihr Gespräch mit allgemeineren Fragen, die Ihnen einen Überblick vermitteln, worum es eigentlich geht. Im Laufe des Gesprächs können Sie anhand der Kundenantworten langsam zu detaillierten Fragen übergehen, bis Sie schließlich zum Kern der Angelegenheit gelangen.
- ✔ **Bauen Sie Ihre Fragen auf den erhaltenen Antworten auf.** Man kann nie mit Sicherheit sagen, welche Richtung so ein »Frage-Antwort-Spiel« einschlägt. Es ist deshalb sinnvoll, eine erhaltene Antwort als Ansatzpunkt für die nächste Frage zu verwenden, das heißt, beziehen Sie sich mit Ihrer neuen Frage immer auf die vorangegangene Antwort.
- ✔ **Stellen Sie unterschiedliche Fragen zum selben Thema.** Wenn Sie mit einer bestimmten Fragestellung nicht weiter kommen, zögern Sie nicht, die Frage umzuformulieren. Manchmal benötigt man verschiedene Ansätze, um die Antwort zu erhalten, die man braucht.

Richtiges Zuhören

Zwischenmenschliche Kommunikation läuft über zwei Kanäle: Auf dem einen Kanal sprechen Sie, auf dem anderen Kanal hören Sie zu. Dasselbe gilt natürlich für Ihren Gesprächspartner, Ihrem Kunden. In vielerlei Hinsicht ist für Sie als Consultant das Zuhören *viel* wichtiger als das Sprechen.

Warum? Ganz einfach deshalb, weil es um die Anforderungen Ihrer Kunden und nicht um Ihre eigenen geht, wenn Sie eine Dienstleistung oder ein Produkt verkaufen möchten. Es ist schwierig, sich auf seinen Kunden konzentrieren, wenn man die ganze Zeit redet und das Zuhören dabei völlig vergisst. Nein, es ist nicht schwierig, es ist ein Ding der Unmöglichkeit!

Wir reden hier übrigens nicht von halbherzigem Zuhören aus purer Höflichkeit. Wir reden von hundertprozentigem Zuhören allererster Klasse. Wenn Sie nicht *voll* bei der Sache sind, schaden Sie nicht nur Ihrem Kunden, sondern auch sich selbst. Zum einen werden Sie nämlich nie verstehen, was Ihr Kunde eigentlich meint und zum anderen vermittelt Ihre Unaufmerksamkeit die Botschaft: *»Mir ist eigentlich völlig egal, was Sie zu sagen haben.«* Gerade als selbstständiger Consultant, der von seinen Kunden lebt, können Sie sich solch eine Botschaft nicht leisten. Und nicht nur das: Nur durch aktives Zuhören verstehen Sie Ihren Kunden, und je nach Gesprächsthema kann dieses Verständnis Ihre gesamte weitere Beziehung prägen.

Überlassen Sie es nicht dem Zufall, wann Sie die Rolle des Zuhörers übernehmen. Beachten Sie bei jedem Gespräch mit Ihrem Kunden folgende Regeln:

- ✔ **Zeigen Sie Ihr Interesse:** Eine einfache, aber sehr hilfreiche Methode, richtig zuzuhören ist, sich dafür zu interessieren, was Ihr Kunde zu sagen hat. Nein, es reicht nicht, nur ab und zu mit dem Kopf zu nicken, während Sie gerade überlegen, ob Sie lieber beim Italiener oder beim Chinesen zu Mittag essen wollen. Wir sprechen von einem ehrlichen, aufrichtigen und ernsthaften Interesse an Ihren Kunden und den Informationen, die sie Ihnen geben. Schenken Sie Ihren Kunden Ihre ungeteilte Aufmerksamkeit und fragen Sie nach, wenn Ihnen etwas unklar ist. Sagen Sie zum Beispiel etwas wie »Toll! Eine großartige Idee! Wie sind Sie denn darauf gekommen?« Je mehr Interesse Sie Ihren Kunden zeigen, umso interessanter wird auch das Gespräch und umso mehr Interesse wird er an einem weiteren Gespräch mit Ihnen haben.

- ✔ **Konzentrieren Sie sich.** Ist es Ihnen auch schon einmal passiert, dass Sie mitten in einem Gespräch plötzlich feststellen, dass Sie keine Ahnung haben, was Ihr Gesprächpartners gerade gesagt hat? Das Problem ist nämlich, dass unser Gehirn schneller denken als der Gesprächspartner reden kann. Und zwar so schnell, dass uns parallel zum eigentlichen Gesprächsthema alles mögliche durch den Kopf geht. Forscher haben herausgefunden, dass die meisten Menschen mit einer Geschwindigkeit von ungefähr 150 Wörtern in der Minute sprechen und mit einer Geschwindigkeit von etwa 500 Wörter in derselben Zeit denken können. Kein Wunder also, dass sich das Gehirn anderweitig beschäftigen will und Sie nicht mehr mitbekommen, wovon Ihr Kunde redet. Da hilft nur eins: Konzentrieren Sie sich voll und ganz auf Ihren Gesprächspartner und verbannen Sie andere Gedanken aus Ihrem Kopf.

- ✔ **Fragen Sie nach.** Ein Griff in die Trickkiste zwischenmenschlicher Kommunikation, und was kommt zum Vorschein? Die richtigen Fragen zum richtigen Zeitpunkt stellen. An dieser Stelle jedoch als Hilfsmittel zum aktiven Zuhören. Sagt der Kunde etwas, das Ihnen unklar oder unsinnig erscheint, sollten Sie dies sofort durch gezieltes Nachfragen klären. Das trägt nicht nur zur Klärung bei, sondern drückt auch Ihr Interesse aus. Eine besonders gute Methode hierfür bezeichnet man als *reflexive Gesprächstechnik*. Dabei fasst man zusammen, was der Gesprächspartner gerade gesagt hat und gibt es in eigenen Worten wieder. Dies könnte zum Beispiel so lauten: »So weit ich Sie verstanden habe, sind Sie mit den Leistungen unseres Mitbewerbers nicht zufrieden. Liege ich da richtig?«

- ✔ **Was will Ihr Kunde eigentlich sagen?** Welche Schlüsselinformationen möchte Ihnen Ihr Kunde denn nun mitteilen? Es kann Ihnen durchaus passieren, dass Sie im Redeschwall Ihres Gesprächspartners die eigentliche Botschaft überhören. Sortieren Sie als Zuhörer die Aussagen Ihres Kunden in zwei Kategorien: Wichtige und unwichtige. Sind Sie nicht ganz sicher, in welche Kategorie eine bestimmte Aussage gehört, fragen Sie sofort nach. Das könnte zum Beispiel so aussehen: »Könnten Sie mir bitte erklären, inwiefern sich dieser Punkt auf den Fertigstellungstermin unseres Projektes auswirkt?«
- ✔ **Vermeiden Sie Unterbrechungen.** Es ist zwar völlig in Ordnung, sinnvolle Zwischenfragen an passender Stelle einzuwerfen, aber im Allgemeinen lässt sich niemand gerne ständig unterbrechen, wenn er etwas zu sagen hat. Vermeiden Sie es deshalb, Ihren Kunden grundlos zu unterbrechen und sorgen Sie dafür, dass Sie beide ungestört und unter vier Augen miteinander arbeiten können. Im Büro Ihres Kunden liegt es natürlich nicht in Ihrer Hand, Störungen zu vermeiden, doch in Ihren eigenen vier Wänden sollten Sie entsprechende Vorkehrungen treffen. Schließen Sie Ihre Bürotür und lassen Sie eventuellen Besuchern ausrichten, Sie wären momentan noch in einer Besprechung. Ein Schild mit der Aufschrift »Bitte nicht stören« ist vielleicht auch nicht verkehrt. Noch etwas: Gehen Sie nicht ans Telefon – dafür gibt es schließlich Anrufbeantworter.
- ✔ **Hören Sie mit allen Sinnen zu.** Kommunikation besteht aus mehr als nur gesprochenen Worten, die uns allen so üppig und leicht über die Lippen kommen. Kommunikationswissenschaftler sind nach jahrelanger Forschungsarbeit zu dem erstaunlichen Ergebnis gekommen, dass *90 Prozent* der zwischenmenschlichen Kommunikation auf der nonverbalen Ebene stattfindet. Was versteht man unter nonverbaler Kommunikation? Alles Mögliche: Gesichtsausdruck, Nicken oder Kopfschütteln, Körperhaltung, Blinzeln, Haltung der Arme und Beine und vieles mehr. Verlassen Sie sich deshalb beim Zuhören nicht nur auf Ihre Ohren!
- ✔ **Machen Sie sich Notizen.** Können Sie sich noch an die Details sämtlicher Gespräche aus dem letzten Jahr erinnern? Nein? Was wissen Sie noch über die des letzten Monats? Vergangener Woche? Gestern? Richtig: Es ist sehr schwierig, sich an irgendetwas genau zu erinnern, ob es nun vor wenigen Stunden, Tagen oder Wochen stattgefunden hat. Aus diesem Grund sollten Sie sich während des Gesprächs mit Ihrem Kunden Notizen machen. Was man sich einmal aufgeschrieben hat, bleibt in der Regel länger im Gedächtnis haften. Außerdem können Sie anhand dieser Notizen später viel einfacher Ordnung in Ihre Überlegungen bringen.

Wie W. Lee Hill seine Kontakte pflegt

Aufgrund seiner speziellen Consultingtätigkeit ist W. Lee Hill (`wleehill@aol.com`) nur selten in seinem Büro in Boulder, Colorado, anzutreffen. Meist reist er quer durch ganz Amerika und besucht seine zahlreichen Kunden. Für ihn ist daher Kommunikation und Kontaktpflege besonders wichtig. Zurzeit spezialisiert sich Lee auf die Rechtsberatung – vor allem für die amerikanischen Indianer. Sein letztes Projekt betraf die Einrichtung eines Spielkasinos für einen Indianerstamm aus dem mittleren Westen Amerikas, und seine Aufgabe war es, den Indianern *und* der potenziellen Investorengruppe zu helfen, eine für beide Seiten akzeptable Vereinbarung zu treffen. Außerdem fungierte er dabei auch als Mittelsmann zu Regierungsbehörden, die sich mit dem Thema des Glücksspiels in Indianerreservaten beschäftigen.

Neben seiner Tätigkeit als Rechtsberater für Indianerstämme berät Lee junge Unternehmen bei der Ausarbeitung einer juristischen Strategie. Ziel seiner Arbeit ist, das Maß an juristischer Tätigkeit, die bei der Gründung eines Unternehmens erforderlich wird, auf ein Mindestmaß zu begrenzen, um seinen Kunden Zeit und Geld zu sparen.

Wir befragten Lee darüber, welche Rolle die zwischenmenschliche Kommunikation bei seiner Tätigkeit spielt, und wie er den Kontakt zu seinen Kunden pflegt.

Consulting für Dummies: Warum ist die Kommunikation gerade für Ihre Beraterfirma so wichtig?

W. Lee Hill: Weil wir große Kommunikationsbarrieren überwinden müssen, und ich meine damit nicht nur die gesprochene Sprache. Die Dialekte der einzelnen Indianerstämme oder der Geschäftsjargon unterschiedlicher Branchen sind nicht das eigentliche Problem. Es sind die kulturellen Unterschiede zwischen beiden Bevölkerungsgruppen. Die amerikanischen Indianer werden als Subkultur betrachtet, wobei allerdings *auch* in der Geschäftswelt, bei Behörden und Gerichten diverse Subkulturen existieren. Dieser unterschiedliche kulturelle Hintergrund führt zu gegenseitigem Misstrauen und Missverständnissen. Da ich in beiden Kulturkreisen zu Hause bin, betrachte ich mich als Vermittler zwischen beiden Gruppen, der dazu beiträgt, dass sich die Beteiligten besser verständigen können.

CfD: Nun, das Fachgebiet Recht hat auch für den »Normalbürger« seine Tücken, aber für jemanden, der aus einem völlig andersartigen Kulturkreis stammt, muss das besonders schwer zu verstehen sein.

Hill: Da haben Sie völlig Recht.

CfD: Kommunikation ist ganz offensichtlich ein sehr wichtiger Punkt bei Ihrer Tätigkeit. Wie bleiben Sie auf Geschäftsreisen mit Ihren Kunden in Verbindung?

Hill: Nur mit Hilfe der modernen Kommunikationsmittel kann ich als Consultant erreichbar bleiben *und* auch meine Kunden jederzeit erreichen. Ich kann es mir zum Beispiel überhaupt nicht vorstellen, dass jemand *keinen* Internet-Zugang hat. Dies erleichtert nicht nur die Kommunikation, sondern bietet Zugang zu allen Informationen, die man benötigt.

CfD: Stimmt. Wir nutzen das Internet täglich, um E-Mails an unsere Geschäftspartner zu senden und um Zugriff auf die Homepages unserer Kunden zu haben.

Hill: Einer meiner Kunden ist ein Internet-Provider und bietet mir netterweise unbeschränkten Zugang in das Internet. Außerdem habe ich mich bei AOL registrieren lassen, weil die Adresse so einfach zu merken und sowieso *fast jeder* bei AOL ist – das vereinfacht die Sache. Mit meinem Laptop kann ich jederzeit und überall supergünstig über meinen AOL-Zugang kommunizieren.

CfD: Nutzen Sie außer dem Internet noch andere Kommunikationsmittel?

Hill: Ja, ich habe einen kostenlosen Voice-Mail-Service und werde sofort angepiepst, wenn mir jemand eine Nachricht hinterlassen hat.

CfD: Das heißt, Sie werden über einen ganz normalen Pager informiert, sobald eine Nachricht eingegangen ist?

Hill: Ja. Ich muss dann die kostenlose Service-Nummer anrufen und kann meine Nachrichten abrufen. Übrigens, dieser Service ist gar nicht teuer. Die Monatsgebühr ist nichts im Vergleich dazu, was ich früher an Geld für Ferngespräche ausgeben musste, um meine Nachrichten abzuhören.

CfD: Was nutzen Sie sonst noch?

Hill: Ich habe ein Handy und zwei Geschäftsleitungen, an die zwei Voice-Mail-Services angeschlossen sind, falls die beiden Leitungen besetzt sein sollten. Außerdem habe ich so etwas ähnliches wie einen Anrufbeantworter auf meinem Rechner installiert, den ich auch so einstellen kann, dass ich über meinen Pager erreichbar bin.

CfD: Ihr Anrufbeantworter kann Sie über Ihren Pager erreichen?

Hill: Ja. Ich habe eine sogenannte Anrufer-ID, das heißt, ich kann eine beliebige Telefonnummer auswählen, und wenn ich von diesem Anschluss aus angerufen werde, muss mir der Anrufer nicht einmal eine Nachricht hinterlassen – mein Computer erreicht mich dann über meinen Pager, wo am Display die jeweilige Telefonnummer angezeigt wird. Die Software läuft sowohl auf meinem Laptop als auch auf meinem Arbeitsplatzrechner.

CfD: Wissen Sie bei all diesen unterschiedlichen Voice-Mailboxen, Pagern und Anrufbeantwortern überhaupt noch, wen Sie als erstes zurückrufen sollen?

Hill: Über meinen Pager bin ich über meine 800er Nummer überall zu erreichen, weshalb diese Nummer oberste Priorität hat. Auf meinen Visitenkarten ist unter dieser Nummer mein 24-Stunden-Service angegeben. Nach relativ kurzer Zeit rufen meine Kunden meist nur noch unter der 800er Nummer an, vor allem auch deshalb, weil sie gebührenfrei ist. Alle anderen Anschlüsse verwende ich hauptsächlich für die Verwaltung.

CfD: Es hört sich so an, als seien Sie technisch perfekt ausgerüstet. Gibt es noch irgendetwas in der Richtung, was Sie gerne hätten?

Hill: Ich hätte gern Ihr digitales PCS-Telefon!

CfD: Tut mir leid, Lee, aber das werden Sie sich wohl selbst kaufen müssen!

Hill: Na gut, versuchen kann man es ja!

CfD: Welchen Rat können Sie einem Berufsanfänger in der Consultingbranche geben?

Hill: Man muss genau wissen, was man tun will. Der richtige Weg ist, seiner Eingebung zu folgen, seinen Traum zu verwirklichen, denn nur dann kommt man an den Punkt, an dem man sich wohl fühlt und weiß, dass man seine Sache gut macht. Meist tun sich dann wie von selbst ungeahnte Möglichkeiten auf, sich beruflich weiterzuentwickeln. Der Knackpunkt ist dann nur noch, die Entscheidungsträger der verschiedenen Branchen für sich zu gewinnen.

CfD: Wie würden Sie dabei vorgehen?

Hill: Ich für meinen Teil wende mich immer direkt an die Menschen, die ich entweder selbst oder indirekt über einen gemeinsamen Bekannten kenne. In Briefen, Telefonanrufen oder bei Treffen informiere ich sie darüber, dass es wichtige Punkte gibt, über die es sich nachzudenken lohnt, und biete ihnen an, eine Präsentation bei ihnen abzuhalten. Das klappt bei mir sehr gut.

Schreiben Sie doch mal wieder

Moderne Kommunikationsmittel wie Pager, Anrufbeantworter, Voice-Mail, E-Mail und Tausende andere haben sich zwar allgemein durchgesetzt, doch wenn Sie glauben, es wäre altmodisch und überflüssig, etwas zu schreiben, irren Sie sich. (Es sei denn, es gibt bald endlich eine zuverlässige Methode der Gedankenübertragung.)

Die Wahrheit ist, dass es heutzutage wichtiger denn je ist, sich schriftlich gut ausdrücken zu können. Ein guter Schreibstil – bei Angeboten, Dankesschreiben, Antwortschreiben und E-Mails – kommt niemals aus der Mode und trägt erheblich zu Ihrem Erfolg als Consultant bei.

Was Sie immer schriftlich formulieren sollten

Obwohl es immer noch Menschen gibt, die gerne schreiben (wie Sie vielleicht beim Schmökern in diesem Buch selbst feststellen konnten, übrigens warten noch viele andere Dummies-Bücher auf Sie), ist das Schreiben schon fast zu einer Kunst aus vergangenen Tagen geworden. Auch wenn Voice-Mail, E-Mail und Konsorten die herkömmliche Geschäftskorrespondenz auf ein Minimum reduziert haben, spielt die schriftliche Kommunikation zwischen Geschäftspartnern immer noch eine große Rolle. Es mag durchaus sein, dass Sie sich genau damit positiv von Ihren restlichen KollegInnen abheben, weil Sie noch nicht verlernt haben, wie man einen gut formulierten Geschäftsbrief schreibt.

Nachdem wir Sie mit dem Gedanken vertraut gemacht haben, dass das Schreiben an sich vielleicht doch eine ganz feine Sache ist, stellt sich die nächste Frage: Was sollte man schriftlich präsentieren? Lesen Sie einfach weiter, dann erfahren Sie es.

- ✔ **Geschäftsbriefe:** Geschäftsbriefe sind die Grundlage für alle Korrespondenz zwischen Kunde und Consultant. Für das Schreiben eines Geschäftsbriefs gibt es die unterschiedlichsten Gründe. Es ist viel professioneller, sich in einem guten Anschreiben für etwas zu bedanken, Argumente für etwas aufzuzählen, eine Entschuldigung vorzubringen, gute oder schlechte Nachrichten zu überbringen oder um bestimmte Informationen zu bitten, als eine kurze E-Mail zu verschicken. Ja sicher, es ist mühsamer, aber es lohnt sich. Glauben Sie es uns.

- ✔ **Kurzbriefe:** Kurzbriefe sind aus Ihrer Korrespondenz mit Ihren Kunden und potenziellen Kunden nicht wegzudenken. Versenden Sie einen Kurzbrief, um sich bei Ihrem Kunden für ein Gespräch oder einen Auftrag zu bedanken. Legen einen Kurzbrief bei, wenn Sie Ihre neueste Firmen-Info versenden oder Zeitungsartikel kopiert haben, die für Ihren Kunden interessant sind (vorzugsweise haben Sie den Artikel selbst geschrieben oder werden darin erwähnt). Vermitteln Sie Ihren Kunden mit einem Kurzbrief das Gefühl, dass Sie an sie denken. Ja, *natürlich* dürfen Sie statt dessen auch eine E-Mail schreiben, wenn Sie darauf bestehen. Ein Brief kommt aber besser an, weil Ihre Kunden Ihre Aufmerksamkeit zu schätzen wissen und Sie damit zum Ausdruck bringen, dass Ihnen etwas an Ihren Kunden liegt.

- ✔ **Angebote:** Ohne schriftliches Angebot ist es ist höchst unwahrscheinlich, dass Ihnen ein Kunde einen Auftrag erteilen wird. Ein Angebot muss präzise formuliert und logisch aufgebaut sein, so dass schon am Schreibstil zu erkennen ist, dass Sie systematisch und tatkräftig an die Arbeit gehen und der geeignete Consultant für eine kostengünstige Lösung sind. In Kapitel 13 erfahren Sie im Detail, wie ein gutes, überzeugendes Angebot formuliert sein muss.

- ✔ **Berichte:** Bei vielen Consulting-Tätigkeiten besteht das Endprodukt – das Ergebnis – eines Projekts aus nichts anderem als aus einem Abschlussbericht einschließlich seiner Präsentation. Aus diesem Grund ist sowohl der Inhalt als auch der Stil des Berichts ausschlaggebend dafür, ob die darin enthaltenen Lösungsvorschläge des Consultants vom Kunden akzeptiert werden. Kapitel 13 beinhaltet viele Tipps darüber, wie man einen guten Bericht schreibt.

Sieben Tipps zur Stilverbesserung

Wie für die meisten Dinge gilt auch hier die Regel: Übung macht den Meister. Doch wie polieren Sie Ihren Schreibstil erst einmal auf? Schnappen Sie sich Stift (falls Sie so etwas überhaupt noch besitzen) und Papier oder fahren Sie Ihren Rechner hoch. Und schon kann es losgehen. Nachfolgend sieben Tipps, die Sie sofort anwenden können:

- ✔ **Was wollen Sie zum Ausdruck bringen?** Noch bevor Sie Ihr erstes Wort schreiben, müssen Sie wissen, was Sie zum Ausdruck bringen möchten. Was wollen Sie mitteilen, und wie soll der Empfänger reagieren? Konzentrieren Sie sich darauf.
- ✔ **Ordnen Sie Ihre Gedanken.** Eine klare Ausdrucksweise ist nur möglich, wenn Sie auch klar denken. Ordnen Sie Ihre Gedanken, bevor Sie zum Stift greifen. Notieren Sie sich stichpunktartig, was Sie ausdrücken möchten. Anhand dieses Entwurfs können Sie Ihre Gedanken leichter ordnen und einen schlüssigen, zusammenhängenden Text verfassen. Eine weitere Möglichkeit, Ihre Gedanken zu ordnen besteht darin, Sie anderen zu erzählen.
- ✔ **Schreiben Sie in Ihrem persönlichen Stil.** Geschriebene Worte lassen sich am besten lesen, wenn sie genau so natürlich klingen wie gesprochene. Schreiben Sie nicht zu förmlich (das wirkt gekünstelt), zu geschäftsmäßig oder zu unpersönlich, wenn Sie sich normalerweise anders ausdrücken. Damit stellen Sie nicht nur sicher, dass der Empfänger Ihre Worte auch richtig versteht, sondern Sie bleiben Ihrer Persönlichkeit treu.
- ✔ **In der Kürze liegt die Würze.** Schreiben Sie nicht einfach Wörter auf das Papier. Jedes einzelne Wort hat eine Bedeutung und sollte auch zweckmäßig und sinnvoll verwendet werden. Verzichten Sie auf jeden Fall auf überflüssige Füllwörter und Ausschweifungen. Treffen Sie eine Aussage, erläutern Sie diese, falls es angebracht ist, und bringen Sie anschließend Ihr nächstes Argument.
- ✔ **Machen Sie es nicht unnötig kompliziert.** Wie im richtigen Leben gilt auch für das Schreiben: Je einfacher, desto besser. Warum Zeit damit vergeuden, 500 Wörter und mehr aufs Papier zu bringen, wenn doch 50 Wörter völlig genügen? Warum Fachausdrücke und unverständliche Abkürzungen verwenden, die kein Mensch kennt, wenn sich dasselbe auch mit einfachen Worten ausdrücken lässt? Machen Sie es sich und anderen so einfach und leicht wie möglich.
- ✔ **Lesen Sie Korrektur.** Auch der allerbeste Schriftsteller feilt immer wieder solange an seinem Text herum, bis er endlich zufrieden ist. Glauben Sie uns, wir wissen, wovon wir sprechen. Sie können ja mal unsere Verlegerin fragen! Schreiben Sie also zunächst eine Rohfassung und prüfen Sie den Text auf Inhalt, flüssigen Schreibstil, Grammatik und Rechtschreibung. Vielleicht brauchen Sie mehrere Korrekturläufe, doch es lohnt sich!

- **Vermitteln Sie eine positive Einstellung!** Wir alle bevorzugen einen positiven, optimistischen Schreibstil, der gut zu lesen ist. Pessimistische Aussagen sind sehr deprimierend zu lesen. Es ist zwar manchmal nicht einfach, alles von der optimistischen Seite zu sehen, Sie dürfen sich aber trotzdem nicht davon abbringen lassen. Selbst wenn Sie schlechte Nachrichten überbringen müssen, sollten Sie in Ihren Formulierungen aktiv und tatkräftig wirken und das Gefühl von Optimismus vermitteln. Ihre Leser werden es Ihnen danken!

Möchten Sie mehr über einen guten Schreibstil wissen? Nur zu, es gibt Dutzende von Büchern zu diesem Thema. Sie werden in Ihrer Bibliothek oder Ihrem Buchladen bestimmt einiges dazu finden. Auch Kurse an Volkshochschulen oder privaten Lehranstalten können Ihnen helfen, sich schriftlich besser auszudrücken. Viele berühmte Autoren lehren, was ein guter Schreibstil ist.

13

Ihr Auftritt als Profi

In diesem Kapitel

- Wie Sie packende Berichte schreiben
- Wie Sie professionelle Präsentationen halten

Zu einem erfolgreichen Consultant gehört mehr, als dass er Fachwissen und Rat zur Verfügung stellt und Probleme löst. Einer der wichtigsten Aspekte des Beratungsvorgangs ist es, sich richtig mitteilen zu können. Selbst die beste aller Lösungen nützt nichts, wenn sie nicht verständlich und überzeugend präsentiert wird und deshalb auf taube Ohren stößt.

Wie können Sie nun Ihre Botschaft vermitteln? Mit Hilfe schriftlicher Berichte und durch Präsentationen. In Kapitel 12 haben Sie alles darüber erfahren, wie wichtig die Kommunikation zwischen Ihnen und Ihrem Kunden ist und durch welche Mittel sie stattfindet. Jetzt erklären wir Ihnen die Vor- und Nachteile von zwei für Sie sehr wichtigen Kommunikationsmitteln.

Für jede dieser Möglichkeiten sind bestimmte Fähigkeiten vonnöten, und die Vorgehensweise ist bei beiden Methoden unterschiedlich. Welche Möglichkeit Sie einsetzen, hängt von der Art Ihrer Tätigkeit, den Ergebnissen Ihrer Arbeit, den Vorlieben Ihres Kunden und Ihren eigenen ab. Die Hauptsache ist immer, dass Ihre Botschaft verstanden wird und Sie weder Ihre eigene Zeit noch die Ihres Kunden vergeuden.

Das Geheimnis eines guten Berichts

Bei manchen Aufträgen reicht ein kurzes persönliches Gespräch oder eine mündliche Präsentation aus, um das Ergebnis Ihrer Arbeit zu vermitteln. Zu den meisten Aufträgen gehört jedoch *mindestens* ein kurzer schriftlicher Bericht. Wir empfehlen, Ihrem Kunden grundsätzlich einen Bericht – auch wenn er nur eine oder zwei Seiten lang ist – zukommen zu lassen, unabhängig davon, ob er explizit angefordert wurde oder nicht. Auf diese Weise zeigen Sie Ihrem Kunden, dass Sie tatsächlich auch etwas für sein Geld geleistet haben. Außerdem ist somit sichergestellt, dass Ihre Botschaft klar und deutlich vermittelt wird und keine Missverständnisse auftreten.

Unabhängig von seinem Zweck, der äußeren Form und der enthaltenen Informationen gilt für alle Berichte: Nur ein Bericht, der gelesen wird, ist eine guter Bericht. Wenn Ihr Kunde den Bericht in irgendeine Ecke legt und ihn sofort vergisst, weil er zu kompliziert ist, zum ungelegenen Zeitpunkt auf seinen Tisch kommt oder seinen Erwartungen nicht entspricht, haben Sie Ihre Zeit vergeudet und Ihr Kunde sein Geld.

Die zwei wichtigsten Arten von Berichten

Consultants verfassen in den meisten Fälle zwei unterschiedliche Arten von Berichten: Zwischenberichte und Schlussberichte. Manchmal sind beide Arten erforderlich, besonders bei komplexen und langfristigen Projekten. Bei kleinen und einfachen Projekten genügt in den meisten Fällen der Abschlussbericht. Planen Sie jedoch auf jeden Fall rund 20 Prozent Ihrer Arbeitszeit dafür ein, die Ergebnisse Ihrer Arbeit für die Präsentation auf- und vorzubereiten.

Es stehen Ihnen nahezu unbegrenzt viele Möglichkeiten offen, auf welche Weise Sie die Informationen verpacken. Richten Sie sich aber bitte danach, was Ihr Kunden erwartet. Wünscht er einen Kurzbericht, quälen Sie ihn nicht mit einer seitenlangen Abhandlung. Umgekehrt gilt natürlich dasselbe. Übrigens, vergessen Sie vor lauter Berichten Ihr Honorar nicht!

Zwischenberichte

Zwischenberichte – auch als Meilenstein- oder Statusberichte bekannt – berichten über den Fortschritt des Projekts. Ein Zwischenbericht kann sich über eine Seite erstrecken oder ein mehrseitiges Dokument voller schicker Grafiken sein. Unabhängig von der Länge Ihres Berichts muss der Inhalt aber immer präzise auf den Punkt gebracht werden. Missbrauchen Sie einen Zwischenbericht bitte *nicht* dafür, sich in endlosen Worttiraden zu verlieren oder unnötige Grafiken einzubetten, nur weil Sie Ihren Kunden beeindrucken möchten! Er wird dann nur glauben, dass Sie entweder nicht wissen, was Sie tun, oder dass Sie zu viel Geld verdienen. Und diesen Eindruck wollen Sie doch bestimmt nicht erwecken, oder?

Die Länge und Form Ihres Zwischenberichts hängt ganz von Ihrem Kunden und Ihnen ab. Doch jeder Zwischenbericht muss die folgenden Punkte enthalten:

- **Kurzübersicht:** Fassen Sie den Projektverlauf kurz, aber vollständig zusammen und betonen Sie dabei, welche Erfolge bereits erzielt wurden. Die Kurzübersicht vermittelt Ihrem beschäftigten Kunden auf einen Blick den Projektverlauf, ohne dass er den gesamten Bericht durchlesen muss.

- **Wichtige Erfolge.** Ihr Kunde interessiert sich natürlich vor allem für die Erfolge, die Sie bereits verbuchen können. Berichten Sie Ihrem Kunden deshalb über alle Erfolge in Ihrem Projekt (dass es welche gibt, versteht sich ja wohl von selbst!).

- **Abgeschlossene Teilleistungen.** Fassen Sie zusammen, welche Leistungen Sie während der letzen Zeit erbracht haben und inwiefern sich diese auf das Projektziel auswirken. Jeder Zwischenbericht sollte über all die Leistungen berichten, die Sie seit dem letzten Zwischenbericht erbracht haben.

- **Vollständigkeit in Prozent.** Hier geben Sie an, zu wie viel Prozent das Projektziel bereits erreicht ist. Ist beispielsweise ein Drittel aller Arbeiten erledigt, sollten Sie hier 33 Prozent eintragen.

- ✔ **Noch offene Aufgaben.** Sprechen Sie kurz an, welche Aufgaben bis zum nächsten Zwischenbericht noch zu erledigen sind und wie sich diese auf das Projekt auswirken. Betonen Sie, welche Aufgaben Ihrer Einschätzung nach bis zum nächsten Zwischenbericht abgeschlossen sein werden und mit welchen Komplikationen Sie rechnen.
- ✔ **Dringliche Angelegenheiten.** Sind Sie während Ihrer Arbeit auf Probleme oder sonstige dringliche Angelegenheiten gestoßen, über die Ihr Kunde in Kenntnis gesetzt werden muss, führen Sie diese hier auf. Falls es derartige Punkte gibt, sollten Sie auf alle Fälle zusätzlich ein Gespräch mit Ihrem Kunden vereinbaren. Überraschen Sie Ihre Kunden *niemals* mit unerwarteten Problemen oder ähnlichem. Bringen Sie alle dringlichen Angelegenheiten sofort zur Sprache und sorgen Sie dafür, dass diese umgehend gelöst werden.

Wie viele Zwischenberichte sind denn eigentlich üblich? Tja, das kommt auf die Art und Dauer des Projekts und auf die Erwartungshaltung Ihres Kunden an. Ist Ihr Projekt innerhalb weniger Wochen abgeschlossen, ist ein Zwischenbericht eigentlich nicht erforderlich. Dauert es hingegen einen Monat oder länger, ist ein Zwischenbericht angebracht. Die meisten Consultants erstellen monatliche Zwischenberichte, doch es spricht nichts dagegen, Zwischenberichte wöchentlich oder vierteljährlich zu verfassen. Hauptsache, Ihr Kunde ist zufrieden.

Abschlussberichte

Der Abschlussbericht enthält das Ergebnis Ihrer Tätigkeit und beschreibt Ihre Vorgehensweise im Detail. Je nach Art der von Ihnen geleisteten Arbeit ist Ihr Abschlussbericht vielleicht das Glanzstück des Projektes und die Grundlage für tiefgreifende Umstrukturierungsmaßnahmen innerhalb des jeweiligen Unternehmens.

Oft ist der Abschlussbericht das Endprodukt eines Projekts und das Einzige, was Ihr Kunde in der Hand hat. Unterschätzen Sie deshalb nicht die Bedeutung Ihres Abschlussberichts.

Abschlussberichte unterscheiden sich in vielerlei Hinsicht von Zwischenberichten. Folgende Punkte sollten auf jeden Fall in Ihrem Abschlussbericht enthalten sein:

- ✔ **Kurzübersicht.** Ihre Kunden sind vielbeschäftigte Menschen, die oft nicht die Zeit haben, sich durch einen seitenlangen Bericht zu quälen. Fassen Sie deshalb die im Abschlussbericht enthaltenen Informationen zusammen und betonen Sie insbesondere die erzielten Erfolge und eventuell aufgetretene Schwierigkeiten.
- ✔ **Projekthintergrund und -rahmen.** Nicht jeder, der Ihren Abschlussbericht lesen wird, weiß über das Projekt und Ihre Aufgabenstellung Bescheid. Beschreiben Sie deshalb Art und den Umfang des Projekts, erklären Sie, wie es zustande kam und welche Aufgaben Sie dabei übernommen haben.
- ✔ **Methodik.** Wie gingen Sie das Problem an? Haben Sie eine Meinungsumfrage durchgeführt? Oder eine statistische Analyse? Haben Sie Fachliteratur hinzu-

gezogen? Die Leser Ihres Abschlussberichts möchten natürlich auch gerne wissen, wie Sie zu den Ergebnissen kamen, um die es in Ihrem Abschlussbericht hauptsächlich geht. Untermauern Sie deshalb Ihre Lösungsstrategien mit der Erklärung Ihrer Vorgehensweise. Überlegen Sie sich gut, was Sie schreiben, denn die angewandten Methoden und die Vorgehensweise sprechen Bände über Sie, Ihre Glaubwürdigkeit und Professionalität.

- ✔ **Ergebnisse und Schlussfolgerungen.** Hier beschreiben Sie die Ergebnisse Ihrer Tätigkeit und die Schlussfolgerungen, die Sie auf Grund Ihrer Untersuchungen gezogen haben. In diesem Teil Ihres Abschlussberichts können gute wie schlechte Nachrichten stehen.
- ✔ **Lösungsstrategien.** Spannender als Ihre Ergebnisse und Schlussfolgerungen sind für Ihre Kunden die Lösungsstrategien. In diesen Teil lassen Sie all Ihre Erfahrung einfließen, damit Sie Ihr Allheilmittel für das Problem Ihres Kunden gekonnt vorstellen und erklären können. Achten Sie darauf, dass Ihre Lösungsstrategien präzise und leicht verständlich formuliert sind und eine realistische Vorgehensweise darstellen.
- ✔ **Richtlinien für die Umsetzung.** Selbst wenn Ihr Kunden Sie nicht ausdrücklich darum gebeten hat, sollten Sie Richtlinien für die Umsetzung Ihrer Strategien präsentieren. Damit zeigen Sie Ihrem Kunden, dass er noch gewaltig von Ihrem Wissen profitieren könnte. Am besten warten Sie gleich mit einem ausgearbeiteten Umsetzungsplan einschließlich aller Einzelschritte, Eckdaten und anfallenden Kosten auf. Und wenn Sie schon dabei sind, informieren Sie ihn auch gleich darüber, welche Rolle *Sie* bei der Umsetzung spielen, wie hoch Ihr Honorar ist und welche Termine Sie sich vorstellen. Keine falsche Bescheidenheit! Viele Consultants ziehen so *dicke* Folgeaufträge an Land.
- ✔ **Zusammenfassung der Vorteile.** Ihre Ergebnisse, Schlussfolgerungen und Lösungsstrategien mögen ja für sich selbst sprechen. Dennoch brauchen die meisten Unternehmen einen gewissen Anstoß, um den Status quo auch nur geringfügig zu verändern. Stellen Sie die Vorteile Ihrer Lösungsstrategien so glasklar zusammen, dass der Eindruck eines akuten Handlungsbedarfs bei Ihrem Kunden entsteht. Weisen Sie beispielsweise auf steigende Umsatzzahlen, sinkende Kosten, Vermeidung von Rechtsstreits, erhöhte Kundenzufriedenheit und sichere Arbeitsplätze als Folge Ihrer Lösungsstrategien hin.

Der erste Eindruck bleibt

Wir kommen nicht umhin, es Ihnen nochmals zu sagen: Ihre Berichte sind vielleicht das einzige Endprodukt, das Sie Ihrem Kunden abliefern. Aus diesem Grund wird sich Ihr Kunde sein Urteil über die Qualität des Inhalts *und* über die Qualität Ihrer Beraterfirma anhand der äußeren Form Ihres Berichts bilden. Gut, Sie mögen einwenden, dass man nichts und niemanden nur nach dem Äußeren beurteilen sollte, aber gewisse Rückschlüsse lassen sich auf jeden Fall immer ziehen. Ein ansprechender, gut aufgemachter Bericht wird viel eher gelesen als einer, der langweilig oder schäbig wirkt.

Wie sehen denn *Ihre* Berichte aus? Sind sie unübersichtlich, auf billigem Papier und von lausiger Druckqualität? Hält die Heftklammer nur mühsam die Unterlagen zusammen und lösen sich bei der kleinsten Bewegung die hinteren Seiten? Oder sind es gebundene kleine Meisterwerke von gestochen scharfer Druckqualität mit guten Farbgrafiken? Na los, raus mit der Sprache! Falls Ihre Berichte eher der erstgenannten Beschreibung entsprechen, sollten Sie sich *bald* etwas Zeit nehmen, um an dem Erscheinungsbild Ihrer Berichte zu feilen.

Zufällig können wir Ihnen gleich ein paar Tipps geben, wie Sie professionell aufgemachte Berichte erstellen.

- ✔ **Aufbau und Druckqualität:** Am einfachsten lässt sich ein professionell aussehender Bericht mit einem leistungsstarken Textverarbeitungsprogramm (wie Microsoft Word oder Corel WordPerfect) erstellen. Die beste Druckqualität erreichen Sie mit einem guten Laserdrucker (zum Beispiel von Hewlett-Packard, Panasonic, Brother und anderen). Vergessen Sie auf alle Fälle Ihre Schreibmaschine. Tintenstrahler sind auch nicht unbedingt das Nonplusultra, da die Tinte meistens verläuft und die Druckqualität insgesamt nicht an die eines Laserdruckers herankommt.

- ✔ **Layout:** Beschreiben Sie die Seiten nicht zu eng. Ein Bericht liest sich angenehmer, wenn Sie großzügigere Zeilenabstände, Einzüge, ausreichend Seitenrand, deutlich gegliederte Überschriften und ähnliche Formatierungsfunktionen verwenden. Falls Sie sich für Ihre Berichte kein eigenes Format und Layout erstellen möchten, können Sie entweder Ihren Kunden fragen, ob er ein bestimmtes Layout vorzieht und eine Formatvorlage zur Verfügung stellen kann oder wählen Sie eine der Standardformatvorlagen, die in jedem Textverarbeitungsprogramm enthalten sind. Microsoft Word bietet zum Beispiel bereits verschiedene Dokumentvorlagen – und zugehörige Assistenten – für Berichte, in denen die Schriftarten, Überschriftengliederung, Zeilenabstände, Tabellenformate und andere Formatierungsanweisungen bereits definiert sind. Mehr zum Thema Layout finden Sie in *Word 97 für Dummies* (von Dan Gookin).

- ✔ **Grafik.** Verwenden Sie möglichst *viele* Grafiken zur Auflockerung des Textes. Grafiken sind oft besser dazu geeignet, bestimmte Informationen anschaulich darzustellen als reiner Text. Außerdem bieten Sie dem Leser eine verdiente Verschnaufpause. Grafiken, Tabellen, Diagramme und Abbildungen machen noch den nüchternsten Bericht lesbar und wirken professionell. Die Perfektionisten unter Ihnen werden sich vielleicht nur mit Farbgrafiken zufrieden geben, aber ob nun schwarz-weiß oder farbig, übertreiben Sie es nicht. Grafiken und Text sollten in ausgewogenem Verhältnis zueinander verwendet werden. Sind Sie sich nicht sicher, wie Ihr Bericht auf andere wirkt, bitten Sie einen Kollegen oder Freund um seine Meinung.

- **Papier, Deckblatt und Einband.** Bitte legen Sie hier keine übertriebene Sparsamkeit an den Tag. Verwenden Sie nur hochwertiges Papier (mindestens 90 g/m^2) für Ihre Berichte. (Lassen Sie sich in einem Schreibwarenladen beraten.) Als Einband ist es üblich, vorne eine transparente Folie und hinten einen farbigen Karton zu verwenden. So sind die Unterlagen geschützt, das Deckblatt mit dem Projekttitel aber auf einen Blick zu lesen. Sie werden überrascht sein, wie viel Auswahl an Papiersorten es im Schreibwarenladen gibt.
- **Bindung.** Für dünnere oder mitteldicke Berichte empfehlen wir einen Bradel-Einband, Schnellhefter, eine Spiralbindung oder Leimbindung. In jedem Copyshop werden verschiedene Möglichkeiten, Unterlagen zu binden, schnell und günstig erledigt. Mit losen Seiten werden Sie Ihren Kunden jedenfalls *nicht* beeindrucken können. Ausführliche, dicke Berichte sind in einem ordentlichen Aktenordner am besten aufgehoben.

Korrektur lesen. Wir können es nicht oft genug sagen: Geben Sie alle schriftlichen Unterlagen erst dann außer Haus, wenn Sie diese sorgfältig auf Grammatik- oder Rechtschreibfehler geprüft haben. Ein schlecht geschriebener Bericht, in dem es vor Schreib- und Sinnfehlern nur so wimmelt, macht keinen guten Eindruck. Ihr Kunde wird daraufhin die entsprechenden Rückschlüsse über die Qualität Ihrer bis jetzt geleisteten Arbeit, über Sie und Ihre Beraterfirma ziehen. Garantiert!

Super-Präsentationen leicht gemacht!

Eine erfolgreiche Präsentation ist für jeden Consultant der Schlüssel zum Erfolg. Es spielt dabei keine Rolle, ob Sie als Steuerberater ein neues Inventurprogramm empfehlen oder ein Brautpaar über Blumenschmuck und Tischdekoration beraten. Im Laufe Ihrer Karriere als Consultant werden Sie eine Unzahl an Präsentationen halten.

Manchen Menschen ist das Talent für Präsentationen scheinbar in die Wiege gelegt worden, während andere schon bei dem *bloßen* Gedanken daran in Panik geraten. Wenn Sie eher zur zweiten Gruppe zählen – wie die meisten von uns – können wir Sie beruhigen. Sie können Ihr Präsentationsgeschick mit etwas Vorbereitung und Übung enorm verbessern. Je mehr Sie zu diesem Thema wissen, umso selbstsicherer werden Sie, und umso leichter fällt Ihnen die Präsentation, worauf sich der Kreis schließt, und Ihr Kunde von Ihrer Präsentation begeistert sein wird.

Die richtige Vorbereitung

Es gibt nur ganz wenige Menschen, die ohne jegliche Vorwarnung und Vorbereitung das Rednerpult erklimmen und aus dem Stegreif eine großartige Präsentation oder Rede zu jedem x-beliebigen Thema halten können. Für die meisten von uns ist die *Vorbereitung* das A und O unseres Erfolgs. Ehrlich, für eine Präsentation, die Ihre Zuhörer in den Bann schlägt, müssen

Sie pro Minute Redezeit mit einer Vorbereitungszeit von etwa einer halben bis einer ganzen Stunde rechnen. Nützliche Tipps zu diesem Thema finden Sie übrigens auch in dem Buch *Erfolgreich Präsentieren für Dummies* (von Malcolm Kushner), das im MITP-Verlag erschienen ist.

Die folgenden Tipps helfen Ihnen bei der Vorbereitung Ihrer Präsentation.

- ✔ **Beschreiben Sie Ihr Ziel.** Was wollen Sie mit Ihrer Präsentation erreichen und wie schaffen Sie das? Es macht einen großen Unterschied, ob Sie potenziellen Kunden eine Projektidee präsentieren möchten (Geld, Geld, Geld) oder ob Sie einen Zwischenbericht über ein laufendes Projekt präsentieren (informieren und überzeugen). Je nach aktueller Zielsetzung müssen Sie Ihre Präsentation unterschiedlich vorbereiten.

- ✔ **Wer sind Ihre Zuhörer?** Selbstverständlich soll Ihre Präsentation ein Erfolg werden. Deshalb müssen Sie sich Gedanken über Ihr Publikum machen und Ihre Präsentation entsprechend gestalten. Für eine Präsentation vor hochkarätigen Wissenschaftlern sind logischerweise Fachjargon und eine akademische Ausdrucksweise angemessen. Hielten Sie dieselbe Präsentation vor einem Managerteam, würden Ihre Zuhörer schon bald in tiefen Schlaf fallen. Überlegen Sie sich also gut, wer in Ihrem Publikum sitzt. Ebenso wie ein schriftlicher Bericht im Papierkorb landet, wenn er den Erwartungen Ihres Kunden nicht gerecht wird, verfehlt eine Präsentation, die ihre Zuhörer im wahrsten Sinnes des Wortes nicht angesprochen hat, ihr Ziel.

- ✔ **Erstellen Sie zunächst das Gerüst Ihrer Präsentation.** Als Vorbreitung Ihrer Präsentation sollten Sie zuerst die Kernpunkte Ihrer Botschaft zu Papier bringen. Anschließend überlegen Sie sich mögliche Unterpunkte und eventuelle visuelle Hilfsmittel zur Veranschaulichung Ihrer Präsentation. Und auch hier sollten Sie nicht übertreiben. Beschränken Sie sich auf drei bis fünf Kernpunkte. Falls Sie wirklich mehr zu sagen haben, quetschen Sie es nicht mit Gewalt in Ihre Präsentation, sondern bereiten Sie Hand-outs vor, die Sie vor Beginn der Präsentation austeilen.

- ✔ **Formulieren Sie Einleitung und Abschluss.** Die Einleitung dient folgenden Zwecken:

  - Die Aufmerksamkeit der Zuhörer gewinnen
  - Kurze Übersicht über die Präsentation
  - Wichtigkeit der Präsentation betonen

  Der Abschluss Ihrer Präsentation ist ebenso wichtig wie die Einleitung. Folgendes möchten Sie damit erreichen:

  - Ihre Kernaussagen noch einmal betonen

  - Die Zuhörer noch einmal daran erinnern, warum diese Präsentation so wichtig ist
  - Ein Gefühl der Motivation und des Tatendrangs bei Ihren Zuhörern hervorrufen

- ✔ **Bereiten Sie sich einen Spickzettel vor.** Wenn Sie dieselbe Rede schon x-Mal gehalten haben, werden Sie vermutlich ohne Spickzettel auskommen. Falls Sie eine neue Präsentation halten oder noch etwas unsicher sind, ist so eine kleine Gedächtnisstütze nicht verkehrt. Ein Zettel mit den wichtigsten Stichpunkten ist nicht nur eine große Hilfe, falls Sie tatsächlich den Faden Ihrer Rede verlieren sollten oder einen vorübergehenden Blackout erleiden, sondern auch eine Kontrolle für Sie, ob Sie auch wirklich alle wichtigen Punkte behandelt haben. Ihr Spickzettel sollte nur kurze Stichpunkte enthalten. Er ist eine Gedächtnisstütze und keine Vorlage, von der Sie Ihre Rede ablesen.
- ✔ **Holen Sie sich Verstärkung.** Je nach Art und Umfang Ihres Projekts und der Anzahl der beteiligten Kollegen Ihrer Beraterfirma ist es vielleicht eine sehr gute Idee, Kollegen zu dieser Präsentation mitzunehmen. Ganz besonders dann, wenn es sich um ein hochkompliziertes Fachgebiet handelt. Befindet sich in Ihrem Team ein Experte, kann er Ihre Strategien und Lösungen durch sein Fachwissen untermauern.
- ✔ **Übung macht den Meister.** Je nachdem, wie sicher Sie sich fühlen oder wie ausführlich Ihre Präsentation sein soll, ist ein Probelauf (oder sogar mehrere) sehr hilfreich. Ein Probelauf kann entweder nur daraus bestehen, dass Sie sich am Vorabend Ihres großen Auftritts Ihre Präsentation noch ein paar Mal durchlesen, oder daraus, dass Sie Ihre Rede vor Ihren Freunden, Kollegen oder Ihrer Mutter halten oder eine Videoaufzeichnung machen. Sind Sie nicht allzu geübt, was Präsentationen anbelangt, besteht trotzdem kein Grund zur Sorge. Je öfter Sie Präsentationen halten, um so besser werden Sie.

Man kann sich niemals *zu viel* vorbereiten. Nutzen Sie die Zeit, die Ihnen zur Vorbereitung bleibt, denn wenn Sie erst einmal vor Ihrem Publikum stehen und es losgehen soll, werden Sie merken, dass sich der Aufwand gelohnt hat. Glauben Sie uns, eine Präsentation ist im Grunde genommen nichts anderes als ein Bühnenauftritt. Und vor jeder Aufführung finden Proben statt – das gilt für Sie ebenso wie für jeden Schauspieler.

Die Kunst, visuelle Hilfsmittel einzusetzen

Es ist wissenschaftlich erwiesen, dass von allen Informationen, die unser Gehirn verarbeitet, rund 85 Prozent *visuell* aufgenommen wurden. Denken Sie daran, wenn Sie das nächste Mal eine Präsentation vorbereiten. Ihre Zuhörer sind zwar durchaus in der Lage zu verstehen, was

Sie sagen, aber sie können sich visuell aufbereitete Informationen wesentlich schneller und länger merken.

Nachfolgendes Beispiel soll erklären, worum es uns geht: Peter war einmal Zuhörer einer stundenlangen Präsentation für die Firmenleitung in einem großen High-Tech-Unternehmen. Dabei wurden Tabellen und Grafiken mit winzig kleiner Schrift eingesetzt (etwa wie unsere Abbildung 13.1). Es versteht sich wohl von selbst, dass jeder, der nicht in der ersten Reihe saß, lediglich verschwommene Hieroglyphen erkennen konnte. Was das Fass aber dann zum Überlaufen brachte, war, dass der Redner jede einzelne Zahl direkt von der Overheadfolie ablas. Au weia!

Diese Präsentation war nicht nur eine leidvolle Erfahrung für all diejenigen, die verzweifelt versuchten, doch noch etwas entziffern zu können und dem Gedankengang des Redners zu folgen (sehr zur Freude der Aspirin-Hersteller), sondern hat auch ihren eigentlichen Sinn und Zweck völlig verfehlt, da die Informationen auf den Folien nicht zu lesen waren.

Es gibt eine wesentlich bessere Alternative: Stellen Sie die Informationen nicht als Ziffern- und Buchstabensalat, sondern als Grafik dar. Abbildung 13.2 verdeutlicht sehr gut, wovon wir reden. Vergleichen Sie, um wie viel übersichtlicher und verständlicher Grafik 13.2 im Gegensatz zu Grafik 13.1 die Informationen vermittelt. Bei Ihrer Präsentation können Sie sich somit darauf konzentrieren, Ihren Zuhörern die Bedeutung der Fakten auseinander zu setzen, anstatt sie erst einmal vorzulesen.

			Umsatz im Kalenderjahr			
	Washington	Boston	Atlanta	Los Angeles	San Diego	Dallas
Januar	1010	575	447	2819	554	150
Februar	2332	748	695	365	784	275
März	964	888	856	1635	254	365
April	2550	969	523	1450	699	184
Mai	3552	611	965	1788	955	432
Juni	2648	821	763	1193	419	231
Juli	1250	1352	712	1385	648	951
August	2451	1293	575	1230	499	785
September	3245	452	951	1721	744	626
Oktober	2612	852	842	1521	654	441
November	1943	456	625	1352	951	239
Dezember	3675	952	725	1420	842	855

Abbildung 13.1: Eine grauenhafte Grafik, die kaum zu lesen ist!

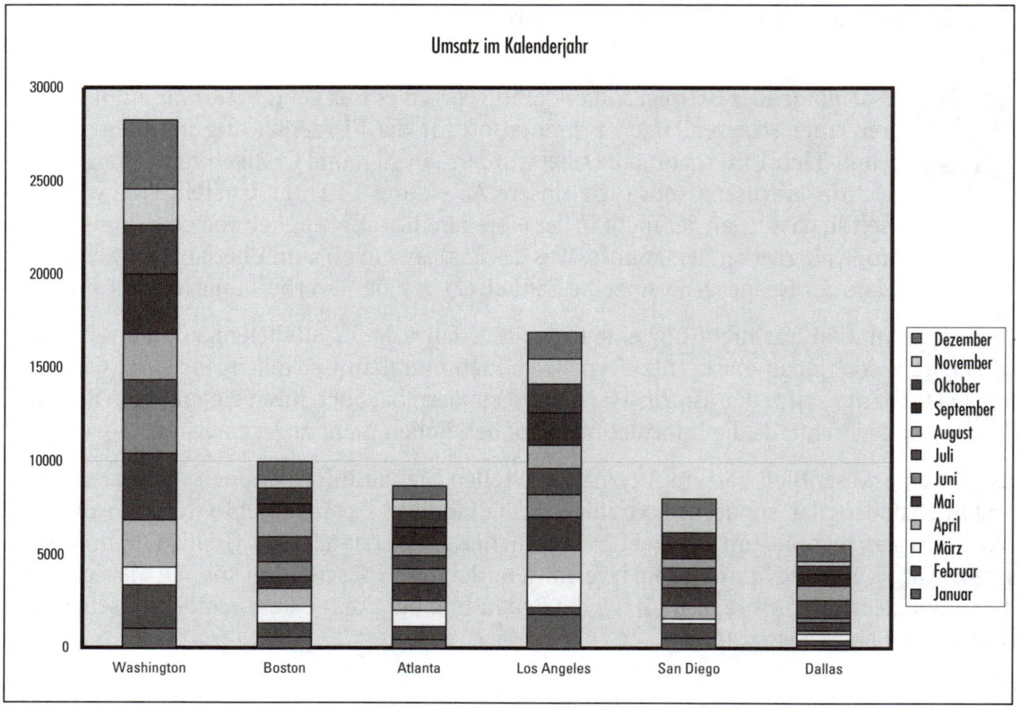

Abbildung 13.2: Gute Grafiken vermitteln die Informationen verständlich und visuell leicht erkennbar.

Nach viele Jahren harter Arbeit haben wir endlich die absolute Universalregel über das visuelle Element in Präsentationen herausgefunden. Das Nelson-Economysche Axiom lautet:

Was man nicht mit eigenen Augen gesehen hat, vergisst man wieder.

Nun gut, was heißt das nun für Ihre Präsentation? Ganz einfach: Die visuelle Präsentation ist ebenso wichtig wie die akustische. Setzen Sie so oft wie möglich visuelle Hilfsmittel wie Landkarten, Displays, Musterproben, Prototypen, Fotografien, Tabellen und Grafiken ein.

Visuelle Hilfsmittel erfüllen die unterschiedlichsten Zwecke: Zum einen werden visuelle Informationen besser und schneller verstanden als mündlich vorgebrachte und bleiben zum anderen auch länger im Gedächtnis. Außerdem wird Ihre Präsentation wesentlich interessanter – vor allem, wenn Sie ein schwieriges Thema behandeln. Nachfolgend eine Auflistung der gängigsten visuellen Hilfsmittel:

✔ **Hand-outs**. Teilen Sie Ihren Zuhörer Hand-outs aus, das heißt Informationsblätter, welche die wesentlichen Punkte Ihrer Präsentation – einschließlich wichtiger Grafiken – enthalten. Ihr Publikum wird Ihnen dadurch besser folgen können. Allerdings sollten Sie auf keinen Fall den Fehler begehen, Ihren Zuhörern anschließend Wort für Wort von dem

Hand-out vorzulesen. Nichts ist langweiliger als das! Versuchen Sie, frei zu sprechen und in Ihrem Vortag Ihr persönliches Engagement und Ihre Erfahrung einzubringen. Begeisterung und Professionalität stecken nicht nur Ihre Zuhörer an, sondern machen Sie selbst wesentlich glaubwürdiger.

- ✔ **Schreib- und Seminartafeln.** Bei Präsentationen vor einer kleineren Gruppe von bis zu 30 Zuhörern eignet sich eine Schreib- oder Seminartafel sehr gut. Schreiben Sie Ihre Kernpunkte und Argumente im Verlauf Ihrer Präsentation auf die Tafel, und wenn Ihnen dabei ein kleiner Fehler unterläuft, ist er schnell korrigiert.

- ✔ **Flip-Charts.** Flip-Charts (diese Riesenschreibblöcke auf einem Stativ oder Rollständern) sind ebenfalls hervorragend für Präsentationen vor nicht mehr als 30 Leuten geeignet. Der große Vorteil von Flip-Charts ist, dass Sie alles bequem zu Hause oder in Ihrem Büro schon vor Ihrem großen Auftritt vorbereiten können. Und während der Präsentation können Sie beliebige Anmerkungen ergänzen. Noch ein brandheißer Tipp gefällig? Es gibt Marker in fast allen Farben!

- ✔ **Präsentationsfolien.** Gerade bei Präsentationen vor einer Gruppe von mehr als 30 Personen sind Präsentationsfolien unschlagbar. Mit Hilfe Ihres Computers, einem Drucker (in dem Fall wäre ein Farbdrucker optimal) und einem Packen Folien lassen sich aus allen gespeicherten Dateien schnell und einfach überzeugende visuelle Hilfsmittel zaubern. Wie? Sie wissen nicht, wie das geht? Kein Problem. Installieren Sie einfach eines dieser tollen Präsentationsprogramme – zum Beispiel Microsoft PowerPoint, WordPerfect Presentation oder Lotus Freelance Graphics – auf Ihrem Rechner und schauen Sie zu, wie Ihren Texten Leben eingehaucht wird. Sie können diese Grafiken anschließend sogar in 35-mm-Dias konvertieren. Falls es Ihnen nichts ausmacht, den dafür notwendigen Spezialprojektor durch die Gegend zu schleppen (es ist sehr unwahrscheinlich, dass bei Ihrem Kunden einer im Seminarraum steht), ist das eine relativ kostengünstige und außerordentlich professionelle Lösung.

- ✔ **PC-Präsentationen.** Ja, hoppla! Mit der richtigen Ausstattung können Sie eine vollprofessionelle Multimedia-Präsentation an Ihrem Laptop zusammenstellen. Jetzt nur noch das Laptop einpacken und Ihre gesamte Präsentation auf eine Projektionsleinwand beamen. Fertig! Für kleinere Zuhörergruppen reicht meist ein bisschen PC-Zubehör, und schon können Sie Ihre Präsentation über den Overhead-Projektor an die Wand werfen. Für ein größeres Publikum empfiehlt es sich, Ihren Laptop an einen dieser hypermodernen, leistungsstarken Multimedia-Projektoren anzuschließen, die Ihre Präsentation mit 1000 Lumen und mehr auf eine Großbildprojektionsleinwand werfen. Wenn Ihnen das noch nicht reicht, können Sie mit diesen Multimedia-Paketen auch noch Videosequenzen in Kinofilmqualität einspielen. Allerdings sollten Sie dann immer Ihren Computerguru dabei haben, denn selten gibt es bei soviel Technik keine Probleme.

Bevor Sie es mit Ihren visuellen Hilfsmitteln vor lauter Begeisterung übertreiben, möchten wir Sie an einige nützliche Regeln erinnern, die für alle Grafiken und Präsentationen gelten: Packen Sie nicht zu viel Information auf einen Haufen. Verwenden Sie eine gut leserliche Schriftart, eine große Schriftgröße und halten

Sie sich mit der Anzahl der Wörter und Zahlen pro Seite oder Folie zurück (Faustregel: Nicht mehr als 16 Schlagworte pro Seite!). Verwenden Sie unterschiedliche Farben zur Verdeutlichung. Bereiten Sie alles vor, *bevor* die Zuhörer den Seminarraum betreten. Es wirkt nicht sonderlich professionell, wenn Sie die ersten fünf Minuten Ihrer Präsentation hektisch am Projektor herumfummeln oder Ihre Präsentationsfolien erst sortieren müssen. Außerdem sollten Sie Eines nicht vergessen: *Sie* stehen im Mittelpunkt Ihrer Präsentation, nicht Ihre Hilfsmittel. Wie der Name schon sagt, dienen sie als Hilfe und sind kein Ersatz für mangelhafte Vorbereitung oder fehlendes Wissen.

Ihr großer Auftritt

Jetzt ist es soweit: Ihre Vorbereitungen sind abgeschlossen, und Sie sind für Ihren großen Tag bereit. Gleich werden Sie für Ihre harte Arbeit und gute Vorbereitung belohnt. Wenn Sie die folgenden Tipps beherzigen, wird Ihre Präsentation ein bombensicherer Erfolg:

- ✔ **Entspannen Sie sich:** Atmen Sie tief durch, und denken Sie positiv. Stellen Sie sich vor, Sie kommen gut an, alles klappt prima, Ihr Publikum wird begeistert sein! Es gibt überhaupt keinen Grund zur Nervosität. Denken Sie immer daran: Ihr Kunde bezahlt Sie dafür, dass Sie ein Experte auf Ihrem Gebiet sind. Und das trifft doch zu, *oder?*

- ✔ **Begrüßen Sie eintreffende Zuhörer:** Es ist immer besser, etwas früher zu Ihrer Präsentation zu erscheinen, da Sie nicht nur in Ruhe überprüfen können, ob alles in Ordnung ist sondern auch schon möglichst viele einzelne Zuhörer persönlich begrüßen können. Damit ist das Eis schnell gebrochen, und Ihre Nervosität wird schneller verfliegen als Sie gedacht haben. Außerdem wird sich jeder, der ein paar Worte mit Ihnen gewechselt hat, gleich noch etwas mehr für Sie und Ihre Präsentation interessieren.

- ✔ **Warten Sie, bis man Ihnen volle Aufmerksamkeit schenkt:** Bei einer Präsentation sollte man von Anfang darauf achten, dass alle mit ungeteilter Aufmerksamkeit bei der Sache sind. Sie können entweder mit dem üblichen »Darf ich um Ihre Aufmerksamkeit bitten« beginnen, oder sich wortlos vor Ihr Publikum stellen und warten, bis der Geräuschpegel abgeklungen ist und sich alle Augen erwartungsvoll auf Sie richten. Wenn es so nicht klappt, zücken Sie eine Trillerpfeife oder hüsteln kurz ins Mikrofon.

- ✔ **Fangen Sie an:** Überlegen Sie nicht lange. Sagen Sie, was Sie zu sagen haben (und wenn Sie etwas schneller fertig werden, als geplant, um so besser!). Ja, so einfach ist das! Noch ein Tipp: Stehen Sie nicht stocksteif auf der Bühne. Bewegen Sie sich (ohne herumzuzappeln), und bringen Sie damit Bewegung und Schwung in Ihre Präsentation. Suchen Sie den Augenkontakt zu wichtigen Entscheidungsträgern, dann können Sie sofort feststellen, welche Reaktion Ihre Präsentation hervorruft. (Signalisiert Ihnen Ihr Kunde beispielsweise mit dem Finger Schneidebewegungen an seiner Kehle, könnte das heißen, dass Sie soeben in einen riesigen Fettnapf getreten sind!)

Wie Sie nun erfahren haben, gehört einiges an Geschick dazu, die eigenen Ideen und Vorstellungen professionell und auf Anhieb verständlich zu präsentieren. Seien Sie deshalb nicht enttäuscht, wenn Sie es sich nicht sofort aus dem Ärmel schütteln können. Es bedarf viel Übung und sorgfältigster Vorbereitung, um ein Publikum wirklich vom Hocker zu reißen. Zum Glück gibt es Computer, die die Sache ungemein erleichtern. Im nächsten Kapitel erfahren Sie, wie Sie Ihren Computer *für sich* arbeiten lassen können.

Nutzen Sie die Vorteile technischer Hilfsmittel

14

In diesem Kapitel

- So bleiben Sie in Verbindung
- Online – Sind Sie schon drin oder wollen Sie erst rein?
- Anleitung zum Computerkauf

Die moderne Technik spielt in Ihrem Leben als Consultant eine *sehr* große Rolle, völlig egal, in welcher Branche Sie arbeiten, wo Ihr Büro sitzt und für wen Sie tätig sind. Mit Hilfe der modernen Technik ist es ein Leichtes, Ferngespräche zu führen, einem Vertragspartner ein Fax quer durchs Land zu senden oder Ihrem schweizerischen Kollegen ein Angebot per E-Mail zu senden. Die Wunderwelt der Technik bietet all das und noch viel mehr. Zugegebenermaßen sind viele dieser Errungenschaften ein Buch mit sieben Siegeln, aber vieles ist so einfach zu nutzen, wie das Telefon oder die Maus an Ihrem PC.

Es ist ein sehr mühseliges Unterfangen, immer auf dem neuesten Stand der Technik zu sein. Sobald Sie nämlich denken, dass Sie nun endlich das Neueste vom Neuen haben, gibt es garantiert schon wieder noch neuere Entwicklungen. Und die Qual der Wahl macht es auch nicht einfacher. Sollen Sie sich gleich ein PCS-Telefon anschaffen oder reicht ein ganz normales Handy? Wie steht's mit einem Faxmodem – sollen Sie jetzt ein neues kaufen oder lieber noch ein paar Monate warten, bis schnellere Geräte auf dem Markt sind? Ist es eine tolle Lösung, sich einen Pager anzuschaffen und eine 0800-Service-Nummer einzurichten, oder genügt ein ganz normaler Anrufbeantworter? Wie wäre es mit einem neuen Computer? Ein schnelles, handliches Laptop ist doch prima, oder wäre nicht doch ein Pentium III mit Multimedia-Paket im Büro noch besser?

Es ist gar nicht so einfach, sich zu entscheiden. Es kommt darauf an, in welcher Branche Sie als Consultant tätig sind, wo Sie arbeiten und ob Sie zu den Technikfreaks gehören, die sich sowieso nur dann zufrieden geben, wenn Sie auf dem neuesten Stand der Technik sind. Vermutlich gehören Sie aber eher zu den Menschen, die erst einmal abwarten, bis Fehler und Schwachpunkte der Neuentwicklungen behoben wurden und sich Neues erst einmal bewährt und durchgesetzt hat, bevor Sie es selbst anwenden.

In diesem Kapitel befassen wir uns mit den gängigen technischen Errungenschaften und Hilfsmitteln, die den Alltag der Consultants erleichtern, Kommunikation vereinfachen und Zeit sparen. Es liegt uns fern, Sie zum Kauf all dieser Geräte anzuregen, und es würde den Rahmen dieses Buchs sprengen, wenn wir alle Neuentwicklungen bis ins letzte Detail beschreiben würden. Es geht uns einzig darum, Ihnen einen Überblick über die technischen Hilfsmittel zu verschaffen, die selbstständige Consultants im Allgemeinen zur Arbeitserleichterung einsetzen. Jeder Consultant entwickelt seine eigenen Vorlieben, was die Büroausstattung anbelangt. Vermutlich geht es Ihnen nicht anders.

In Verbindung bleiben

Kommunikation ist für den Consultant das A und O. Das persönliche Gespräch unter vier Augen ist zwar nach wie vor die beste Lösung, doch manchmal geht es eben nicht. Dann liegt es an Ihnen, auf andere Kommunikationsmittel zurückzugreifen, die wir nun beschreiben möchten.

Ruf doch mal an: Telefone

Seit seiner Erfindung durch Alexander Graham Bell hat sich das Telefon zum Dreh- und Angelpunkt der Geschäftswelt entwickelt. Mittlerweile sind die dünnen Kupferdrähte zwar durch schnelle Modems, Videoübertragungen und ähnliches an der Grenze ihrer Belastbarkeit angelangt, aber das gute alte Telefon tut immer noch brav seinen Dienst. Danke schön.

Selbst wenn das einzige technische Gerät in Ihrem Büro ein Telefon in schlichtem Grau ist, können Sie Ihre Telefongesellschaft um nähere Informationen über die neuesten Services bitten. Gegen eine geringe Monatsgebühr können Sie auf so praktische Funktionen, wie Einspielung von Musik, Rufweiterleitung, Anruferkennung. Konferenzschaltung und ein Kurzwahlverzeichnis, zurückgreifen. Das Einzige, was Sie dafür tun müssen, ist, diese Dienste anzufordern.

Das gute alte Telefon

Das gute alte Telefon hat der Menschheit in den letzten hundert Jahren gute Dienste geleistet, und daran wird sich vermutlich auch in den nächsten hundert Jahren nichts ändern. Fast jeder Mensch hat mindestens einen Telefonanschluss zu Hause oder im Büro (auch wenn es nur die alten Kupferleitungen sind), und ein ganz normales Analogtelefon ist einfach zu bedienen und höchst zuverlässig. Selbst wenn Sie für Ihren Beruf auf alles andere verzichten können, *ein* Gerät brauchen Sie bestimmt: ein Telefon. Überlegt man sich einmal, wie vielseitig, einfach und nützlich so ein Telefon ist, verdient es wirklich den ersten Preis für die beste Leistung für das wenigste Geld.

Bei der Planung Ihrer Büroausstattung sollten Sie folgende Geräte in Erwägung ziehen:

✔ **Ein ganz normales Telefon.** Dabei handelt es sich um die schlichten, zuverlässigen und robusten Arbeitstiere, mit denen Sie groß geworden sind, und die Sie nicht mehr missen mögen. Das Einzige, was Sie tun müssen, ist, das Kabel in die Telefonbuchse zu stecken. Fertig. *Und es funktioniert!* Reicht das nicht ganz aus, gibt es weitere Optionen wie Wahlwiederholung, Freisprechen, Warteschleife, Anruferkennung und vieles mehr. Das Schöne daran ist, dass diese Dinger ohne Batterien, externer Spannungsversorgung oder sonstiges Zubehör auskommen, solange Sie sich nicht eines dieser supermodernen Telefone mit einem Speicher für bis zu 500 Rufnummern, Display, integriertem Anrufbeantworter und ähnlichem Schnickschnack anschaffen, die zwar wirklich erstaunlich viel können, jedoch auch erstaunlich viel Zeit erfordern, bis man alle Funktionen wirklich nutzen kann.

- ✔ **Schnurlose Telefone.** An sich nichts anderes als ein ganz normales Telefon, aber eben schnurlos. Eine feine Sache, weil Sie sich damit in Ihrem Haus oder Büro frei bewegen, nach Unterlagen suchen oder die ersten Sonnenstrahlen auf Ihrem Balkon genießen können, während Sie mit Ihren Kunden telefonieren. Wenn Sie sich schon ein neues Telefon anschaffen, bitte keines mit 49 MHz, sondern gleich ein digitales mit 900 MHz. Die 900-MHz-Geräte sind besser, bieten eine größere Reichweite zur Basisstation und sind abhörsicherer (man weiß ja nie so genau, wer an Ihren privaten oder dienstlichen Gesprächen interessiert ist).
- ✔ **Mehrfachanschlüsse.** Wenn Sie sich schon gerade mit Telefonen auseinandersetzen, überlegen Sie auch gleich, ob Sie nicht vielleicht einen Mehrfachanschluss legen lassen. Die meisten Consultants merken sehr schnell, dass eine einzige Telefonleitung für geschäftliche Zwecke einfach nicht ausreicht. Während Sie zum Beispiel gerade mit einem Ihrer Kunden telefonieren, versucht ein anderer, Ihnen ein eiliges Fax mit Fragen zu Ihrem Angebot zu senden. Ganz schlecht! Besonders für *Sie*. Selbst ein Ein-Mann-Büro braucht heutzutage mindestens zwei Anschlüsse, einen für das Telefon und den anderen für den Internetzugang und das Fax. Wenn Sie oft und lange Zeit online sind oder täglich viele Faxe erhalten, sind drei Anschlüsse angebracht.
- ✔ **ISDN:** ISDN steht für *Integrated Services Digital Network* und ermöglicht es, Signale digital zu übertragen. Bei einem ISDN-Anschluss können Sie zwischen einem Anlagenanschluss und Mehrgeräteanschluss entscheiden, auf alle Fälle erhalten Sie jedoch 3 verschiedene Rufnummern, wobei Sie Ihre alte Rufnummer in der Regel behalten können. Mit dem Einbau einer ISDN-Karte in Ihren PC können Sie die Übertragungsrate von Daten erheblich beschleunigen. Entscheiden Sie sich für einen Anlagenanschluss, erhalten Sie auch Durchwahl-Rufnummern für Ihre Telefonnummern, mit denen Sie innerhalb Ihres Büros per Kurzwahl eventuelle Kollegen erreichen können. ISDN ist eine sehr feine Sache und bietet ohne Zusatzkosten eine Vielzahl an nützlichen Funktionen. Die zugehörigen ISDN-Telefone können, müssen aber nicht zusammen mit dem ISDN-Anschluss verwendet werden. Surfen Sie doch einmal auf der Telekom-Homepage, und informieren Sie sich dort oder bei anderen Anbietern.

Mobilfunk

Mobiltelefone, allseits nur noch »Handys« genannt, haben die Geschäftswelt revolutioniert. Heutzutage kann jeder ohne größeren Aufwand seine Telefonate von jedem beliebigen Ort aus führen, was gerade für Geschäftsleute ein unglaublicher Vorteil ist. Auch Sie als Consultant werden es zu schätzen wissen, dass Sie Ihre Kunden jederzeit im Auto, im Büro eines Klienten, am Flughafen – einfach überall – erreichen können.

Zweifellos sind Handys im modernen Büroalltag unverzichtbar – und daran wird sich in der nächsten Zeit kaum etwas ändern – aber mittlerweile zeigen sie bereits die ersten Alterserscheinungen. Jeder Handy-Besitzer wird Ihnen sein Leid über Funklöcher klagen, in denen die Verbindung plötzlich abbricht. Außerdem müssen Sie mindestens einen Ersatzakku mit sich herumtragen, um einen normalen Geschäftstag zu überstehen. Dazu kommt, dass Handys keinesfalls abhörsicher sind (sie arbeiten im oberen 800 MHz und unteren 900 MHz Frequenzbereich), und es gibt skrupellose Menschen, die Ihre SIM-Karte fälschen, Ihr Passwort nutzen und diese »Schnäppchen« an *noch* skrupellosere Menschen verscheuern, die nach Herzenslust auf anderer Leute Kosten munter drauflostelefonieren. Wenn also auf Ihrer nächsten Handy-Rechnung ein stundenlanges Gespräch in die Mongolei aufgeführt ist, wissen Sie wenigstens, warum.

Die Anschaffung eines Handys und die Auswahl eines Providers und des Tarifs ist mindestens genau so schwierig wie der Kauf eines neuen Autos. Es gibt *unzählige* Möglichkeiten. Achten Sie vor allem auf das Kleingedruckte! Nachfolgend eine Tipps, die Sie für den Kauf eines Handys und den Abschluss eines Vertrags beachten sollten:

- **Das Mobiltelefon:** Sie haben die freie Auswahl zwischen mindestens einer Million verschiedener Mobiltelefone. Zunächst müssen Sie sich überlegen, ob Sie ein ganz normales Handy brauchen, das Sie überall hin mitnehmen können, oder ein Autotelefon – oder beides. Normale Handys sind superpraktisch, die Verwendung im Auto jedoch bald nicht mehr während des Fahrens erlaubt, da Sie beide Hände schließlich am Lenkrad halten sollten. Außerdem werden die Akkus ziemlich schnell leer. Die meisten Handys bieten eine Reihe von technischen Spielereien, wie zum Beispiel das Kurzwahlenverzeichnis und ein alphanumerisches Display. Beim Kauf eines Handys sollten Sie vor allem auf die Größe (sie werden sowieso immer kleiner), die Sprechzeit (je länger, um so besser) und einfache Handhabung achten. Denken Sie daran, dass Sie alle supertollen programmierbaren Funktionen erst einmal begreifen müssen, bevor Sie damit etwas anfangen können.

- **Anschaffungspreis und laufende Kosten:** Auch hier haben Sie die Wahl: Entweder Sie geben mehrere Hundert Mark für ein Handy aus oder bezahlen den Spottpreis von einer Mark. Der Haken an diesen Schnäppchen ist, dass Sie in der Regel einen Vertrag mit einer Laufzeit von 24 Monaten bei einem bestimmten Anbieter unterzeichnen müssen. Es sollte Sie außerdem nicht weiter überraschen, wenn im Kleingedruckten steht, dass die Einrichtung Ihres Handyanschlusses weitere 50 Mark kostet und Sie den Vertrag nicht vorzeitig kündigen können. Für welches Handy Sie sich auch entscheiden, lesen Sie vor allem das Kleingedruckte, um unliebsame Überraschungen in Bezug auf die Fixkosten zu vermeiden.

- **Grundgebühren:** Die Höhe der Grundgebühren ist von Anbieter zu Anbieter unterschiedlich und schwankt zwischen DM 20,00 und DM 50,00. Diese

Grundgebühr ist jeden Monat fällig, unabhängig davon, ob Sie mit Ihrem Handy telefoniert haben oder nicht. Viele Anbieter bieten jedoch Vergünstigungen wie Freiminuten oder Sondertarife am Wochenende an, um diese Verträge attraktiver zu machen.

- ✔ **Verbindungszeit:** Verbindungszeit ist neudeutsch für Gesprächszeit, das heißt, die Zeit, die Sie mit Ihrem Handy telefonieren. Als stolzer Besitzer eines neuen Handys werden Sie bald entsetzt feststellen, dass Sie nicht für die Anrufe zahlen, die Sie selbst tätigen, sondern auch für jeden Anruf, den *Sie erhalten*. Das heißt, Sie zahlen immer! Außerdem sind die Tarife für Telefonate zu Stoßzeiten (die unpraktischerweise meist mit Ihren normalen Geschäftszeiten zusammenfallen) viel teurer als die Freizeit-, Wochenend- und Mondscheintarife, zu denen Sie, wie der Name schon sagt, eigentlich *nicht* telefonieren, sondern sich von der Arbeit *erholen* möchten. Ferngespräche sind *natürlich* über das Handy noch teurer, doch wenn Sie jemand von weit weg *anruft*, müssen Sie in diesem Fall nicht noch mehr zahlen. Es zeichnet sich jedoch langsam glücklicherweise ab, dass die Tarife aufgrund des großen Wettbewerbs sinken. Wenn Sie noch ein bisschen warten, können Sie sich sicherlich auch ein Handy leisten, ohne dadurch arm zu werden.

- ✔ **Zusatzfunktionen.** Viele Mobilfunkprovider bieten Zusatzleistungen wie Rufweiterleitung, Konferenzschaltung, Mailbox und vieles mehr an. Bei manchen Providern sind diese Dienste ein kostenfreier Vertragsbestandteil. Bei Kartentelefonen werden in der Regel Zuschläge für diese Optionen verlangt. Auf Rufweiterleitung und Mailbox sollten Sie unserer Meinung nach jedoch nicht verzichten.

Personal Communication Services (PCS)

Da wir gerade von mobilen Telefonen sprechen: PCS-Telefone sind der absolut neueste Renner. Sie sind äußerlich zwar nicht von normalen Handys zu unterscheiden, letzteren aber trotzdem um Lichtjahre voraus. Die Firma Sprint PCS – eines der Unternehmen, die von der amerikanischen Regierung die Lizenz für PCS erhalten haben – ist seit kurzem auch in San Diego vertreten. Peter konnte sich einfach nicht zurückhalten und kaufte sich sofort ein PCS-Telefon. Inzwischen gehört er zu den größten Fans dieser Technik. Es ist anzunehmen, dass sich PCS-Telefone bald durchsetzen werden, deshalb verraten wir Ihnen jetzt schon die Vorteile gegenüber den analogen Handys, die wahrscheinlich schon bald als hoffnungslos veraltet gelten werden:

- ✔ **Voll digital:** Digitale Signale sind weniger störungsanfällig als analoge. Außerdem ist die Wahrscheinlichkeit, dass die Verbindung abbricht, bei digitalen Systemen wesentlich geringer. Da digitale Telefone dieselbe Sprache sprechen wie Ihr Computer, können Sie PCS-Telefon an den Rechner anschließen und damit E-Mails versenden, Faxe empfangen und vieles mehr.

- **Sicherheitskodierung:** PCS-Telefone arbeiten mit einer speziellen Verschlüsselung, wobei jedem Anruf eine einmaliger Code zugewiesen wird. Somit ist dem illegalen Abhören und dem Betrug ein Riegel vorgeschoben (was bei herkömmlichen Handys bedauerlicherweise nicht der Fall ist). Wer bei PCS Ihr Gespräch mithören will, müsste 4 Billionen Codes entschlüsseln. Viel Glück!
- **Batterien, die nicht so schnell schlapp machen.** Bei PCS-Telefonen beträgt die Bereitschaftszeit bis zu 48 Stunden, das heißt solange ist Ihr Telefon empfangsbereit. *Ein* Akku reicht für eine Sprechzeit von immerhin vier Stunden, was doppelt so lang ist wie bei herkömmlichen Handys.
- **Supergünstige Tarife.** Peter ist besonders glücklich über den günstigen Tarifvertrag, den er für sein neues PCS-Telefon der Firma *Sprint* abgeschlossen hat. Er muss nämlich für die gesamte Anschlussdauer keine monatlichen Grundgebühren bezahlen, die Kosten für Ortsgespräche betragen nie mehr als 35 Cent die Minute, und die erste Minute eines eingehenden Gesprächs ist immer kostenfrei. Außerdem musste Peter keinen langfristigen Vertrag unterzeichnen und die Einrichtung seines Anschlusses erfolgte ebenfalls gebührenfrei. Da sich PCS-Telefone mehr und mehr durchsetzen, wird es vermutlich auch in Deutschland bald so weit sein. Sicher ist, dass es einen heißen Preiskampf zwischen den Anbietern geben wird, natürlich zu Gunsten des Verbrauchers, da sich schon jetzt ein deutlicher Preisverfall abzeichnet.
- **Kostenlose Zusatzfunktionen:** Peter kommt ohne weitere Kosten in den Genuss sämtlicher, bereits aufgezählter Zusatzleistungen. Auch Funktionen wie Mailbox und Benachrichtigung über neue Nachrichten, Ruferkennung, Warteschleifen, Rufweiterleitung, Konferenzschaltung und vieles mehr kosten ihn keine müde Mark. Und die Grundgebühr ist auch schon drin. Insgesamt also ein bestechendes Preis-Leistungs-Verhältnis.

Da PCS-Telefone noch in den Kinderschuhen stecken, ist das entsprechende Netz noch nicht flächendeckend aufgebaut. Hier und da fehlen noch einige technische Feinheiten zur Signalübertragung und -weiterleitung. Lassen Sie sich am besten bei einem Fachhändler über den technischen Stand aufklären. Vielleicht kaufen Sie sich ja ein Handy, das sowohl für den digitalen als auch den analogen Betrieb ausgelegt ist und je nach verfügbarem Netz automatisch umschaltet. Gerade für diejenigen unter Ihnen, die dienstlich viel unterwegs sind, dürfte dies die beste Lösung sein.

Anrufbeantworter, Mailbox und Pager

Was wären Telefone ohne Anrufbeantworter, Mailbox und Pager? Leider (oder sollten wir besser sagen: zum Glück?) können Sie nicht Tag und Nacht telefonisch erreichbar sein. Und genau deshalb gibt es diese nützlichen kleinen Helfer. Natürlich können diese Geräte nicht den freundlichen Menschen ersetzen, der am Telefon einem Kunden sofort weiterhelfen kann, aber kein Consultant kommt ohne aus. Nachfolgend erfahren Sie einige der Vor- und Nachteile dieser Geräte:

✔ **Anrufbeantworter:** Anrufbeantworter sind eine äußerst nützliche und außerdem günstige Möglichkeit, Nachrichten aufzuzeichnen, wenn Sie außer Haus sind. Wenn Sie sich einen Anrufbeantworter anschaffen, lassen Sie die Finger von den veralteten Geräten, die mit Kassetten arbeiten. Kaufen Sie lieber ein digitales Gerät. Sofern es Ihr Geldbeutel zulässt, sollten Sie ein Kombitelefon oder Kombifaxgerät mit integriertem Anrufbeantworter kaufen.

✔ **Mailbox:** Eine Mailbox ist im Grunde genommen ein Anrufbeantworter, nur viel besser. Meistens lassen sich mehrere Mailboxen einrichten, die Geschwindigkeit beim Abhören lässt sich verstellen, die eingegangenen Nachrichten können archiviert werden, und Sie können Nachrichten an Ihre Geschäftspartner und -kollegen weiterleiten, wenn diese mit demselben System arbeiten. Bei vielen Mailbox-Systemen wird über ein Display am Telefon oder Pager angezeigt, dass eine Nachricht eingegangen ist Auch hier hat man die Qual der Wahl. Bei vielen multimediafähigen Computern und Modems ist eine Mailbox-Funktion bereits integriert, wobei manche Ihnen sogar gleich über Pager den Eingang einer neuen Nachricht mitteilen können. Mailboxen lassen sich natürlich auch an Ihren privaten oder dienstlichen Telefonanschluss und die meisten Pager und Handys anschließen.

Dazu noch zwei Tipps: Ihre Ansage sollte immer aktuell sein (Bob nimmt jede Woche einen neuen Text auf und informiert seine Anrufer, wann er wo ist) und hören Sie Ihre Nachrichten auch regelmäßig ab!

✔ **Pager:** Am besten sind Pager, die Nachrichten empfangen *und* senden können. Außerdem sind sie inzwischen nicht mehr viel größer als eine Armbanduhr. An sich sind Pager sehr zuverlässig und kostengünstig, doch mittlerweile werden sie mehr und mehr durch Mobiltelefone mit Pagerfunktion ersetzt. Sollten Sie sich also nach einem Pager umsehen, erkundigen Sie sich, ob es nicht sinnvoller und billiger wäre, ein Handy oder PCS-Telefon mit Pagerfunktion zu kaufen.

Telefonieren über das Internet

Es hat nicht lange gedauert, bis ein paar schlaue Köpfe das Telefonieren mit dem PC über das Internet ermöglicht haben. »Was soll daran so toll sein?« fragen Sie vielleicht. Nun, Sie können auf diese Weise jemanden in Ankara anrufen und stundenlang mit ihm sprechen und müssen dafür nicht mehr bezahlen, als Sie Ihr Internet-Zugang sowieso kostet. Das ist doch wirklich toll, oder nicht?

Einen oder zwei *Haken* hat die Sache allerdings noch: In den Entwicklungsabteilungen läuft die Verbesserung dieser Software noch auf Hochtouren, und die jetzt erhältlichen Versionen sind nicht unbedingt ausgereift. Die Sprachqualität via Internet ist mies, und bislang sind die Internet-Telefon-Softwarepakete untereinander alles andere als kompatibel. Das heißt also, falls alle Gesprächspartner nicht dieselbe Software benutzen, wird das Telefonieren so auch nicht funktionieren.

Merken Sie sich diese Möglichkeit, auch wenn es noch ein wenig dauert, bis die Technik ganz ausgereift ist. Die Softwareentwicklung geht so rasant vonstatten, dass vielleicht schon sehr bald Telefonate über das Internet der Preishammer schlechthin sein werden.

Faxgeräte: Ein Muss für jedes Büro

Mit Hilfe eines Faxgeräts versenden Sie Ihre Unterlagen, Briefe, Berichte und Memos einfach, zuverlässig, schnell und billig mal eben um die Ecke oder um die halbe Welt. Faxen kostet genau so viel wie Telefonieren. Das Faxgerät, das aus dem Geschäftsleben nicht mehr wegzudenken ist (oder kennen Sie eine Firma, die *keines* hat?), hat zu enormen Zeiteinsparungen in der gesamten Geschäftswelt geführt.

Telefon und Faxgerät gehören für jeden Consultant zur technischen Mindestausstattung. Die Frage lautet deshalb, *welches* Faxgerät Sie kaufen, nicht *ob* Sie das tun. Nachfolgend Wissenswertes zum Thema Faxgerät:

✔ **Hardware-Fax:** Im Gegensatz zu der Fax-Software ist dies das Gerät, die Maschine, das Ding, das sich anfassen lässt. In den meisten Büros steht immer noch ein Faxgerät. Natürlich hat auch hier die Technik keinen Halt gemacht, und die neuen Geräte sind schneller und bieten mehr Funktionen zu einem günstigeren Preis. Ein Faxgerät ist unbedingt erforderlich, wenn Sie nicht nur elektronisch vorhandene Unterlagen, sondern *echtes Papier* versenden möchten, zum Beispiel unterzeichnete Verträge, Zeitungsartikel, Zeichnungen, Grafiken und ähnliches. Machen Sie einen großen Bogen um Faxgeräte, in die Sie noch die scheinbar endlos langen Rollen Thermopapier einlegen müssten. Kaufen Sie statt dessen ein Normalpapierfaxgerät, bei dem ein Tintenstrahl- oder Laserdrucker integriert ist und Ihre Faxe auf ganz normalem DIN A4 Blättern ausgedruckt werden. Die Datenübertragungsrate sollte auch mindestens 14,4 Kbps betragen. Ein multifunktionales Faxgerät (Fax, Kopierer und Scanner in einem) könnte sich auch als ganz nützlich erweisen. Sofern es Ihr Geldbeutel zulässt, sollten Sie Ihrem Faxgerät sogar einen eigenen Telefonanschluss gönnen. Ihre Kunden werden es Ihnen danken!

✔ **Fax-Software:** Die meisten neuen Computern sind standardmäßig mit einem Faxmodem ausgestattet, mit dem Sie Daten sowohl versenden als auch empfangen können. Die zugehörige Fax-Software ist ganz einfach zu erlernen und ganz außerordentlich *praktisch*, um Dateien direkt von Ihrem Rechner aus zu faxen, oder ein und dieselbe Faxnachricht an beliebig viele Empfänger zu versenden. Ein paar Mal mit der Maus geklickt, und den Rest erledigt Ihr Rechner. Originaldokumente mit Unterschrift, Fotos und ähnliches müssen Sie allerdings erst einscannen und als Datei erstellen, was ziemlich nervig und lästig ist. Dafür ist ein ganz normales Faxgerät wesentlich besser geeignet. Noch etwas: Wenn Sie ausschließlich über Ihren Computer faxen möchten, muss Ihr Rechner 24 Stunden am Tag und sieben Tage die Wochen eingeschaltet sein – was die Lebenszeit Ihres Rechners erheblich verkürzen könnte. Am besten ist, Sie verwenden Ihren Computer zum Versenden und ein Faxgerät zum Empfangen der Faxe.

Elektronische Post – so gut wie umsonst

Über Sinn und Unsinn des Internets streiten sich schon genug Geschäftsleute, Trendforscher und andere Experten, aber eines ist jedenfalls sonnenklar: Die E-Mail hat die Welt erobert. Einfach jeder, der über einen Internetanschluss verfügt, kann E-Mails *und* Dateien rund um den Erdball versenden. Und sofern in dem Vertrag mit Ihrem Internet-Provider kein Limit vereinbart ist, gehören Sie zu den Glücklichen, die so viele E-Mails versenden und empfangen können wie Sie nur wollen und zahlen keinen Pfennig extra dafür. Im Vergleich zur *Snail Mail*, auf Deutsch *Schneckenpost* (für die herkömmliche Art des Briefschickens) oder zu teuren Eilkurierdiensten keine schlechte Wahl, oder?

Wir schrieben dieses Buch auf dem Rechner in unserem Büro in San Diego, Kalifornien. Sobald wir ein Kapitel fertig hatten, schickten wir es per E-Mail an unsere Verlegerin Pam Mourouzis nach Indianapolis, Indiana. Pam schickte uns die überarbeiteten Kapitel ebenfalls wieder per E-Mail zurück, damit wir die Endfassung erstellen konnten. Die Eilzustellung von uns zu ihr und umgekehrt hätte mehrere Hundert Mark verschlungen, per E-Mail waren es Pfennigbeträge. Und außerdem hätte die Zustellung per Post oder Kurierdienst sicherlich länger als ein paar Sekunden gedauert.

Ohne Computer geht gar nichts

Als Consultant brauchen Sie *unbedingt* zwei Dinge: Telefon und Computer. Alles andere – Büro, Kopierer, Sekretärin, Faxgerät, Schreibtisch, Bürostuhl (okay, okay, Tisch und Stuhl streichen wir wieder) – hat Zeit, bis Sie Telefon und Computer angeschafft haben. Wenn Sie sich mit Computern auskennen, wissen Sie vermutlich schon, was Sie brauchen. Wenn nicht, finden Sie die schönen vielen Angebote voller Computerkauderwelsch wahrscheinlich ganz schön ... äh, verwirrend (wir wollen ja schließlich höflich bleiben).

Ihre erste Entscheidung bei dem Kauf eines Computers ist, wie viel Geld Sie dafür ausgeben wollen. Danach machen Sie sich auf die Suche nach einem Rechner, der Ihren Anforderungen entspricht und den Sie sich leisten können. Ihr Ziel ist, so viel Computer wie möglich für Ihr Geld zu erhalten. Kaum jemand behält bei all den ständig neuen Produkten noch den Überblick, deshalb empfehlen wir Ihnen die Lektüre von einschlägigen Fachzeitschriften, wie PC Welt, Mac Welt und PC, oder Sie stöbern im Internet nach entsprechenden Informationen, ja und dann schlagen Sie zu!

Unabhängig davon, welchen Rechner Sie sich kaufen, gibt es einige Mindestanforderungen, denen auch Ihr Modell unbedingt entsprechen sollte. Und zwar: Pentium Prozessor, 166 MHz Taktfrequenz oder ein vergleichbarer Rechner von Apple Macintosh, 16 MB Arbeitsspeicher, 2 GB Festplatte, 8-fach CD-ROM-Laufwerk und ein Faxmodem mit einer Übertragungsrate von mindestens 33,6/14,4 Kbps. Es besteht ansonsten die Gefahr, dass Ihr Computer bereits auf dem Nachhauseweg veraltet.

Kleine Computer

Laptops sind eine feine Sache für Consultants, die ihre Kunden oft auswärts besuchen oder die ihren Computer als Terminkalender benutzen. Es gibt (fast) nichts Schöneres als in einem Café zu sitzen, Kaffee und Kuchen zu bestellen, gemütlich in einer Ecke zu sitzen, seinen Laptop auf den Tisch zu stellen und vor sich hin zu arbeiten.

Als Peter an *Management für Dummies* schrieb, saß er so gut wie täglich in einem Café. Bob hat sein Laptop fast immer dabei, wenn er zu Vorlesungen unterwegs ist. Meistens verbringt Bob seine Nächte im Hotel damit, wie wild auf sein Laptop einzuhacken, anstatt sich die dritte Wiederholung der Harald Schmidt-Show im Fernsehen anzusehen. Mit einem Laptop haben Sie zusagen Ihr Büro überall dabei und können sich immer an die Arbeit machen.

- **Die gute Nachricht:** Wie gesagt, mit einem Laptop haben Sie Ihr Büro quasi überall dabei – im Flugzeug, bei Ihrem Kunden oder in Ihrem Wochenendhaus – und Laptops sind *fast* so leistungsstark wie die normalen Desktop-Computer. Mittlerweile sind Pentium Prozessoren, Festplatten mit einer Kapazität von -zig Gigabyte, Farbbildschirm, Speicherplatz en masse und ein CD-ROM-Laufwerk Standardausstattung von Laptops, die bequem in Ihre Aktentasche passen. Für die meisten Laptops gibt es so genannte Docking Stations, mit deren Hilfe ein Laptop an einen normalen Monitor und eine normale Tastatur angeschlossen werden kann. Glauben Sie uns, das schont Ihre Augen und vermeidet Fingerkrämpfe.
- **Die schlechte Nachricht:** Als Nachteile der Laptops müssen die etwas gewöhnungsbedürftige Tastatur (okay, *sehr* gewöhnungsbedürftige) und der Akkubetrieb erwähnt werden. Die meisten Akkus machen nach ein paar Stunden Arbeit schlapp. Im Hotel, bei Ihnen Zuhause oder im Büro können Sie den Netzstecker natürlich einfach in die Steckdose stecken, doch im Flugzeug, Zug oder Café sind Sie darauf angewiesen, dass die Akkus Sie nicht plötzlich im Stich lassen. Außerdem ist ein Laptop teurer als ein vergleichbarer Desktop-Computer. Müssen Sie dienstlich jedoch oft verreisen, sollten Sie schon jetzt auf ein Laptop sparen.

Stehen Sie auf *wirklich* kleine Computer wie Organiser oder andere elektronisches Wunderwerke? Dann lesen Sie doch bitte (nochmals) Kapitel 11.

Große Computer

Desktop-Computer sind der Standard, an dem alle anderen Rechner gemessen werden. Sie bieten das beste Preis-Leistungs-Verhältnis und werden ständig verbessert. Müssen Sie fast den ganzen Tag am Computer arbeiten – zum Beispiel als Finanzberater, der ständig ein Auge auf die Finanzmärkte haben oder komplexe Analysen erstellen muss – *und* sind Sie fast nie außer Haus auf einen Computer angewiesen, ist ein Desktop-Computer genau das Richtige für Sie.

- **Die gute Nachricht:** Desktop-Computer bieten gegenüber den Laptops einige Vorteile: Die Tastatur ist bequem zu bedienen und groß genug, um die Tasten auch einzeln zu treffen. Außerdem gibt es auch ergonomische Tastaturen, wie zum Beispiel das Natural Keyboard von Microsoft. Ein 17-Zoll-Bildschirm gehört mittlerweile zur Standardausstattung (Ihre Augen werden es Ihnen danken), und Sie bekommen einen schnelleren Pentium Prozessor, eine größere Festplatte und überhaupt bessere Komplettpakete für Ihr Geld als bei einem Laptop derselben Preisklasse. Im Gehäuse ist zudem ausreichend Platz für spätere Nachrüstung, zum Beispiel für eine neue Festplatte, ein CD-ROM- oder ZIP-Laufwerk. Zu guter Letzt müssen Sie sich auch keine Sorgen um den Ladezustand der Akkus machen.

✔ **Die schlechte Nachricht:** Als Nachteile von Desktop-Computern muss aufgeführt werden, dass Sie Ihren großen Computer logischerweise nirgendwo mit hinnehmen können (außer zur Reparatur). Na ja, und außerdem wirkt es im Café bei weitem nicht so cool, wenn Sie dort ohne schickes Laptop einfach nur Ihren Kaffee trinken.

Was Sie Ihrem Computer so alles kaufen können

Wenn Ihr Rechner erst einmal auf Ihrem Schreibtisch steht, werden Sie feststellen, dass es *ziemlich viel* an Zubehör und Zusatzgeräten gibt. Lesen Sie sich die Vor- und Nachteile der folgenden Optionen durch, bevor Sie losziehen und Ihren Kauf später vielleicht bereuen.

✔ **Multimedia:** Multimediazubehör – Soundkarte, Stereo-Lautsprecher, 3D-Grafikkarten und ähnliches – erleichtert Ihnen die Arbeit zwar nicht unbedingt, kann aber ziemlich viel *Spaß* machen. Falls Sie nicht ausgerechnet im Bereich Multimedia-Präsentationen als Consultant tätig sind, ist Ihr Geld für einen schnelleren Prozessor, eine größere Festplatte oder mehr Arbeitsspeicher besser angelegt. Das Standardzubehör aus Soundkarte und Lautsprecher sollte eigentlich reichen. Stecken Sie Ihr Geld lieber in die Dinge, die Ihnen die Arbeit wirklich erleichtern.

✔ **Drucker:** Drucker gehören zur Grundausstattung eines jeden Consultants. Der Eindruck, den Sie bei Ihren potenziellen Kunden hinterlassen, entscheidet, ob Sie einen Auftrag erhalten oder nicht. Und das Druckbild Ihrer Unterlagen spielt bei dem Eindruck, den Sie hinterlassen, eine *gewichtige* Rolle. Der Standarddrucker für geschäftliche Zwecke ist mittlerweile der Laserdrucker, und somit gehört ein Laserdrucker auch in *Ihr* Büro. Ein Laserausdruck sieht professionell und gestochen scharf aus, was man von Ausdrucken mit Tintenstrahldruckern nicht behaupten kann. Kaufen Sie sich den schnellsten Laserdrukker, den Sie sich leisten können (Peters Laserdrucker kann bis zu 12 Seiten in der Minute drucken) und kaufen Sie nur Markengeräte.

✔ **Geräte zur Datensicherung:** Wie? Sie glauben, Ihnen passiert es bestimmt nicht, dass ihre Festplatte den Geist aufgibt und alle Kundendaten zum Teufel sind? Sehr leichtsinnig! Sichern Sie Ihre Daten! Mit den kleinen 1,4 MB-Disketten kommen Sie allerdings nicht sehr weit, wenn Sie eine Sicherungskopie Ihrer 3 GB-Festplatte erstellen wollen. Besorgen Sie sich ein Laufwerk für Magnetbandsicherungen oder ein ZIP-Laufwerk für Ihre regelmäßigen Backups, die sich im Fall der Fälle als echte Retter in der Not erweisen. Sie können Datensicherungen ganz leicht automatisch über Nacht ausführen lassen. Schieben Sie die Datensicherung nicht auf die lange Bank! Tun Sie es jetzt, bevor es zu spät ist.

Die Sache mit dem Internet

Ist Ihnen auch schon aufgefallen, dass Sie spätestens eine Viertelstunde, nachdem Sie den Fernseher eingeschaltet oder eine Zeitung aufgeschlagen haben, *ununterbrochen* daran erinnert werden, dass das Internet die Innovation schlechthin ist. Im Grunde genommen stimmt das ja auch. Trotz der unbestrittenen Tatsache, dass das Internet mit E-Mails und dem World Wide Web die Kommunikation und die gesamte Wirtschaft revolutioniert hat, sollten Sie klar zwischen Cyberspace und Realität unterscheiden.

In diesem Abschnitt befassen wir uns mit der *Realität* des Internets, zeigen Ihnen, worauf Sie bei der Auswahl eines Internet-Providers achten müssen, und besprechen die Vor- und Nachteile großer Online-Dienste. (Wenn Sie mehr darüber erfahren wollen, schauen Sie doch einfach mal in *Internet für Dummies* nach.) Zum Abschluss schauen wir uns gemeinsam das World Wide Web an.

Internet-Provider: Im Dutzend billiger?

Es scheint, als würde *jeder* plötzlich sein Geld als Internet-Provider verdienen. Sowohl die kleinen Ein-Mann- und Familienbetriebe, die seit Jahren Provider-dienste anbieten, als auch die Großen der Branche wie AOL oder CompuServe sind immer noch im Geschäft. Als ob es damit noch nicht genug wäre, steht auch die Telekom gemeinsam mit allen privaten Telefonnetzanbietern Schlange, um interessierte Kunden für sich zu gewinnen. In Amerika reißen sich nun auch Kabelfernsehgesellschaften wie Time-Warner mit superschnellen Verbindungen über Glasfaserkabel um Marktanteile. Der lachende Dritte ist in diesem Fall der Verbraucher, der sich über ständig sinkende Preise freuen kann.

Vermutlich gibt es überall auf der Welt einen Internet-Provider, der Sie *liebend* gerne zu seinen Kunden zählen möchte, egal, wo Sie wohnen. Doch in diesem Fall ist Vorsicht geboten, da es gute und weniger gute Anbieter gibt. Bitte beachten Sie die folgenden Punkte, wenn Sie sich auf die Suche nach einem Internet-Provider (IP) machen:

- ✔ **Preis:** Die überwiegende Mehrheit der Internet-Provider berechnet eine Monatspauschale, das heißt, für eine feste Grundgebühr (um die DM 25,- pro Monat) können Sie solange im Internet surfen, wie es Ihnen Spaß macht. Es gibt auch noch günstigere Tarife, vor allem wenn Sie die Jahresgebühr im Voraus entrichten. Wägen Sie die Vorteile von günstigen Monatsgebühren sorgfältig gegen die Nachteile einer langen Vertragsbindung ab.

- ✔ **Internet-Zugang:** Achten Sie darauf, dass Sie für die Internet-Verbindung nur den Ortstarif bezahlen. Manche Provider bieten einen kostenlosen Internet-Zugang an, berechnen Ihnen dann aber 3,9 Pfennig je Minute. Sind Sie viel unterwegs, sollten Sie einen der flächendeckenden großen Provider wählen, arbeiten Sie überwiegend in Ihrem Büro ist ein lokaler Provider in Ordnung. Moment, wir sind noch nicht fertig! Kommt auch wirklich eine Verbindung zustande, wenn Sie sich einwählen? Da es täglich immer mehr werden, die stundenlang im Internet surfen, kann es durchaus passieren, dass Sie nicht durchkommen, weil die Leitungen diesem Ansturm (noch) nicht gewachsen sind. Häufig ist das natürlich zu den Stoßzeiten der Fall, also genau dann, wenn auch Sie ins Netz möchten. Bietet ein Provider, der für Sie in die engere Wahl kommt, die Möglichkeit, seine Dienste ein paar Wochen kostenlos zu testen, sollten Sie diese Zeit nutzen, um zu prüfen, ob eine Verbindung vor allem zu den Stoßzeiten zustande kommt. Schreiben Sie sich auf, wie oft und wann die Leitung besetzt ist oder Ihnen der Zugang verweigert wird. Kommt das oft vor, sollten Sie sich an einen anderen Provider wenden, glücklicherweise haben Sie da die freie Wahl zwischen unzähligen Anbietern.

- ✔ **Geschwindigkeit:** Ebenso wie die Verbindung bei machen Anbietern immer und bei anderen selten klappt, unterscheidet sich auch die Geschwindigkeit des Verbindungsaufbaus und der Datenübertragung. Die Geschwindigkeit hängt von der *Bandbreite* ab, das heißt, wie viele Daten gleichzeitig über einen Kanal gesendet werden können. Mehr Bandbreite heißt für Sie als Kunde kürzere Downloadzeiten und schnellerer Verbindungsaufbau. Ein sehr wichtiger Aspekt, da sonst aus dem *World Wide Web* schnell ein *weltweites Warten* wird! Vergessen Sie nicht, dass Sie meistens genau das bekommen, wofür Sie bezahlen. Ein supergünstiger oder gar kostenloser Internet-Zugang kann durchaus den Nachteil haben, dass Sie superlange vor dem Rechner sitzen, ohne dass sich etwas tut!
- ✔ **Zuverlässigkeit:** Gekappte Verbindungen und plötzliche Fehlermeldungen sind alles andere als witzig – vor allem, wenn Sie gerade schon 25 Minuten der 35-minütigen Downloadzeit hinter sich hatten. Sollten Ihre Verbindungen häufiger unterbrochen werden – und ein bis zwei Mal im Monat ist unserer Meinung nach mehr als häufig – suchen Sie sich besser einen anderen Provider.
- ✔ **Sonstige Dienste:** Zusätzlich zur wunderbaren Möglichkeit, das Internet in all seiner Pracht und Vielfalt zu bestaunen (wir lassen uns diese Schleichwerbung natürlich gut bezahlen), einschließlich World Wide Web, E-Mail-Adresse, News- und Chat-Groups und vielem mehr, bieten viele Provider noch andere Dienstleistungen an. So können Sie zum Beispiel Ihre eigene Homepage ohne Zusatzkosten ins Netz stellen oder (gegen Zusatzkosten) Ihre Homepage gestalten und pflegen lassen. Falls Sie selbst dafür keine Zeit oder kein Interesse aufbringen, suchen Sie sich einen Provider aus, der diese Dinge für Sie übernimmt.

Online-Dienste: Vom Aussterben bedroht?

Etablierte Online-Dienste wie AOL und CompuServe haben zwar aufgrund der wachsenden Konkurrenz in dieser Branche ihre Monopolstellung aufgeben müssen, aber es gibt sie noch. Bis vor kurzem konzentrierten sich diese Unternehmen auf ihre Aufgabe als Informationszentren, die in erster Linie Chatrooms bereitstellten und den Zugang zu verschiedenen Info-Datenbanken und Online-Magazinen. Die unterschiedlichsten Interessengruppen und Berufsverbände fanden hier ein Forum. Der Zugang zum Internet war damals eher ein Nebenprodukt. Die beträchtlichen Zuwachszahlen von anderen Providern hat diesen alteingesessenen Unternehmen jedoch mächtig zu denken gegeben, und jetzt konzentrieren sie sich ebenfalls auf das Geschäft mit dem Internet-Zugang.

Ist es nun also besser, einen etablierten Provider aus der Masse des Angebots herauszupicken, oder taugt ein kleiner Provider auch? Sind Sie ein Anfänger auf dem Gebiet des Internets, lautet die Antwort: Ja, wenden Sie sich an einen Branchenriesen. Große Firmen wie AOL oder sind *sehr* benutzerfreundlich, gerade für den Einsteiger. Übrigens, ein Onlinedienst ist gut geeignet, um sich mit der *Netiquette* – den Benimmregeln – und der Navigation im Internet vertraut zu machen. Haben Sie jedoch schon ausreichend Erfahrung mit dem Internet und können auf diese Extras verzichten (die meisten davon finden Sie sowieso im Internet), reicht ein reiner Internet-Provider völlig aus. Außerdem sind dort die Verbindungen schneller und direkter.

Die wunderbare Welt des World Wide Web

Für viele Geschäftsleute ist das World Wide Web so etwas wie der Heilige Gral. Es ist ja auch kein Wunder, dass fast jeder glaubt, auch er müsse im Internet mit einer eigenen Homepage vertreten sein, denn in all dem Medienrummel wird immer wieder behauptet, dass im Internet gigantische Gewinne nur darauf warten, jemanden zum Millionär zu machen (komisch, irgendwie klicken wir uns an diesem Geldsegen immer wieder vorbei). Ist eine Homepage nun sinnvoll oder nicht?

Sicherlich haben auch Sie schon einmal eine Geschichte über einen Glückspilz gehört, der sich aufgrund seiner Präsenz im Internet eine goldene Nase verdient hat. Allerdings haben auch unzählige Firmen schon *Unsummen* in ihre Homepages investiert, ohne damit viel Gewinn zu machen. Für Consultants ist die Mundpropaganda, die Weiterempfehlung durch zufriedene Kunden, eine viel bessere Werbung, die ganz bestimmt *mehr* Aufträge verschafft, als es eine Homepage jemals könnte. Möchten Sie dennoch im Netz vertreten sein, erfahren Sie in Kapitel 23 mehr darüber. Beschränken Sie Ihre Ausgaben dafür jedoch auf ein Minimum, bis Sie sicher sind, dass sich diese Kosten auch tatsächlich bezahlt machen.

Wie Bill Eastman das Internet für sich – und seine Kunden – nutzt

Bill Eastman ist Vorstand der *Unternehmensberatung Applied Innovations Group* mit Sitz in Gloucester, Virginia. Seine Firma hat sich darauf spezialisiert, mit Hilfe des Internets vor allem für Dienstleistungsunternehmen neue Märkte zu erschließen. Nähere Informationen über Bill Eastmans Unternehmen können Sie auch in Teil II, Kapitel 7 in unserem ersten Interview mit ihm nachlesen. Wir befragten Bill über die Bedeutung des Internets für Consultants.

Consulting für Dummies: Haben Sie sich auf eine bestimmten Bereich der Unternehmensberatung spezialisiert?

Bill Eastman: Ja, seit etwa vier Jahren konzentrieren wir uns nur noch auf die Qualität des Kundenservice, und zwar innerhalb der gesamten Lieferkette. Als Koautoren von Ken Blanchards Schulungsprogramm »Raving Fans« konnten wir unsere gesamte Erfahrung in diesem Bereich einbringen und uns noch mehr auf die Strategieplanung und strategisches Marketing spezialisieren.

CfD: Wie nutzen Sie das Internet zu Ihrem eigenen Vorteil und dem Ihrer Klienten?

Eastman: Applied Innovations unterscheidet sich hinsichtlich Qualität und Art der Unternehmensberatung nicht von den großen Beratungsunternehmen wie McKinsey oder Andersen Consulting. Da wir jedoch über das Internet liefern, sind wir preislich gesehen wesentlich interessanter für unsere Kunden. Außerdem können wir viel produktiver arbeiten, denn das Teure an der Unternehmensberatung ist ja das Stundenhonorar für die persönliche Beratung, und man kann zur selben Zeit immer nur an einem Ort sein. Nicht einmal Captain Kirk kommt ohne seinen Beamer aus. Über das Internet können wir jedoch viele Kunden gleichzeitig bedienen, wodurch unser eigenes Tageshonorar steigt, der Preis für den einzelnen Kunden aber niedriger ist als bei der Konkurrenz.

CfD: Das heißt also, Sie schaffen es, sich mit mehreren Kunden parallel zu beschäftigen?

Eastman: Genau. Normalerweise braucht man dazu sehr viele Mitarbeiter, das Internet macht es aber möglich, dass wir mit relativ wenigen, dafür aber »multitaskingfähigen« Mitarbeitern dieselbe Qualität wie die großen Unternehmen bieten können.

CfD: Nutzen Sie das Internet auch für die Recherche über die Qualität des Kundendienstes, wenn Sie an einem Auftrag arbeiten?

Eastman: Aber sicher. Wir betreiben sehr intensive Internet-Recherchen, um Informationen zu sammeln und möglichst viel über den jeweiligen Kunden in Erfahrung zu bringen Natürlich finden wir nicht alles im Internet, da noch nicht jede Information ins Netz gestellt wurde, aber man kann schon sehr viel erfahren. Wir schauen zum Beispiel regelmäßig in News- und Usergroups hinein, und verfolgen sämtliche Informationen über die Tätigkeiten bestimmter Unternehmen oder die Entwicklungen in bestimmten Branchen. Somit verfügen wir bereits vor der ersten Kontaktaufnahme mit einem potenziellen Kunden über Hintergrundinformationen zu seinem Unternehmen. Meiner Ansicht nach hat man nur dann gute Aussichten, einen Auftrag zu erhalten, wenn man bereits beim ersten Treffen zeigen kann, dass man über das Unternehmen des Kunden umfassend und lückenlos informiert ist. Damit hinterlässt man einen sehr guten Eindruck, und wenn es gelingt, dass der Kunde sich so etwas denkt wie »Mensch, daran habe ich ja noch nie gedacht!« oder »So habe ich das noch nie gesehen!« oder »Das habe ich überhaupt nicht gewusst!« hat man den Auftrag so gut wie in der Tasche, wenn man nicht über den Preis den Kunden doch noch abschreckt. Ich versuche eigentlich immer, in meinen ersten Kundengesprächen möglichst viele dieser »Aha-Erlebnisse« beim Kunden zu bewirken. Unser zweiter und vermutlich größerer Wettbewerbsvorteil besteht darin, dass wir mit künstlicher Intelligenz und Fuzzy Logic arbeiten, um Informationen über unsere Kunden zu erhalten. Das ist wirklich eine spannende Sache, denn das Wissen über unsere Kunden ist unser größter Vorteil.

CfD: Alle Welt spricht davon, dass die Zukunft des Geschäftslebens im Internet liegt, doch bislang hat sich das noch nicht bestätigt. Halten Sie es für sinnvoll, als Consultant eine eigene Homepage zu haben, und wenn ja, warum?

Eastman: Für mich ist das Internet die nächste Domäne, die es für Consultants zu erobern gilt. Im Moment ist die Consulting-Branche eine sehr großer und kaum abgesteckter Geschäftszweig. In Amerika halten die zehn größten Beratungsunternehmen einen Marktanteil von knapp zehn Prozent des gesamten Consulting-Sektors. Das bedeutet, dass es viele Familienbetriebe und Ein-Mann-Unternehmen gibt, die oft an eine Universität angeschlossen sind. Meiner Meinung nach kann das Internet dazu beitragen, dass Kleinunternehmen dieselbe Unternehmensberatung erhalten wie Großunternehmen und kleinere Beratungsunternehmen sich über das Internet einen Namen verschaffen können. Aus diesem Grund konzentrieren wir uns auf kleine Firmen mit hohem Wachstumspotenzial. Firmen, die von einer Umsatzsteigerung von bis zu zehn Prozent jährlich träumen, stehen *nicht* auf unserer Liste. Für uns werden Firmen erst es ab einer geplanten Zuwachsrate von mindestens 10 bis 20 Prozent im Quartal interessant.

CfD: Wir hören ja viel über die Zukunft des virtuellen Geschäftslebens. Es scheint, dass die Entwicklung eines Netzwerks mit qualifizierten und kooperativen Kollegen für einen Consultant ein absolutes Muss ist. Sehen Sie das auch so?

Eastman: Absolut. Ohne den Austausch mit und der Unterstützung von anderen Consultants stellt sich der große Erfolg bestimmt nicht ein. Das Internet ist ein Informationspool und bietet die Möglichkeit zum Gedankenaustausch ohne zusätzliche Fixkosten, und die meidet schließlich *jeder* Consultant wie die Pest. Jeder, der sehr hohe Fixkosten hat, muss dieses Geld ja erst einmal verdienen, also hält man sie natürlich so niedrig wie möglich. Die Beratungsbranche an sich ist zwar eine Goldgrube, aber die Kundenakquisition, Entwicklung von Lösungen und die Nachbetreuung verschlingen viel Geld.

CfD: Sicher, und da Ihre Gemeinkosten relativ niedrig sind, können Sie es sich leisten, Ihren Kunden günstigere Preise anzubieten.

Eastman: Genau. Ich selbst habe zum Beispiel außer meinen Miet-, Neben- und Telefonkosten keine weiteren Fixkosten. Deshalb kann ich alles, was ich tue, meinen Kunden auch in Rechnung stellen. Hier kommt es natürlich darauf an, ein gutes Abrechnungssystem zu haben. Wir rechnen nach Tätigkeit ab, und jede Tätigkeit hat ihren eigenen Preis. Wenn wir einen Vertrag mit einem Klienten aushandeln, wissen wir genau, welche Gewinnspannen wo liegen. Wenn es zu den Preisverhandlungen kommt, freut sich der Kunde, wenn wir ihm entgegenkommen können und für uns steht dennoch genau fest, wie viel Gewinn wir dabei erzielen.

CfD: Wie nutzen Sie das Internet zur Kostensenkung?

Eastman: Zum einen erspart uns das Internet oft die Präsenz vor Ort beim Kunden. Wir vereinbaren nur dann persönliche Treffen, wenn es wirklich sinnvoll ist.

Zum anderen sparen wir unserem Kunden viel Zeit und damit viel Geld, da wir keinen Wert auf groß angelegte Team-Meetings mit Massen von Leuten legen. Wir nutzen das Internet, um über Kooperation, Chatrooms und E-Mail-Austausch die Projektarbeit produktiver zu erledigen. So ist es uns gelungen, die Anzahl der persönlichen Besprechungen mit dem Kunden auf ein Drittel zu senken.

CfD: Das ist ja fantastisch! Arbeiten Sie auch mit Videokonferenzen?

Eastman: Wir haben bisher eigentlich nur ein bisschen damit herumgespielt, denn die Technik lässt noch zu wünschen übrig. Ich denke jedoch, dass Videokonferenzen bald zum Alltag gehören. Wenn ich mir so überlege, was ein Flugtikket im Durchschnitt kostet, denke ich, wir könnten durch den Einsatz von Videokonferenzschaltungen die Kosten für unsere Kunden um etwa die Hälfte senken.

CfD: Stimmen Sie John Naisbitt – dem Autor von *Megatrends* – zu, der die Auffassung vertritt, wir müssten uns mit zunehmender Technologisierung wieder verstärkt um persönliche Kontakte bemühen?

Eastman: Ja, dem kann ich mich nur anschließen. Wir müssen viel persönlichen Einsatz zeigen, um die technischen Errungenschaften auch sinnvoll nutzen zu können.

CfD: Wie beeinflusst das Ihre Arbeit über das Internet?

Eastman: Gerade im Internet werden wir diese Annäherung an die moderne Technik, vertreten durch Unternehmen wie Cu-SeeMe, am ehesten erleben. Schon bald werden Videokonferenzen ebenso zum Alltag gehören wie Informationsbörsen und Schulungen über das Internet. Jeder kommt also an alle Informationen, und es wird keinen großen Unterschied mehr machen, ob man nun persönlich oder virtuell anwesend ist. Das Internet ist ein Medium, das jedem das Gefühl vermitteln kann, dabei zu sein und mitzumischen, selbst wenn man dabei nur auf den Bildschirm schaut. Ein Bildschirm übrigens, der schon bald die Größe eines Fernsehbildschirms haben wird, da gehe ich jede Wette ein.

CfD: Woraus besteht eigentlich Ihre EDV-Ausstattung?

Eastman: Wir haben drei Computer vernetzt. Einer ist ein Pentium 100, den wir ausschließlich für Internetanwendungen einsetzen. Das ist unser Kommunikationsrechner. Daran angeschlossen ist unsere Workstation, ein Pentium 200 MMX. Das ist unser Arbeitstier. Aus Gründen der Datensicherheit, die besonders kritisch ist, wenn oft eine Verbindung zum Internet besteht, ist unser Internet-Computer mit einem Sicherheitsprogramm, der so genannten Firewall, ausgestattet. Die Firewall verhindert, dass Computerviren oder Eindringlinge Schaden anrichten können oder unser System sabotieren. Ich besitze außerdem einen Laptop, den ich für Arbeiten außer Haus mitnehme und über den ich auf unser Netzwerk zugreifen kann. Derzeit erkundigen wir uns über die Möglichkeit, Daten über Satellit zu übertragen. Im Moment sind wir Kunde bei einem Internet-Provider und einem Online-Dienst (AOL). AOL ist das Herzstück unseres Systems, weil der Preis einfach unschlagbar ist.

CfD: Einige Internet-Experten haben – vielleicht etwas verfrüht – prophezeit, dass Online-Dienste wie AOL von Internet-Providern verdrängt werden. Wie denken Sie darüber?

Eastman: Das hängt vom Geldbeutel und von der Erfahrung des Einzelnen mit dem Internet ab. Wenn Sie ein Internet-Freak sind und sich gut auskennen, kann man auch mit einem reinen Provider gut über das Internet arbeiten. Der Vorteil von AOL ist, dass man überhaupt keine Internet-Vorkenntnisse braucht. Man installiert einfach die Software, klickt ein paarmal mit der Maus und fertig. AOL erstellt Ihnen die Homepage und die Chatrooms dort sind allererste Sahne. AOL ist gewissermaßen der Bill Gates unter den Online-Diensten. Natürlich hat AOL auch schon schlechte Zeiten durchgemacht, aber – ehrlich gesagt – hat das weniger mit AOL selbst zu tun, sondern ist symptomatisch für alle Telekommunikationsnetzwerke.

CfD: Glauben Sie nicht, dass AOL sich das Problem nicht teilweise doch selbst eingehandelt hat? Immerhin hat sich die Zahl der AOL-Nutzer fast über Nacht von vier auf acht Millionen verdoppelt.

Eastman: AOL leidet an einem wesentlich größeren Problem. Die herkömmliche Kabeltechnik stößt durch diese Datenflut an ihre Grenzen. Da AOL einer der Branchenriesen ist, kriegt es die Schelte für technische Mängel ab und kassiert auch gleich die Prügel für andere Telefongesellschaften mit ein. Das Problem liegt in der Infrastruktur, aber – wie gesagt – als Branchenriese ist AOL das Opfer der Presse, die sich nun einmal gerne auf die Großen stürzt. Mein Rat für alle Consultants (vor allem für Berufsanfänger) lautet deshalb, sich zunächst bei AOL anzumelden und sich deren Erfahrung als Marktführer zunutze zu machen. AOL ist wirklich die erste Adresse und wird es auch in Zukunft bleiben, da Steve Case und sein ganzes Team hervorragende Arbeit leisten.

CfD: Welche Rolle spielt das Internet für die meisten Unternehmen?

Eastman: Die Unternehmen, die das Internet einsetzen, um sich Wettbewerbsvorteile zu verschaffen, geben den Verbrauchern und Kunden ein machtvolles Instrument in die Hand. Aufgrund der Interaktion über das Internet kann der Kunde ganz gezielt nach für ihn maßgeschneiderten Lösungen suchen, bevor er ein Produkt kauft. Das Revolutionäre daran ist, dass der Markt nun vom Kunden in kleine Marktnischen aufgeteilt wird, und ein Consultant sich nicht mehr überlegen muss, ob er in der Branche überhaupt Fuß fassen kann, weil das Gesamtvolumen zu klein ist. Als Ein-Mann-Betrieb reicht Ihnen eine Marktnische mit einem Umsatz von $ 15.000 bis $ 25.000 durchaus, und sollte der Umsatz bei einer Größenordnung von $ 100.000 liegen, umso besser.

Teil IV

Der Start in die Selbstständigkeit

»Zuerst war Harry Consultant für Bowlingbahnen, da gingen wir immer Bowling spielen. Danach war er Consultant für Golfplätze, und wir spielten nur noch Golf. Jetzt ist er Consultant für chirurgische Instrumente, und ich sage dir ganz offen, seitdem mache ich nachts kein Auge mehr zu.«

In diesem Teil...

Entgegen anderslautender Gerüchte ist der Weg in die Selbstständigkeit für einen Consultant alles andere als einfach. Es ist nicht damit getan, ein paar Visitenkarten zu drucken und darauf zu warten, dass die Kunden das Büro stürmen. Consulting ist ein Geschäft wie jedes andere auch, und man kann vieles richtig, aber auch falsch anpacken. In diesem Teil erfahren Sie, wie Sie es *richtig* angehen, Ihr Honorar festzulegen, Verträge auszuhandeln, Ihre Beraterfirma zu gründen, den Überblick über Ihre Zeit und Ihr Geld zu behalten und andere Dienstleister in Anspruch zu nehmen.

Was sind Ihre Dienste wert? Die Festlegung Ihres Honorars

15

In diesem Kapitel

- Wie ermitteln Sie den Wert Ihrer Arbeit?
- Ihre persönliche Preisliste
- Der Wertzuwachs für Ihren Kunden
- Preisänderungen

Es gibt wohl kaum ein unangenehmeres Thema für einen Consultant, als sich über sein Honorar zu äußern. Consultants sind ganz in ihrem Element, wenn sie die Tragfähigkeit eines Doppel-T-Trägers einer Stahlkonstruktion berechnen, ein neues Qualitätssicherungsprogramm empfehlen oder neue Software auf einem Web-Server installieren. Da bewegt sich jeder auf dem sicherem Boden seines Fachgebiets. Für diese Dienste jedoch das Honorar zu nennen, ist etwas ganz anderes. Fragen Sie einen x-beliebigen Consultant nach seinen Preisen und warten seine Reaktion ab. Die meisten geraten daraufhin in helle Aufregung und werden ganz kleinlaut und unsicher. Wenn dann noch dazu kommt, dass der Kunde bei dem genannten Preis merklich nach Luft schnappt und kontert, dass andere Consultants die doppelte Leistung zum halben Preis erledigen, ist so mancher Consultant sofort zum Nachgeben bereit, um den Auftrag zu ergattern – koste es, was es wolle.

Was hat es wohl damit auf sich, dass Geld für Consultants so ein leidiges Thema ist?

Als Consultant ist Ihre Preisgestaltung eine ständige Gratwanderung. Ist Ihr Honorar zu niedrig angesetzt, sehen Sie vermutlich vor lauter Aufträgen kein Land mehr und können aber trotzdem Ihre Ausgaben nicht decken, geschweige denn einen Profit erwirtschaften. Ist Ihr Honorar dagegen zu hoch, können Sie von zwar gut bezahlten, aber doch eher spärlich gesäten Jobs auch nicht leben. Die Folge davon ist, dass sich viele Consultants unsicher darin sind, wie viel sie für ihre Dienste in Rechnung stellen können.

Das muss doch nicht sein! Sie werden zwar im Laufe Ihrer Tätigkeit bestimmt feststellen, dass Preisverhandlungen und Preiserhöhungen (dafür haben Kunden noch weniger Verständnis!) manchmal sehr unangenehm sein können, aber Sie müssen ja schließlich auch Ihr Brot verdienen. Wenn Sie also Ihren Lebensunterhalt als selbstständiger Consultant verdienen wollen, müssen Sie drei Dinge ganz schnell lernen:

- ✔ Gestalten Sie Ihre Preise so, dass Sie Ihren Traum von finanzieller und persönlicher Unabhängigkeit erfüllen können.

- Machen Sie Ihrem Kunden deutlich, welchen Wert Ihre Arbeit für ihn hat. Er muss die Ergebnisse und Erfolge vor seinem geistigen Auge sehen, nicht Ihr Honorar, Einzelaufgaben oder Zeitaufwand. Glauben Sie uns, mit einem selbstbewussten Auftritt werden Sie Ihren Kunden überzeugen!
- Überwinden Sie Ihre persönlichen Hemmschwelle, wenn es um das Honorar für Ihre Tätigkeit geht.

Im Laufe Ihrer Tätigkeit als Consultant sollten Sie diese drei Regeln immer besser anwenden lernen.

In diesem Kapitel erfahren Sie, wie Sie einen Preis für Ihre Leistungen und Erfahrungen festlegen, sich ausrechnen, wie viel Geld Sie verdienen müssen, wie Sie eine Preisliste aufstellen, und wann Sie sich auf Sonderkonditionen einlassen sollten und wann nicht.

Wie viel sind Sie Ihren Kunden wert?

Wie hoch schätzen *Sie* Ihren Wert ein? Auf eine Mark? Zehntausend Mark? Eine Million? Mehr? Wenn wir nur lange genug nachbohren, nennen Sie früher oder später bestimmt eine Zahl. Doch diese Zahl bedeutet gar nichts, wenn Ihre Honorarvorstellung nicht auch Ihren *Kunden* einleuchtet.

Die erste Regel für die Preisgestaltung lautet: Ihr Honorar wird von dem Wert bestimmt, den Sie für Ihren Kunden haben, ganz unabhängig davon, wie hoch *Sie* Ihren Wert *selbst* einschätzen. Manchmal wird Ihr Kunde den Wert Ihrer Arbeit viel höher einschätzen, als Sie es zu hoffen wagten, manchmal allerdings auch viel niedriger. Tatsache ist, dass Sie erst dann einen Eindruck vom Wert Ihrer Arbeit erhalten können, wenn Sie von Ihrem Kunden erfahren, woraus sein Problem besteht und wie hoch die Kosten für alternative Lösungen wären.

Nachfolgend einige Anhaltspunkte, mit deren Hilfe Sie den Wert Ihrer Arbeit für einen Kunden ermitteln können.

Warum einen Consultant einschalten?

Wenn Sie darüber nachgrübeln, wie viel Sie Ihren Kunden wert sein könnten, hilft es Ihnen vielleicht weiter, sich zu überlegen, warum sich ein Unternehmen überhaupt an einen Consultant wendet.

Ihr Kunde oder sein Unternehmen leidet unter einem geschäftlichem Problem und hat außer der Einschaltung eines Consultants bestimmt noch andere Alternativen. Eine davon wäre, einen Mitarbeiter mit der Lösung des Problems zu beauftragen oder einen neuen Mitarbeiter dafür einzustellen. Dabei werfen sich allerdings weitere Probleme auf, und zudem ist es sehr fraglich, ob diese Lösung auch die kostengünstigste ist. Und außerdem ist es noch viel fraglicher, ob Ihr Kunde, sollte er sich dazu durchringen, einen neuen Mitarbeiter einzustellen, überhaupt einen Kandidaten findet, der die notwendigen Qualifikationen mitbringt.

Warum also wenden sich Unternehmen an einen Consultant? Nachfolgend haben wir die fast schon zwingenden Gründe dafür aufgelistet:

- ✔ **Consultants sind Fachleute:** Einer der Hauptgründe, warum Unternehmen einen Consultant engagieren, ist seine Berufserfahrung und sein Fachwissen. Natürlich gibt es auch in den Firmen Mitarbeiter, die ein bestehendes Problem lösen können, doch keiner kann diese Aufgabe so schnell und effizient erledigen wie Consultants, deren täglich Brot genau darin besteht, solche Probleme zu lösen. Durch die Beauftragung eines Consultants lässt sich viel Geld und Zeit sparen – und in den meisten Fällen leistet ein Consultant bessere Arbeit als firmeninterne Mitarbeiter.

- ✔ **Consultants sind selbstständig:** Wird ein Consultant von einer Firma beauftragt, begründet sich damit kein Angestelltenverhältnis. Der Consultant arbeitet auf eigene Rechnung, was die unterschiedlichsten Folgen für den Auftraggeber hat. Consultants arbeiten zwar eng mit ihren Kunden zusammen, sie sind aber im Gegensatz zu Angestellten viel besser an selbstständiges und verantwortungsvolles Arbeiten gewöhnt. Außerdem kann der Auftraggeber die Kosten kontrollieren – ein sehr wichtiger Aspekt bei der Vergabe von Aufträgen einen Consultant. Verstößt ein Consultant gegen den vereinbarten Vertrag, kann der Auftraggeber völlig rechtmäßig die Zahlung seiner Rechnung stoppen oder den Consultant aus dem Vertrag entlassen.

- ✔ **Consultants sind objektiv:** Als Außenstehender sieht ein Consultant das Problem einer Firma oft aus einem völlig neuen Blickwinkel, der den Betroffenen aufgrund ihrer Scheuklappen verborgen ist. In vielen Unternehmen kann ein dringliches Problem wirklich nur durch einen externen Consultant gelöst werden, besonders dann, wenn die Mitarbeiter befürchten, eine Änderung des Status Quo käme dem Verlust von Arbeitsplätzen gleich. Manchmal gelingt es nur einem Außenstehenden, klar zu erkennen, welche organisatorischen Mängel oder Fehlentscheidungen des Managements das Unternehmen schwächen. Auch trifft konstruktive Kritik von Außenstehenden bei den Entscheidungsträgern eher auf offene Ohren, als wenn sie firmenintern vorgebracht wird.

- ✔ **Consultants nehmen sich die nötige Zeit:** Die Zeit ist ein wichtiger Aspekt für alle Firmen. Ein internes Mitarbeiterteam oder ein einzelner Mitarbeiter kann zwar mit bestimmten Projektaufgaben betraut werden, doch wenn andere wichtige Sachen dazwischen kommen, zieht man sie von diesem Projekt wieder ab. Im Gegensatz dazu widmet ein Consultant seine Zeit diesem bestimmten Projekt, bis es abgeschlossen ist.

- ✔ **Consultants sind flexible Arbeitskräfte:** Die meisten Consultants stehen ihren (besten) Kunden auch kurzfristig zur Verfügung. Müsste sich eine Firma um einen neuen Mitarbeiter für das vorliegende Problem bemühen, können leicht *Monate* vergehen, bis ein geeigneter Kandidat gefunden ist und das ganze Drumherum – Stellenangebot, Vorstellungsgespräch, Auswahl des Mitarbeiters, Überprüfung seiner Referenzen und Einarbeitung – abgeschlossen ist. Entscheidet sich die Firma aber für einen Consultant, reicht ein Griff zum Telefonhörer, und schon kommt die ganze Sache ins Rollen.

- **Consultants wird man ganz einfach auch wieder los:** Hat ein angestellter Mitarbeiter ein bestimmtes Projekt abgeschlossen, ist es manchmal gar nicht so einfach, ihn mit einem neuen Projekt zu betrauen, das seinen Fähigkeiten und seiner Position entspricht. Hat dagegen ein Consultant sein Projekt abgeschlossen, verschwindet er ganz einfach wieder. Es gibt keine Kündigungsfrist, keinen Kündigungsschutz, keine Abfindung, es gibt nichts dergleichen. *Natürlich* gehen Consultants eine langfristige Beziehung zu ihren Kunden ein, aber nur, wenn der Kunde dies so wünscht.
- **Consultants sind billiger:** Ein Vergleich zwischen den Kosten für einen Angestellten und einen externen Consultant fällt sehr wahrscheinlich zu Gunsten des Consultants aus. Dem Unternehmen entstehen keine Lohnnebenkosten wie für die Kranken-, Renten- und Arbeitslosenversicherung oder Urlaubs- und Weihnachtsgeld. Die Beauftragung eines Consultants mit einem bestimmten Projekt ist für eine Firma oft die kostengünstigere Alternative, wenn das Problem schnell und effizient behoben werden soll. Im nächsten Abschnitt gehen wir den Ursachen dafür näher auf den Grund.

Sind Sie der beste und der günstigste Consultant?

Die im vorherigen Abschnitt »Warum einen Consultant einschalten?« aufgeführten Argumente helfen Ihnen zwar dabei, Ihren Wert für den Kunden einzuschätzen, die ultimative Frage an Sie lautet jedoch: *»Können Sie das Projekt besser als alle anderen erledigen und zwar zum selben oder sogar günstigeren Preis?«* Lautet Ihre Antwort *Ja,* machen Sie Ihrem Auftraggeber klar, welchen Wert er aus Ihrer Arbeit schöpfen kann, ganz unabhängig davon, wie hoch Ihr Honorar ist.

Der springende Punkt – und wir werden ihn solange wiederholen, bis Sie ihn uns glauben – ist, dass Sie Ihrem Kunden klarmachen, welchen Wert und finanziellen Vorteile Ihre Arbeit für ihn darstellt. Die Anzahl Ihrer Arbeitsstunden und Ihr Honorar sollten *nicht* im Mittelpunkt stehen. Auch Ihr Kunde muss diesen kleinen, aber feinen Unterschied begreifen. Wenn Ihr Kunde zum ersten Mal von Ihrem Stundenhonorar von 200,- Mark hört, mag er im besten Fall darüber lachen, im schlimmsten Fall erbost reagieren. Rechnen Sie ihm doch einmal vor, was ihn ein festangestellter Mitarbeiter kosten würde, den er mit der Lösung des Problems betraut, und um wie viel es für ihn kostengünstiger ist, wenn Sie die Aufgabe übernehmen. Sie stellen in diesem Fall einen ganz beträchtlichen Wertzuwachs für Ihren Kunden dar, vor allem, wenn Sie auch noch bessere Arbeit leisten als ein Festangestellter.

Nachfolgendes Beispiel macht diesen Punkt noch deutlicher: Ihre Kundin wünscht sich für ihren Modeversandhandel bessere Präsenz in den Medien. Sie hat folgende Wahl: Sie kann eine Teilzeit- oder Vollzeitkraft einstellen oder Sie – den besten aller Public Relations-Experten – damit beauftragen. Sie sagen Ihren Preis, und die erste Reaktion der Kundin ist leichtes Entsetzen. Nun müssen Sie Ihrer Kundin die Kosten ihrer Alternativlösungen aufzeigen. Alternative A: Ihre Kundin stellt eine Vollzeitkraft zu einem Stundenlohn von, sagen wir einmal 50 Mark. Alternative B: Ihre Kundin beauftragt Sie für einen Stundensatz von 200 Mark. Auf den ersten Blick scheint es billiger zu sein, einen Mitarbeiter einzustellen, da die Kundin sich 150 Mark pro Stunde spart. Korrekt?

Gut, schauen wir uns die Sache einmal genauer an:

Alternative A: Einstellung eines neuen Mitarbeiters für das Public-Relations-Projekt.

Stundenlohn:	DM 50,00
Sozialleistungen (ca. 35%):	+ DM 17,50
Gemeinkosten (ca. 50%)	+ DM 25,00
Gesamtlohnkosten	DM 92,00
Arbeitsstunden/Jahr	x 2080
Jahreslohnkosten	DM 192.400,00

Bei Alternative A erhält der Angestellte einen Stundenlohn von 50,00 Mark. Dem Arbeitgeber entstehen aber noch eine Reihe weiterer Kosten. Die Lohnnebenkosten (für Krankenkasse, Arbeitslosenversicherung, Rentenversicherung, etc.) pro Arbeitsstunde belaufen sich auf etwa 35 Prozent, das sind DM 17,50. Die Gemeinkosten (Strom, Arbeitsplatz, Computer etc.) erhöhen den Stundenlohn um weitere 50 Prozent, also um DM 25,00. Somit entsteht ein tatsächlicher Stundenlohn von DM 92,00, also fast das Doppelte des vereinbarten Stundenlohns. Wenn Sie jetzt anhand dieser Zahlen die Jahreslohnkosten berechnen, kommen Sie auf die stolze Summe von DM 192.400,00.

Jetzt schauen wir uns einmal genauer an, was passiert, wenn sich die Kundin für einen selbstständigen Consultant entscheidet:

Alternative B: Einstellung eines Consultants (Sie!) für das Public-Relations-Projekt.

Stundensatz	DM 200,00
Nebenkosten	keine
Arbeitsstunden/Jahr	x 480
Gesamtkosten/Jahr	DM 96.000,00

So eine Überraschung aber auch! Ihre Kundin *spart* fast DM 100.000,–, wenn sie Ihnen den Auftrag gibt, anstatt einen Mitarbeiter einzustellen. Obwohl Ihr Stundensatz höher ist als der Stundenlohn des Angestellten, spart sich Ihre Auftraggeberin alle Lohnnebenkosten. Außerdem werden Sie das Projekt viel schneller und besser abschließen, da Sie wesentlich mehr Erfahrung haben (deshalb haben wir für Sie nur 480 anstelle der 2080 Stunden veranschlagt).

Wenn Ihr Kunde mit Ihnen einen Vertrag abschließt, muss er Ihnen lediglich den vereinbarten Stundensatz bezahlen. Für alle anderen Kosten, wie zum Beispiel Krankenversicherung, kommen Sie selbst auf. Ist Ihr Kunde mit Ihren Leistungen unzufrieden, kann er das Beschäftigungsverhältnis rasch und problemlos beenden, da für Sie kein Kündigungsschutz greift oder eine Ablösung fällig wird.

Welche Alternative ist nun die *bessere*?

Bieten Sie Pauschallösungen oder maßgeschneiderte Lösungen an?

Ein weiterer Aspekt bei der Einschätzung Ihres Werts ist die Frage, ob Sie Pauschallösungen oder speziell für den jeweiligen Kunden maßgeschneiderte Lösungen anbieten. Mit *Pauschallösung* meinen wir, dass sich Ihr Angebot in den Augen des Kunden nicht von anderen Angeboten unterscheidet, und er deswegen den Preis als ausschlaggebend für die Auftragsvergabe betrachtet.

Sagen wir einmal, dass ein Unternehmen auf der Suche nach einem Consultant ist, der einen Businessplan ausarbeiten soll. Falls das Unternehmen schon verschiedene qualifizierte Unternehmensberater mit hervorragenden Referenzen zur Auswahl hat, wird wahrscheinlich derjenige mit den günstigsten Preisen gewählt. Vom Standpunkt des Unternehmens aus gelten die Dienste dieses Consultants als Pauschallösung, so dass der Preis das wichtigste Entscheidungskriterium ist.

Sagen wir jetzt einmal, dass ein ganz innovatives Unternehmen auf der Suche nach einem Consultant ist, der dessen Zukunftsvisionen nachvollziehen und sich in die Unternehmensstruktur eindenken kann. Es finden viele Gespräche mit verschiedenen Consultants statt, doch letztendlich teilt nur einer die visionären Pläne und liegt auf der gleichen Wellenlänge. Dieser Consultant bietet nun an, eine speziell für dieses Unternehmen entwickelte Lösungsstrategie auszuarbeiten. In diesem Fall handelt es sich also um eine maßgeschneiderte Lösung, so dass der Preis für den Kunden nicht mehr ausschlaggebend ist.

Diese Beispiele spiegeln die Praxis im Berufsalltag eines Consultants wider. Unterscheidet sich Ihr Angebot nicht von dem Ihrer Mitbewerber, schaut der Kunde nur auf den Preis und entscheidet sich für die billigste Lösung. Das Ende vom Lied ist, dass auf Grund des harten Preiskampfs *jeder* Consultant, der Pauschallösungen bietet, seine Preise konstant senkt, bis zu guter Letzt keiner mehr von seinem Honorar leben kann. Dies ist eine Falle, aus der es kein Entrinnen gibt. Besser, Sie lassen so eine Situation erst gar nicht entstehen.

Sitzen Sie trotz aller Bemühungen in dieser Falle, müssen Sie sich *ganz schnell* überlegen, wie Sie da am besten wieder heraus kommen. Nachfolgend ein paar Tipps, wie Sie sich aus der Masse der Pauschalangebote abheben und maßgeschneiderte Konzepte für Ihren Kunden erarbeiten können.

- **Wertsteigerung:** Übertreffen Ihre Leistungen die Erwartung Ihres Kunden, steigern Sie den Wert Ihrer Arbeit. Und dieses Mehr an Wert unterscheidet Sie von Ihren Mitbewerbern. Sie müssen dafür auch gar nichts Menschenunmögliches leisten, denn es reicht schon, immer nur ein *kleines bisschen* mehr zu tun als vereinbart, so dass Ihrem Kunden der Unterschied auffällt. Haben Sie zum Beispiel einen Liefertermin von 30 Tagen zugesichert, sollten Sie versuchen, dieses Projekt schon nach 25 Tagen abzuschließen (wodurch Ihre Arbeit mehr Wert schafft). Gerade diese Kleinigkeiten haben eine große Wirkung.

- ✔ **Heben Sie sich von der Konkurrenz ab:** Wenn Sie in dieser *Einer-unter-vielen-Falle* festsitzen, überlegen Sie sich, wie Sie Ihre Dienste zu etwas Besonderem machen können, damit sie sich im Hinblick auf ihren Wert für Ihre Kunden deutlich von den Diensten Ihrer Mitbewerber *unterscheiden*. Das bedeutet, dass Sie sich über Ihre Mitbewerber und deren Leistungen informieren müssen. Wie stellen Sie es an, dass Ihre Lösung für den Kunden *nicht* wie eine 08-15-Lösung erscheint? Sie könnten einen kostenlosen Hol- und Bringservice anbieten, bessere Materialien als die Konkurrenz verwenden, einen 24-Stunden-Notfallservice einrichten oder damit beginnen, maßgeschneiderte Speziallösungen anzubieten. Überlegen Sie, wie Sie sich von der breiten Masse abheben können und handeln Sie entsprechend!

- ✔ **Kundenservice:** In einer Branche, in der viele Mitbewerber nahezu identische Produkte oder Dienstleistungen anbieten, können Sie sich durch einen exzellenten Kundenservice hervorragend von der Masse abheben. Ein guter Kundenservice beginnt mit einer positiven Grundeinstellung – was Sie außer einem Lächeln nichts kostet. Ihre positive Grundeinstellung vermittelt dem Kunden das Gefühl, dass er für Sie an oberster Stelle steht und Sie alles tun werden, um ihn zufrieden zu stellen.

- ✔ **Geben Sie Ihr Bestes.** Manche Consultants lassen sich wirklich teuer bezahlen und leisten trotzdem nur mittelmäßige Arbeit. Und nicht nur das! Manche liefern ihre Arbeit, wenn überhaupt, viel zu spät ab. Wenn Sie Ihre Aufgaben zur vollsten Zufriedenheit Ihres Kunden, pünktlich und zum vereinbarten Preis erledigen, wird Ihr Kunde immer wieder gerne auf Sie zurückkommen und Ihnen vielleicht sogar eine Erfolgsprämie zahlen. Wir wissen aus eigener Erfahrung, dass es gar nicht so leicht ist, einen Consultant zu finden, der nicht nur qualifiziert, sondern auch diszipliniert und zuverlässig ist. Viele Kunden sind nur allzu gerne bereit, einen höheren Preis zu zahlen, wenn dafür die Arbeit fehlerfrei und spätestens zum vereinbarten Termin abgeschlossen ist.

- ✔ **Bauen Sie langfristige Kundenbeziehungen auf:** Dies ist wahrscheinlich der beste Weg, sich von der breiten Masse der Consultants abzuheben. Je häufiger Sie für einen Kunden arbeiten und je intensiver Ihre Zusammenarbeit – auch auf menschlicher Ebene – ist, umso unwahrscheinlicher ist es, dass sich Ihr Kunde nach einem anderen Consultant umsieht. Je mehr Aufträge Sie für einen einzigen Kunden abwickeln, umso mehr Einblick gewinnen Sie in sein Unternehmen und seine Belange. Nutzen Sie dieses Wissen, um die Qualität Ihrer Arbeit weiter zu steigern.

Die Poretz-Gruppe und die Wertschöpfung

Doug Poretz ist Gründer und Vorstand der *Poretz-Gruppe* (E-Mail:—`info@poretz.com`), einem Finanzberatungsunternehmen mit Sitz in McLean, Virginia, das 1991 gegründet wurde. Zu der typischen Klientel gehören Vorsitzende, Vorstände und Geschäftsführer öffentlicher Körperschaften. Die Aufgabe der Poretz-Gruppe besteht darin, Kommunikationsstrategien und entsprechende Programme für Investoren, Börsenmaklern, Portfeuille-Managern, Wertpapieranalytikern und anderen zu entwickeln. Im ersten Teil unseres Gesprächs (den zweiten Teil finden Sie in Kapitel 17) befragten wir Doug darüber, wie es ihm gelingt, seine Wertschöpfungspreise auf dem Markt zu halten.

Consulting für Dummies: Wie haben Sie es geschafft, Ihre relativ hohen Preise durchzusetzen?

Doug Poretz: Bevor ich Ihnen darauf antworten kann, möchte ich Ihnen gerne schildern, warum ich überhaupt eine eigene Firma gegründet habe. Ich überlegte mir zuerst gründlich, warum ich mich selbstständig machen wollte. Dafür gibt es im Allgemeinen zwei gute Gründe: Entweder, weil die Verdienstmöglichkeiten besser sind, oder, um ein Unternehmen von hohem Eigenwert zu gründen, das wiederum selbst Wert schafft. Auch eine Mischung aus beiden Gründen ist möglich.

CfD: Und was war für Sie der Hauptgrund?

Poretz: Als ich meine Firma gründete, waren die Umstände – die allgemeine Wirtschaftslage, meine Berufserfahrung, mein Bekanntheitsgrad als Consultant, die Nachfrage nach meinen Diensten – nicht unbedingt optimal dazu geeignet, etwas von hohem Eigenwert zu schaffen. Aus diesem Grund wollte ich in erster Linie gutes Geld verdienen, was nichts anderes heißt, als möglichst viel Gewinn zu erzielen und möglichst niedrige Fixkosten zu haben.

CfD: Und den Gewinn kann man ja dann auf die hohe Kante legen.

Poretz: Genau. Und deshalb hielt ich meine Fixkosten niedrig und sparte hauptsächlich am Personal.

CfD: Klar, die Personalkosten sind für *alle* Unternehmen der größte Posten.

Poretz: Richtig. Der zweitgrößte Ausgabenposten ist die Miete, beziehungsweise der Erwerb einer Immobilie. Ich konnte mich glücklicherweise zu den stolzen Hausbesitzern zählen. Bevor ich meine Firma gründete, war ich als Geschäftsführer für eine große Wohnbaugesellschaft tätig und konnte es mir leisten, ein Haus mit separaten Büroräumen zu bauen. Ich konnte die Fixkosten also nur durch Personaleinsparung niedrig halten. Andererseits war mir klar, dass ich, wenn ich schon keine Mitarbeiter einstellen wollte, aber trotzdem Vorstände, Vorsitzende und Geschäftsführer als Kunden gewinnen wollte, einen erstklassigen Service und ständige Erreichbarkeit bieten musste. Ich schaffte mir deshalb eine ultramoderne Büroausstattung mit E-Mail, Voice-Mail und so weiter an, was für meinen Ein-Mann-Betrieb nicht nur finanziell, sondern auch organisatorisch viel günstiger ist, als einen Mitarbeiter einzustellen.

CfD: Da haben Sie völlig Recht.

Poretz: Außerdem bin ich damit 24 Stunden täglich, sieben Tage die Woche erreichbar, und welcher Sekretärin könnte ich das zumuten? Ich betrachte die Kosten für die technische Ausstattung nicht als notwendige und leidige Geldausgabe, sondern als sehr lohnende Investition, die sich in erstklassigem Kundenservice und der Einsparung für einen wirklich geeigneten Mitarbeiter mehr als bezahlt macht. Ich bin und war also gerne bereit, viel Geld für die Technik auszugeben, die mir das Personal ersetzt. Mein nächstes Ziel war, mit meiner Arbeit so viel Wert schaffen zu können, dass die Kunden mein hohes Honorar auch bezahlen. Dafür brauchte ich vor allem zwei Dinge. Erstens meine Erfahrung, mein Wissen, meine Kontakte und so weiter. Dafür erstellte ich eine gute Datenbank zur Informationsverwaltung. Zweitens Ressourcen, mit denen ich den größtmöglichen Nutzen aus meiner Erfahrung ziehen konnte. Dafür benötigte ich einen Info-Service wie die Bloomberg Box, mit dem ich meinen Kunden sofort alle Informationen über den Aktienmarkt in Echtzeit bieten kann.

CfD: Was ist die Bloomberg Box?

Poretz: Bloomberg Financial Business News ist ein System, mit dem fast alle Brokerunternehmen arbeiten. Meiner Meinung nach ist es das zuverlässigste Informationssystem, das es derzeit auf dem Markt gibt.

CfD: Es bietet also mehr als die aktuellen Aktienkurse?

Poretz: Wesentlich mehr. Man hat Zugriff auf aktuelle Nachrichten, Finanzanalysen, Hintergründe, Historie und mehr, also auf alle öffentlich zugänglichen Daten der gesamten Finanzwelt in Echtzeit. Als ich meine Firma gründete, habe ich die Kosten nie als Ausgabe per se betrachtet, sondern immer als Mittel, mein Ziel zu erreichen. Und mein Ziel ist, für meine Mehrwertdienste auch ein entsprechend höheres Honorar zu erhalten.

CfD: Und mit diesen technischen Hilfsmitteln haben Sie tatsächlich großen Erfolg.

Poretz: Ja. Und der Ausgangspunkt war, dass ich als Ein-Mann-Betrieb so viel wie möglich verdienen und gleichzeitig meine Fixkosten so gering wie möglich halten wollte. Mein Ziel war es niemals, in meinem kleinen Büro zu Hause so einigermaßen meinen Lebensunterhalt bestreiten zu können. Ich wollte von Anfang an nur Problemlösungen anbieten, für die potentielle Kunden auch wirklich viel zahlen.

CfD: Warum eigentlich?

Poretz: Ganz einfach: Wenn die Höhe des Honorars stimmt, muss man nicht *jeden* Auftrag annehmen. Wer Pauschallösungen anbietet, kann es sich nicht leisten, einen Auftrag abzulehnen, denn da ist man auf jedes noch so niedrige Honorar angewiesen. Wenn man aber ein hohes Honorar verlangt und nicht auf jeden Job angewiesen ist, kann man sich den Kunden selbst aussuchen. Und die Kunden kommen trotz – oder vielleicht gerade wegen – meiner Schrullen und Macken wieder. Ich will, dass meine Kunden mich so akzeptieren, wie ich wirklich bin. So gehört sich das schließlich in einer Partnerschaft. Sobald sich ein Partner dem anderen zuliebe verstellt, ist das Ende der Beziehung – sei es privat oder geschäftlich – bereits vorprogrammiert.

CfD: Ganz offensichtlich respektieren Ihre Kunden Ihre Einstellung und kommen zu Ihnen, *weil* Sie so sind wie Sie sind.

Poretz: Im Grunde ja. Mir ist schon auch aufgefallen, dass es noch sehr viel Unternehmen gibt, die an meinen Diensten höchst interessiert wären, doch hätte eine Zusammenarbeit für mich immer bedeutet, Abstriche zu machen. Als ich meine Firma vergrößerte, habe ich mir überlegt, ob ich nicht vielleicht doch den Kreis meiner Zielkunden erweitern sollte. Doch eines wollte ich auf keinen Fall: Mehr Kunden durch niedrigere Preise gewinnen. Ich wollte lieber mehr Kunden, die bereit sind, mein hohes Honorar zu zahlen.

CfD: Der richtige Ansatz – den Kundenstamm vergrößern, ohne das Honorar zu senken.

Poretz: Stimmt. Inzwischen sind wir zu fünft in meiner Firma. Ein Mitarbeiter kümmert sich um das Organisatorische und den Verwaltungskram, die anderen drei und ich erledigen den Rest. Zur Zeit suchen wir sogar noch Verstärkung. Die anderen Consultants sind ebenso erfahren wie ich selbst. Unser Firmenziel ist es, unseren Kunden mit Hilfe modernster Technik Mehrwertdienste zu bieten, für die wir sehr viel Geld erhalten. Durch den gezielten Einsatz der Technik bleiben unsere Fixkosten niedrig, und es ist auch nicht notwendig, »Nachwuchs« für bestimmte Aufgaben einzuarbeiten. Unsere Kunden haben in allen Angelegenheiten deshalb immer einen kompetenten und erfahrenen Profi als Ansprechpartner.

CfD: Sie haben also niedrige Fixkosten, weil Sie die moderne Technik für sich arbeiten lassen.

Poretz: Genau. Die technische Ausstattung, die ich schon als Ein-Mann-Betrieb anwenden und schätzen lernte, setzen wir jetzt in unserer neuen Firma ein, um auch hier so effizient wie nur möglich arbeiten zu können.

Möglichkeiten der Preisgestaltung

Die erste Frage bei Ihrer Preisgestaltung muss lauten: »Wie viel Geld will oder muss ich verdienen?« Bei der Beantwortung dieser Frage können wir Ihnen leider nicht behilflich sein –

das müssen Sie schon selbst entscheiden. Allerdings können wir Ihnen ein paar Richtlinien verraten, die schon vielen Consultants weiter geholfen haben.

Wenn Sie Ihren Job als Angestellter aufgeben wollen, um Ihre eigene Firma zu gründen, gilt für Sie folgende Faustregel: Multiplizieren Sie Ihren Stundenlohn als Angestellter mit drei und nehmen Sie das Ergebnis als Basis für Ihr Honorar als Consultant. Verdienen Sie also derzeit DM 50 pro Stunde, müssen Sie Ihren Kunden einen Stundensatz von DM 150 berechnen. Sie fragen sich jetzt bestimmt, warum der Stundensatz so hoch sein muss. Ganz einfach, Sie müssen ab nun Ihre Krankenversicherung und andere Vorsorgemaßnahmen selbst bezahlen. Außerdem müssen Sie damit rechnen, dass Sie nicht immer mit Arbeit ausgelastet sind. Viele Consultants wissen, was eine Auftragsflaute von Tagen oder Wochen ohne jegliche Einnahmen bedeutet. Der relativ hohe Stundensatz von DM 150 soll Ihnen helfen, auch Durststrecken zu überwinden.

Nachfolgend finden Sie die gängigsten Methoden der Preisgestaltung.

Stundensatz

Die Abrechnung über einen Stundensatz ist wohl die gängigste Abrechnungsmethode in der Beratungsbranche. Viele Tätigkeiten, wie zum Beispiel das Korrekturlesen von Manuskripten, eine Rechtsberatung oder die Buchhaltung für einen Kunden, lassen sich gut nach Stunden abrechnen. Ein Stundensatz ist leicht nachvollziehbar und vergleichbar, und der Kunde kann Sie für die Anzahl der Stunden engagieren, die er für erforderlich hält. So weit die gute Nachricht. Die Kehrseite der Medaille ist, dass Kunde und Consultant oft unterschiedliche Schwerpunkte setzen. Kunden sind im Allgemeinen daran interessiert, die Anzahl der Stunden, die ein Consultant für sie arbeitet, möglichst niedrig zu halten. Consultants hingegen wollen möglichst viele Stunden abrechnen können und vergessen darüber womöglich, dass ihr Job daraus besteht, in kürzester Zeit die besten Ergebnisse abzuliefern.

Entscheiden Sie sich für eine Abrechung auf Stundenbasis, sollten Sie sich folgende Punkte überlegen, damit Sie eine Ausgangsbasis haben und Ihren Preis auch vertreten können:

- ✔ **Marktlage:** Die einfachste Methode, einen Stundensatz festzulegen, ist der Preisvergleich mit anderen Consultants in Ihrer Branche. Liegt deren Honorar zwischen 50 und 90 Mark pro Stunde, sollte Ihr Honorar ebenfalls in dieser Spanne liegen. Verlangen Sie weniger, werden Sie zwar vermutlich mit Aufträgen überhäuft, können aber aufgrund dieses Dumpingpreises nicht davon leben. Verlangen Sie mehr, werden Sie ziemlich gute Überzeugungsarbeit leisten müssen, warum Ihre Kunden ausgerechnet Ihnen ein höheres Honorar zahlen sollten.
- ✔ **Berechnen Sie Ihren Stundensatz von unten nach oben.** Waren Sie viele Jahre als Angestellter tätig, lautet Ihr Ziel vermutlich, Ihr Einkommensniveau zu halten. Sie sollten in diesem Fall von Ihrem Stundenlohn ausgehen, der zum Beispiel 50 Mark betrug. Dazu kommen noch, sagen wir mal, 40 Mark für Versicherungen, Nebenkosten und Gewinnspanne, so dass Ihr Stundensatz letzten Endes bei 90 Mark liegt.

- **Berechnen Sie Ihren Stundensatz von oben nach unten.** Vielleicht haben Sie sich das Ziel gesetzt, als Consultant einen Jahresumsatz von 150.000,-Mark zu erwirtschaften. In diesem Falle müssen Sie ermitteln, wie viele Stunden Sie jährlich zu welchem Satz dafür arbeiten müssen. Wenn Sie sich zum Beispiel vornehmen, im Jahr 1500 Stunden zu arbeiten, teilen Sie Ihr Wunschjahresgehalt durch diese Stundenzahl und kommen so auf einen Stundensatz von 100 Mark.

Wenn Sie erst einmal bei der Preisverhandlung mit Ihrem Kunden angelangt sind, denken Sie bitte daran, dass Sie ihn ja bereits davon überzeugt haben, dass Sie der Richtige für das in Frage kommende Projekt sind (davon gehen wir zumindest aus – falls Sie ihn noch *nicht* überzeugen konnten, machen Sie Ihre Hausaufgaben bitte noch einmal!). Ihr Kunde wird deshalb nicht sonderlich geschockt reagieren, solange Ihr Honorar nicht mehr als 20 bis 30 Prozent über dem Stundensatz Ihrer Mitbewerber liegt. Den meisten Kunden ist der beste Consultant einen Zuschlag von 20 bis 30 Prozent wert.

Je nach Art eines Projekts sollten Sie eine Mindestpauschale in der Höhe von etwa vier Stundensätzen vereinbaren. Damit vermeiden Sie Einbußen, falls sich Kunden »nur mal schnell für eine halbe Stunde« mit Ihnen treffen möchten. Bedenken Sie, dass für diese halbe Stunde mit Anfahrt, die Besprechung und Rückfahrt schnell ein halber Tag vergeht. Als Consultant verkaufen Sie schließlich Ihre Zeit und Ihr Wissen. Vor allem für Consultants gilt: Zeit *ist* Geld.

Denken Sie immer daran, Ihrem Kunden sämtliche Zusatzkosten in Rechnung zu stellen, die im Laufe Ihrer Tätigkeit anfallen. Vielleicht müssen Sie für ein bestimmtes Projekt zu mehreren Zweigstellen Ihres Kunden reisen und sind dafür einige Wochen unterwegs. Dabei fallen Spesen für Flüge, Übernachtungen, Mietwagen und Verpflegung an, die Sie extra in Rechnung stellen. Klären Sie rechtzeitig mit Ihrem Kunden ab, welche Spesen Sie berechnen und ob es dabei Einschränkungen gibt. So können Sie zum Beispiel eine Übernachtungs- und Verpflegungspauschale von 250 Mark pro Tag vereinbaren oder festlegen, dass Sie Ihrem Kunden nur Flug- oder Bahntickets der zweiten Klasse berechnen.

Pauschalhonorar

Viele Consultants berechnen ein Pauschalhonorar für ihre Dienste. Wenn Sie zum Beispiel Kosmetikberaterin sind, könnten Sie einfach einen Pauschalpreis von 100 Mark pro Beratungssitzung veranschlagen. Ist Ihre Aufgabe die Umweltzertifizierung eines Elektronikkleinbetriebs, könnten Sie dafür pauschal 15.000 Mark verlangen. Der Vorteil dieser Abrechnungsmethode liegt darin, dass das *Ergebnis* Ihrer Tätigkeit für den Kunden viel wichtiger ist als die Anzahl der *Stunden*, die Sie dafür brauchen.

Haben Sie mit Ihrem Kunden vereinbart, eine vollständige Analyse der Einkaufsabteilung und der Warenannahme durchzuführen, können Sie zum Beispiel eine Pauschale von 30.000,– Mark veranschlagen. Für diesen Betrag sichern Sie ihm eine Verbesserungsstrategie zu. Nach vier Wochen ist Ihre Arbeit erledigt, Ihr Kunde erhält seinen Abschlussbericht und auch gleich Ihre Rechnung. Was sollte es ihn kümmern, wie viele Stunden Sie für ihn tätig waren, wenn er doch Ihre Lösungsstrategie in Händen hält. Ist sie gut, ist Ihr Kunde zufrieden und will bestimmt nicht wissen, wie lange Sie dafür gebraucht haben. Ist die Strategie *schlecht*, werden Sie das noch früh genug erfahren.

Am Anfang Ihrer Karriere als Consultant werden Sie vermutlich viele Jobs nach Stunden- oder Tagessätzen abrechnen. Mit der Zeit sollten Sie darauf hinarbeiten, für Ihre Leistungen Pauschalbeträge durchzusetzen. Auf diese Weise bleibt mehr hängen, und Sie können sich ganz auf Ihre jeweilige Aufgabe konzentrieren.

Vorschusshonorar

Es kann vorkommen, dass ein Kunde Sie sozusagen für sich »reservieren« möchte, aber nicht genau sagen kann, wann und wie lange er Ihre Dienste in Anspruch nehmen wird. Eine derartige Situation ist für ein Vorschusshonorar wie geschaffen. Ein *Vorschusshonorar* bedeutet nichts anderes, als dass Sie jeden Monat eine bestimmte Summe von Ihrem Kunden erhalten. Als Gegenleistung verpflichten Sie sich, Ihrem Kunden im Bedarfsfall zur Verfügung zu stehen.

Und so funktioniert das Ganze: Sagen wir einmal, Sie erhalten einen Jahresvorschuss von 120.000 Mark, aufgeteilt in monatliche Zahlungen von 10.000 Mark. Im Januar nimmt der Kunde Ihre Dienste für exakt diese Summe in Anspruch, im Februar dagegen arbeiten Sie zwar nur für einen Gegenwert von 5000 Mark, erhalten aber trotzdem die üblichen 10.000 Mark. Ihr Kunde hat daraufhin für den März Arbeitsstunden von Ihnen gut und kann Ihre Dienste für den Gegenwert von 12.500 Mark in Anspruch nehmen. Für den Fall, dass Sie in einem Monat mehr arbeiten als mit dem Vorschusshonorar abgedeckt ist, stellen Sie den Mehraufwand natürlich in Rechnung. Am Jahresende erfolgt die Schlussabrechnung, und sollte der Kunde Sie weniger als vereinbart in Anspruch genommen haben, ist das nur zu Ihren Gunsten, denn ein eventuelles Guthaben des Kunden verfällt.

Diese Form der Zahlungsvereinbarung ist für beide Parteien von Vorteil. Der Kunde kann sich sicher sein, dass ihm im Bedarfsfall sofort ein qualifizierter Consultant zur Seite steht, und der Consultant kann sich über einen regelmäßigen Zahlungseingang freuen. Und wie Sie als Consultant wohl wissen, können regelmäßige Einnahmen ungemein beflügeln.

Wertschaffende Arbeit hat ihren Preis!

Bei allen Überlegungen über die geeignete Honorarfestlegung dürfen Sie Eines nicht vergessen: Die Grundlage Ihrer Honorarforderung ist der Wert, den Sie für Ihren Kunden schaffen, und nicht irgendjemandes Meinung darüber, was ein »angemessener« Preis ist. Als Einsteiger in die Beraterbranche werden Sie vermutlich zunächst Stunden- oder Tageshonorare mit Ihren Kunden vereinbaren und es anfangs schwer haben, höhere Preise bezahlt zu bekommen als Ihre Mitbewerber.

Für den Anfang ist dies auch alles ganz schön und gut. Mit zunehmender Erfahrung in Ihrem Bereich sollten Sie darauf hinarbeiten, Ihre Position und Ihr Honorar zu verbessern, anstatt sich immer wieder auf Diskussion über Ihren Preis einzulassen. Ihr langfristiges Ziel sollte sein, Ihre Rechnungen projektbezogen zu stellen oder Vorschusshonorarvereinbarungen zu treffen. Zugegebenermaßen ist das leichter gesagt als getan – vor allem, wenn sich Ihre Kunden an eine Abrechung nach Stunden gewöhnt haben. Doch glauben Sie uns, wenn man sein Ziel erreichen will, darf man keine Mühe scheuen.

Preisänderungen

Wir können es Ihnen schriftlich geben: Als Consultant kommen Sie früher oder später an einen Punkt, an dem Sie nicht umhin kommen, Ihre Preise anzuheben oder zu senken.

Kein Kunde wird sich wahrscheinlich darüber beschweren, wenn Sie Ihre Preise *senken*, doch bei *Preiserhöhungen* sieht die Sache schon anders aus. Es empfiehlt sich in jedem Fall, sich vor Preisänderungen Begründungen zurechtzulegen. In den nächsten Abschnitten erfahren Sie einige der üblichsten Gründe, die eine Preisänderung erforderlich machen.

Preiserhöhung

Die meisten Geschäftsleute möchten für ein und dieselbe Dienstleistung am liebsten für immer und ewig denselben Preis zahlen. Irgendwie verständlich, aber völlig unrealistisch. Jeder weiß, dass alles immer teurer wird, und Ihre Arbeit macht da keine Ausnahme. Doch selbst wenn Sie ganz genau sagen können, *warum* Sie Ihren Preis erhöhen müssen, ist vielleicht nicht so klar, *wann* der beste Zeitpunkt dafür ist und ob die Preiserhöhung für alle oder nur für Neukunden gelten soll.

In der Regel gelten Preiserhöhrungen für Neukunden *sofort*, bei Kunden, mit denen Sie bereits Preisvereinbarungen getroffen haben, ist die Sachlage etwas schwieriger. Haben Sie zum Beispiel einen Vertrag über ein langfristiges Projekt abgeschlossen, können Sie Ihre Preise erst nach Ablauf dieses Vertrags erhöhen. Besteht keine solche Vertragsbindung, sollten Sie allen Stammkunden eine Frist von mindestens 30 Tagen einräumen, bis die neuen Preise gelten.

Neben den steigenden Geschäftskosten gibt es eine Vielzahl an Gründen für eine Preiserhöhung. Wir haben einige für Sie zusammengestellt:

- ✔ **Ihre Ausgaben sind gestiegen.** Falls Sie trotz gestiegener Ausgaben weiterhin dieselbe Gewinnspanne erzielen möchten, müssen Sie die erhöhten Ausgaben auf Ihre Kundenpreise umschlagen.
- ✔ **Ihre Preise waren zu niedrig angesetzt.** Vielleicht haben Sie als Einsteiger den Fehler gemacht, Ihre Preise von vornherein zu niedrig anzusetzen. In diesem Fall sollten Sie Ihre Preise schleunigst anheben, so dass Sie bei Neukunden nicht wieder draufzahlen.

- **Sie möchten die Marktlage testen.** Die Preisgestaltung ist ein ewiger Balanceakt. Erhöhen Sie gelegentlich Ihre Preise und warten Sie ab, wie potenzielle Kunden darauf reagieren. Falls Sie keinen Neuauftrag erhalten, war der Zeitpunkt schlecht gewählt. Scheint es den Kunden jedoch nichts auszumachen, ist der Testlauf gelungen, und Sie können Ihre Preise tatsächlich erhöhen.
- **Sie müssen »versteckte« Kosten abdecken.** Es kann vorkommen, dass Sie im Laufe eines Projekts auf versteckte Kosten stoßen, die zu Beginn Ihrer Arbeit nicht ersichtlich waren und jetzt einen erheblichen Mehraufwand darstellen. Vielleicht müssen Sie zum Beispiel ständig zu Besprechungen, von denen vor Projektbeginn überhaupt nicht die Rede war. Oder die Beschaffung der benötigten Informationen gestaltet sich wesentlich schwieriger als erwartet. Falls Sie zusätzliche Arbeit leisten müssen, erhöhen Sie Ihr Honorar, um die Überstunden auch bezahlt zu bekommen.
- **Sie wollen einen Auftrag lieber nicht erhalten.** Es gibt Aufträge, die man am liebsten gar nicht annehmen will. Doch, das kommt vor. Manchmal lehnt man einen Auftrag lieber ab, als sich damit abzuplagen. In einem solchen Fall sollten Sie einen deutlich höheren Preis in Ihrem Angebot nennen als üblich. Lehnt Ihr Kunde das Angebot ab, gut, Sie wollten den Auftrag ja eh nicht haben. Akzeptiert Ihr Kunde das Angebot trotzdem, ist der Preisaufschlag ein schönes Trostpflaster dafür, dass Sie sich jetzt durch dieses unliebsame Projekt durchbeißen müssen.

Wenn Sie sich zu einer Preiserhöhung entschließen, überlegen Sie sich bitte gründlich, *wie* Sie die höheren Preise Ihren Kunden gegenüber vertreten werden. Ihr Ziel lautet ja schließlich, Ihre besten Kunden zu behalten (diejenigen, die am meisten zahlen und mit denen Sie gerne zusammenarbeiten) und neue Kunden zu gewinnen. Es ist daher ganz in Ihrem Sinn, sich auf die Arbeit mit den Kunden zu konzentrieren, die Ihren Preis akzeptieren, und sich von denjenigen zu trennen, die jedes Mal von Neuem über Ihren Preis klagen. Für Selbstständige gilt folgende Regel: Haben Sie sich mit Ihrer Firma etabliert, trennen Sie sich von den 10 Prozent Ihrer Kunden, an denen Sie am wenigsten verdienen, und kümmern Sie sich lieber um den entsprechenden Prozentsatz an Neukunden, die Ihnen Ihre Arbeit auch wirklich gut bezahlen.

Preissenkungen

Doch, doch, es gibt tatsächlich Situationen, in denen Sie Ihre Preise *senken* möchten. Da sich eine Preissenkung jedoch unmittelbar auf Ihren Profit auswirkt, muss sie im Vorfeld gründlich überlegt werden. Außerdem müssen Sie verhindern, dass Ihre Kunden daraufhin von Ihnen erwarten, dass Sie Preissenkungen zur Regel machen (es sein denn, Sie *wollen* es so!).

Nun ein paar Gründe für eine Preissenkung:

- **Ihre Preise waren zu hoch angesetzt.** Falls trotz aller Werbeaktionen, guter Beziehungen und Ihrem persönlichem Einsatz Ihre Mutter Ihre einziger Kunde bleibt, ist etwas ganz gehörig schief gelaufen! Gehen Ihre Geschäfte nicht halb so gut wie geplant, sollten Sie vielleicht Ihre Preise überdenken. Sind sie zu hoch, senken Sie entweder Ihre Preise auf ein angemessenes Niveau oder erhöhen Sie den Wert Ihrer Arbeit für die Kunden. Das Preis-Leistungs-Verhältnis muss stimmen.

- **Sie möchten treue Kunden belohnen.** Jeder macht gerne einmal ein Schnäppchen, ganz besonders Ihre Kunden. Als Belohnung für treue Kunden habe sich zwei Möglichkeiten der Preissenkung bewährt: Sie können hin und wieder eine »Sonderaktion« starten, zum Beispiel einen Preisnachlass für einen Monat, oder Sie halten für treue Stammkunden Ihre Preise konstant. (Die Preiserhöhung können Sie ja den Neukunden mitteilen.)
- **Sie möchten erst einmal Fuß fassen.** Planen Sie zum Beispiel, in eine neue Branche vorzustoßen, kann eine Preissenkung sehr vorteilhaft sein, obwohl natürlich die Gefahr besteht, dass es schwierig ist, später das Preisniveau wieder anzuheben. Allerdings ist es nun einmal so, dass Sie keine müde Mark verdienen, wenn kein Kunde bereit ist, Ihren möglicherweise noch so fairen Preis zu zahlen. Und wenn Sie nichts verdienen, geht Ihre Firma pleite. Wenn Sie einen neuen Markt erobern möchten, macht es sich auf lange Sicht hin oft bezahlt, die Preise zu senken, um damit überhaupt erst einmal Kunden zu gewinnen. Betonen Sie jedoch, dass es sich bei Ihrer Preissenkung um eine einmalige Angelegenheit handelt, und Sie in Zukunft Ihr übliches Honorar in Rechnung stellen.
- **Nachlass für Berufskollegen:** Für Ärzte, Rechtsanwälte und andere Berufsgruppen gelten oft so genannte Kollegenrabatte. Auch als Consultant sollten Sie diese Möglichkeit in Betracht ziehen. Warum? Weil Sie dadurch Ihre Beziehung zu Ihren Berufskollegen verbessern – und vielleicht von ihnen weiter empfohlen werden oder sie Ihnen die Zusammenarbeit bei einem Projekt anbieten.

Bei einer Preisverhandlung mit einem Neukunden ist folgende Vorgehensweise sehr empfehlenswert:

- Normaler Stundensatz: DM 150,00
- Neukundenrabatt, um sich entgegenkommend zu zeigen und die Arbeitsqualität unter Beweis zu stellen: DM 30,00 pro Stunde
- Nettohonorar, einmalig für das Projekt gültig: DM 120,00 pro Stunde

Damit erfährt Ihr Neukunde schon jetzt Ihren üblichen Preis und weiß dennoch zu schätzen, dass Sie ihm ein Stück entgegenkommen, um ihn mit Ihrer Leistung überzeugen zu können.

Standhaft bleiben

Sämtliche Consultants werden Ihnen unzählige Geschichten über Kunden erzählen können, die um die Preise schachern wollen. Vergessen Sie bitte niemals, dass es sich um *Ihre* Firma handelt, und dass *Sie* das letzte Wort über Ihre geschäftlichen Entscheidungen treffen. Wenn Sie eine Preissenkung oder andere Zugeständnisse beschließen, um damit Kunden zu gewinnen (und deren Aufträge!), ist das völlig in Ordnung. Hauptsache ist, Sie haben einen guten Grund und wissen, was Sie damit erreichen.

Wenn Sie sich also für etwas entscheiden, stehen Sie auch dazu! Damit verschaffen Sie sich Respekt (und jeder will seinen Geschäftspartner respektieren können) und schrecken auch gleichzeitig die Geizhälse unter Ihren Kunden ab, denen der Preis wichtiger ist als das Ergebnis Ihrer Arbeit. Das hört sich doch ganz gut an, oder?

Folgende Tipps helfen Ihnen dabei, Kunden (höflich!) beizubringen, wohin sie sich ihre Forderungen nach Preisnachlässen stecken können:

- ✔ **Sagen Sie einfach »Nein!«.** Gerade als Geschäftsmann wird es Ihnen wohl nicht gefallen, Ihren Kunden eine Bitte abzuschlagen. In manchen Situationen bleibt Ihnen jedoch nichts anderes übrig. Reagieren Sie also auf die Frage nach einer Preissenkung sofort mit einem höflichen, aber bestimmten »Nein!«. Reden Sie nicht lange um den heißen Brei herum, sonst verärgern Sie Ihren Kunden, wenn Sie erst Stunden später die klare Aussage treffen, dass eine Preissenkung nicht in Frage kommen. Bleiben Sie bei Ihrer Aussage und schwanken Sie nicht, sonst glauben die Kunden, mit Ihnen könnte man doch noch handeln.
- ✔ **Bringen Sie Argumente.** Erklären Sie nach Ihrem »Nein!«, *warum* ein Preisnachlass für Sie nicht akzeptabel ist. Erläutern Sie beispielsweise, dass Sie zu einem solch niedrigen Preis Ihre laufenden Ausgaben nicht bezahlen können oder Ihre Arbeit nicht so erledigen können, wie der Kunde dies wünscht. Klar findet es kein Kunde gut, wenn seine Bitte abgeschlagen wird, doch wenn Sie gute Gründe dafür haben, wird er Sie zumindest verstehen können.
- ✔ **Unterbreiten Sie ihm einen Gegenvorschlag.** Selbst wenn Sie nicht auf die Konditionen Ihres Kunden eingehen können, gibt es vielleicht einen Kompromiss, der beide Seiten zufrieden stellt. Eventuell könnten Sie Ihrem Kunden anbieten, das Projekt zwar nicht billiger, dafür aber schneller zu erledigen. Je mehr Alternativen Sie vorschlagen können, umso besser.
- ✔ **Denken Sie immer daran: Es geht ums Geschäft, nicht um Ihre Person.** Streiten Sie sich niemals mit einem Kunden über Ihr Honorar oder Ihren Standpunkt, keinen Preisnachlass zu gewähren. Ihre Entscheidungen sind und bleiben *geschäftliche* Entscheidungen und dürfen niemals auf persönlicher Ebene diskutiert werden oder zu einem Nervenkrieg ausarten. Nimmt Ihr Gespräch mit dem Kunden eine unangenehme Wendung, sollten Sie es höflich aber bestimmt beenden. Stellen Sie kurz nochmals klar, welchen Standpunkt Sie vertreten, und bitten Sie Ihren Kunden ganz einfach, Sie anzurufen, wenn er seine Meinung ändert.

Es mag so aussehen, als wäre die Festlegung Ihres Honorars keinen festen Regeln unterworfen, doch es steckt *tatsächlich* Methode dahinter, wie sich der Preis zusammensetzt und warum er sich hin und wieder ändern sollte. Selbst wenn es Ihnen unangenehm sein sollte, das Thema Geld zur Sprache zu bringen, denken Sie bitte daran, dass es um ein Geschäft geht! Und zwar um Ihres! Sie wollen schließlich Geld *verdienen* und nicht draufzahlen. Legen Sie Ihre Preise so fest, dass Sie Ihr finanzielles Ziel auch erreichen und ab und zu auch mal ein Urlaub dabei herausschaut.

Verträge: Das A und O im Geschäftsleben

16

In diesem Kapitel

- Vertragsdefinition
- Unterschiedliche Vertragsarten
- Die Aushandlung von Verträgen

Im Geschäftsleben dreht sich alles um Geld, und Verträge regeln neben anderen Kleinigkeiten, *wie viel* Geld Sie *wann* und *wofür* bekommen. Verträge sind die Grundlage für die meisten Transaktionen im Geschäftsleben, und *jeder* Consultant sollte sich mit Verträgen bestens auskennen.

In diesem Kapitel geht es ausschließlich um Verträge – was genau ist eigentlich ein Vertrag, warum schließt man überhaupt Verträge ab, und mit welchen Vertragsarten werden Sie höchstwahrscheinlich im Laufe Ihrer Karriere als Consultant konfrontiert werden? Außerdem befassen wir uns mit einem Thema, das allen Consultants aus jeder Branche sehr am Herzen liegt, der Aushandlung eines Vertrags.

Was ist ein Vertrag?

Was genau ist ein Vertrag? Ein Vertrag ist nichts anderes als eine von zwei oder mehreren Parteien geschlossene Vereinbarung, etwas zu tun (bzw. nicht zu tun). Verträge können sowohl schriftlich als auch mündlich abgeschlossen werden, ihr Umfang reicht von einem einfachen Vertrag von einer Seite bis hin zu unglaublich komplizierten Dokumenten, deren Dicke der des Berliner Telefonbuchs in nichts nachsteht. Die Details und die Komplexität von Vereinbarungen hängen von der jeweiligen Vertragsart und der Anzahl der Anwälte ab, die diesen Vertrag aufsetzen. (In der Wirtschaft gilt als drittes Gesetz über die Vertragsdynamik, dass der Umfang eines Vertrags direkt proportional zur Anzahl der daran beteiligten Anwälte multipliziert mit der für diesen Vertragsentwurf veranschlagten Arbeitstage im Quadrat ist.)

In den meisten Fällen sind mündliche Verträge ebenso bindend wie schriftliche. Schriftliche Verträge bieten jedoch eine ganze Reihe von Vorteilen gegenüber mündlichen. Also, bestehen Sie auf der Schriftform, wann immer es Ihnen möglich ist. Auch wenn manche Consultants bereit sind, Abmachungen per Handschlag zu besiegeln (und sich anschließend daran zu halten), haben die meisten die Erfahrung gemacht, dass es sich langfristig auf jeden Fall auszahlt, Verträge schriftlich niederzulegen und sich nicht auf sein gutes Gedächtnis – oder den guten Willen seines Gegenübers – zu verlassen. Dies empfiehlt sich insbesondere dann, wenn es in den Verträgen um die finanzielle Zukunft und die Fortführung eines erfolgreichen Unternehmens geht.

In diesem Kapitel befassen wir uns mit den wesentlichen Bestandteilen eines Vertrags und erklären Ihnen, welche Schwierigkeiten auftreten können, die einen Vertrag letztendlich unwirksam machen. Glauben Sie uns: Wir können Ihnen auf Anhieb mehr als ein oder zwei mögliche Schwierigkeiten nennen! Sinn und Zweck dieses Kapitels ist es, Ihnen allgemeine Kenntnisse über Vertragsgrundlagen und die Aushandlung von Verträgen zu vermitteln. Da jede Situation einen anderen Vertrag erfordert, raten wir Ihnen, unbedingt einen Rechtsanwalt aufzusuchen, bevor Sie irgendeinen Vertrag abschließen.

Die wesentlichen Vertragsbestandteile

Herzlich willkommen bei unserer Nachhilfestunde in Sachen Recht und Verträge. Das Thema des Tages lautet: Die wichtigsten Vertragsbestandteile. Jeder Vertrag – mündlich oder schriftlich – umfasst zwei Bestandteile. Nur wenn alle zwei Bestandteile vorhanden sind, ist ein Vertrag zustande gekommen. Doch jetzt wollen wir endlich zur Sache kommen: Hier sind die wesentlichen Vertragsbestandteile:

- ✔ **Angebot:** Ein Angebot ist nichts anderes als die Erklärung einer Partei an die andere Partei, dass sie mit ihr einen Vertrag abschließen will. Dabei muss der Inhalt des Angebotes so bestimmt sein, dass die andere Partei durch ein schlichtes »Ja« das Angebot annehmen kann. Die anbietende Partei muss wissen, dass ein Angebot in aller Regel bindend ist und nicht einfach widerrufen werden kann.
- ✔ **Annahme:** Eine Annahme ist die Zustimmung einer Partei zu den Bedingungen des Angebots, und zwar die vorbehaltlose Zustimmung. Die Annahme kann nur erfolgen, solange das Angebot noch offen ist. Ist es erloschen, z.B. weil die anbietende Partei ihr Angebot mit einer Annahmefrist versehen hat, die ergebnislos abgelaufen ist, kann das Angebot nicht mehr angenommen werden.

Liegen also Angebot und Annahme als zwei übereinstimmende Erklärungen vor, ist ein Vertrag zustande gekommen. Das heißt aber noch lange nicht, dass damit alles perfekt ist. Nach Vertragsabschluss kann auf die unterschiedlichste Weise versucht werden, diesen Vertrag anzufechten. Dies wollen wir uns nun einmal näher ansehen.

Wie lässt sich ein Vertrag anfechten?

Schön, der Vertrag mit den zwei Bestandteilen Angebot und Annahme liegt vor Ihnen. Schaut doch gut aus, oder? Nicht unbedingt. Es gibt verschiedene Gründe, warum ein Vertrag rechtsungültig sein kann. Nach Abschluss eines Vertrags können beide Vertragsparteien folgende Gründe ins Feld führen, warum dieser Vertrag ungültig ist.

- ✔ **Geschäftsfähigkeit:** Das bedeutet, dass die Parteien, die einen Vertrag miteinander abschließen, geschäftsfähig sein müssen, nicht unter einer dauerhaften krankhaften geistigen Störung leiden und nüchtern sein müssen. Treffen diese Punkte nicht zu, stecken Sie in *ernsthaften* Schwierigkeiten.
- ✔ **Nötigung:** Keine der Vertragsparteien darf die andere Partei zwingen – weder mit verbalen Drohungen noch durch körperliche Gewalt – den Vertragsbedingungen zuzustimmen. Liegt eine derartige Situation bei Vertragsabschluss vor, ist der Vertrag gefährdet.
- ✔ **Vertragsform:** Für einige Verträge schreibt das Gesetz eine bestimmte Form vor, so die Schriftform für Mietverträge, die für eine längere Zeit als ein Jahr geschlossen werden, oder Verträge über den Grundstückkauf. Werden diese Verträge mündlich geschlossen, sind sie nichtig.
- ✔ **Arglistige Täuschung:** Spiegelt eine Vertragspartei wissentlich falsche Tatsachen über den Vertragsgegenstand vor, spricht man von arglistiger Täuschung, und der Vertrag kann angefochten werden. Eine Täuschung ist auch durch Verschweigen von Tatsachen denkbar, sofern über die verschwiegene Tatsache eine Aufklärung hätte erfolgen müssen.
- ✔ **Verstoß gegen ein gesetzliches Verbot:** Ein Vertrag, der gegen ein gesetzliches Verbot verstößt, ist nichtig. Wird zum Beispiel in einem Vertrag festgelegt, dass Diamanten über die Grenze geschmuggelt werden sollen, ist dieser Vertrag automatisch nichtig, kann also nicht eingeklagt werden.
- ✔ **Sittenwidrigkeit:** Ebenfalls nichtig ist ein Vertrag, der gegen die guten Sitten verstößt, zum Beispiel ein Darlehensvertrag, der den Darlehensnehmer zur Zahlung von Wucherzinsen verpflichtet.
- ✔ **Irrtum:** Irrt sich eine der Vertragsparteien und gibt eine falsche Willenserklärung ab, ist der Vertrag nicht automatisch nichtig oder anfechtbar. Täuschen sich aber beide Vertragsparteien über den Vertragsgegenstand oder Vertragsbestandteile, kann der Vertrag angepasst oder – wenn die Fortsetzung des Vertrages unzumutbar ist – aufgehoben werden. Ein Beispiel hierfür wäre, dass sich beide Vertragsparteien auf einen Katalog beziehen, in den sich der Druckteufel eingeschlichen hat, und sich der Kaufpreis für einen bestimmten Artikel irrtümlich auf DM 4.500,– anstatt auf DM 45.000,– beläuft. In diesem Fall kann der Vertrag aufgehoben werden.

Hält *Ihr* Vertrag diesen Anfechtungsgründen stand? Ja? Toll! Dann wollen wir uns einmal die unterschiedlichen Vertragsarten und deren Vor- und Nachteile ansehen.

Unterschiedliche Vertragsarten

Bei manchen Verträgen ist es völlig egal, ob sie mündlich oder schriftlich vorliegen. Vor dem Gesetz haben sie dieselbe Wirkung. (Dass es Ausnahmen gibt, bei denen die Schriftform vorgeschrieben ist, haben wir Ihnen ja schon gesagt.) Beide Arten haben ihre Vor- und Nachteile. Mündliche Verträge machen einen freundlicheren Eindruck und werden als wenig dramatisch empfunden. Allerdings kann man mündliche Vereinbarungen leicht vergessen und schwer beweisen. Schriftliche Verträge regeln die beiderseitigen Vereinbarungen schwarz auf weiß, und jedem ist klar, was er zu tun hat. Andererseits sind sie oft ziemlich kompliziert zu verstehen und lassen wenig Spielraum übrig.

Letztendlich ist es Ihre Entscheidung, ob Sie einen mündlichen oder schriftlichen Vertrag abschließen – schließlich geht es ja um Ihre Firma! Viele Unternehmen werden jedoch darauf bestehen, dass Sie einen (sprich, deren) Vertrag unterzeichnen. Am besten entwerfen Sie ein eigenes Vertragsformblatt – die Details sollten Sie mit Ihrem Rechtsanwalt klären – und nutzen dieses für alle Ihre Aufträge. Falls Sie dem Vertrag Ihres Auftraggebers zustimmen möchten, sollten sie ihn vor der Unterzeichnung sorgfältig durchlesen. Verstehen Sie eine Bestimmung darin nicht, bitten Sie Ihren Vertragspartner um Klärung. Und noch etwas: Bitten Sie Ihren Rechtsanwalt, sich diesen Vertrag durchzusehen, *bevor* Sie ihn unterschreiben – *nicht danach*!

Mündliche Verträge

Die meisten Menschen haben tagein, tagaus mit jeder Menge Transaktionen zu tun – sowohl im Privat- als auch im Berufsleben. Grundlage dieser Geschäfte sind mündliche Verträge. (Die meisten Menschen wickeln täglich privat und beruflich jede Menge Geschäfte ab, die auf mündlichen Vereinbarungen beruhen.) Sie vereinbaren zum Beispiel mit dem Nachbarskind, dass es für DM 10 Ihren Gehweg von Schnee frei räumt. Nachdem die Arbeit erledigt ist, geben Sie ihm die vereinbarte Summe. Der Besitzer Ihrer Lieblings-Döner-Imbissbude sichert Ihnen zu, dass er Ihnen den besten Döner Ihres Lebens macht, wenn Sie ihm dafür DM 5 bezahlen. Sie lassen sich auf diesen Handel ein. Er bereitet den Döner zu, Sie zahlen den vereinbarten Preis und lassen es sich schmecken. Denken Sie nur einmal an all Abmachungen, die Sie Tag für Tag mündlich vereinbaren.

So könnte zum Beispiel ein mündlicher Vertrag zwischen Ihnen und einem Kunden zustande kommen:

Consultant: Ich habe meine Termine überprüft und kann Ihnen zusagen, den Marketingplan für Ihre neue Produktreihe in zwei Wochen vorzulegen.

Kunde: Toll! Das passt ja hervorragend in unser Markteinführungskonzept. Was wird mich Ihr Plan kosten? Sie wissen ja, wir sind Ihr bester Kunde!

Consultant: Wie könnte ich das vergessen? Sie wissen doch, dass ich Ihnen immer einen guten Preis mache. Ich kann den Auftrag für DM 6.000 erledigen. Wollen wir die Bezahlung wie üblich regeln? Ein Drittel im Voraus und den Rest innerhalb von 30 Tagen nach Abgabe des Plans?

Kunde: Klingt gut. Also, wir einigen uns darauf, dass Sie den Plan zu einem Gesamtpreis von DM 6.000 innerhalb von zwei Wochen erstellen, okay?

Consultant: Ja.

Kunde: Sie kriegen als Vorschuss DM 2.000 und die Restsumme ist innerhalb von 30 Tagen nach Abgabe des Plans fällig. Stimmt das?

Consultant: Ja, genau.

Kunde: Super! Hier ist Ihr Scheck. So, nun können Sie loslegen. Wir sehen uns dann in zwei Wochen!

Consultant: Danke. Bis dann.

Sie und Ihr Kunde haben soeben einen mündlichen Vertrag abgeschlossen.

In Falle eines Falles wird ein Gericht häufig entscheiden, dass ein mündlicher Vertrag ebenso bindend ist wie ein schriftlicher. Das bedeutet jedoch nicht, dass mündliche Verträge im Geschäftsleben zu empfehlen sind. Bei mündlichen Verträgen gibt es folgende Probleme:

- ✔ **Der Mensch ist vergesslich.** Selbst wenn ein mündlicher Vertrag zum Zeitpunkt seines Abschlusses eindeutig und präzise formuliert ist, kann es passieren, dass sich eine oder beide Vertragsparteien bald nicht mehr an den genauen Wortlaut erinnern.

Peter beauftragte einmal einen Landschaftsgärtner, vier Bäume auf seinem Grundstück zu fällen. Peter zeigte dem Landschaftsgärtner die betreffenden Bäume und ging anschließend zur Arbeit. Als Peter zurückkam, musste er zu seinem Entsetzen feststellen, dass sein Lieblingsbaum gefällt worden war. Der Landschaftsgärtner hatte drei richtige Bäume und einen falschen gefällt. Bei einem schriftlichen Vertrag mit einem entsprechenden Grundstücksplan wäre das nicht passiert.

- ✔ **Der Mensch ist vergänglich.** Es kann ja durchaus vorkommen, dass ein Mensch aufgrund von Krankheit oder gar Tod nicht mehr zur Verfügung steht. Somit sind alle mündlich mit ihnen vereinbarten Vertragsbestimmungen ebenfalls dahin. Sie wissen ja selbst, wie schwer es sein kann, geschäftliche Meinungsverschiedenheiten zu klären, selbst wenn ein schriftlicher Vertrag vorliegt. Nun stellen Sie sich einmal vor, wie man herausfinden soll, wer wem wie viel schuldet, wenn eine der beiden Vertragsparteien nicht mehr da ist, um ihren Standpunkt zu vertreten. Es ist sehr, sehr schwierig, einen Vertrag durchzusetzen, wenn seine Existenz nicht bewiesen werden kann.

- ✔ **Verwirrende Vielzahl an Vertragspunkten.** Sobald ein Vertrag über so einfache Vereinbarungen wie *»wer macht was für wie viel?«* hinaus geht, wird die Angelegenheit ganz schnell sehr kompliziert. Je umfangreicher ein Vertrag, umso größer ist die Gefahr, dass Missverständnisse auftreten. Mündliche Verträge sind absolut ungeeignet für komplexe Vertragsbestimmungen.

- ✔ **Vielleicht endet die Sache vor Gericht.** So etwas kann man nie wissen. Es kann jahrelang gut gehen, dass Sie mit Ihren Kunden problemlos auf der Basis von mündlichen Verträgen arbeiten und plötzlich ist ein Kunde dabei, der nicht zahlt. Bei einem Betrag von DM 100 ist es zwar ärgerlich, aber kein allzu großer Verlust. Aber stellen Sie sich vor, es ginge um DM 10.000 oder DM 100.000. Da hätten Sie ein Riesenproblem. Viele Menschen denken nicht im Traum daran, dass sie irgendwann vor Gericht stehen könnten, und dennoch passiert es ständig. Und wenn es passiert, ist ein *schriftlicher* Vertrag viel einfacher zu beweisen als ein mündlicher.

Sollten Sie es trotz der erheblichen Nachteile vorziehen, mündliche Verträge abzuschließen, sollen Sie nach erzielter Einigung mit Ihrem Klienten eine Bestätigung vorlegen. In diesem Bestätigungsschreiben fassen Sie kurz zusammen, was Ihrer Ansicht nach vereinbart wurde. Ihr Kunde kann somit auch noch einmal überprüfen, ob er mit den ausgehandelten Vereinbarungen einverstanden ist. Bitten Sie Ihren Kunden darum, eine Kopie des Bestätigungsschreibens unterzeichnet an Sie zurück zu schicken, damit Sie sich sicher sein können (und im Bedarfsfall einen Beweis dafür haben), dass Sie beide von denselben Voraussetzungen ausgehen.

Die Abbildung auf der nächsten Seite zeigt Ihnen ein Muster eines Bestätigungsschreibens.

Schriftliche Verträge

Was auch immer Sie von schriftlichen Verträgen halten, sie sind auf alle Fälle in der Regel von Dauer. Obwohl viele sehnsüchtig an die Zeit zurückdenken, als ein Vertrag noch per Handschlag besiegelt wurde, werden doch die meisten Verträge in der Consultingbranche schriftlich verfasst. Falls Sie noch immer nicht von der Notwendigkeit schriftlicher Verträge mit Ihren Kunden überzeugt sind, werden Sie spätestens dann eines Besseren belehrt, wenn Sie vor Gericht versuchen, Ihre Honorarforderung gegen einen zahlungsunwilligen Kunden einzuklagen.

Ein schriftlicher Vertrag kann ein bis zwei, aber auch Hunderte oder Tausende von Seiten umfassen.

Puh! Schriftliche Verträge hören sich nach viel Arbeit an. Warum sollte man sich das antun? Vor allem deshalb, weil ein schriftlicher Vertrag eindeutig die *Willenserklärung* der beiden Vertragsparteien und den Vertragsgegenstand definiert. Anders ausgedrückt, klärt ein guter schriftlicher Vertrag die Erwartungen aller Beteiligten.

Verträge müssen nicht unbedingt hochkompliziert und langatmig sein. Das gilt insbesondere für Verträge von Consultants. Sicherlich möchten auch Sie keine lukrativen Aufträge dadurch verlieren, dass Sie Ihrem Kunden einen 50 Seiten langen Vertrag vor die Nase legen und darauf bestehen, dass er ihn in dreifacher Ausfertigung unterzeichnet, bevor Sie auch nur einen Handstreich für ihn tun. Ein schriftlicher Vertrag soll schlicht und einfach klären, was von beiden Vertragsparteien verlangt wird. In den meisten Fällen genügen dafür ein oder zwei Seiten Text.

Es gibt die unterschiedlichsten schriftlichen Verträge. Nachfolgend finden Sie eine Auflistung der gängigsten Verträge.

14. Juni 1999

Frau Dr. Müller
Technologie-Center
Albert-Schweitzer-Allee 3
60789 Frankfurt

Sehr geehrte Frau Dr. Müller,

mit diesem Schreiben bestätigen wir unsere heutige Vereinbarung über die Entwicklung eines DNA-Extraktors sowie die Erstellung der vollständigen Produktionspläne einschließlich Blaupausen. Nachfolgend eine Zusammenfassung der Vertragsbestimmungen:

Liefertermin: Die Entwurfspläne werden bis spätestens 30. November 1999 fertiggestellt, die endgültigen Pläne bis spätestens 31. Januar 2000.

Gesamtpreis: DM 150.000.

Fälligkeit: Ein Drittel bei Arbeitsbeginn, ein Drittel bei Lieferung der Entwurfspläne und ein Drittel bei Lieferung der endgültigen Pläne.

Zahlungsbedingungen: Netto innerhalb von 30 Tagen.

Es ist mir immer ein großes Vergnügen, mit Ihnen zusammen zu arbeiten. Mit Sicherheit werden wir gemeinsam auch dieses einzigartige Projekt erfolgreich beenden. Ich werden Ihnen die Pläne termingerecht zum vereinbarten Preis vorlegen. Für Fragen stehe ich Ihnen jederzeit gerne zur Verfügung.

Bitte bestätigen Sie unsere Vereinbarung zu den oben genannten Bedingungen mit Ihrer Unterschrift. Bitte fügen Sie auch das Datum an der dafür vorgesehenen Stelle ein und schicken mir so bald wie möglich eine Kopie dieses Schreibens.

Mit freundlichen Grüßen

Felix Wang
Leiter der Abteilung für Produktentwicklung

Gelesen und bestätigt am Unterschrift

Bestellungen

Haben Sie es als Consultant überwiegend mit Geschäftsleuten oder Behörden zu tun, dürften Bestellungen etwas ganz Alltägliches für Sie sein. Eine Bestellung ist nichts anderes als ein schriftliches Angebot, Ihre Leistung in Anspruch zu nehmen. Manchmal vergeben Kunden laufende Auftragsnummern oder *Bestellnummern* anstelle eines schriftlichen Dokuments.

Eine Bestellung ist eine *einseitige* Erklärung, der Vertrag kommt dann durch Erbringung der darin genannten Leistung zustande. Erteilt Ihr Kunde Ihnen beispielsweise einen Auftrag über die Anfertigung eines ökologischen Gutachtens, gilt dieses einseitige Rechtsgeschäft als angenommen, sobald Sie das Gutachten fertiggestellt haben. Eine Bestellung kann natürlich auch schon durch Bestätigung der anderen Partei angenommen werden, bevor mit der Erfüllung des Vertrages begonnen wird.

Einfache Verträge

Einfache Verträge – meistens ein oder zwei Seiten lang – sind in der Regel für Consulting-Aufträge völlig ausreichend. Sie enthalten die wichtigsten Inhalte der Vereinbarungen zwischen Consultant und seinem Kunden – wie zum Beispiel Preis, Liefertermin oder Abgabedatum, Zahlungsbedingungen, Zahlungsziele, und so weiter – und sind zudem einfach genug gehalten, dass sie leicht verständlich und auszulegen sind.

Für die meisten Consultants sind einfache Verträge genau richtig. Auf der nächsten Seite sehen Sie ein Muster eines einfachen Vertrags, der alle wesentlichen Informationen enthält. Sie können dieses Muster gerne an Ihre individuellen Bedürfnisse anpassen. Unabhängig davon, ob Sie dieses Muster unverändert übernehmen oder an Ihre Anforderungen anpassen, legen Sie es unbedingt zuerst Ihrem Rechtsanwalt zur Absegnung vor, bevor Sie tatsächlich Gebrauch davon machen.

Ausführliche Verträge

Ausführliche Verträge enthalten neben den wichtigsten Bestimmungen der einfachen Verträge eine ganze Reihe weiterer Bestimmungen, die jedes mögliche Problem oder jede Rechtsstreitigkeit abdecken sollen, die im Laufe eines Projekts oder im Anschluss daran auftreten können. Zusätzlich zu ganz leicht verständlichen Punkten wie Kaufpreis, Liefertermin und Zahlungsbedingungen werden Sie bei ausführlichen Verträgen auf Überschriften wie »Garantie«, »Kündigung«, »Geltendes Recht«, »Höhere Gewalt« und Ähnliches stoßen.

Es ist schon manchmal sehr merkwürdig: Je umfangreicher sich Ihre Gegenleistung gestaltet, umso bereitwilliger zeigen sich die Kunden, ausführliche Verträge auszuarbeiten. Ein Kunde, der sich im Allgemeinen damit zufrieden gibt, bei Aufträgen im Wert von DM 1.000 lediglich eine Auftragsnummer zu vergeben, wird von Ihnen vielleicht verlangen, einen 20seitigen Vertrag voller hochkomplizierter Paragraphen zu unterzeichnen, sobald das Auftragvolumen die magische Grenze von DM 10.000 überschreitet.

Muster: Vor Vertragsschluss bitte einen Rechtsanwalt konsultieren.

VERTRAG ÜBER CONSULTING-DIENSTE

Name und Anschrift des Kunden: ______________________________

Beschreibung der für den Kunden zu erbringenden Leistung: ______________

____

____

____

Projektbeginn: ____________________ *Projektende:* ____________

Honorar: DM __________ *pro* __________ *(Tag/Stunde/sonstiges)*

Voraussichtliche Gesamtstunden/Tage/sonstiges: ________________

Voraussichtliche Gesamtkosten: DM ____________

Sonstige Kosten: DM ____________ *für* ______________________

Zahlungsbedingungen: ____________________________________

Sonstige Vereinbarungen (sofern zutreffend): ____________________

____

____

____

Consultant ________________ Kunde ________________

Unterschrift ________________ Unterschrift ________________

Datum ________________ Datum ________________

Unser Rat: Falls Sie in juristischen Angelegenheiten nicht wirklich erfahren und geübt sind, suchen Sie rechtsanwaltlichen Beistand, wenn Sie es mit einem langen und ausführlichen Vertrag zu tun haben, der Hunderte von komplizierten Bestimmungen enthält. Und gehen Sie bitte nicht davon aus, dass ein Vertrag wie der andere ist, selbst wenn es sich um denselben Vertragspartner handelt. Die meisten Unternehmen verwenden Standardverträge, die von einem Rechtsanwalt aufgesetzt oder geprüft sind, und die je nach Vertragsgegenstand entsprechend abgeändert wurden. Jeder Vertrag ist etwas Einzigartiges. Lesen Sie alle neuen Verträge sorgfältig durch, damit Sie keine unliebsame Überraschungen erleben.

Wenn Sie einen ausführlichen Vertrag entwerfen oder unterzeichnen sollen oder möchten, dass ein Anwalt Sie vor der Unterzeichnung jeder schriftlichen Vereinbarung berät, suchen Sie sich einen guten Rechtsbeistand heraus. Die Anwaltsgebühren werden Sie zwar je nach Vertragsgegenstand und Arbeitsumfang des Anwaltes etwas kosten, aber eine kompetente Rechtsberatung kann Ihnen schlaflose Nächte und Kopfschmerzen ersparen.

Das Einmaleins der Vertragsverhandlung

Unsere kleine Nachhilfestunde in Sachen Recht und Verträge wäre ohne Tipps zur Vertragsverhandlung ziemlich unvollständig. Es wäre zwar schön, wenn Ihre Kunden all Ihre Vorschläge widerspruchslos akzeptieren würden (okay, zu schön, um wahr zu sein), doch so sicher wie das Amen in der Kirche werden auch Sie einmal in Vertragsverhandlungen mit einem Kunden sitzen.

Jeder von uns steckt tagein, tagaus aus den unterschiedlichsten Gründen in Verhandlungen über alles Mögliche: »*Ich glaube nicht, dass ich es bis 15.00 Uhr zu unserer Besprechung schaffe, ginge 16.30 Uhr vielleicht auch? Hundert Mark für einen Ölwechsel ist ganz schön teuer, sagen wir DM 50, dann kommen wir ins Geschäft. Für DM 10.000 kann ich den Auftrag beim besten Willen nicht erledigen, aber falls Sie mit einem Preis von DM 15.000 einverstanden sind, ist die Sache geritzt. Ich habe Dir gesagt, um spätestens 20.00 Uhr gehst du heute ins Bett – ohne Wenn und Aber. Also gut, Du darfst bis 21.00 Uhr aufbleiben, aber das ist mein letztes Wort!*« So gesehen besteht das ganze Leben aus einer langen Kette von Verhandlungen, finden Sie nicht auch?

Wie Sie sicherlich auch schon festgestellt haben, gibt es Tausende von Büchern zum Thema Verhandlungen. In diesem Kapitel haben wir für Sie all' die Tricks und Kniffe, die die Menschheit über Jahrtausende des Verhandelns entwickelt hat, so zusammengestellt, dass sie bequem in Ihre Hosentasche passen. Na schön, Sie müssen diese Seiten herausreißen und zusammenfalten, aber dann passen sie wirklich in Ihre Hosentasche.

Und los geht's:

Verhandlungsablauf vorausplanen

Es zahlt sich ganz bestimmt aus, sich den Verhandlungsablauf schon *im Voraus vorzustellen*, auch wenn Sie glauben, der Aufwand würde sich bei einem einfachen, kleinen Auftrag nicht lohnen. Selbst wenn Sie sich nur ganz kurz überlegen, was Ihre Ziele sind, oder ein paar Nachforschungen über das Unternehmen Ihres Kunden anstellen, sichern Sie sich damit eine bessere Ausgangsposition und können Ihre persönlichen, beruflichen und finanziellen Ziele leichter erreichen.

Es gibt viele Möglichkeiten, sich auf eine Verhandlung vorzubereiten. Die folgenden vier Punkte sollten in Ihrer Vorbereitung immer beachtet werden:

1. **Formulieren Sie Ihre Ziele.**

   Wenn Sie nicht wissen, was Sie erreichen wollen, können Sie auch nicht zielgerichtet verhandeln. Sie müssen in jeder Verhandlung hart darum kämpfen, Ihre Ziele zu verwirklichen. Nehmen Sie sich also *vorher* genug Zeit, um sich über Ihre Ziele klar zu werden und festzulegen, wie wichtig sie Ihnen sind. Überlegen Sie sich, ob und zu welchen Kompromissen Sie bereit wären. Sie müssen in einer Verhandlung genau wissen, was Sie wollen und bereit sein, sich dafür einzusetzen.

2. **Beschaffen Sie sich Hintergrundinformationen.**

   Was wissen Sie über Ihren Kunden? Berichten die Medien über ihn? Steckt sein Unternehmen oder die gesamte Branche in Schwierigkeiten? Welche Erfahrung hat das Unternehmen mit Consultants? Hat das Geschäftsjahr in diesem Unternehmen gerade erst begonnen und steht deshalb noch der gesamte Etat für Consulting-Aufträge zur Verfügung? Oder ist das Geschäftsjahr so gut wie beendet, und der Etat ist so gut wie ausgeschöpft?

   Über das Unternehmen, mit dem Sie in Kürze in Verhandlungen treten, gibt es jede Menge Informationen. (Suchen Sie doch gleich mal im Internet.) Nutzen Sie alle Informationen für die Planung Ihrer Verhandlungsstrategie.

3. **Schätzen Sie den Standpunkt Ihres Kunden ein.**

   Wie schätzen Sie Ihren Kunden ein? Wird er die Dauer Ihrer Zusammenarbeit eher verkürzen oder verlängern wollen? Wird er über den Preis oder die Anzahl der veranschlagten Arbeitsstunden verhandeln wollen? Versetzen Sie sich für einen Moment in die Lage Ihres Kunden und überlegen Sie sich, was seine Ziele sind. Anschließend legen Sie sich zurecht, wie Sie auf seine Argumente am besten reagieren.

4. **Bereiten Sie sich darauf vor, Ihren zu Standpunkt vertreten.**

   Bereiten Sie sich vor *jeder* Verhandlung darauf vor, dass Sie Ihren Standpunkt vertreten und verteidigen müssen. Mit Ihrem Standpunkt machen Sie Ihrem Gegenüber deutlich, welche Forderungen Sie in der Verhandlung ins Spiel bringen. Ihre Standpunkte unterscheiden sich insofern von Ihren Zielsetzungen, als dass sie nur Mittel zum Zweck darstellen. Ihr Ziel ist zum Beispiel ein Stundenhonorar von DM 100, doch zunächst fordern Sie DM 120 von Ihrem Kunden, was Sie ihm höchstwahrscheinlich bereits in Ihrem Angebot mitgeteilt haben. Vor der Verhandlung sollten Sie sich jedoch gut überlegen, inwieweit Sie zum Nachgeben bereit sind, falls Ihr Kunde mit Ihrem Angebot nicht einverstanden ist und Sie ihn nicht auf Ihre Vorschläge einlassen will.

Auf der nächsten Seite finden Sie ein einfaches Formular, das Sie zur Vorbereitung aller möglichen Verhandlungen nutzen können.

Goldene Regeln für Verhandlungen

Seit Millionen von Jahren verhandeln die Menschen miteinander und haben im Laufe der Zeit einige Grundregeln der Verhandlungstaktik entwickelt. Lernen Sie diese Regeln, und keiner wird Ihnen noch einmal ein X für ein U vormachen können. Sie werden immer *genau* das erreichen, was Sie wollen, und Ihr Leben wird von Erfolg und Glück gekrönt sein. Na gut, das ist vielleicht etwas übertrieben. Eines ist jedoch sicher: Wenn Sie diese Regeln missachten oder nicht richtig beherrschen, werden Sie am Ende einer Verhandlung immer den Kürzeren ziehen.

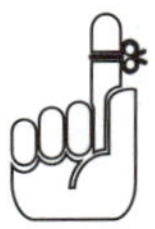

Auf geht's: Hier die goldenen sieben Regeln (zählen Sie's halt nach, wenn Sie es uns nicht glauben) für Verhandlungen:

- ✔ **Bereiten Sie sich vor.** Eine gute Vorbereitung sichert Ihnen in jeder Verhandlung einen so immensen Vorteil, dass es den Aufwand in jedem Fall lohnt. Wie soll diese Vorbereitung aussehen? Zuallererst sollten Sie die vier Punkte unter dem Abschnitt »Verhandlungsablauf vorausplanen« erledigen.

- ✔ **Lassen Sie ausreichend Spielraum.** Kein Mensch kann es leiden, wenn er in die Enge getrieben wird und kein Raum für Kompromisse und weitere gedankliche Ansätze vorhanden ist. Schließlich haben beide Verhandlungspartner ja auch ein *gemeinsames* Ziel. Bei der Formulierung Ihrer Verhandlungsziele und Standpunkte sollten Sie ausreichend Spielraum einplanen, damit Sie den Vorstellungen Ihres Kunden entgegenkommen können, ohne dabei Ihre Zielsetzung aufgeben zu müssen.

- ✔ **Überlegen Sie sich Alternativen.** Für jedes Argument Ihres Kunden gegen einen Ihrer Standpunkte sollten sich bereits im Vorfeld mindestens eine Alternative überlegen. Hält Ihr Kunde zum Beispiel eine Bearbeitungsdauer von vier Wochen für völlig indiskutabel, könnten Sie alternativ vorschlagen, das Projekt für einen Eilzuschlag in zwei Wochen zu beenden.

- ✔ **Halten Sie Ihr Wort.** Im Geschäfts- wie im Privatleben sollte Ihr Wort gelten. Die Grundlage einer Verhandlung ist Vertrauen und gegenseitiger Respekt. Wenn Sie Ihr Wort brechen, verlieren Sie beides schnell. Jeder kann einmal einen Fehler machen – die meisten Kunden werden dafür Verständnis zeigen

Formular zur Vorbereitung von Verhandlungen

- Wie lauten Ihre drei wichtigsten Verhandlungsziele?

  1.

  2.

  3.

- Was sind Ihrer Meinung nach die drei wichtigsten Verhandlungsziele Ihres Kunden?

  1.

  2.

  3.

- Welche(n) Anfangsstandpunkt(e) wird Ihr Kunde voraussichtlich einnehmen?

  1.

  2.

  3.

- Inwiefern könnte Ihr Kunde von seinen Anfangsstandpunkten abrücken?

  1.

  2.

  3.

- Wie lauten Ihre Anfangsstandpunkte?

  1.

  2.

  3.

- Inwieweit werden Sie von Ihrer Anfangsstandpunkten abrücken?

  1.

  2.

  3.

und damit umgehen können – doch ein nicht gehaltenes Versprechen lässt sich kaum entschuldigen.

- **Reden ist Silber, Schweigen ist Gold.** Ein geschickter Verhandlungsführer ist immer auch ein guter Zuhörer. Stellen Sie die richtigen Fragen und hören Sie *genau* zu, wie und was Ihr Gegenüber darauf antwortet. So werden Sie sehr bald wissen, wie Sie die Verhandlung erfolgreich führen und eine Vereinbarung erzielen können. Denken Sie immer daran: Sie können nicht gleichzeitig reden und zuhören!
- **Geben Sie nicht zu schnell auf.** Unserer Erfahrung nach ist es nicht ratsam, sich von einem geschickten Verhandlungspartner zu schnell und zu weit vom eigenen Standpunkt abbringen zu lassen. Sie hinterlassen damit nicht nur den Eindruck, Sie wären leicht zu beeinflussen und bräuchten den Auftrag ganz dringend, sondern verzichten auch freiwillig auf jegliche Zugeständnisse, die Ihr Kunde vielleicht noch anbieten würde. Lassen Sie sich bei Verhandlungen mit Kunden Zeit. Sie verschaffen sich eine *viel bessere Verhandlungsposition*, wenn Ihr Kunde in Zeitdruck gerät und möglichst schnell zu einem Abschluss kommen will, als wenn Sie sich unter Druck setzen lassen.
- **Lernen Sie, »Nein« zu sagen.** Manchen Consultants fällt es sehr schwer, ihren Kunden etwas abzuschlagen, da es die gute Geschäftsbeziehung gefährden könnte. Trotzdem kommt man in einer Verhandlung vielleicht an einen Punkt, an dem nur ein klares »Nein« die einzig richtige Antwort ist, will man nicht alle eigenen Ziele aufgeben. Möchte Ihr Kunde zum Beispiel Ihr Honorar um die Hälfte kürzen, was für Sie nicht in Frage kommt, sagen Sie »Nein« und schlagen ihm eine Alternative vor. Sie könnten ihm zum Beispiel anbieten, ein etwas niedrigeres Honorar zu berechnen, wenn er im Gegenzug innerhalb von 10 Tagen anstatt der üblichen 30 Tage bezahlt.

Eine Vereinbarung erzielen

Ein erfolgreicher Verhandlungsabschluss, das heißt die endgültige Einigung über alle Bestimmungen eines Vertrags einschließlich der Unterzeichnung aller erforderlichen Unterlagen ist das oberste Verhandlungsziel. Schon viele aussichtsreiche Pläne sind ins Schleudern gekommen und in der Versenkung verschwunden, nur weil die Verhandlungspartner zu keiner Einigung gelangen konnten.

Ein erfolgreicher Geschäftsabschluss ist eine Kunst für sich. Auch hier gilt: Übung macht den Meister. Es ist nie zu spät, einige neue Tricks zu lernen oder alte zu verbessern. Nachfolgend ein paar wichtige Tipps, wie Sie einen erfolgreichen Geschäftsabschluss erzielen und Schwierigkeiten aus dem Weg räumen können:

- **Nennen Sie Ihrem Kunden viele überzeugende Gründe, Ihnen zuzustimmen.** Je mehr Gründe Sie Ihrem Kunden nennen können, warum er Ihnen zustimmen sollte, umso wahrscheinlicher wird er es auch tun. Machen Sie es

Ihren Kunden so einfach wie möglich, »Ja« zu Ihnen zu sagen. Auf diese Weise werden Sie *ganz bestimmt* viele Geschäftsabschlüsse erreichen.

- ✔ **Bestätigen Sie Ihre Vereinbarung.** Um sicherzugehen, dass beide Gesprächspartner den Verhandlungsausgang und die dabei getroffene Vereinbarung richtig verstanden haben, sollten Sie diese Vereinbarung zunächst mündlich, später schriftlich, bestätigen. Sollte es ein Problem geben, werden Sie es somit ganz schnell herausfinden!

- ✔ **Lassen Sie sich nicht in letzter Minute überrumpeln.** Wir beide haben schon oft an Verhandlungen teilgenommen, in deren Verlauf wir irgendwann dachten, wir hätten nun eine endgültige Einigung erzielt. Weit gefehlt! In allerletzter Minute konfrontierten uns unsere Verhandlungspartner mit einer völlig neuen Forderung oder Bedingung. Lassen Sie von dieser Taktik nicht überrumpeln, falls ein Kunde versucht, Ihnen damit noch ein paar Zugeständnisse abzuringen. In einer solchen Situation sollten Sie ruhig und sachlich reagieren: »Nein, das haben wir nicht vereinbart.« Bestehen Sie darauf, dass sich Ihr Verhandlungspartner an die vereinbarten Konditionen hält. Weigert er sich, sollten Sie sich vielleicht besser nach einem anderen zuverlässigeren Verhandlungspartner umsehen.

- ✔ **Bedanken Sie sich nach der Verhandlung.** Es ist nicht nur eine nette Geste, Ihrem Kunden nach der Verhandlung ein kurzes Schreiben zu senden, in dem Sie sich für den Auftrag bedanken, sondern auch ein guter Anfang zum Aufbau einer Beziehung mit ihm. Sie wissen ja, eine langfristige Beziehung zu Ihren Kunden ist die beste Garantie dafür, dass Ihr Geschäft floriert und Sie weiterempfohlen werden.

- ✔ **Versteifen Sie sich nicht darauf, dass unbedingt eine Einigung erzielt werden muss.** Wenn Sie trotz all Ihrer Bemühungen feststellen müssen, dass es keine für beide Seiten akzeptable Lösung gibt, ist es besser, sich zu verabschieden. Durch den Abbruch einer Verhandlung zeigen Sie Ihrem Kunden, wie ernst es Ihnen ist, und vielleicht veranlasst dies ihn dazu, doch noch den notwendigen Kompromiss zu schließen. Wenn nicht, ist es schließlich auch kein Beinbruch. Verwenden Sie Ihre Energie lieber für andere Angelegenheiten, die mehr Aussicht auf Erfolg haben – wie zum Beispiel Ihren *nächsten* Kunden.

Ihr Home Office – Das Büro in den eigenen vier Wänden

17

In diesem Kapitel

- Macht es Sinn, zu Hause zu arbeiten?
- Ihr Home Office einrichten
- Checkliste für Ihr Büro
- Wann muss mit dem Home Office Schluss sein?

Wie Sie sich vielleicht vorstellen können, bietet Ihnen der Schritt in die Selbstständigkeit nicht nur die Möglichkeit, Ihr eigener Boss zu werden, Ihr Leben selbst zu bestimmen und Ihre persönlichen Ziele zu verfolgen, sondern noch viele weitere Vorteile. (Ja, es wird noch besser!) Der Schritt in die Selbstständigkeit macht es Ihnen möglich, Ihre derzeitige Arbeitsplatzsituation – angefangen mit den täglichen Staus während des Berufsverkehrs, über die »Kleider-machen-Leute«-Regel bis hin zur Unterwerfung unter die firmeninterne Hackordnung – gegen einen in jeder Hinsicht angenehmeren Arbeitsplatz einzutauschen: Einen Arbeitsplatz zu Hause!

Millionen Menschen gehen ihrem Beruf derzeit von zu Hause aus nach, was Ihnen unter dem Schlagwort »*Telearbeit*« sicherlich bekannt ist. Durch den Einsatz von Telefon, Faxgerät und Computernetzwerken ist es eigentlich egal, wo man arbeitet. Dennoch ziehen es viele Unternehmen vor, dass ihre Mitarbeiter in der Firma und nicht zu Hause arbeiten – vielleicht weil man ihnen da besser auf die Finger schauen kann?

Doch als selbstständiger Consultant sind *Sie* Ihr eigener Chef. Nur Sie allein bestimmen, wann und wo Sie arbeiten. Es liegt ganz an Ihnen, ob Sie ein Büro mitten im Stadtzentrum oder in einem Gewerbegebiet am Stadtrand anmieten. Viele Consultants (vor allem diejenigen, die es schon zu eigenen Angestellten gebracht haben) mieten Büroräume und sind damit gut bedient. Es gibt jedoch noch eine andere Möglichkeit, die noch viel mehr Vorteile bietet, als es ein normaler Büroarbeitsplatz je könnte.

In diesem Kapitel geht es darum, ein Home Office, ein Büro in den eigenen vier Wänden einzurichten. Wir schildern Ihnen die Vor- *und* Nachteile (doch, doch, auch davon gibt es welche) und erklären Ihnen, wie viel Platz und welche Einrichtung Sie dafür einplanen sollten. Außerdem erklären wir Ihnen, welche steuerlichen Vorteile für ein Home Office gelten. Zum guten Schluss besprechen wir, wann der richtige Zeitpunkt gekommen ist, aus Ihrem Home Office in ein »richtiges« Büro zu ziehen.

Zu Hause arbeiten: Eine gute oder schlechte Idee?

Wir beide finden es einfach unschlagbar gut, das eigene Büro zu Hause zu haben. Jeder von uns hat ein hervorragend ausgestattetes Büro mit vielen Computern, Laserdruckern, Faxgeräten, mehreren Telefonanschlüssen, Pinnwänden, Bücherregalen, Wandschränken und vielem mehr. Doch wir wollen ehrlich sein: Das Arbeiten zu Hause hat Vor- und Nachteile, und Sie sollten beide Seiten kennen lernen.

Im nächsten Abschnitt stellen wir die Vor- und Nachteile eines Home Office gegenüber, damit Sie selbst entscheiden können, ob das Arbeiten zu Hause für *Sie* der richtige Weg ist.

Die gute Nachricht

Die gute Nachricht lautet, dass die Vorteile eines Home Office die Nachteile bei weitem überwiegen. Das zeigt sich schon darin, dass die Anzahl derer, die sich ein Home Office einrichten, sprunghaft steigt, und diese Tatsache lässt natürlich auch die Anzahl derer, die sich davon gute Geschäfte versprechen, ebenso sprunghaft steigen. Suchen Sie doch einfach mal im Internet unter den Stichpunkten *Telearbeit* und *Home Office*, Sie werden überrascht sein, wie viele Treffer Sie damit erhalten.

Warum arbeiten immer mehr Menschen von zu Hause aus? Aus dem einfachen Grund, weil es sehr viele Vorteile bietet, die sich jeder ganz einfach zunutze machen kann. Welche Vorteile das sind? Lesen Sie selbst:

- ✔ **Zu Hause zu arbeiten ist äußerst bequem.** Oder können Sie sich etwas Bequemeres vorstellen? So müssen Sie zum Beispiel nie wieder stundenlang während der Stoßzeiten im Stau stehen, was nicht nur viel Zeit kostet, sondern auch eine Belastung für Ihre Nerven und die Umwelt darstellt. Und falls Sie einmal am späten Abend noch ein Fax an Ihren Kunden senden oder bis zur Morgendämmerung an einer Präsentation arbeiten müssen, ist es doch viel bequemer und angenehmer, dies in Ihrem Home Office zu erledigen, als in einem Büro in der Stadt zu nachtschlafender Zeit mutterseelenallein die Stellung zu halten.

- ✔ **Ein Home Office kostet (fast) nichts.** Sie zahlen ja sowieso Ihre Miete und es kostet keinen Pfennig extra, wenn Sie nun Ihren Wohnzimmertisch zum Schreibtisch umfunktionieren, aus dem Gästezimmer ein Büro machen oder eine Ecke in Ihrem Schlafzimmer frei räumen. Gut, Ihre Nebenkosten werden ein bisschen höher ausfallen, und Sie brauchen mindestens einen weiteren Telefonanschluss, aber das war's dann auch schon. Kein Makler dieser Welt kann Ihnen Büroräume zu diesem Preis vermitteln!

- ✔ **Sie genießen steuerliche Vorteile.** Wenn Sie alles richtig machen, greift Ihnen Vater Staat unter die Arme, da Sie sämtliche Geschäftsausgaben – auch die anteiligen Miet- und Nebenkosten für Ihr Büro – von der Steuer absetzen können.

Die steuerliche Begünstigung ist eine echte Hilfe, nur: Das Finanzamt will es *ganz* genau wissen und prüft Ihre Angaben eventuell auch nach. Am besten besprechen Sie sich mit Ihrem Steuerberater, der Ihnen genau sagen kann, welche steuerlichen Vorteile für Sie in Frage kommen. Es sind auch sehr viele Bücher zum Thema »Steuern sparen« erhältlich, eine Anschaffung, die Sie sich einmal überlegen sollten.

- ✔ **Sie gehen praktisch kein Risiko ein.** Mit einem Home Office ist das Risiko, das mit jeder Existenzgründung verbunden ist, äußerst gering, denn Sie müssen nur relativ wenig investieren. Das gilt vor allem für diejenigen, die parallel zu den ersten Jobs als selbständige Consultants weiterhin ihren Beruf als Angestellte ausüben. Ein Consultant, der sofort Büroräume anmietet, muss die teure Miete für den Gewerberaum auf alle Fälle zahlen, auch wenn sein Geschäft nur wenig Gewinn abwirft. Mit einem Home Office ist das Risiko vergleichsweise gering, denn es steht weniger Geld auf dem Spiel. Und wenn Ihr Schritt in die Selbstständigkeit gut klappt, um so besser!

- ✔ **Sie bestimmen die Regeln.** Jeder, der einmal in Festanstellung gearbeitet hat, kennt die geschriebenen und ungeschriebenen Gesetzte des Berufsalltags: Krawattenzwang für die Herren, die Damen bitte im schlichten Kostüm; Anwesenheitspflicht von 8.00 Uhr bis 17.00 Uhr; Wandkalender, ja – persönliche Fotos oder Poster, nein! Als Ihr eigener Chef bestimmen *Sie* die Regeln. Sie sind ein Morgenmuffel? Fangen Sie doch erst um 12.00 Uhr zu arbeiten an. Sie arbeiten am liebsten im Jogginganzug? Na dann tun Sie das doch! Sie gehen gerne mal zwischendurch ins Fitnessstudio? Gehen Sie ruhig! *Sie* alleine entscheiden, wann und wie Sie am besten und am effizientesten arbeiten – nicht irgendein Vorgesetzter.

- ✔ **Sie können Privat- und Berufsleben vereinen.** Für viele Consultants besteht der größte Vorteil eines Home Office darin, dass mehr Zeit für Familie und Freunde bleibt. Im normalen Berufsleben ist absolut kein Platz für private Interessen, und wenn man sich überlegt, dass man das Leben zu einem Drittel mit Arbeiten und zu einem weiteren Drittel mit Schlafen verbringt, bleibt nur noch ein Drittel übrig, in dem man eigene Interessen, Familie und Freunde unterbringen muss. Das kann ganz schön knapp werden! Arbeitet man jedoch zu Hause, kann man zwischendurch ohne weiteres ein paar Stunden seinen Lieben widmen und die eigenen Termine mit der Familie und den Freunden absprechen.

Die schlechte Nachricht

Wir geben offen und ehrlich zu, dass ein Büro in den eigenen vier Wänden nicht *immer* das Gelbe vom Ei ist. Nein, manchmal kann es extrem nervig sein. Aber trotzdem finden wir, dass die Vorteile die Nachteile bei weitem überwiegen. Doch entscheiden Sie selbst, nachfolgend verraten wir einige der Nachteile:

- **Die Trennung zwischen Berufs- und Privatleben ist nicht immer einfach.** Die Trennung zwischen Berufs- und Privatleben ist eine der schwierigsten Aufgaben, wenn Sie zu Hause arbeiten. Arbeiten Sie außer Haus, sind Berufs- und Privatleben klar getrennt. Ihre Familie und Freunde wissen, dass Sie arbeiten müssen und – wenn überhaupt – nur kurz gestört werden dürfen. In Ihrem Home Office kann es ein *bisschen* schwierig werden, sich auf die Arbeit zu konzentrieren, wenn im Nebenzimmer Ihre vierjährige Tochter herumtobt, Nachbarn kurz auf ein Schwätzchen vorbeischauen oder gerade etwas höchst Interessantes im Fernsehen läuft.

- **Platzprobleme?** Oft ist es gar nicht so einfach, ein Home Office räumlich getrennt in einer kleinen Wohnung oder einem kleinen Haus unterzubringen. Wenn Sie Ihr Büro von der Steuer absetzen möchten, müssen Sie nämlich klar zwischen privater und geschäftlicher Nutzung trennen. So ist es zum Beispiel nicht möglich, Ihr Wohnzimmer, das Sie tagsüber als Büro benutzen, von der Steuer abzusetzen, wenn Sie abends darin zusammen mit Ihrer Familie fernsehen. Es kann deshalb in doppelter Hinsicht schwierig werden, einen geeigneten Arbeitsplatz zu Hause einzurichten *und* ihn außerdem noch von der Steuer absetzen zu können.

- **Die Sache mit der nötigen Portion Selbstdisziplin.** Wenn Sie zu Hause arbeiten und Ihr eigener Chef sind, müssen Sie sich selbst zur Arbeit motivieren können. Die Versuchung, den Wecker am Morgen einfach auszuschalten, lieber mit der Familie oder Freunden etwas zu unternehmen, stundenlang fernzusehen oder die Blumen zu gießen, ist sehr groß. Es gibt Tausende verschiedener Möglichkeiten, sich von der Arbeit ablenken zu lassen. Wenn Sie diesen Versuchungen nachgeben und nicht die Selbstdisziplin aufbringen, regelmäßige Arbeitszeiten aufzustellen und einzuhalten, werden Sie schnell in *ernsthafte* Schwierigkeiten geraten.

- **Auch der äußere Schein zählt.** Welchen Eindruck wird Ihr Home Office bei den Kunden hinterlassen? Was werden Sie sich denken, wenn das übliche Hintergrundgeräusch bei Ihnen aus Kindergeschrei besteht? Ist es eher ein Zeichen von unternehmerischem Geschick, ein Home Office einzurichten und als Selbstständiger das Leben in die Hand zu nehmen, oder spricht es eher dafür, dass Sie der typische Verlierer sind, der sich als Hobby-Consultant versucht und möglicherweise kurz vor dem finanziellen Ruin steht? Der äußere Schein ist nicht zu unterschätzen, und Ihre Kunden werden sich sicherlich Gedanken darüber machen, was es wohl bedeutet, dass Sie zu Hause arbeiten. Überlegen Sie sich deshalb, wie Ihr Home Office bei Ihren Kunden ankommen wird.

- **Bebauungspläne.** Je nachdem, wo Sie wohnen und in welchem Bereich Sie als Consultant in Ihrem Home Office tätig werden möchten, sollten Sie sich über den für Ihren Wohnbezirk geltenden Bebauungsplan informieren. In einem Bebauungsplan der zuständigen Gemeinde ist im Allgemeinen genau geregelt, ob es sich um ein reines Wohngebiet, ein Gewerbegebiet oder ein Mischgebiet handelt. Ein Bebauungsplan soll die Anwohner zum Beispiel vor der Lärmbelästigung schützen, die mit dem Bau einer Kfz-Werkstatt mitten in einem Wohngebiet einhergeht. Für Sie kann das bedeuten, dass Sie keine Genehmigung für Ihr Gewerbe erhalten, wenn zum Beispiel damit zu rechnen ist, dass Sie sehr häufig Kunden zu Hause empfangen werden.

- ✔ **Die Verbindung von Privat- und Berufsleben hat auch Nachteile.** Wenn Sie aufgepasst haben, ist Ihnen bestimmt aufgefallen, dass wir unter den Vorteilen das Gegenteil behauptet haben, doch dieser Punkt hat zwei Seiten. Als Nachteil ist aufzuführen, dass es die anderen Familienmitglieder vielleicht jahrelang gewohnt sind, das Haus oder die Wohnung für sich alleine zu haben, bis Sie abends nach Hause kommen. Dann plötzlich ändert sich die gewohnte Routine, und Sie sind mit Ihrem Home Office mitten drin und immer da. Dies stellt eine gewaltige Umstellung für alle Beteiligten dar und kann zu erheblicher Unzufriedenheit führen, was oft Anlass zu Streitereien bietet. Derartige Reibereien liegen garantiert *nicht* in Ihrem Interesse.

Was bedeutet ein Büro zu Hause konkret für Sie?

Sie haben nur einen Überblick über die Vor- und Nachteile eines Home Office erhalten. Ein Büro in der eigenen Wohnung einzurichten ist eine sehr persönliche Angelegenheit, und bevor Sie sich endgültig dafür entscheiden, sollten Sie die Vor- und Nachteile sorgfältig gegeneinander abwägen. Klären Sie mit Ihrer Familie ab, inwiefern Ihr Home Office sich auf das Familienleben auswirken würde. Lassen Sie sich von anderen »Heimarbeitern« über deren Erfahrungen informieren. Fragen Sie sich selbst, ob Sie auch wirklich die Disziplin aufbringen, jeden Morgen aus den Federn zu kriechen und zu Hause genauso konzentriert zu arbeiten wie jeder normale Arbeitnehmer auch – und schummeln Sie bei der Antwort nicht.

Steht Ihre Entscheidung für ein Home Office fest, finden Sie in diesem Kapitel noch viele nützliche Tipps, es von Anfang an richtig anzupacken. Das Schwierigste ist, die richtige Entscheidung zu treffen, alles weitere ist dann ein Kinderspiel.

Doug Poretz und sein Büro zu Hause

Doug Poretz kennen Sie ja bereits aus dem ersten Teil unseres Interviews. Falls Sie unser Buch nur teilweise lesen und nähere Informationen über seine Firma erfahren möchten, schlagen Sie doch einfach in Kapitel 15 nach. Im zweiten Teil unseres Interviews sprachen wir mit Doug über sein maßgeschneidertes Home Office und die damit verbundenen Vor- und Nachteile.

Consulting für Dummies: Sie haben sich ja wirklich ein tolles Home Office eingerichtet! Wie haben Sie das geschafft?

Doug Poretz: Ich habe es Schritt für Schritt zu dem gemacht, was Sie jetzt sehen. Ich habe mich um jedes einzelne Stück gekümmert: Möbel, technische Ausstattung, Telekommunikation – das ganze Ambiente. Wegen der vielen Rechner und Zusatzgeräte habe ich sogar eine ganze Elektrik neu verlegen lassen.

CfD: Sie haben neue Stromleitungen in Ihrem Haus legen lassen?

Poretz: Ja. Ich ließ auch eine extra Heizungs- und Klimaanlage einbauen. Ich wollte mein Home Office so professionell wie ein richtiges Büro gestalten. Ich ließ es tapezieren und besorgte mir bequeme Stühle. Und ich habe meinen Arbeitsplatz selbst gestaltet. Ich hatte allerdings noch ein ganz kleines Büro gemietet, bevor ich ganz in mein Home Office einzog.

CfD: Sie mieteten außerhalb noch ein Büro?

Poretz: Ja. Ich wollte zu Beginn meiner Selbstständigkeit in einer professionellen Geschäftsatmosphäre auftreten und fand es angemessener, dass die Kunden mich auch wirklich telefonisch persönlich erreichen. Nach der ersten Anlaufphase fing ich an, auch zu Hause zu arbeiten und war per Rufumleitung erreichbar. Über mein Home Office habe ich mir anfangs wenig Gedanken gemacht. Hauptsache war, ich hatte Telefone und einen Schreibtisch. Ich besorgte mir so einen Metallschreibtisch, den man in jedem Büromöbelladen kriegt. Und da diese Tische relativ billig sind, habe ich nach und nach immer wieder einmal einen gekauft. Ich weiß nicht mehr, wie oft ich die Tische in meinem Home Office hin- und hergeschoben habe, aber irgendwann fand ich die Anordnung dann perfekt. Ich saß wie ein Kapitän inmitten aller meiner Instrumente, alles war an seinem Platz, genauso wie ich es brauchte.

CfD: Toll.

Poretz: Als es dann soweit war, mir meinen Schreibtisch und meinen Arbeitsplatz professionell zu entwerfen, war es ganz einfach, denn ich musste ja nur das, was ich nach meinem Baukastenprinzip schon zusammengewürfelt hatte, etwas eleganter gestalten.

CfD: Und wie viele Telefonnummern hatten Sie in Ihrem Home Office?

Poretz: Da muss ich selbst einmal nachrechnen. Ich hatte eine ISDN-Anlage und einen Extraanschluss für die Bloomberg Box (ein Informationszentrum für Anleger). Dann gab es je eine Leitung für das Normalfaxgerät und das Faxmodem. Drei Rufnummern für geschäftliche Telefonate und eine in Reserve, die aber nur Eingeweihten bekannt war. Dann hatte ich noch verschiedene Mailbox-Anschlüsse, zum Teil mit Pager. Und natürlich war da noch mein Handy und mein Autotelefon. Ich war also rund um die Uhr erreichbar.

CfD: War es für Ihre Kunden ein Problem, ständig auf Anrufbeantworter oder sonstige Geräte sprechen zu müssen anstatt mit Ihnen oder einer Sekretärin?

Poretz: Nein. Ich arbeite hauptsächlich mit öffentliche Körperschaften, und ich habe eine ganz Menge Kunden. Ich bin in dieser Branche sehr erfolgreich. Mein Motto war schon immer, aus allem das Beste zu machen. Probleme sind dazu da, dass man sie löst, und Kapital ist dazu da, dass man es vermehrt. Ich war schon immer der Meinung, dass man gerade als Ein-Mann-Betrieb mit einem Home Office sehr viel Kapital aus den damit verbundenen Vorteilen schlagen kann. Zu diesen Vorteilen gehören Erreichbarkeit, Flexibilität und kurze Reaktionszeiten. Und da mein Honorar schon immer in der oberen Preisklasse lag und meine Kunden selbst große Anhänger fortschrittlicher Technologie sind, fühlen sie sich *gerade* aufgrund meiner technischen Ausstattung bei mir eher besser als schlechter bedient. Ich habe meine Firma noch nie als Riesenunternehmen hingestellt, so etwas halte ich für völligen Unsinn. Diese schlechten Ratschläge wie »Treten Sie als großes Unternehmen auf, dann kommen die Kunden von selbst ... «

CfD: Die kennen wir zur *Genüge*!

Poretz: Und die halte ich nicht nur für dumm, sondern für richtiggehend kontraproduktiv. Warum sollten Sie Ihren Kunden glauben machen wollen, dass das, was Sie *nicht* sind, besser ist als das, was Sie *sind*? Ich finde, man sollte einfach sagen, was Sache ist und was man bieten kann. Es macht keinen Sinn, jemandem etwas vorzumachen. Was ist schon dabei, ein Ein-Mann-Betrieb zu sein? Wem das nicht passt, muss mich ja nicht engagieren.

CfD: Gab es durch Ihr Home Office Schwierigkeiten mit Ihrer Familie, Ihren Freunden oder Haustieren?

Poretz: Na ja, ich erkläre es mal bildlich. Stellen Sie sich eine senkrechte Linie vor, die in Arbeitsstunden unterteilt ist. Von unten nach oben gesehen werden die Arbeitsstunden mehr. Im Bereich ganz unten und ganz oben ist ein dicker roter Balken, der die Gefahrenzonen kennzeichnet. Die untere Gefahrenzone steht für alles, was von der *Arbeit* abhält – Kühlschrank, Fernseher, Musik, Nachbarn, Freunde, Hund und so weiter. Um diesen Ablenkungen aus dem Weg zu gehen, habe ich anfangs auch in diesem angemieteten Büro gearbeitet. Die obere Gefahrenzone steht für alles, was vom *Privatleben* abhält. Diese Zone war für mich gefährlich, denn wenn sehr viel zu arbeiten ist, gerät man sehr schnell in diesen roten Bereich.

CfD: Doch der Bereich zwischen diesen beiden Gefahrenzonen steckt voller Vorteile, nicht wahr?

Poretz: Genau. Meine Frau zum Beispiel engagiert sich sehr für Wohltätigkeitsvereine und die Gemeinde und hat deswegen selbst sehr viele Termine. Sie ist den ganzen Tag über immer wieder einmal für ein paar Stunden unterwegs. Ich fand es immer sehr schön, dass meine Frau ab und zu in mein Büro kam und wir zusammen eine Tasse Kaffee trinken konnten, wenn ich Zeit hatte. Als Angestellter muss man sich ja leider mit einem kurzen telefonischen »Hallo, wie geht's?« zufrieden geben.

CfD: Warum ist die Poretz-Gruppe eigentlich in eigene Büroräume umgezogen?

Poretz: Als ich meine neue Firma gründete, überlegte ich mir, ob es möglich wäre, dass wir – meine Kollegen und ich – ein Netzwerk aufbauen und jeder von seinem Home Office aus arbeitet. Um jedoch unsere gehobenere Preisklasse auch zu rechtfertigen, muss man schon auch etwas Besonderes bieten. Dazu gehört unter anderem, eine gewisse Unternehmenskultur auszudrücken, und was mir in dieser Hinsicht vorschwebt, lässt sich mit vernetzten Home Offices nicht verwirklichen. Das ist vielleicht für die Zukunft eine Möglichkeit, wenn wir neue Mitarbeiter einstellen, die von zu Hause aus arbeiten. Doch daran denke ich erst, wenn wir uns etabliert haben, die entsprechende Infrastruktur vorhanden ist und wir auf keinen Fall damit einen Prestigeverlust riskieren.

CfD: Mit einem Home Office ist es natürlich extrem schwierig, den Eindruck einer noblen Unternehmenskultur zu schaffen. Man macht zwar immer *irgendeinen* Eindruck, aber vielleicht nicht gerade den, den man sich als Existenzgründer und Firmeninhaber wünscht.

Poretz: Genau. Ich habe mir sehr viele Gedanken darüber gemacht, die muss ich Ihnen noch erzählen. Wie gesagt, ich habe mich gründlich und sehr intensiv damit beschäftigt. Mein erster Plan *war* der Aufbau eines Netzwerks. Ich habe mich mit vielen Leuten darüber unterhalten, viel darüber gelesen und kam schließlich ich zu der Erkenntnis, dass der bleibende Eindruck eines Netzwerkes, also eines virtuellen Unternehmens, der ist, dass es eben virtuell und damit nicht »ganz echt« ist. Nach meiner Erfahrung ist das der Punkt, der dem Image anhaftet und den man so einfach auch nicht wieder los wir. Ich wollte aber einen bleibenden Eindruck von exzellentem Kundenservice, dem kollegialen Miteinander der Consultants, der Informationsbeschaffung und Ähnlichem verbreiten. Ich habe festgestellt, dass in den kleinen Unternehmen, die sich vom Home Office zu einem Netzwerk entwickelt haben, mehr darüber diskutiert wird, wie das Netzwerk organisiert ist, als darüber, wie man den Kunden am besten dient.

CfD: Und das ist wirklich das Einzige, was zählt – der Kundenservice.

Poretz: Genau.

Die Büroeinrichtung

Das Büro einzurichten ist wahrscheinlich derjenige Teil der Existenzgründung, der am meisten Spaß macht. Hatten Sie in Ihren früheren Jobs auch immer winzig kleine Kämmerchen, die großspurig als »Büro« bezeichnet wurden? Erinnern Sie sich an den furchtbar kleinen Schreibtisch, den unbequemen Bürostuhl, den viel zu langsamen Rechner, die stickige Luft, oder wurden Sie womöglich auch noch den ganzen Tag mit Berieselungsmusik gequält? Mit derartigen Geschmacklosigkeiten ist jetzt Schluss! Endlich können Sie sich einen Arbeitsplatz gestalten, der Ihrer Vorstellung von stilvoller und funktionaler Einrichtung entspricht.

Im folgenden Abschnitt erfahren Sie, wie Sie Ihr Home Office ansprechend und funktional einrichten können. Sie werden viel Zeit dort verbringen, machen Sie es sich also möglichst schön.

Wie viel Platz brauchen Sie?

Wie viel Platz Sie zum Arbeiten brauchen, hängt davon ab, in welcher Branche Sie als Consultant tätig sind. Optimal ist es, das Gästezimmer oder den Hobbyraum zu einem Büro umzufunktionieren, denn da haben Sie nicht nur ausreichend Platz für Möbel und Arbeitsmittel, sondern auch eine Tür, die Sie hinter sich zumachen können, um ungestört und in aller Ruhe arbeiten zu können – ein wichtiger Aspekt für *jedes* Büro! Außerdem ist es immer besser, einen Raum zu haben, der ausschließlich zum Arbeiten genutzt wird.

Nachfolgend einige Tipps, wie Sie sich ein gemütliches Büro einrichten, das zum produktiven Arbeiten geradezu einlädt:

- ✔ **Suchen Sie sich ein ruhiges Plätzchen aus.** Ihr Büro sollte so gelegen sein, dass Sie von der üblichen Familienhektik (Trommeln gegen die Badezimmertür am Morgen, Kleinkrieg im Kinderzimmer und so weiter) möglichst wenig mitbekommen. Die Garage eignet sich nicht sonderlich als Home Office, denn dort sind Sie jedes Mal von Abgaswolken umgeben, sobald jemand das Auto anlässt. Suchen Sie sich einen Raum, in dem Sie Ihre Ruhe haben, ungestört arbeiten können und den Rest Ihrer Familie auch nicht durch Ihre Arbeit stören. Es kann ja vorkommen, dass Sie einmal eine Nacht durcharbeiten müssen, und wenn Sie sich ausgerechnet das Schlafzimmer als Arbeitsplatz auserkoren haben, wird das eventuell ganz schön schwierig!

- ✔ **Machen Sie es sich schön.** Sie werden *sehr viel* Zeit in Ihrem Büro verbringen, deshalb sollten Sie es so ansprechend und einladend wie möglich gestalten. Der Raum darf im Winter nicht zum Eisschrank und im Sommer nicht zum Backofen werden. Die Wände sollten Sie in einer neutralen Farbe streichen. Bringen Sie Jalousien an den Fenstern an, damit Sie nicht vom Sonnenlicht geblendet werden können. Was Sie an die Wand hängen, ist Ihre Sache. Bei uns finden Sie eine bunte Mischung aus Fotos, gerahmten Zeitungsartikeln und Briefen zufriedener Kunden.

- ✔ **Ihr Büro sollte einen eigenen Zugang haben.** Achten Sie darauf, dass Sie jederzeit in Ihr Büro gelangen können, ohne den Rest der Familie zu stören. Ein Home Office als Durchgangszimmer zum Kinderzimmer ist zum Beispiel gar keine gute Idee.

- **Achten Sie auf optimale Lichtverhältnisse.** Um produktiv arbeiten zu können, brauchen Sie gutes Licht. Optimale Lichtverhältnisse sind eine ausgewogene Mischung aus Tageslicht und künstlichen Lichtquellen, zum Beispiel Decken- und Schreibtischlampen.

Die großen Fenster in Peters Home Office – dem ehemaligen Gästezimmer – befinden sich auf der West- und Nordseite des Hauses. Auf dem Schreibtisch stehen Bürolampen, und die Deckenstrahler kann er bequem und punktgenau einstellen.

- **Lüften Sie ausreichend und oft.** Ihr Büroraum muss gut gelüftet werden können, vor allem, wenn darin Computer, Drucker, Kopierer und andere technische Geräte stehen, die Ozon, Staub und Wärme abgeben.
- **Sie brauchen viele Steckdosen.** Sorgen Sie dafür, dass Sie Ihre ganzen elektrischen Geräte anschließen können, ohne dass Ihr Stromnetz zusammenbricht. Sie brauchen Steckdosen für den Computer, Drucker, das Faxgerät, die Rechenmaschine, das Ladegerät für Ihr Handy, die Schreibtischlampen, das Radio und vieles mehr. Außerdem brauchen Sie mindestens einen Telefonanschluss – besser zwei – und ein Koaxialkabel, falls Ihr Internetzugang über Kabel läuft.
- **Vorsicht ist besser als Nachsicht!** Was geschieht, wenn jemand in Ihr Büro einbricht und den Computer samt aller Disketten und Backups stiehlt? Für die meisten Consultants ist diese Vorstellung der Super-Gau schlechthin, und in so einem Fall wünscht man sich nichts sehnlicher, als für immer und ewig in einem Mauseloch verschwinden zu können. Sofern Ihr Haus nicht schon längst mit einer Alarm- oder Überwachungsanlage ausgerüstet ist, sollten Sie sich schleunigst darum kümmern. Ach, und wenn Sie schon dabei sind: Kaufen Sie sich einen feuerfesten Wandsafe, in dem Sie Ihre Sicherungsdisketten und sonstigen Speichermedien aufbewahren können.

Die Möbel

Egal, ob Ihr Home Office nur aus einem Tisch und einem Stuhl besteht, oder Sie es komplett mit Computer, Faxgerät, Kopierer und zugehöriger Büroeinrichtung ausstaffieren, achten Sie beim Büromöbelkauf in jedem Fall auf gute Qualität. Büromöbel sollten bequem und robust sein. Bedenken Sie, dass Sie viel Zeit in Ihrem Büro verbringen werden, weshalb es für Sie eine Freude – und kein Martyrium – sein muss, sich darin aufzuhalten.

Falls Sie auf Ihr Geld achten müssen (und wer muss das nicht?), könnten Sie sich *gebrauchte* Büromöbel anschaffen. Aufgrund der wachsenden Anzahl von Firmenschließungen und Abteilungsauflösungen werden in Zeitungsanzeigen oder Auktionen oft sehr gute Büromöbel zu Spottpreisen angeboten. Natürlich können Sie Büromöbel auch mieten oder leasen, aber langfristig gesehen ist das keine so gute Idee. Schlagen Sie doch mal in den Gelben Seiten nach, ob es in Ihrer Nähe eine Firma gibt, bei der Sie Büromöbel mieten können, und lassen Sie sich ein konkretes Angebot machen.

Hier geben wir Ihnen noch mehr Tipps für Ihren Einkaufsbummel:

- ✔ **Bürostuhl:** Wenn es etwas gibt, an dem Sie nicht sparen sollten, dann ist es Ihr Bürostuhl. Kaufen Sie sich einen hochwertigen ergonomischen Bürostuhl. Wenn Sie an Ihrem alten Arbeitsplatz schon auf so einem Stuhl gesessen haben, wissen Sie, wie wichtig die richtige Körperhaltung bei der Arbeit ist, vor allem, wenn Sie den ganzen Tag über am Schreibtisch sitzen müssen. Ein guter Bürostuhl beugt Ermüdungszuständen und Rückenschmerzen vor, was sehr schnell eintreten kann, wenn Sie am falschen Ende gespart haben.

  Bequeme Sitzgelegenheiten sollten natürlich auch für Besucher vorhanden sein.

- ✔ **Schreibtisch:** Beim Kauf eines Schreibtisches sollten Sie in größeren Dimensionen denken, denn selbst ein relativ großer Schreibtisch ist schnell mit Computer, Drucker, Telefon, Taschenrechner, Terminplaner und so weiter vollgestellt, und Platz zum Arbeiten brauchen Sie ja schließlich auch noch. Der Tisch muss stabil sein, so dass auch beim heftigsten Hämmern auf die Tastatur nicht alles ins Wanken und Kippen gerät. Überlegen Sie, welche Arbeitsmittel und Unterlagen auf Ihrem Schreibtisch Platz finden müssen, und wie viel Platz Sie selbst zum Arbeiten benötigen. Kaufen Sie sich also entweder einen großen Büroschreibtisch oder eine stabile Arbeitsplatte.

Achten Sie beim Kauf eines Schreibtisches auf die richtige Höhe. Sie müssen bequem an Ihrem Computer arbeiten können, ohne sich den Hals dabei zu verrenken.

- ✔ **Arbeitsplatten:** Mit Arbeitsplatten schaffen Sie zusätzlichen Platz für alles Mögliche und können besser Ordnung halten. Es muss ja nichts Teures sein, eine Spanplatte auf Böcken oder eine Küchenarbeitsplatte tut es auch.

- ✔ **Aktenschränke:** Manchem Consultant mag ja eine Schreibtischschublade für den Papierkram ausreichen, doch normalerweise sammeln sich sehr viele Unterlagen und Aktenordner an, die in einem Aktenschrank besser aufgehoben, schneller zu finden und ordentlicher abgelegt sind. Ein gut durchdachtes Ablagesystem erleichtert Ihnen die Arbeit, und es empfiehlt sich, ein sinnvolles Ablagesystem zu entwickeln, *bevor* man mitten in der Arbeit steckt. Es gibt unzählig viele Regalsysteme, Aktendrehsäulen und Schrankregistraturen zur Auswahl, unter denen Sie mit Sicherheit eine für Sie geeignete finden. Sie sollten sich jedoch auf alle Fälle mindestens einen Aktenschrank mit vier Fächern anschaffen. Sortieren Sie Ihre Unterlagen von Zeit zu Zeit aus und bringen Sie alles, was Sie nicht dringend brauchen, im Speicher oder in der Garage unter. In Ihrem Aktenschrank sollten immer nur die Unterlagen zu finden sein, die Sie auch wirklich regelmäßig benötigen.

- **Regale:** Was wäre ein Büro ohne Regale? Nicht nur, dass Bücher dort gut aufgehoben sind, nein, Regale lassen sich für alles Mögliche nutzen. In Peters Regalen – massiven Kunststoffregalen – sind neben Büchern und Softwareschachteln sein Laptop mit allem Zubehör, Stapel von Fachzeitschriften, Druckerpapier, Umschläge, Formulare für den Kurierdienst und seine heißgeliebte Stereoanlage zu finden. Egal, wie viele Regale man kauft, jedes ist in kürzester Zeit gut gefüllt.

- **Materiallager:** Bewahren Sie das Büromaterial in einer separaten Schublade oder in einem Materialschrank auf. Füller, Stifte, Büroklammern, Hefter, Marker und all die anderen nützlichen Artikel aus Ihrem Schreibwarenladen sollten vor Ihren Kindern, vor Hund und Katze in Sicherheit gebracht werden.

Büroausstattung

Wie in jedem Büro ist auch in Ihrem Home Office eine gewisse Grundausstattung erforderlich, damit Sie überhaupt arbeiten können. Eine hochkomplizierte Tabellenkalkulation wird sich ohne Computer als extrem langwierige Aufgabe erweisen, und auch die Kundenkontaktpflege ist ohne Telefon etwas mühselig. Und wenn Sie zum Beispiel eine Rechnung versenden möchten, ist es nicht verkehrt, ein paar Briefmarken und Umschläge im Büro zu haben.

In nächsten Abschnitt erfahren Sie, welche Grundausstattung Sie für einen reibungslosen Büroablauf benötigen. Weitere Details über die notwendigen technischen Geräte stehen in Kapitel 14.

- **Telefone:** Sie brauchen *mindestens* ein Telefon. Wenn Sie nur einen Telefonanschluss haben, legen Sie sich ein Telefon mit Freisprech- und Pausefunktion zu. Besser sind jedoch zwei Anschlüsse, einer für das Fax und Modem und der andere zum Telefonieren. Erkundigen Sie sich bei der Telefongesellschaft Ihrer Wahl, wie lange die Bearbeitungszeit Ihres Antrages dauert und wann die Freischaltung Ihres Anschlusses erfolgt.

  Wenn Sie viel unterwegs sind und trotzdem erreichbar sein möchten, kaufen Sie sich ein Handy. Außerdem brauchen Sie einen Anrufbeantworter oder eine Mailbox, damit man Ihnen im Bedarfsfall eine Nachricht hinterlassen kann.

- **Computer:** Ihr Computer ist das Herzstück Ihres Büros. Kaufen Sie sich den besten, den Sie sich leisten können, und denken Sie auch an die Software, die Sie für Ihre Arbeit benötigen. Arbeiten Sie die meiste Zeit in Ihrem Büro, ist ein normaler Desktop-Computer genau das Richtige für Sie. Müssen Sie dienstlich oft verreisen oder Kundenbesuche machen, wäre ein Laptop vermutlich geeigneter. Ihr Rechner sollte mindestens ein 166 MHz Pentium-Rechner sein (Apple bietet das auch an, nennt es nur anders), mit einem Arbeitsspeicher von 16 MB und mehr, einer 2 GB Festplatte, einem 8fach CD-ROM-Laufwerk und einem 33,6/14,4 Kbps Daten-/Faxmodem. Zur Grundausstattung gehört zum Beispiel das Softwarepaket Microsoft Office 98 oder Office 2000. Ein solches Officepaket bietet verschiedene Programme zur Textverarbeitung, Tabellenkalkulation, Grafikerstellung und einen Terminplaner.

- ✔ **Faxgerät:** Ist Ihr Computer mit einem Daten-/Faxmodem ausgerüstet, können Sie damit Faxe empfangen und versenden. Möchten Sie jedoch Ihren Computer nicht immer eingeschaltet lassen, empfiehlt sich die Anschaffung eines normalen Faxgeräts. Lassen Sie die Finger von den älteren Modellen mit Thermopapier und kaufen Sie sich ein Normalpapierfaxgerät, das sich zusätzlich auch als Kopierer, Drucker und Scanner verwenden lässt.
- ✔ **Internetzugang:** Sind Sie ein Internet-Anfänger, sollten Sie sich an einen etablierten Internetprovider wie AOL, T-Online oder CompuServe wenden. Sie bieten für eine angemessene Monatspauschale unbegrenzten Internet-Zugang, und Sie können so viele E-Mails versenden und empfangen, wie Sie wollen. Außerdem ist die Bedienung und Anwenderführung sehr einfach und übersichtlich. Sind Sie dagegen schon ein erfahrener Web-Surfer, suchen Sie sich am besten einen zuverlässigen Provider und besorgen sich das Equipment für einen schnellen Datenzugriff – zum Beispiel ein 56,6 Kbps Modem, eine ISDN-Anlage oder ein Kabelmodem.
- ✔ **Schreibmaschine:** Ein paar Dinge gibt es tatsächlich noch, die man mit einer Schreibmaschine schneller beschriften kann als mit Computer und Drucker. Zum Beispiel Umschläge und einzelne Adressaufkleber. Wenn Sie der Ansicht sind, dass Sie eine Schreibmaschine brauchen, kaufen Sie sich einfach eine gebrauchte.
- ✔ **Kopierer:** Wenn Sie nur hin und wieder ein paar Kopien machen müssen, können Sie Ihr Fax dafür verwenden oder in einen Copyshop gehen. Brauchen Sie aber oft viele Kopien, lohnt es sich, einen Kopierer zu mieten oder zu kaufen. Ersparen Sie sich unnötigen Ärger und besorgen Sie sich ein Gerät mit Sortierfunktion und automatischem Einzug, das für die Formate DIN A4 und DIN A3 ausgelegt ist. Wir empfehlen außerdem den Abschluss eines Wartungsvertrags mit einer garantierten Reparaturdauer von nur einem Tag.

Büromaterial

So, die größeren Sachen sind erledigt. Kommen wir nun zu den nützlichen Kleinigkeiten, die ein Büro erst so richtig zum Büro machen. Erinnern Sie sich noch an diese billigen Kugelschreiber, die Ihnen immer Fingerkrämpfe bereitet haben? Die geschmacklosen Kalender und die Schreibblöcke, die in lauter Einzelblätter zerfielen, sobald man sie nur angesehen hat? Diese Zeiten sind ein für alle Mal vorbei. Nun bestimmen *Sie*, welche Stifte, Kalender und sonstiges Büromaterial es in Ihrem Büro gibt.

Kaufen Sie nach Herzenslust Büromaterial für Ihr Home Office ein und legen Sie sich einen Vorrat zu. In Schreibwarenläden und Großhandelshäusern finden Sie alles, was das Herz begehrt. Manche Geschäfte gewähren Sonderpreise für größere Mengen oder auf Vorlage eines Gewerbescheines. Nachfolgend einige Tipps für Ihren Einkaufszettel:

- ✔ **Schreibutensilien:** Endlich können Sie sich Ihre Lieblingsstifte zulegen. Bei Bleistiften sollten Sie auf gute Qualität achten. Ach ja, wenn Sie schon dabei sind: Besorgen Sie sich ein paar gute Radiergummis (nur zum Spaß, denn Sie machen ja keine Fehler, oder?). Kaufen Sie sich schöne bunte Marker mit unterschiedlichen Strichbreiten, und falls Sie eine Seminartafel im Büro haben, benötigen Sie dafür Spezialmarker, die Sie praktischerweise auch wieder abwischen können. Vergessen Sie auch nicht, sich einen großen Vorrat an diesen praktischen gelben Highlightern anzulegen.

- **Papier:** Für Ihren Drucker und Kopierer sollten Sie 80 mg/m^2-Papier besorgen. Drucken oder kopieren Sie viel, kaufen Sie am besten nicht nur eine Packung Papier. Achten Sie beim Kauf darauf, dass Sie das richtige Papier erwischen, denn nicht jede Sorte ist für jeden Drucker geeignet. Besorgen Sie sich für Briefe an Ihre Lieblingskunden auch einen Packen besseres Papier (100 mg/m^2). Denken Sie auch an Schreibblöcke, Notizblöcke, Post-it-Blöcke, Karteikarten oder was Sie sonst noch gut gebrauchen können.
- **Klammern, Kleber & Co.:** Ein Büro ohne Bürohefter ist kein Büro. Kaufen Sie sich also einen Bürohefter, Unmengen an Heftklammern und auch gleich einen Enthefter. Nützlich sind auch Büroklammern (wir mögen die ganz großen am liebsten), Musterklammern, Aktenklammern, Schnellhefter und Gummiringe. Auch Tesafilm und breite Packbänder gehören unbedingt ins Büro. Und für den Fall der Fälle sollte ein Klebestick (besser als aus der Tube!) im Haus sein, es soll ja vorkommen, dass man mal etwas zusammenkleben muss.
- **Umschläge:** Kaufen Sie sich Briefumschläge – vorzugsweise mit Fenster – im Standardformat und DIN A4 Format, damit Sie Dokumente versenden können, ohne sie falten zu müssen. Falls Sie Umschläge bedrucken möchten, stellen Sie vor dem Drucken sicher, dass Ihr Drucker dafür ausgelegt ist.
- **Aktenordner:** Besitzen Sie einen Aktenschrank, brauchen Sie logischerweise Aktenordner zum Hineinstellen. Es gibt sie in allen möglichen Farben, Größen und Typen. Praktisch sind auch Hängeregister. Probieren Sie aus, was Ihnen am meisten zusagt.

Checkliste für Ihr Büro

Nachfolgend finden Sie eine übersichtliche Checkliste, in der alle Punkte noch einmal zusammengefasst sind. Damit haben Sie jetzt leider keine Ausrede mehr, die Einrichtung Ihres Home Office noch weiter hinauszuschieben!

- **Der richtige Platz für Ihr Büro**: Suchen Sie sich in Ihrer Wohnung oder Ihrem Haus einen geeigneten Büroraum, der ruhig und einladend ist. Sorgen Sie für optimale Lichtverhältnisse und eine angemessene Elektroinstallation für Geräte, Telefone und Datenleitungen. Falls Sie noch keine Alarmanlage und keinen feuerfesten Wandsafe besitzen, wäre jetzt die beste Gelegenheit, dies nachzuholen.
- **Büromöbel:** Besorgen Sie sich einen bequemen ergonomischen Bürostuhl, und schaffen Sie sich auch für Ihre Kunden bequeme Sitzgelegenheiten an. Kaufen Sie sich einen Schreibtisch, der stabil und groß genug ist, damit Computer, Peripheriegeräte *und* Ihre Arbeitsunterlagen darauf Platz haben. Kaufen Sie noch mindestens eine Arbeitsplatte, Aktenschränke und Bücherregale.

- **Technische Geräte:** Sie benötigen ein Telefon und mindestens noch einen weiteren Anschluss. Kaufen Sie den besten Computer, den Sie sich leisten können und ein Normalpapier-Faxgerät. Sie brauchen definitiv einen Internetzugang, damit Sie E-Mails versenden und empfangen können. Die Anschaffung einer Schreibmaschine und eines Kopierers überlassen wir Ihnen.
- **Bürobedarf:** Gehen Sie in das nächste Schreibwarengeschäft, schnappen Sie sich einen Einkaufswagen und genießen Sie Ihren Kaufrausch! Stifte, Hefter, Locher und andere nützliche Dinge warten nur darauf, zum Einsatz zu kommen.

Wann muss mit dem Home Office Schluss sein?

Für manche Consultants ist ein Home Office die perfekte Endlösung, für andere nur eine vorläufige Zwischenlösung auf Ihrem Weg.

Woran erkennt man, dass die Zeit reif ist, das Home Office aufzulösen und in andere Geschäftsräume zu ziehen? Ganz einfach – sobald Ihnen auffällt, dass einer oder mehrere der nachfolgend genannten Umstände auftreten:

- **Privat- und Berufsleben lassen sich nicht unter einen Hut bringen:** Das Schöne an einem Home Office ist die Möglichkeit, Privat- und Berufsleben aufeinander abzustimmen. Das heißt aber nicht, dass dieser glückliche Umstand auch unweigerlich eintritt! Wenn Sie permanent bei Ihrer Arbeit unterbrochen werden oder mit Ihrer Arbeit den anderen Familienmitgliedern, Ihrem Lebenspartner oder Ihrem Haustier den letzten Nerv kosten, sollten Sie mit Ihrem Büro in andere Räumlichkeiten umziehen.
- **Sie verlieren den Kontakt zu Ihren Kunden:** In den meisten Fällen hängt es *nicht* vom Standort des Büros ab, mit den Kunden in Kontakt zu bleiben, doch manchmal ist die Kontaktpflege viel einfacher, wenn das Büro zentral und kundennah liegt. Sollten Sie feststellen, dass es für Sie schwierig ist, den Kontakt aufrecht zu erhalten, müssen Sie selbst entscheiden: Können Sie von zu Hause aus – womöglich eine gute Stunde vom Stadtzentrum entfernt – auch wirklich so arbeiten wie Sie sich das vorstellen, oder ist es beim besten Willen nicht möglich, den Kontakt zu Ihren Kunden so intensiv zu pflegen, wie es Ihr Beruf erfordert? Ist Ihr Home Office ein berufliches Hindernis für Sie, kommen Sie nicht um einen Umzug herum.
- **Ihre Kunden stellen Ihre Qualifikation in Frage.** Finden Sie sich damit ab! Manche Kunden hegen Vorurteile auf Grund von äußeren Umständen. Es gibt Kunden, die Ihre Fähigkeiten auf Grund dessen bezweifeln, dass Sie in einem Home Office und nicht in einem »ordentlichen« Büro arbeiten. Zum Glück ist diese Art von Kunde nicht die Regel, und den meisten ist es ziemlich egal,

wo ihr Consultant arbeitet, solange er *gut* arbeitet. Manchmal ist es jedoch notwendig, konventionelle Geschäftsräume anzumieten, die auch vom Erscheinungsbild den Eindruck eines erfolgreichen Unternehmens vermitteln. Vermutlich ist das der Grund, warum so wenige Rechtsanwälte und Steuerberater sich ein Home Office einrichten.

Über Arbeitszeit und Finanzen Buch führen

18

In diesem Kapitel

- Über die Arbeitzeit Buch führen
- Rechnungen stellen und Geld kassieren
- Budgets aufstellen und vor allem auch einhalten

Im Grunde genommen ist die Sache mit den Finanzen für einen Consultant recht einfach. Sie können nämlich nur zwei Dinge mit Geld tun: Es verdienen und es ausgeben.

In diesem Kapitel dreht sich alles darum, wie Sie den Überblick über Ihre Zeit – die Arbeitszeit für einen Kunden – *und* über Ihr Geld behalten. Zuerst erfahren Sie, wie Sie Ihre Arbeitszeit protokollieren und die Arbeitsstunden für ein bestimmtes Projekt für einen Kunden korrekt abrechnen. Danach folgt ein kurzer Überblick über die Verbuchung der Einnahmen und Ausgaben und abschließend der wichtige Punkt, wie Sie finanzielle Verluste vermeiden können.

Abrechnung nach Arbeitszeit

Manche Consultants stellen ihren Kunden immer dann eine Rechnung, wenn das jeweilige Projekt zu einem bestimmten Teil – etwa zur Hälfte oder zu einem Drittel – abgeschlossen ist. Üblicher ist hingegen eine Abrechnung nach Zeit (normalerweise nach Arbeitsstunden). Wenn Sie als Consultant nach der Anzahl der geleisteten Arbeitsstunden bezahlt werden, müssen Sie deshalb genau protokollieren, wie viele Stunden Sie für welches Projekt gearbeitet haben. Im übrigen ist es immer eine gute Idee, auch für sich selbst aufzuschreiben, mit welchen Tätigkeiten man wie lange beschäftigt ist (vielleicht stellen Sie fest, dass Sie den halben Tag damit vertrödeln, Moorhuhn oder Solitär zu spielen).

Zum Protokollieren und Abrechnen Ihrer Arbeitszeit gibt es zwei sehr nützliche Hilfsmittel: Das Tätigkeitsprotokoll und das Projektabrechnungsformular. In den beiden folgenden Abschnitten sehen wir uns diese Formulare etwas genauer an.

Das tägliche Tätigkeitsprotokoll

Wenn Sie Ihre Tätigkeit nach Zeit abrechnen, sollten Sie sich angewöhnen, ein Tätigkeitsprotokoll zu führen, in das Sie jeden Tag eintragen, für welchen Kunden Sie wie lange welche Arbeit erledigt haben. Teilen Sie Ihren Arbeitstag in geeignete Zeitabschnitte auf, zum Beispiel in 60, 30 oder 15 Minuteneinheiten.

Abbildung 18.1 zeigt ein einfaches Tätigkeitsprotokoll, das für eine stundenweise Abrechnung von den meisten Consultants verwendet werden kann. Die Zeiteinheiten können natürlich beliebig gewählt werden, am üblichsten ist eine Einteilung in Abschnitte von 15 Minuten. Der Einfachheit halber haben wir uns für 30-Minuten-Abschnitte entschieden, welche Einheit Sie wählen, hängt aber ganz von Ihnen (und Ihren Kunden) ab.

Die Ähnlichkeit des Tätigkeitsprotokolls mit einem Terminkalender ist verblüffend, nicht wahr? Nun, ehrlich gesagt eignet sich auch jeder Terminkalender mit einer sinnvollen Zeitunterteilung auch ganz hervorragend als Tätigkeitsprotokoll. Falls Sie eine andere Zeiteinteilung wünschen oder Ihr Arbeitstag nicht von 7.00 Uhr bis 17.00, sondern von 12.00 Uhr bis spät in die Nacht geht, erstellen Sie sich ein entsprechendes Formular eben selbst.

Wie aus Abbildung 18.1 ersichtlich, hat unser Consultant am 8. Februar Projekte für vier verschiedene Kunden bearbeitet. Von 7.00 Uhr bis 8.00 Uhr war er für seinen Kunden Ramsey tätig, von 9.00 Uhr bis 11.00 Uhr hat er an einem Bericht für Willis gearbeitet. Kurz vor der Mittagspause – von 12.30 Uhr bis 13.00 Uhr hat er für seinen anderen Kunden Martinelli Telefonate geführt. Nach der Mittagspause hat unser unermüdlicher Consultant von 13.30 Uhr bis 15.30 Uhr Internet-Recherchen für seinen Kunden Speedway Associates betrieben, und nach seinem Telefonat mit Martinelli von 16.30 Uhr bis 17.00 Uhr seinen Arbeitstag beendet.

Welchen Sinn sollen diese akribischen Aufzeichnungen haben? Bevor Sie zu dem Schluss kommen, dass es Ihnen zu mühselig ist, jeden Tag Protokoll über Ihre Tätigkeiten zu führen, verraten wir Ihnen, welche Vorteile Sie davon haben:

- ✔ **Irgendwann wollen Sie ja vielleicht einmal eine Rechnung schreiben.** Klar, der Spaß an der Arbeit und die Erfolgserlebnisse sind auch schon ein Lohn. Doch von diesem Lohn können Sie keine Rechnungen bezahlen, und bevor Sie Ihre Rechnungen zahlen können, müssen die Kunden ihre bezahlen. Ein ordentlich geführtes Tätigkeitsprotokoll erleichtert Ihnen die Abrechnung für Ihre Kunden, wenn die Zeit für die Rechnungsstellung endlich gekommen ist (und das dauert sowieso lange genug).

- ✔ **Ein vernünftiges Formular ist besser als Dutzende loser Zettel.** Als vielbeschäftigter Consultant könnten auch Sie in die Versuchung geraten, Ihre Arbeitsstunden auf Schmierzetteln zu notieren. Fangen Sie das gar nicht erst an! Zettel verschwinden auf Nimmerwiedersehen, und dann war die ganze Arbeit buchstäblich umsonst, weil Sie die Arbeitszeit Ihrem Kunden nämlich nicht in Rechnung stellen können.

- ✔ **Sie können sich nicht alles merken.** Mag schon sein, dass Sie der Ansicht sind, Sie könnten sich Ihre Arbeitsstunden für zehn Projekte für drei verschiedene Kunden merken und sie am Monatsende Ihren Kunden auch korrekt in Rechnung stellen. Vielleicht sind Sie ja wirklich mit einem Gedächtnis gesegnet, das jeden Memory-Spieler vor Neid erblassen lässt, aber wir können es Ihnen schriftlich geben, dass ein penibel geführtes Tätigkeitsprotokoll Ihr Gedächtnis um Längen schlägt. Bedenken Sie auch, dass ein normales Jahr etwa 250 Arbeitstage hat, an denen Sie die unterschiedlichsten Projekte Ihrer (hoffentlich) zahlreichen Kunden bearbeiten. Tun Sie sich und Ihren Kunden einen Gefallen und führen Sie ein Tätigkeitsprotokoll, in das Sie die Arbeitszeit für die Projekte eintragen.

Tätigkeitsprotokoll	
8. Februar 20xx	
7.00 Uhr	Internetrecherche für das Ramsey-Projekt
7.30 Uhr	Internetrecherche für das Ramsey-Projekt
8.00 Uhr	
8.30 Uhr	
9.00 Uhr	Bericht und Lösungsstrategie für Willis erstellt
9.30 Uhr	Bericht und Lösungsstrategie für Willis erstellt
10.00 Uhr	Bericht und Lösungsstrategie für Willis erstellt
10.30 Uhr	Bericht und Lösungsstrategie für Willis erstellt
11.00 Uhr	
11.30 Uhr	
12.00 Uhr	
12.30 Uhr	Telefonate im Auftrag von Martinelli geführt
13.00 Uhr	
13.30 Uhr	Internetrecherche für Speedway Associates
14.00 Uhr	Internetrecherche für Speedway Associates
14.30 Uhr	Internetrecherche für Speedway Associates
15.00 Uhr	Internetrecherche für Speedway Associates
15.30 Uhr	
16.00 Uhr	
16.30 Uhr	Telefonat mit Martinelli
17.00 Uhr	

Abbildung 18.1: Muster eines Tätigkeitsprotokolls

So. Sie glauben uns nun also, dass es sinnvoll ist, ein Tätigkeitsprotokoll zu führen, fragen sich aber, wie es damit weitergeht? Jetzt kommt das Beste überhaupt. Nun übertragen Sie nämlich alle Stunden für die Tätigkeiten an einem Projekt auf das Projektabrechnungsformular. Zufällig ist das genau das Thema des nächsten Abschnitts.

Das Projektabrechnungsformular

Mindestens einmal im Monat kommt der Tag, auf den Sie sich vermutlich am meisten freuen: Sie können all Ihren Kunden für die im vereinbarten Abrechnungszeitraum geleistete Arbeit eine Rechnung stellen. Glauben Sie uns, das ist viel einfacher, wenn Sie alle Stunden ordentlich in Ihr Tätigkeitsprotokoll eingetragen haben (und das *haben* Sie doch, oder?).

Ein Projektabrechnungsformular ist nichts anderes als eine Übersicht über die von Ihnen für einen bestimmten Kunden geleisteten Arbeitstunden, aufgeteilt in die verschiedenen Tätigkeiten. Die Gestaltung dieses Formulars liegt ganz bei Ihnen.

Abbildung 18.2 zeigt ein Musterformular einer Projektabrechnung, wobei die einzelnen Tätigkeiten des Consultants stundenweise aufgeführt sind.

Projektabrechnungsformular	
Speedway Associates	
Februar 20xx	
Kundenberatung	20 Stunden
Internetrecherche	45 Stunden
Entwurf der Marketingstrategie	10 Stunden
Bürotätigkeit	15 Stunden
Gesamtstunden	90 Stunden

Abbildung 18.2: Muster eines Projektabrechnungsformulars

Wie Sie aus dieser Abbildung ersehen können, hat unser Consultant im Februar insgesamt 90 Stunden für Speedway Associates gearbeitet. Diese Gesamtstundenzahl ist in folgende Einzelaufgaben aufgegliedert: Beratung des Kunden (20 Stunden), Internetrecherche (45 Stunden), Entwurf einer Marketingstrategie (10 Stunden), Bürotätigkeit (15 Stunden).

Und woher kommen diese Zahlen? Na, aus dem Tätigkeitsprotokoll natürlich, in das unser Consultant jeden Tag fein säuberlich seine Arbeitsstunden eingetragen hat. Unser Consultant rechnet monatlich mit seinen Kunden ab und erstellt deshalb am Monatsende aus dem Tätigkeitsprotokoll die Projektabrechnungsformulare für die verschiedenen Kunden. Das Projektabrechnungsformular ist somit die Vorlage für die Rechnung an den Kunden.

Sie benötigen zur Abrechnung Ihrer Arbeitszeit nur diese zwei Formulare: das Tätigkeitsprotokoll und das Projektabrechnungsformular. Damit wissen Sie immer genau, wie viel Arbeitszeit Sie für jeden Kunden aufgewendet haben und können eine korrekte Abrechnung gewährleisten.

Rechnungen stellen und Geld kassieren

Natürlich ist das Rechnungswesen im Allgemeinen für das finanzielle Wohlergehen Ihrer Beraterfirma außerordentlich wichtig, im Besonderen steht und fällt die Finanzlage jedoch mit der Art und Weise Ihrer Rechnungsstellung und der Überprüfung von Zahlungseingängen. Sie tragen schon *viel* zur Sicherung der finanziellen Situation bei, wenn Sie Ihre Rechnungen pünktlich und korrekt stellen und nach der vereinbarten Zahlungsfrist überprüfen, ob Ihre Kunden auch brav bezahlen.

Bitte lesen Sie sich die folgenden Tipps für die Rechnungsstellung und das Verschicken von Mahnungen durch.

Ihre Leistungen in Rechnung stellen

Die Art und Weise, wie Sie Ihrem Kunden die geleistete Arbeit in Rechnung stellen, hängt ganz von dem jeweiligen Vertrag ab, den Sie über das entsprechende Projekt geschlossen haben. Wenn Ihr Vertrag regelt, dass Sie immer dann eine Rechnung stellen, wenn bestimmte Meilensteine – also gewisse Teilaufgaben oder ein festgelegter Prozentsatz des Gesamtprojekts – abgeschlossen sind, stellen Sie den vereinbarten Betrag in Rechnung, der nach Fertigstellung dieses Meilensteins fällig wird. Arbeiten Sie dagegen an einem längerfristigen Projekt und haben eine Bezahlung nach geleisteten Arbeitsstunden vereinbart, stellen Sie ihm die tatsächlich geleisteten Arbeitsstunden plus Spesen (für Kopien, Dienstfahrten und so weiter) am Ende des vereinbarten Abrechnungszeitraums – meistens am Monatsende – in Rechnung.

Abbildung 18.3 zeigt eine Musterrechnung für die Ihnen bereits aus unserem vorherigen Musterprojektabrechungsformular bekannte Firma Speedway Associates. Wie Sie sehen können, hat unser Consultant einfach seine im Februar geleisteten Stunden addiert, mit dem vereinbarten Stundensatz von DM 100,– multipliziert und stellt die Summe von DM 9.000,– in Rechnung.

Rechnung	
Speedway Associates	
Februar 20xx	
Kundenberatung	20 Stunden
Internetrecherche	45 Stunden
Entwurf der Marketingstrategie	10 Stunden
Bürotätigkeit	15 Stunden
Gesamtstunden	90 Stunden
Stundensatz	DM 100,00
Gesamtsumme	DM 9.000,00 netto
Zahlbar innerhalb 30 Tagen nach Rechnungserhalt. Bei erfolgter Zahlung innerhalb von 10 Tagen nach Rechnungserhalt gewähren wir ein Skonto von 1 Prozent. Vielen Dank für Ihr Vertrauen!	

Abbildung 18.3: Musterrechnung

Hier ein paar Tipps, wie Sie schneller und sicherer an Ihr Geld kommen.

- ✔ **Verschaffen Sie sich, falls möglich, zu Beginn eines Projekts ein Finanzpolster.** Falls Sie Teilzahlungen für Projekt-Meilensteine vereinbart haben, versuchen Sie, möglichst viel Geld für die ersten Meilensteine auszuhandeln, anstatt erst in späteren Rechnungen höhere Summen zu berechnen. Sprechen Sie Ihren Kunden auf einen Vorschuss an oder berechnen Sie einfach in der Anfangsphase des Projekts mehr als gegen Ende hin. Auf diese Weise verschaffen Sie sich ein finanzielles Polster, dass sich garantiert sehr vorteilhaft auf Ihre allgemeine Finanzlage auswirkt.
- ✔ **Stellen Sie häufig Rechnungen.** Je öfter Zahlungseingänge auf Ihrem Konto verbucht werden, umso besser. Monatliche Zahlungen haben sich zwar in der Consultingbranche durchgesetzt, aber eventuell sind einige Ihrer Kunden auch mit einem kürzeren Abrechnungszeitraum einverstanden.
- ✔ **Stellen Sie Ihre Rechnungen sofort.** Schicken Sie Ihre Rechnung unmittelbar nach Fertigstellung des Teil- oder Gesamtprojekts an Ihre Kunden. Je früher Sie

Ihre Rechnungen stellen, um so eher wird bezahlt und umso sicherer sieht Ihre Finanzlage aus.

- ✔ **Gewähren Sie bei sofortiger Zahlung Skonto.** Als kleinen Anreiz für Ihre Kunden, die Rechnungen vor (oder zumindest bei) Fälligkeit zu zahlen, können Sie einen Skonto von 0,5 bis 1 Prozent anbieten, falls innerhalb von 10 bis 20 Tagen nach Rechnungsstellung bezahlt wird.
- ✔ **Überprüfen Sie alle Zahlungseingänge.** Prüfen Sie nach, ob Ihre Rechnungen pünktlich bezahlt werden. Ist dies nicht der Fall, klären Sie persönlich mit Ihrem Kunden ab, wo das Problem liegt. Sieht es so aus, als müssten Sie Ihrem Geld hinterher laufen, sollten Sie unverzüglich mit Ihrem Mahnverfahren beginnen.

Wie bitte? Sie haben sich noch kein Mahnverfahren überlegt? Na, dann ist es ja umso besser, dass wir uns damit im nächsten Abschnitt befassen.

Überfällige Rechnungen eintreiben

Es mag schon sein, dass Sie es mit lauter hochanständigen Kunden zu tun haben, die Ihre Rechnungen prompt bezahlen. Doch früher oder später wird der Tag kommen, an dem Sie feststellen müssen, dass eine Ihrer Rechnungen entweder zu spät oder gar nicht bezahlt wurde.

Wie gehen Sie in so einem Fall vor? Tun Sie so, als hätten Sie es nicht bemerkt und arbeiten einfach weiter? Oder unternehmen Sie etwas? Unser Rat ist: Unternehmen Sie etwas – und zwar *sofort*!

Was genau Sie nun unternehmen sollten, um an Ihr Geld zu kommen, hängt von verschiedenen Faktoren ab: Dem Auftragsvolumen, der Art und Dauer Ihrer Beziehung mit dem betreffenden Kunden, der Höhe des fälligen Rechnungsbetrags und davon, ob die Zahlung erst einen Tag oder bereits mehrere Wochen überfällig ist. Anhand dieser Überlegungen können Sie sich im Einzelfall entscheiden, wie scharf oder nachsichtig Sie den säumigen Schuldner an Ihre Rechnung erinnern wollen. In jedem Fall sollten Sie ein Verfahren entwickeln, das aus unterschiedlichen Eskalationsstufen besteht und Ihnen als Richtlinie für alle Mahnverfahren dient. Sinnvollerweise beginnt die erste Eskalationsstufe damit, den Kunden einfach anzurufen und sich anzuhören, was er zu seiner Entschuldigung vorzubringen hat. Eventuell ist die Angelegenheit damit auch schon erledigt. Wenn nicht, gehen Sie zur nächsten Eskalationsstufe über.

Wenn Sie Ihren Kunden anmahnen müssen, sollten Sie in folgender Reihenfolge vorgehen:

1. **Rufen Sie Ihren Kunden persönlich an.**

   Fragen Sie Ihren direkten Ansprechpartner, warum Ihre Rechnung nicht bezahlt wurde. Er hat mehr Einfluss darauf als Sie, die Zahlung durch einen entsprechenden Anruf in der Rechnungsabteilung anzuordnen. In den meisten Fällen lässt sich ein Problem mit einer überfälligen Zahlung in nur wenigen Minuten durch ein Telefonat mit Ihrem Kunden klären.

2. **Senden Sie sofort eine schriftliche Mahnung.**

   Lässt sich das Problem mit Ihrer Rechnung nicht telefonisch klären, das heißt, wird Ihre Rechnung daraufhin nicht innerhalb weniger Tage oder einer Woche bezahlt, sollten Sie Ihrem Kunden eine Mahnung mit einer Kopie Ihrer Rechnung senden. Schicken Sie solange Mahnungen – jede Woche oder jeden Monat eine –, bis die Rechnung bezahlt ist. Zusätzlich zu den Mahnungen sollten Sie Ihren Kunden und seine Rechnungsabteilung immer wieder einmal anrufen und nachhaken.

3. **Stellen Sie die Arbeit für diesen Kunden ein.**

   Zahlt ein Kunde Ihre Rechnung nicht, sollten Sie die Arbeit für ihn einstellen, bis Sie Ihr Geld erhalten haben. So eine Arbeitsverweigerung ist, abgesehen von rechtlichen Schritten, Ihre einzige Möglichkeit, Druck auf Ihren Kunden auszuüben und schließlich doch noch an Ihr Geld zu kommen.

4. **Schalten Sie ein Inkassobüro ein.**

   Ignoriert Ihr Kunde Ihre Zahlungsaufforderungen weiterhin, können Sie den geschuldeten Rechnungsbetrag von einem Inkassobüro eintreiben lassen. In der Regel verlangen Inkassobüros etwa 20 bis 40 Prozent des Rechnungsbetrags für ihre Bemühungen.

5. **Wenden Sie sich an eine Schiedsstelle.**

   Anstatt Ihren Kunden vor Gericht auf Zahlung zu verklagen, können Sie sich auch an eine Schiedsstelle wenden, die Ihren Fall durch einen unabhängigen Obmann entscheidet. Dem Schiedsverfahren müssen jedoch sowohl Sie als auch Ihr Kunde zustimmen. Ansonsten ist der Vorgang ähnlich wie vor Gericht: Ein Obmann hört sich beide Standpunkte an und entscheidet dann zu Gunsten einer der Parteien.

6. **Reichen Sie Klage vor Gericht ein.**

   Das letzte Rechtsmittel, das Sie gegen einen säumigen Kunden einlegen können, ist die Klage. Je nach Höhe des geschuldeten Rechnungsbetrags ist ein Amts- oder Landgericht für Sie zuständig. In Deutschland ist das Amtsgericht für einen Streitwert bis zu DM 10.000 zuständig, ab DM 10.000 das Landgericht.

7. **Mahnbescheid.**

   Können Sie sicher sein, dass Ihr Schuldner gegen Ihre Zahlungsforderung keine Einwände erhebt, lässt sich ein Vollstreckungstitel im Mahnverfahren sehr viel schneller erreichen als über das Klageverfahren. Es handelt sich hierbei um ein standardisiertes Verfahren, bei dem das Gericht lediglich die Einhaltung gewisser Formalien überprüft, nicht aber, ob Ihre Forderung auch berechtigt ist, sie muss im Mahnverfahren auch nicht einmal begründet werden. Formulare zur Einleitung eines Mahnverfahrens sind in jedem Schreibwarenladen zu erhalten.

Im Idealfall kommt es jedoch gar nicht soweit, dass Sie Ihren Kunden auf Zahlung Ihrer Rechnung verklagen müssen. Prüfen Sie regelmäßig Ihre Zahlungseingänge und informieren Sie Ihren Kunden umgehend, wenn eine Rechnung überfällig ist. Auf diese Weise können Sie sich und Ihrem Kunden eine Menge Ärger ersparen und müssen nicht bis zum Äußersten gehen.

Budgetierung

Ein *Budget* ist nichts anderes als die geschätzte Summe aller *Betriebsausgaben* beziehungsweise *Betriebseinnahmen*. Als Einnahmebudget könnten Sie zum Beispiel im Oktober einen Umsatz von 50.000 Mark festlegen, während Ihr Ausgabenbudget für den Januar 600,- Mark für die Telefonrechnung beträgt.

Nun werden Sie sich sicherlich fragen, warum Sie für Ihre Beraterfirma Budgets aufstellen sollen. Ganz einfach, durch ein Budget können Sie Ihre *geschätzten* Einnahmen mit Ihren *tatsächlichen* vergleichen. Aufgrund dieser Informationen wissen Sie dann immer ganz genau, wie es um die Finanzlage Ihrer Firma bestellt ist.

Können Sie Ihrem letzten Steuerbescheid oder den betriebswirtschaftlichen Auswertungen Ihres Steuerberaters entnehmen, dass Ihre Einnahmen keinesfalls Ihren Erwartungen entsprechen? Dann sollten Sie schleunigst die Ursache dafür herausfinden. Sind Ihre Ausgaben zu hoch? Dann sollten Sie versuchen, Ihre Ausgaben zu kürzen. Mit Hilfe einer Budgetaufstellung können Sie sich jederzeit ein klares Bild über die finanzielle Lage Ihrer Firma machen.

Budgets erfüllen noch einen weiteren Zweck: Sie können damit beurteilen, ob ein bestimmtes Projekt in finanzieller Hinsicht positiv verläuft. Haben Sie zum Beispiel ein Projekt zur Hälfte abgeschlossen, aber bereits 75 Prozent des dafür veranschlagten Budgets ausgegeben, ist dies ein eindeutiges Indiz dafür, dass Ihnen noch vor Abschluss des Projekts das Geld ausgehen wird. Dies ist für keinen Consultant eine besonders rosige Aussicht! Entweder wurden in diesem Fall die mit dem Projekt verbundenen Kosten zu niedrig angesetzt, oder es wurde für einzelne Aufgaben mehr ausgegeben als geplant. Wann immer ein Budget überstrapaziert wird, müssen Sie sofort die Ursache dafür ermitteln.

Die Aufstellung von Budgets und deren Präsentation als gut gemachte Grafiken bietet Ihnen zudem die Möglichkeit, Ihre Kunden schwer zu beeindrucken. Stellen Sie sich doch nur einmal folgende Situation vor: Sie befinden sich im Seminar- oder Vortragsraum Ihres Kunden, es herrscht gedämpfte Beleuchtung, die Zuhörer hängen Ihnen an den Lippen, alle Augen sind auf Sie gerichtet. Abwechselnd werfen Sie aussagekräftige, farbige Zahlentabellen und dreidimensionale Megadiagramme an die Wand. Mit der Fernbedienung in der Hand bestimmen alleine Sie, wo es langgeht. Es gibt wahrscheinlich nichts, was die Aufmerksamkeit Ihre Zuhörer besser fesselt als professionell verpackte Zahlenkolonnen!

Verschiedene Arten von Budgets

Je nach Größe Ihrer Beraterfirma ist die Budgetierung entweder ein ganz einfacher oder ein extrem komplexer Vorgang. Doch ganz unabhängig von der Firmengröße lässt sich so gut wie alles budgetieren. Hier ein paar Beispiele:

- ✔ **Projektbudget:** Das Projektbudget ist die Schätzung der mit einem bestimmten Projekt verbundenen Ausgaben im Vergleich zu der Summe, die Ihr Kunde Ihnen dafür zahlen wird.
- ✔ **Mitarbeiterbudget:** Im Mitarbeiterbudget wird angegeben, wie viele unterschiedliche Positionen oder Stellungen es in einem Unternehmen gibt, wie diese bezeichnet werden und das für die jeweilige Position vorgesehene Gehalt.
- ✔ **Absatzbudget:** Das Absatzbudget enthält die Umsatzzahlen, die durch den Verkauf von Produkten oder Dienstleistungen in einem bestimmten Zeitraum angestrebt werden. Der erzielte Gesamtumsatz ergibt sich durch die Multiplikation der verkauften Stückzahl mit dem Preis pro Verkaufseinheit.
- ✔ **Kostenbudget:** Das Kostenbudget enthält sämtliche Ausgaben für den laufenden Betrieb eines Unternehmens, wie zum Beispiel Reisekosten und Spesen, Kosten für Fortbildungsmaßnahmen und Büroausstattung.
- ✔ **Investitionsplan:** Dieses Budget enthält die geplanten Ausgaben für Ihr Anlagevermögen (Vermögensgegenstände, die bestimmt sind, dem dauernden Geschäftsbetrieb zu dienen), also Möbel, Computer, Grundstück, Gebäude und so weiter.

Aufstellung eines Budgets

Bei der Aufstellung eines Budgets kann man sinnvoll und unsinnig vorgehen. *Unsinnig* wäre es zum Beispiel, eine Kopie der letzten Budgetierung zu erstellen und nur das aktuelle Datum oder eine neue Bezeichnung darauf zu schreiben. *Sinnvoll* ist es, sich umfassend zu informieren, die Informationen daraufhin zu prüfen, ob sie aktuell und korrekt sind, und mit einer Portion gesundem Menschenverstand und Urteilsvermögen einzuschätzen, was die Zukunft wohl bringen mag. Ein Budget kann immer nur so gut sein, wie die Daten, die Sie dazu heranziehen, und wie gut Sie diese einschätzen können.

Nachfolgende Tipps sollten Sie unbedingt für Ihre Budgetierung beachten:

- ✔ **Informieren Sie sich.** Holen Sie die Unterlagen früherer Budgets aus dem Aktenschrank und vergleichen Sie die darin enthaltenen Zahlen mit den tatsächlichen Ergebnissen. Prüfen Sie nach, ob und welche Kosten Sie falsch eingeschätzt haben und schauen Sie Ihre Betriebsausgaben der letzten Jahre oder für vergleichbare Projekte an. Überlegen Sie es sich gut, ob Sie weitere Mitarbeiter einstellen, ein neues Büro mieten oder sonstige Investitionen tätigen sollten. Kalkulieren Sie auch durch, wie sich steigende oder sinkende Einnahmen und Ausgaben auf Ihr Budget auswirken würden.

- ✔ **Treffen Sie sich mit Ihren Kunden.** Zu Beginn der Budgetierung sollten Sie mit Ihren Hauptkunden klären, mit wie viel Umsatz zu rechnen ist. Es ist immer gut, über seine künftigen Einnahmen Bescheid zu wissen, vor allem dann, wenn das Finanzamt die Einkommenssteuer von Ihnen kassieren will.
- ✔ **Lassen Sie Ihr eigenes Urteilsvermögen einfließen.** Daten und Fakten bedeuten zwar viel, aber nicht *alles* bei der Aufstellung Ihres Budgets. Die Budgetierung ist zur Hälfte eine Wissenschaft und zur anderen eine Kunst. Ihre Aufgabe ist es, anhand der ermittelten Daten und Fakten einzuschätzen, welche Ergebnisse aller Wahrscheinlichkeit nach zu erwarten sind.
- ✔ **Spielen Sie mit den Zahlen.** Tragen Sie Ihre zu erwartenden Einnahmen und Ausgaben in ein Tabellenkalkulationsprogramm ein und lassen Sie Ihren Computer rechnen. Ändern Sie Ihre Budgets entsprechend ab, bevor Sie einen Schlussstrich unter diese Arbeit ziehen. Es spielt keine Rolle, wenn Ihr erster Entwurf unvollständig oder nur ganz grob ist. Sie können jederzeit daran herumfeilen, wenn weitere Informationen vorliegen.
- ✔ **Prüfen Sie die Ergebnisse und fangen Sie eventuell von vorne an!** Überprüfen Sie den Entwurf Ihrer Budgetplanung sorgfältig und kontrollieren Sie die Zahlen. Machen sie Sinn? Haben Sie auch keine Einnahmequellen und Ausgaben übersehen? Sind die Zahlen überhaupt realistisch? Passen sie zu früheren Budgets? Sind Einnahmen und Ausgaben zu hoch oder zu niedrig angesetzt? Erst wenn Sie auf all diese Fragen zufriedenstellende Antworten haben, können Sie diese Aufgabe als abgeschlossen betrachten und das Ganze ausdrucken. Glückwunsch! Sie haben es geschafft!

Woher kommen diese ganzen Zahlen eigentlich?

Ob Ihr Budget korrekt ist, hängt im Wesentlichen davon ab, ob die verwendeten Daten korrekt sind und ob Sie ein gutes Urteilsvermögen besitzen. Das persönliche Urteilsvermögen verbessert sich natürlich mit wachsender Erfahrung, doch die Qualität der Daten wird einzig und allein dadurch bestimmt, woher und wie Sie sie beziehen. Es gibt folgende drei Möglichkeiten, Daten zur Budgetierung zu sammeln:

- ✔ **Sie erstellen Sie selbst.** Bei der als Nullbasis-Budgetierung bekannten Vorgehensweise fangen Sie, wie der Name schon sagt, bei Null an. Als Erstes legen Sie für jedes einzelne Budget fest, wie viele Mitarbeiter und welche Büroräume Sie benötigen und wie hoch die anfallenden Reise-, Werbekosten und sonstigen Ausgaben sind. Dann weisen Sie jeder Kostenstelle die jeweiligen Kosten zu – und schon ist Ihr Budget fertig. Die Ergebnisse, die sich bei der Nullbasis-Budgetierung ergeben, unterscheiden sich meist stark von denen, die aus Vorjahresbudgets errechnet werden, was auch kein großes Wunder ist. Auch der Aufwand für eine Nullbasis-Budgetierung ist erheblich größer. Falls Sie allerdings ein Consultant-Neuling sind, bleibt Ihnen vermutlich nichts anderes übrig, als sich damit abzuplagen.

- **Sie beziehen sich auf die Daten des Vorjahres.** Eine der einfachsten Methoden, Daten für die aktuelle Budgetierung zu erhalten, ist es, die tatsächlichen Ergebnisse der Vorjahre auszuwerten. Obwohl natürlich nicht gesagt ist, dass die Daten der Vorjahre unbedingt viel über die Zukunft aussagen – besonders, wenn Ihre Einnahmen und Ausgaben sehr starken Schwankungen unterliegen – bieten sie doch einen sehr hilfreichen Ansatz- oder Ausgangspunkt.
- **Sie kombinieren beide Möglichkeiten.** Die beiden eben erläuterten Möglichkeiten lassen sich natürlich auch kombinieren, und viele Consultants gehen bei der Festlegung, welche Daten in das aktuelle Budget einfließen sollten, tatsächlich so vor. Die Zahlen der Vorjahre werden nach bestem Wissen und Gewissen ausgewertet, um die zukünftigen Kosten für einen bestimmten Posten einschätzen zu können. Dabei können die Vorjahresdaten je nach persönlicher Erfahrung und Urteilsvermögen beliebig nach oben oder unten korrigiert werden.

Budgets einhalten

Wenn Sie Ihre Consultingtätigkeit aufnehmen und Projekte bearbeiten, sollten Sie Ihre aufgestellten Budgets auch konstant im Auge behalten, damit Sie Ihren finanziellen Rahmen nicht sprengen. Zeichnet sich ab, dass die tatsächlichen Ausgaben die geplanten übersteigen, müssen sofort Gegenmaßnahmen ergriffen werden, bevor Sie finanziell in ein schwarzes Loch geraten.

Nachfolgend ein paar Tipps, welche Sofortmaßnahmen Sie bei einer sich abzeichnenden finanziellen Notlage ergreifen können.

- **Keine unnötigen Geldausgaben.** Falls Ihr Computer repariert werden muss oder die Strom- und Telefonrechnung kommt, müssen Sie das natürlich schon bezahlen, da diese Ausgaben für die Fortsetzung Ihrer Arbeit unbedingt erforderlich sind. Nicht unbedingt notwendig sind allerdings neue Tapeten für Ihr Büro, neue Computermonitore oder Flug- und Bahntickets in der ersten Klasse. Setzen Sie dort den Rotstift an, wo es Ihren Geschäftsbetrieb nicht gefährdet. Sparmaßnahmen dieser Art sind die einfachste und schmerzloseste Methode, Ihre Ausgaben auf das geplantes Niveau zurückzuschrauben.
- **Stellen Sie niemanden ein.** Schön, dieser Tipp gilt nur für Consultants, deren Firma mittlerweile so groß geworden ist, dass sie sich Angestellte überhaupt leisten können. Ein Einstellungsstopp spart Ihnen nicht nur Lohn- und Nebenkosten, sondern auch die Gemeinkosten für Wasser, Strom und Hausmeistertätigkeiten.
- **Erhöhen Sie Ihr Honorar.** Zum Teil könnte Ihre finanzielle Notsituation daraus entstanden sein, dass Sie zu wenig Honorar für Ihre Dienstleistungen verlangen und deshalb die laufenden Kosten nicht tragen können. In diesem Fall sollten Sie zumindest bei Ihren Neukunden höhere Preise fordern.

Wenn Sie wirklich wissen wollen, wo Ihr Geld bleibt, ist die Aufstellung von Budgets leider nur die Spitze des Eisbergs. Ob Ihnen diese Aussicht nun gefällt oder nicht: Als Firmeninhaber brauchen Sie ein solides Grundwissen über alle finanziellen Vorgänge in einem Unternehmen und die Buchhaltung. Kaufen Sie sich also ein Buch über dieses Thema oder vereinbaren Sie einen Termin mit Ihrem Steuerberater.

Mit der Hilfe anderer zur Höchstform auflaufen

19

In diesem Kapitel

- Das Beste aus Ihrer Erfahrung machen und Ihre Kräfte bündeln
- Dienstleistungsunternehmen nutzen
- Ein virtuelles Büro gründen

Es gibt Dinge, die *nur Sie* können, unabhängig davon, ob Sie ein ganz kleines oder ein größeres Unternehmen leiten oder als Einzelperson tätig sind. Das sind die Dinge, die für Sie auch am lukrativsten sind. Andererseits gibt es auch viele Arbeiten, die Sie delegieren können, damit Sie sich den wichtigen und lohnenden Aufgaben widmen können. Als selbstständiger Consultant sind Sie vermutlich ständig hin- und hergerissen zwischen dem Bedürfnis, alles selbst erledigen zu wollen, und der Notwendigkeit, möglichst viel Ihrer wertvollen Zeit für Aufgaben zur Verfügung zu haben, die Sie am liebsten tun und am besten können.

Ihre Aufgabe ist es, Ihre Zeit und Ihre Ressourcen so kostengünstig wie möglich zu nutzen und den Gewinn Ihrer Firma zu maximieren. Wir sind in all den Jahren unserer beruflichen Erfahrung zu der Überzeugung gelangt, dass sich dieser Anspruch am besten verwirklichen lässt, indem man auf Dienstleistungsunternehmen zurückgreift. Es gibt viele Dienstleister – vom Büroservice und Kopierladen über Rechtsberatungsstellen zum Büroraumausstatter und -makler – die Sie im Bedarfsfall beauftragen können, damit Sie Hände und Kopf frei haben, um sich den Aufgaben zu widmen, an denen Sie am besten verdienen.

In diesem Kapitel zeigen wir Ihnen, wie Sie Ihre Kräfte zielgerichtet einsetzen und Ihre Erfahrung effektiv nutzen können, damit Ihre Firma den gewünschten Erfolg hat. Außerdem betrachten wir verschiedene Möglichkeiten, wie Sie andere für sich arbeiten lassen können. Anschließend werfen wir einen Blick auf virtuelle Büros und deren Vorteile für eine noch höhere Arbeitsproduktivität.

Der Schlüssel zum Erfolg: Tun Sie nur das, was Sie am besten können

Je größer Ihre Firma ist oder wird, umso spezifizierter ist auch der Aufgabenbereich, für den Sie zuständig sind. Als Marketing-Manager werden Sie kaum persönlich an die Türe gehen, wenn jemand klingelt, oder am Fließband selbst die Leiterplatten zusammen löten. Je *kleiner* Ihr Betrieb allerdings ist, desto *unspezifizierter* ist Ihr Aufgabenbereich. In einem Ein-Mann-

Betrieb müssen Sie sich nämlich um *alles* selbst kümmern – Sie müssen ans Telefon gehen, die Daten Ihrer Kunden analysieren und den Mülleimer leeren.

Wenn Sie sich in Ihrer Firma um *alles* selbst kümmern, werden Sie vermutlich schneller, als Ihnen lieb ist, an Ihre Leistungsgrenze stoßen. Und je nachdem, wie schnell Sie diese Grenzen erreichen, werden Sie vielleicht bald die Kraft nicht mehr aufbringen können, Ihre gesteckten Ziele zu verwirklichen.

Was also können Sie tun? Schön, dass Sie uns das gefragt haben.

In der Consulting-Branche hängt der Erfolg von zwei Dingen ab: Zum einen davon, dass Sie sich Ihre Erfahrung zunutze machen, und zum anderen davon, dass Sie sich auf das Wichtige konzentrieren. Tun Sie nur das, was außer Ihnen wirklich kein anderer kann. Als Inhaber einer erfolgreichen Beraterfirma müssen Sie Aufgaben delegieren, damit Sie sich auf die Expansion Ihres Unternehmens konzentrieren können. Wie das geht, erfahren Sie jetzt:

✔ **Den besten Nutzen aus Ihrer Erfahrung ziehen.** *Sie* wissen, welche Erfolgschancen es gibt, *Sie* haben die Beziehungen und *Sie* kennen sich in der Branche aus. Wenn Sie sich dazu entschließen können, das Angebot eines Personaldienstleisters in Anspruch zu nehmen und eine Hilfskraft zu engagieren, können Sie diese dank Ihrer Erfahrung und Fachkenntnisse so einarbeiten, dass Ihnen lästige Arbeiten abgenommen werden können. Dadurch können Sie selbst viel produktiver und lukrativer arbeiten.

✔ **Konzentrieren Sie sich auf das Wesentliche.** Haben Sie denn *wirklich* nichts besseres zu tun, als 2.000 Seiten beidseitig zu kopieren, zu sortieren und zu binden? Können Sie Ihre Zeit nicht vielleicht sinnvoller nutzen als stundenlang am Kopierer zu stehen? Mit Sicherheit! Der Schlüssel zum Erfolg liegt darin, dass Sie nur Aufgaben erledigen, die Ihrer beruflichen Qualifikation entsprechen und mit denen sich das große Geld verdienen lässt. Überlassen Sie die Kopien einem anderen und kümmern Sie sich *stattdessen* um neue Aufträge und neue Kunden.

Glauben Sie uns, es ist nur zu Ihrem Besten, sich an qualifizierte Dienstleister zu wenden, die Sie so entlasten, dass Sie sich um die wichtigen Angelegenheiten kümmern können. In den nächsten Abschnitten befassen wir uns mit allen möglichen Dienstleistungsunternehmen und zeigen Ihnen, wie Sie möglichst großen Nutzen aus deren Service ziehen können. An Ihnen liegt es dann, sich die Dienstleistungen auszusuchen, die für Ihre Tätigkeit die größte Entlastung bedeuten.

Arbeitskräfte

Die Arbeit nimmt nie ein Ende, und es macht überhaupt keinen Sinn, *alles* selbst erledigen zu wollen. Vielleicht *könnten* Sie es sogar, wenn Sie nur täglich lange genug im Büro bleiben, aber es ist doch eigentlich die reinste Zeitverschwendung, jeden Morgen stundenlang Tausende von E-Mails und Postsendungen zu lesen, nur weil eventuell ein paar davon interessant sein könnten. Nennen Sie uns einen vernünftigen Grund, warum Sie ständig selbst ans Telefon gehen sollten, anstatt konzentriert bei der Arbeit zu bleiben oder jedes Mal selbst in den Copyshop zu fahren, wenn Sie wieder einmal einen riesigen Stapel Unterlagen kopieren müssen.

Sehen Sie, es gibt keinen vernünftigen Grund.

Natürlich gibt es Dinge, die *nur Sie* erledigen können, aber alles andere könnte doch auch jemand anderes tun, oder? Es wäre doch zum Beispiel bestimmt praktisch, eine Halbtagskraft einzustellen, die sich um den täglichen Bürokram kümmert. Es ist vielleicht im Endeffekt auch viel billiger, Ihre Werbekampagne einem Experten zu überlassen, als sich selbst damit abzuplagen. Im nächsten Abschnitt erfahren Sie, wie Sie sich durch den Einsatz von Arbeitskräften selbst entlasten können.

Eine gute Bürohilfe ist Gold wert

Mit einer guten Bürohilfe verschaffen Sie sich ganz schnell und zudem noch sehr billig wesentlich mehr Zeit und Luft, damit Sie sich um die Angelegenheiten kümmern können, für die Sie gut bezahlt werden. Und für den Anfang ist es auch nicht unbedingt notwendig, Stellenangebote aufzugeben und Arbeitsverträge auszuarbeiten. Vielleicht würde ja Ihr Lebenspartner gerne als Teilzeitkraft mitarbeiten oder Sie schreiben die Stelle als Studentenjob aus. Auch bei Personaldienstleistern wird man Ihnen gerne weiterhelfen. Und ist die Auftragslage gut, können Sie die Teilzeit- in eine Vollzeitstelle umwandeln oder mehrere Aushilfskräfte in Anspruch nehmen. Zeitarbeitsfirmen, auch Personaldienstleister und Personalagenturen genannt, sind eine ganz hervorragende Möglichkeit, relativ unverbindlich erst selbst eine Einschätzung darüber zu gewinnen, wie viel Arbeit bei Ihnen anfällt und wie sich die Firma finanziell entwickelt, bevor Sie Mitarbeiter fest anstellen.

Eine gute Bürohilfe – die Betonung liegt hierbei auf *gute* – kann außer den üblichen Schreibarbeiten ganz wunderbare Dienste leisten. Nur einige der Vorteile sind zum Beispiel:

- ✔ **Sie sparen Zeit.** Eine Bürohilfe nimmt Ihnen die gesamten Routinearbeiten wie das Entgegennehmen von Telefonanrufen, die Korrespondenz und das Lesen und Sortieren sämtlicher Post ab und verschafft Ihnen so die Zeit, sich um aktuellen Projekte und die Kundenakquisition zu kümmern.

- ✔ **Sie sparen Geld.** Vermutlich können Sie in einer Stunde mehr verdienen als Sie Ihre Bürohilfe kostet. Ist es nicht so, dass Sie als Consultant einen Stundensatz von 150 Mark berechnen, während Ihre Bürohilfe in der Stunde vielleicht gerade einmal um die 20 Mark erhält? Na, also!

- ✔ **Es macht einen guten Eindruck.** Kümmert sich Ihre Bürohilfe um Ihre Kunden, hinterlässt das sehr guten Eindruck bei ihnen, weil sie dann das Gefühl haben, besser betreut zu werden. Und wahrscheinlich stimmt das auch!

- **Ihr Büro ist immer besetzt.** Wenn Ihr Betrieb nur aus einem Consultant – nämlich Ihnen – besteht, werden Sie Ihr Büro wahrscheinlich keine fünf Minuten verlassen wollen, weil gerade dann ein wichtiger Kunde anrufen könnte. Mit einer Bürohilfe ist Ihr Büro aber immer besetzt, so dass Sie in aller Ruhe Kundenbesuche machen können.
- **Sie erhalten Denkanstösse.** Kein Mensch hat die Wahrheit mit Löffeln gegessen. Eine Bürohilfe kann Ihnen wertvolle Denkanstösse geben, da sie bestimmte Angelegenheiten aus einer ganz anderen Perspektive betrachtet. Gerade in einem Ein-Mann-Betrieb tut frischer Wind im Büro ab und zu vielleicht ganz gut.

Sobald Sie es sich leisten können, eine Bürohilfe einzustellen (können Sie es sich leisten, es *nicht* zu tun?), sollten Sie keine Sekunde länger warten. Sie werden überrascht sein, wofür Sie plötzlich wieder Zeit haben – und Ihre Kunden erst recht.

Lassen Sie sich helfen

Jedes Unternehmen macht während seines Bestehens verschiedene Phasen durch, die den Lebensabschnitten eines Menschen gar nicht so unähnlich sind: Nach der Gründungsphase folgt meist eine Zeit des Wachstums und der Expansion, die von einer Phase der Reife und Stabilität abgelöst wird. Danach stellt sich leider meist die Phase ein, in der es langsam aber sicher abwärts geht, sofern kein striktes »Fitnessprogramm« aufgestellt und eingehalten wird. In unternehmerischer Hinsicht besteht ein solches Fitnessprogramm aus der Einführung neuer Produkte, neuer Managementstrategien und grundsätzlichen Innovationen. Es wird Sie wohl kaum überraschen zu hören, dass es viele Consultants und andere Dienstleister gibt, die nur darauf warten, Ihnen in allen Phasen Ihres Betriebs beizustehen, damit Sie an Ihr persönliches Ziel gelangen können.

Nachfolgend haben wir für Sie Dienstleistungsunternehmen zusammengestellt, die für Ihre Karriere als Consultant von großem Nutzen sein können.

- **Unternehmensplanung und Existenzgründung:** Diese Dienstleister helfen Ihnen bei der Ausarbeitung eines Businessplans, der genau auf Ihre Bedürfnisse und Wünsche zugeschnitten ist. Außerdem erhalten Sie von diesen Unternehmen viele wichtige Tipps für die Existenzgründung. Ein guter Businessplan dient Ihnen als Wegweiser zu Ihrem Ziel und kann Ihnen auch bei der Beschaffung von Existenzgründungsdarlehen und anderen staatlichen Förderungsmaßnahmen eine wertvolle Hilfe sein.
- **Buchhaltung und Steuern:** Selbst wenn Sie bisher nur wenige Kunden haben und Ihre Firma noch recht klein ist, ist es ratsam, die gesamte Buchhaltung einem erfahrenen Steuerberater zu überlassen. Das Steuerrecht wird immer komplizierter (zur Freude aller Steuerberater), und nur ein Profi kann sicherstellen, dass Sie auch wirklich in den Genuss sämtlicher Ihnen zustehender steuerlicher Vergünstigungen kommen.

- **Promotion und Marketing:** Leider irren sich sehr viele Consultants, die sich einbilden, sie wüssten selbst am besten, wie sie für sich und ihre Firma die Werbetrommel rühren. Ein Werbefachmann weiß, womit und wann er Ihre Kunden ansprechen kann, und wie er Ihre Dienstleistungen am geschicktesten verpackt. Schließlich ist er ein Profi auf seinem Gebiet und muss – im Gegensatz zu vielen Consultants – nicht erst mal viele Methoden mit viel Zeit- und Geldaufwand ausprobieren.
- **Rechtsberatung:** Ja, auch das gehört dazu. Es gibt immer wieder Situation, in denen nur ein Rechtsanwalt weiterhelfen kann. Auch Sie werden – vielleicht nicht oft, aber manchmal – die Dienste eines erfahrenen Anwalts in Anspruch nehmen müssen, der Ihnen hilft, eine offenstehende Rechnung einzutreiben, einen Vertrag auszulegen oder Ihnen vor Gericht zur Seite steht. Und in diesen Fällen wollen Sie doch gut beraten sein, oder?

Die feine Sache mit dem Zeitpersonal

Nach der Gründung Ihrer Beraterfirma werden Sie vielleicht feststellen, dass Sie mehr Aufträge erhalten, als Sie alleine bewältigen können. Und wie es so schön heißt, hat der Mensch eben nur zwei Hände. Falls Ihnen die Arbeit über den Kopf wächst, gibt es drei Möglichkeiten, Abhilfe zu schaffen:

- Sie können einem Kunden mitteilen, dass er sich für das aktuelle Projekt einen anderen Consultant suchen muss.
- Sie können den Auftrag an Berufskollegen weitergeben.
- Sie können Mitarbeiter einstellen.

Es ist völlig in Ordnung, einen Auftrag abzulehnen, der nicht in Ihrem Fachgebiet liegt oder finanziell völlig uninteressant ist. Aber: Nur ganz wenige Consultants können es sich wirklich leisten, gut bezahlte Projekte abzulehnen. Außerdem laufen Sie Gefahr, dass ein Kunde sich nie wieder an Sie wendet, wenn Sie ihn noch einmal abweisen.

Die zweite Möglichkeit – die Weitergabe eines Auftrags an eine andere Beraterfirma – ist schon besser. Vor allem, wenn die Weitervergabe von Aufträgen auf Gegenseitigkeit beruht. Dennoch gibt es auch hierbei zwei erhebliche Risikofaktoren: So herzlich die Beziehung zwischen Ihnen und Ihrem Kunden auch sein mag, es ist nicht auszuschließen, dass Ihr Kunde beim nächsten Projekt lieber gleich zu Ihrem Kollegen geht. Der zweite Punkt ist, dass Sie auch im Falle einer Weitervergabe des Projekts weiterhin die *Verantwortung* dafür tragen. Das heißt, Ihr Kopf steckt in der Schlinge, falls Ihr Kollege die Arbeit vermasselt hat.

Da bleibt nur noch Möglichkeit Nummer drei: Sie stellen Mitarbeiter zu Ihrer Entlastung ein. Doch was, wenn Sie eigentlich nur projektbezogen oder zeitlich befristete Hilfe benötigen? Sie wollen ja niemanden einstellen, nur um ihn dann nach drei oder vier Wochen wieder zu feuern. Die sehr einfache Lösung lautet: Zeitpersonal! Mit Zeitpersonal können Sie Ihren Mitarbeiterstab je nach Bedarf aufstocken, ohne sich selbst und die Mitarbeiter durch ständige Entlassungen zu belasten.

Als Zeitpersonal – auch Leiharbeiter oder Leasingkräfte genannt – arbeiten nicht nur Sekretärinnen und Empfangsdamen, sondern auch Programmierer, technische Redakteure, Übersetzer, Texter, Kommunikationstechniker, Steuerberater, Schreibkräfte, Monteure, Kundenbetreuer und sogar Manager. Statistiken zufolge greifen 90 Prozent aller Unternehmen irgendwann auf Zeitpersonal zurück. Warum also nicht auch Sie? Schlagen Sie doch einmal in den Gelben Seiten nach, was da so alles unter dem Stichwort »Zeitarbeit« angeboten wird.

Nachfolgend erfahren Sie, welche Vorteile das Anfordern von Zeitpersonal bietet, wenn Sie wieder einmal unter einem Berg von Arbeit zu ersticken drohen.

- ✔ **Zeitpersonal bleibt so lange oder so kurz, wie Sie es wünschen.** Sie können Zeitpersonal für einen Tag, eine Woche, einen Monat oder ein Jahr anfordern – ganz wie Sie wünschen. Und wenn Sie kein Zeitpersonal mehr benötigen, ist das überhaupt kein Problem. Die Zeitarbeitsfirma, das heißt der Personaldienstleister, vermittelt die Leihkraft einfach an eine andere Stelle.

- ✔ **Die übliche Einstellungsprozedur fällt komplett weg.** Sie brauchen keine teuren Stellengesuche zu veröffentlichen, Berge von Bewerbungsunterlagen zu sichten und stündlich Vorstellungsgespräche zu führen. Alles was Sie tun müssen ist, nach dem Telefonhörer zu greifen und eine Zeitarbeitsfirma anzurufen. Fertig – schnell und unbürokratisch.

- ✔ **Zeitpersonal ist sofort da, wenn Sie Hilfe brauchen.** Manchmal steht Ihre Zeitarbeitskraft schon ein paar Stunden nach Ihrer Anforderung vor der Tür, spätestens jedoch am nächsten Arbeitstag. Wenn Sie also *ganz schnell* und ohne großen Aufwand Verstärkung brauchen, ist der Anruf bei einer Zeitarbeitsfirma die beste und einfachste Lösung.

- ✔ **Mit Lohnnebenkosten haben Sie nichts zu tun.** Sie brauchen sich nicht mit den komplizierten Bestimmungen und Lohnnebenkostenregelungen für die Anstellung von Personal beschäftigen. Kein lästiges An- oder Abmelden bei diversen Versicherungsanstalten, Krankenkassen und so weiter. All das und vieles mehr wird von der Zeitarbeitsfirma erledigt. Sie bezahlen lediglich diese Firma, und damit hat es sich.

- ✔ **Mit Zeitpersonal sparen Sie sich Ärger und Geld.** Sie bezahlen genau für die Zeit, in der Ihr Zeitpersonal für Sie arbeitet. Über Lohnfortzahlung im Krankheitsfall, Urlaub oder Mutterschaftsurlaub brauchen Sie sich keine Gedanken zu machen.

Das virtuelle Büro

Dank der Errungenschaften der Informations- und Kommunikationstechnik sind heutzutage auch für Kleinstunternehmen – einschließlich Ein-Mann-Betriebe in der Consultingbranche – Dinge möglich, die früher mit einem erheblichen Kosten- oder Zeitaufwand verbunden waren. Es besteht *keine* Notwendigkeit mehr dafür, eingehende Telefonate persönlich anzunehmen – dafür gibt es schließlich Anrufbeantworter und Mailboxen. Es ist nicht mehr notwendig, den ganzen Tag im Büro zu sitzen, nur um rund um die Uhr erreichbar zu bleiben – mit einem Handy in der Tasche und einem Laptop unter dem Arm sind Sie immer und überall erreichbar und können, wann immer Sie möchten, per E-Mail rund um die Welt Informationen austauschen.

Mit dem Einsatz dieser Technologien richten Sie ein *virtuelles* Büro ein, das alle Aufgaben ermöglicht, die früher nur mit Hilfe eines größeren Unternehmen bewältigt werden konnten, wobei das virtuelles Büro im Gegensatz dazu unglaublich mehr Flexibilität zu einem wesentlich niedrigerem Preis bietet. Im nächsten Abschnitt betrachten wir einige der Möglichkeiten, wie Consultants mit einem virtuellen Unternehmen ihre Zeit und Arbeitskraft noch effektiver nutzen können.

Eine neue Art der Dienstleistung?

Schlagen Sie doch einfach einmal die Gelben Seiten unter dem Stichwort »Büroservice« auf. Ist es nicht verblüffend, wie viele Unternehmen es gibt, die Sie bei Ihrer Arbeit tatkräftig unterstützen können? Da bietet man Ihnen nicht nur an, für Sie zu kopieren und die Post zu erledigen, sondern ein individuelles Servicepaket für Sie auszuarbeiten, das Sie in sämtlichen Geschäftsabläufen entlastet. In den USA gilt als Paradebeispiel für derartige Dienstleister die Firma Kinko, Inc., von der wir Ihnen nun kurz erzählen möchten.

Zu Beginn war die Firma Kinko Inc. ein winziger Druck- und Kopierladen in einer umgebauten Garage vor dem Campus der Universität von Santa Barbara, Kalifornien, in der man zusätzlich noch Filme entwickeln lassen und die üblichen Schreibwaren kaufen konnte. Inzwischen hat sich Kinko zu einer riesigen Ladenkette mit Hunderten von Filialen gemausert. Alle Kinkofilialen sind sieben Tage in der Woche rund um die Uhr geöffnet, wodurch es auch Ein-Mann-Betrieben und Kleinstunternehmen ermöglicht wird, ihre Zeit und Energie auf die wesentlichen Aufgaben zu richten.

Peter zum Beispiel ist sehr froh darüber, dass ein Kinko-Shop nur einen Katzensprung von seinem Büro in Pacific Beach, Kalifornien, entfernt liegt. Er ist zwar nicht oft auf dessen Service angewiesen, doch wenn wirklich einmal Not am Mann war, konnte man ihm dort immer weiterhelfen. Was wird einem Selbstständigen nun eigentlich bei solchen Dienstleistern geboten? Nun, bei Kinko bietet man unter anderem Folgendes:

- ✔ Schwarzweiß- und Farbkopien
- ✔ Sofortdienst für Poster und Transparente

- ✔ Overhead-Folien
- ✔ Buchbinderei
- ✔ Fax- und Mailingservice
- ✔ Kurierdienst
- ✔ Verleih von PCs und Macintosh-Rechnern
- ✔ Digitaldruck
- ✔ Verleih von Digitalkameras
- ✔ Vermietung von Konferenzräumen
- ✔ Videokonferenzen
- ✔ Kostenlose Nutzung von Klebebändern, Büroklammern, Heftern, Leim
- ✔ Schreibwarenbedarf
- ✔ Ortsgespräche zum Nulltarif

Sicherlich gibt es auch in Ihrer Nähe eine Firma, die diese und ähnliche Dienstleistungen anbietet. In Amerika war Kinko der Auslöser dafür, dass es mittlerweile in fast jedem Warenhaus oder Supermarkt einen Büroservice gibt. Natürlich kann dieser Service nicht mit dem mithalten, was einem bei Kinko geboten wird, aber das Angebot wird immer besser. Egal, ob Sie persönlich eine große Ladenkette oder den Tante-Emma-Laden um die Ecke vorziehen, um Ihre Kopien anfertigen zu lassen oder ein Paket per UPS zu verschicken, bei der Auswahl Ihres Favoriten sollten Sie aber folgende Kriterien berücksichtigen: Befindet sich der Laden in Ihrer Nähe, welche Leistungen werden dort angeboten, welche Preise werden verlangt und wie ist die Qualität? Entspricht Ihr Favorit den angesetzten Maßstäben, können Sie sich glücklich schätzen und sollten auf die Dienste auch wirklich zurückgreifen.

Angebote von Büroservicedienstleistern

Hätten Sie gerne ein komplett ausgestattetes, immer besetztes Büro und eine nette, qualifizierten Sekretärin, ohne selbst Büroausstattung kaufen und jemanden einstellen zu müssen? Und sollte es ein *richtig schönes* Büro sein, nicht eine freigeräumte Ecke in der Garage, wo gleich nebenan der Rasenmäher und ein paar alte Blumentöpfe stehen? Wir möchten Ihnen nicht zu nahe treten, verstehen Sie uns nicht falsch. Bob und ich arbeiten auch in unseren Home Offices – und Bob hat noch ein anderes Büro außerhalb – und wir sind völlig zufrieden damit. Normalerweise. Doch vielleicht ist ein Home Office (oder ein kaltes, leeres und einsames Büro inmitten eines riesigen Gebäudekomplexes) für Sie nicht das Richtige.

Dann treten Sie doch ein in das *Sofortbüro*. Sie möchten wissen, was das nun wieder sein soll?

Okay: Ein Sofortbüro können Sie stunden-, tage-, wochen- oder monatsweise von Büroservicedienstleistern mieten. Geradezu optimal für Geschäftsleute und Consultants wie Sie es einer sind. Die Mieter teilen sich üblicherweise den Empfang, Konferenzräume, Küche und vieles mehr. So kommen Sie für Ihr Geld nicht nur an ein Büro, sondern können – je nach Größe Ihres Geldbeutels – alle möglichen Dienstleistungen und Gerätschaften in Anspruch nehmen.

Warum sollte jemand ein Sofortbüro mieten wollen? Zum Beispiel aus folgenden Gründen:

- ✔ **Flexibilität:** Sie können ein Sofortbüro für nur eine Stunde, mehrere Stunden am Tag, mehrere Wochen oder Monate oder so lange Sie wollen anmieten. Es lässt sich so gut wie alles regeln.
- ✔ **Minimaler Investitionsaufwand:** Sie können das angemietete Büro entweder selbst möblieren und ausstatten, oder Sie mieten alles, was Sie brauchen. Die Miete eines Sofortbüros kostet ungefähr 40 bis 50 Prozent weniger als die technische und personelle Ausstattung eines eigenen Büros.
- ✔ **Schlüsselfertige Lösung:** Wenn Sie ein Sofortbüro anmieten, sparen Sie sich die Planung Ihres Büros, das Verlegen der Strom- und Telefonleitungen, die Einstellung von Mitarbeitern und überhaupt alle dieser lästigen Kleinigkeiten. Ein Anruf genügt, und schon am nächsten Tag können Sie in einem gut durchdachten Büro arbeiten.
- ✔ **Komfortabel in jeder Hinsicht:** Sofortbüros sind in allen Großstädten in verschiedenen Lagen zu mieten. So können Sie sich aussuchen, ob Ihr Sofortbüro lieber bei Ihnen um die Ecke oder in der Nähe Ihrer Kunden gelegen sein soll. Im Gegensatz zu den für gewerbliche Immobilien sonst üblichen Mietdauern von drei bis fünf Jahren sind Sie bei einem Sofortbüro auch nicht langfristig gebunden. Sie können also ganz einfach Ihre Siebensachen packen und in das nächste Sofortbüro ziehen, falls Ihre geschäftliche Situation dies erfordert.
- ✔ **Sozialer Kontakt:** Consultants, die in einem Home Office arbeiten, klagen am häufigsten über den fehlenden Kontakt zu Kollegen. In einem Sofortbüro sind Sie von gleichgesinnten Geschäftsleuten und Berufskollegen umgeben, mit denen Sie sich nach Herzenslust austauschen können.

Und noch ein Beispiel aus Amerika: HQ Business Centers mit mehr als 150 Geschäftsstellen weltweit ist ein typisches Beispiel dieses aufsteigenden Geschäftszweiges. Seit 30 Jahren im Geschäft, hat sich HQ zum größten Anbieter von gemeinsam genutzten Gewerberäumen entwickelt. Zu den Klienten zählen Consultants, Handelsvertreter und Einzelunternehmer auch aber Branchenriesen wie Coca-Cola, Boing, Microsoft und US Sprint. HQ Business Centers bietet seinen Kunden einen maßgeschneiderten Rundum-Service.

Nachfolgend einige Beispiele aus dem Servicepaket von Büroserviceanbietern:

- ✔ Komplett ausgestattete Büros, sofort beziehbar
- ✔ Sekretariats-Service in mehreren Sprachen
- ✔ Empfangsdienst für Besucher

- Konferenzräume und Tagungsorganisation
- Kopier- und Faxservice
- Telefon-, Post- und Internetservice
- Computernutzung
- gemeinsame Nutzung von Sozialräumen
- Buchführung
- Hausmeisterdienst

Viele Büroserviceanbieter übernehmen auch die Organisation von Dienstreisen, die Planung und Koordination von Geschäftsbesprechungen und vieles mehr. Natürlich zahlen Sie nur für das, was Sie tatsächlich in Anspruch nehmen. Die größeren Anbieter haben auch oft Geschäftsstellen an anderen Standorten, an denen Sie als Kunde völlig unbürokratisch Konferenzräume buchen können, falls Sie sich auf Geschäftsreisen mit Kunden in anderen Städten treffen möchten. Erkundigen Sie sich einfach bei den Anbietern in Ihrer Nähe über deren Angebot.

Bürogemeinschaften

Ebenso günstig wie das Mieten eines Sofortbüro ist die Einrichtung einer Bürogemeinschaft. Das heißt, man mietet bei einer größeren Firma, die noch ungenutzten Gewerberaum übrig hat, ein Büro als Untermieter an. Die Vorteile sind im Großen und Ganzen dieselben wie bei einem Sofortbüro: Gemeinsamer Empfang und Telefondienst, gemeinsame Nutzung der Sozialräume, gemeinsam benutzter Kopierraum und Büromittellager, geteilte Hausmeisterkosten und so weiter. Was Sie allerdings in den meisten Fällen selbst mitbringen müssen sind Büromöbel, Computer und andere Bürogeräte.

Wir hätten da noch eine gute Nachricht für all diejenigen unter Ihnen, die dienstlich viel unterwegs sind: An den meisten Flughäfen wird neuerdings auch ein Büroservice angeboten. Viele Fluggesellschaften wollen ihren Kunden noch mehr als bisher bieten. Und wieder ein Beispiel aus Amerika: Im America Airlines Admirals's Club können Sie nicht nur einchecken und Ihren kostenlosen Kaffee genießen, während Sie in allen möglichen Zeitschriften blättern, sondern auch einen Telefondienst, Büroräume, Konferenzsäle, Computer, Faxgeräte und anderes so lange in Anspruch nehmen, wie Sie wollen. Und das alles für einen wahrlich bescheidenen Mitgliedsbeitrag. Auf diese Weise können Sie sich bequem am Flughafen mit Ihren Geschäftspartner oder Kunden treffen. Sie fliegen hin, halten Ihre Besprechung ab, und fliegen wieder weg. So einfach ist das.

Teil V

Marketing

In diesem Teil...

Eine gute Idee alleine reicht nicht ganz aus, um genügend Kunden (und deren Geld) für einen erfolgreichen Unternehmensstart zu gewinnen. In diesem Teil stellen wir Ihnen Strategien vor, wie Sie für Ihr Unternehmen werben, neue Kunden gewinnen und Beziehungen aufbauen können.

So machen Sie von sich reden: Werbung für Ihr Unternehmen

20

In diesem Kapitel

- Anzeigenwerbung
- Persönlicher Verkauf
- Verkaufsförderung
- Public Relations und Publicity

Werbung bedeutet, potenzielle Kunden für ein bestimmtes Produkt oder eine Dienstleistung zu interessieren. Leider verkaufen sich die wenigsten Produkte von selbst. Für fast alle Produkte – und dazu gehören auch Consultingdienste – sind Werbemaßnahmen erforderlich, damit die Verkaufszahlen den Fortbestand des Unternehmens sichern. Obwohl einige Berater alleine von Mundpropaganda und Weiterempfehlungen leben, ist dennoch immer Werbung mit im Spiel, sobald der potenzielle Kunde mit Ihnen, dem Consultant, Kontakt aufnimmt. Dann müssen Sie ihm nämlich die Idee *verkaufen*, dass es am klügsten wäre, Ihnen die Arbeit zu übertragen. Über verschiedene Kommunikationskanäle werben Sie für sich selbst, um potenzielle Kunden zu informieren und überzeugen.

Verkaufsfördernde Maßnahmen für Unternehmen und Produkte lassen sich in vier Hauptkategorien gliedern:

- ✔ **Persönlicher Verkauf:** Beim persönlichen Verkauf steht die direkte Kommunikation zwischen Ihnen oder Mitarbeitern Ihres Unternehmens und potenziellen Kunden im Vordergrund. Diese Maßnahmen umfassen beispielsweise Telemarketing, Treffen mit dem Kunden und Projektpräsentationen.
- ✔ **Öffentlichkeitsarbeit und Publicity:** Die Öffentlichkeitsarbeit, auch *Public Relations* (PR) genannt, umfasst Werbemaßnahmen, die mittels verschiedener Kommunikationsmedien ein positives Image Ihres Unternehmens, Ihrer Produkte und Dienstleistungen erzeugen. Unter Publicity versteht man die Förderung Ihres Unternehmens durch Berichte in den Medien, die durch Pressemitteilungen, Pressemappen, Fernsehinterviews und anderes Werbematerial ausgelöst werden.
- ✔ **Anzeigenwerbung:** Diese umfasst Werbung über Massenkommunikationsmedien, wie zum Beispiel Tageszeitungen, Direktversand, Rundfunk und Fernsehen.
- ✔ **Verkaufsförderung:** Verkaufsfördernde Maßnahmen zeichnen sich durch zeitliche Begrenzung aus und zielen darauf ab, ein unmittelbares Kaufinteresse an den angebotenen Produkten oder Dienstleistungen zu wecken. Zu diesen Maßnahmen gehören beispielsweise Rabattmarken, Gratisproben und Preisausschreiben.

Manche Consultants kombinieren Werbestrategien aus allen vier Kategorien, andere legen sich auf eine Kategorie fest und bleiben dabei. Wir empfehlen, verschiedene Möglichkeiten auszuprobieren und anhand der erzielten Ergebnisse eine sinnvolle Kombination zu entwickeln. Die beste Strategie für Ihr Unternehmen wird von der Art Ihrer Consultingtätigkeit und vom Kaufverhalten Ihrer Zielgruppe bestimmt.

Sind Sie beispielsweise in der Ungezieferbekämpfung tätig und beraten Hauseigentümer über die Vermeidung und Bekämpfung von Ungezieferbefall, werden Sie wahrscheinlich einerseits mit Anzeigen für Ihr Unternehmen werben – in den Gelben Seiten, der Tageszeitung oder persönlichen Anschreiben – und andererseits mittels verkaufsfördernden Aktionen wie Rabattmarken oder kostenlosen Probierangeboten auf sich aufmerksam machen. Sind Sie jedoch ein Consultant für Politiker und entwickeln zum Beispiel Wahlkampfstrategien, sind für Ihr Unternehmen persönlicher Verkauf und Öffentlichkeitsarbeit besser geeignet. Oder können Sie sich einen politischen Consultant vorstellen, der Gutscheine als Werbemittel verteilt?

Denken Sie daran: Ihre Werbekosten müssen im richtigen Verhältnis zum Nutzen stehen. Eine große Anzeige in den Gelben Seiten ist eine teure Angelegenheit, aber wenn Sie dadurch Kunden gewinnen, lohnt es sich. Sie müssen herausfinden, welche Werbemaßnahme für Ihr Unternehmen am geeignetsten ist und wie Sie diese am effektivsten nutzen können. Probieren Sie einfach verschiedene Maßnahmen aus und vergleichen Sie die Ergebnisse. Wie das geht? Die einfachste und zugleich effektivste Methode ist, Ihre Kunden zu fragen, wie sie auf Sie gekommen sind. Stellt sich dabei heraus, dass keiner Ihrer Kunden sich aufgrund der teuren Anzeige in den Gelben Seiten bei Ihnen gemeldet hat, können Sie Ihr das Geld für die Anzeige anderswo sinnvoller ausgeben.

In diesem Kapitel untersuchen wir jede der vier Werbekategorien und betrachten die unterschiedlichen Methoden, die von Consultants eingesetzt werden. Obwohl wir Ihnen eine große Anzahl verschiedener Werbestrategien vorstellen, können Sie sich natürlich auch selbst etwas überlegen. Ihrer Kreativität sind keine Grenzen gesetzt.

Persönlicher Verkauf

Consulting baut auf Beziehungen auf, und der persönliche Verkauf ist der Eckpfeiler der Marketingstrategien vieler Consultants. *Networking* – das heißt, der Aufbau von Beziehungen zu neuen Kunden durch persönliche Kontakte und Empfehlungen von zufriedenen Kunden und Geschäftspartnern – ist eine äußerst effektive Methode, für Ihr Unternehmen zu werben. Viele Consultants aus den Fachgebieten Recht und Medizin verlassen sich hauptsächlich auf das persönlichen Gespräch, um neue Interessenten zu gewinnen.

Im Folgenden finden Sie einige Methoden des persönliches Verkaufs, mit denen Consultants für Ihre Dienstleistungen werben:

- **Kundentreffen:** Die beste Methode, um für Ihr Unternehmen und Ihre Produkte und Dienstleistungen zu werben, ist nach wie vor das persönliche Treffen mit Ihrem Kunden.

Wir können hier nur einige Vorteile nennen, denn die Liste wäre ansonsten endlos: Sie können direkt auf die Persönlichkeit Ihres Kunden eingehen, dessen Reaktionen sozusagen in Echtzeit beobachten und Ihre weitere Vorgehensweise dementsprechend anpassen. Gerade in der heutigen Zeit, in der sich alles um die Technik dreht, kann der direkte Kontakt mit Menschen sehr entspannend und angenehm wirken.

- ✔ **Telefonate:** Anstelle eines persönlichen Treffens können Sie natürlich auch über das Telefon für Ihr Geschäft werben. Teilen Sie Ihren Kunden interessante Neuigkeiten telefonisch mit oder rufen Sie einfach zwischendurch einmal an, um in Verbindung zu bleiben. Meist freuen sich die Kunden sehr über einen Anruf. Am Telefon fällt die nonverbale Komponente des Gesprächs zwar weg, andererseits können Sie jedoch an einem Tag viel mehr Kunden anrufen als besuchen.

- ✔ **Anschreiben:** Schicken Sie Ihren Kunden und potenziellen Kunden von Zeit zu Zeit ein Anschreiben in Form eines Briefes oder Kurzbriefes. Ihre Kunden werden es zu schätzen wissen, dass Sie sich soviel Mühe machen und sich die Zeit nehmen, um den Kontakt aufrechtzuerhalten und werden sich auch viel wahrscheinlicher an Sie erinnern, wenn sie einen Consultant brauchen. Und falls Sie dem Anschreiben einen Zeitungsartikel über Ihr Unternehmen, einen Prospekt oder etwas anderes Interessantes beilegen können, umso besser.

- ✔ **Schwarze Bretter und Diskussionsforen im Internet:** Alle großen Online-Dienste – AOL, CompuServe und T-Online – haben für ihre Mitglieder Diskussionsforen zu den verschiedensten Themen eingerichtet, innerhalb derer ein reger Gedankenaustausch zwischen den Teilnehmern stattfindet. Sie finden Diskussionsforen für Kleinunternehmer, Drehbuchautoren, Ingenieure, Ärzte, kurz für jeden nur erdenklichen Beruf. So mancher Kunde sucht in diesen Foren nach kompetenten Consultants. Peter zum Beispiel erhielt mehrere Anfragen für Consulting-Aufgaben aufgrund seiner Präsenz in den Foren bei AOL.

- ✔ **Berufsverbände:** Die meisten Berufsgruppen bilden Verbände und andere Vereinigungen, denen Sie für eine geringe Gebühr beitreten können. Diese Berufsverbände bieten Ihnen die Möglichkeit, über regelmäßige Mitgliedertreffen, Konferenzen, Messen und sonstige Aktivitäten Geschäftsbeziehungen zu anderen Mitgliedern und potenziellen Kunden zu knüpfen. Ähnliche Möglichkeiten erhalten Sie zum Beispiel auch bei den Ortsgruppen der Industrie- und Handelskammer, deren Mitgliederspektrum allerdings viel breiter gefächert ist.

- ✔ **Vorträge:** Das Halten von Vorträgen – vor Gemeindeorganisationen, Kunden oder Berufskollegen – ist hervorragend dafür geeignet, Kontakte zu potenziellen Kunden und Geschäftspartnern zu knüpfen. Sie könnten auf diese Weise sogar die Aufmerksamkeit der Presse oder des Fernsehens erregen. Durch Vorträge verschaffen Sie sich nicht nur einen besseren Ruf und mehr Glaubwürdigkeit, sondern eröffnen sich eventuell auch beruflich neue Wege.

- ✔ **Seminare und Workshops:** Viele Consultants werben durch – zum Teil kostenlose – Workshops und Seminare sehr erfolgreich für ihr Unternehmen. Finanzberater zum Beispiel organisieren häufig Seminare für Menschen, die sich für Investitionsmöglichkeiten interessieren und gewinnen dadurch oft Neukunden unter den Seminarteilnehmern, die sich für eine fachkundige Beratung hinsichtlich ihrer Aktiengeschäfte entscheiden.

- ✔ **Gesellschaftliche Anlässe:** Bei Cocktailparties, Golfturnieren und ähnlichen gesellschaftlichen Anlässen wird zumindest am Rande meist auch über geschäftliche Belange gesprochen. Sicherlich kennen auch Sie ähnliche Gespräche: »Und was machen Sie beruflich?« »Ich bin Chiropraktiker.« »Ach, wirklich? Vielleicht können Sie mir einen Tipp geben, was ich gegen meine Verspannungen tun könnte?« Sie sollten zwar im Allgemeinen darauf verzichten, den Smalltalk bei gesellschaftlichen Anlässen in ein Verkaufsgespräch ausarten zu lassen, doch es spricht nichts dagegen, Ihre Fachkenntnis in ein Gespräch einfließen zu lassen. Am besten geben Sie interessierten Gesprächspartnern Ihre Visitenkarte und rufen sie innerhalb der üblichen Geschäftszeiten an. Für viele Consultants ist der Besuch der verschiedensten Veranstaltungen eine willkommene Gelegenheit, potenzielle Kunden zu treffen.
- ✔ **Telemarketing:** Sicher, nicht jeder ist unbedingt hocherfreut, wenn beim Abendessen das Telefon klingelt. Doch schon alleine die Anzahl der Telefonkontakter und Umfragen sprechen dafür, dass Telemarketing eine erfolgversprechende Werbemaßnahme darstellt. Telemarketing kann zum Ankurbeln Ihres Geschäfts sehr effektiv sein, sofern Sie Ihre Zielgruppe damit erreichen. Telefonaktionen, die nach dem Zufallsprinzip durchgeführt werden, bringen Ihnen allerdings bestimmt keine Neukunden.
- ✔ **Lokale Veranstaltungen:** Lokale Veranstaltungen – gemeint ist alles vom Straßenfest über das jährliche Turnier des Tennisvereins bis hin zur Museumseröffnung – bieten gute Gelegenheiten, Kontakte zu Mitbürgern zu knüpfen, die Ihre Dienstleistungen benötigen könnten. Nehmen Sie auf jeden Fall ausreichend Visitenkarten mit, um sie an Ihre neuen Freunde und Bekannte zu verteilen!

Der persönliche Verkauf stellt bei Ihren Marketingaktionen die menschliche Komponente dar. Da die Pflege der persönlichen Beziehungen zu den Kunden für jeden Consultant ein ganz wichtiger Faktor ist, erkennen die meisten sehr schnell, dass die persönlichen Verkaufstechniken die effektivste Methoden sind, Produkte und Dienstleistungen zu verkaufen. Der persönliche Verkauf sollte deshalb auch einen großen Teil *Ihrer* Werbemaßnahmen ausmachen.

Public Relations und Publicity

Der Einsatz von Public Relations und Publicity ist die hohe Kunst, Ihr Image anhand sorgfältig ausgewählter Techniken aufzubauen und im besten Licht darzustellen, um so Ihr Unternehmen, Ihre Produkte und Dienstleistungen positiv in verschiedenen Medien zu platzieren. Ob Sie nun gerade den Nobelpreis gewonnen oder eine höhere Summe für einen guten Zweck gespendet haben, gute Öffentlichkeitsarbeit garantiert Ihnen, dass Sie nicht der einzige sind, der darüber Bescheid weiß.

Im Folgenden einige bewährte Methoden, um zumindest für ein paar Minuten im Licht der Öffentlichkeit zu stehen:

- ✔ **Pressemitteilungen und Pressemappen:** Wenn es Ihnen wirklich ernst mit der Publicity ist, müssen Sie Pressemitteilungen und Pressemappen an die Medien verschicken, die von Ihrem Kundenkreis gelesen, gesehen und gehört werden. *Pressemappen* – das sind Mappen mit Fotos, Ihrer Biografie und anderen Informationen, die für den Leser, Hörer oder Zuschauer von Interesse sind – sind ein absolutes Muss, wenn Sie Interviews in Presse, Funk und Fernsehen für sich arrangieren wollen.

- ✔ **Artikel und Bücher:** Mit der Veröffentlichung von Artikeln und Büchern über Ihr Fachgebiet untermauern Sie Ihre Stellung als Experte und machen Ihren Namen bei potenziellen Kunden bekannt. Viele Fachzeitschriften und Mitteilungsblätter von Berufsverbänden sind immer auf der Suche nach Artikeln von Insidern. Sie werden zwar für Ihren Beitrag wahrscheinlich keine Bezahlung erhalten, dafür aber jede Menge kostenloser Publicity. Das Einzige, worauf Sie achten müssen, ist, dass Ihre Zielgruppe auch wirklich zum Leserkreis gehört.

  Die Veröffentlichung eines Fachbuches verhilft Ihnen eventuell sofort zu erheblichem Bekanntheitsgrad in den Medien und kann dadurch die Möglichkeit bieten, Interviews zu geben oder anderweitig in der Öffentlichkeit aufzutreten.

- ✔ **Homepage:** Das Internet und besonders das World Wide Web drängt sich geradezu als Werbemittel für Ihre Produkte und Dienstleistungen auf. Ihre Homepage ist das virtuelle Schaufenster Ihres Unternehmens, in dem Sie Ihr Wissen und Können professionell darstellen können. (Informationen zur Gestaltung Ihrer Homepage finden Sie zum Beispiel im *Webseiten für Dummies* von Bud Smith und Arthur Bebak, erschienen beim MITP-Verlag.

- ✔ **Newsletters:** Mit dem Versenden von Newsletters oder Info-Broschüren können Sie sowohl gute Publicity für sich erzeugen als auch Ihre Kunden über die neuesten Ereignisse und Neuerungen in Ihrem Fachgebiet und Ihrem Unternehmen informieren. Damit bleiben Sie nicht nur mit Ihren Stammkunden in Verbindung, sondern erreichen auch interessierte Neukunden.

Bob erreicht mit seinem monatlichen Newsletter *Rewarding Employees* eine hochkarätige Gruppe aus Kunden, potenziellen Kunden und Medien. Als Dankeschön erhielten kürzlich alle treuen Abonnenten eine handsignierte Ausgabe eines seiner Bücher.

- ✔ **Interviews und Talkshows:** In den verschiedenen Medien – Zeitungen, Zeitschriften, Rundfunk, Fernsehen und Internet – gibt es immer Bedarf an interessanten, informativen und unterhaltsamen Interviewpartnern. Den Kontakt zu den Medien können Sie entweder selbst herstellen oder über einen PR-Experten organisieren lassen. Wichtig für alle

Medien ist hauptsächlich eines: Die Person, die vorgestellt wird, muss das Interesse des jeweiligen Publikums fesseln können. Falls Sie also nicht unter Lampenfieber leiden und etwas Interessantes und Informatives zu sagen haben, wird man Ihnen gewiss Aufmerksamkeit schenken.

- **Ehrenamtliche Tätigkeiten:** Bieten Sie gemeinnützigen Organisationen und Vereinen an, ehrenamtlich für Sie tätig zu werden. Dadurch tun Sie nicht nur ein gutes Werk, sondern lernen eventuell auch interessante Geschäftsleute kennen, die oft im Vorstand oder der Verwaltung solcher Organisationen zu finden sind.
- **Unabhängige Umfragen:** Manche Consultants haben sehr großen Publicity-Erfolg damit, Umfragen durchzuführen und die Ergebnisse in Pressemitteilungen zu veröffentlichen. Sind die Ergebnisse von großem allgemeinen Interesse, kann es gut sein, dass sie (und natürlich Ihr Name) in den Medien veröffentlicht werden.
- **Sponsoring:** Sponsern Sie eine lokale Veranstaltung – zum Beispiel die Spendenaktion eines Wohltätigkeitsvereins oder eine Job-Börse – und Sie verschaffen Ihrem Unternehmen ein ganz hervorragendes Image in der Öffentlichkeit. Außerdem ziehen Sie unter Umständen die Aufmerksamkeit der Medien auf sich. Stellen Sie sich nur einmal vor, Sie könnten in einer Sendung des Regionalfernsehens eine Erklärung darüber abgeben, wie wichtig die Veranstaltung für die Bürger und Bürgerinnen Ihrer Stadt ist und weshalb Sie die Schirmherrschaft dafür übernommen haben.
- **Auszeichnungen und Ehrungen:** Viele Consultants arbeiten darauf hin, für Ihre beruflichen Leistungen ausgezeichnet zu werden, und das nicht nur wegen des persönlichen Prestigegewinns, sondern auch wegen der damit verbundenen Publicity.

Erfolgreiche Consultants (und nicht nur die) achten sehr auf ihr Image und sind stets auf der Suche nach geeigneten Möglichkeiten, an die Öffentlichkeit zu treten. Denken Sie daran: Wenn *Sie* nicht aktiv Ihr Image gestalten, könnte es sein, dass Ihnen ein Image angedichtet wird, das Ihnen nicht gefällt.

Cindy Kazan weiß von sich reden zu machen

Cindy Kazan (E-Mail: `ckprwiz@execpc.com`), leitet das PR-Beratungsunternehmen *Communi-K, Inc.* mit Sitz in Milwaukee, Wisconsin. Zu Beginn ihrer beruflichen Laufbahn arbeitete Cindy als angestellte Consultantin bei Arthur Andersen & Co., einem Steuerberatungsunternehmen. Danach war sie Marketing-Leiter bei einer Anwaltskanzlei und wagte nach der Geburt ihres ersten Kindes den Sprung in die Selbstständigkeit. Inzwischen hat sie ein sehr erfolgreiches Unternehmen aufgebaut und fand trotz ihres vollen Terminkalenders die Zeit, mit uns über die Bedeutung von Publicity und Werbung für Consultants zu sprechen.

Consulting für Dummies: Sind Sie froh darüber, den Sprung von der Festanstellung in die Selbstständigkeit gewagt zu haben?

Cindy Kazan: Ja, im Großen und Ganzen schon. Es ist eine echte Herausforderung und gleichzeitig sehr befriedigend, für sich selbst und nicht für jemand anderen zu arbeiten. Es gibt allerdings auch ein paar Nachteile. Es ist keiner da, den ich einmal schnell etwas fragen oder um Hilfe bitten kann. Es erschwert das Dasein als Selbstständige, wenn keine Kollegen da sind, die Anregungen geben können. Ich musste erst lernen, selbstständig zu arbeiten und die notwendige Portion Selbstvertrauen zu entwickeln. Ich muss in jeder Hinsicht mein Bestes geben, denn *ich allein* bin für meine Arbeit verantwortlich.

CfD: Gibt es mehr Vorteile oder mehr Nachteile?

Kazan: Nun, sagen wir einmal so: Ich würde nie wieder bei einer großen Firma arbeiten wollen. Ich kann alleine *viel* produktiver arbeiten. Ich habe mein Büro zuhause und arbeite manchmal Tag und Nacht, aber ich möchte mit niemandem tauschen. Ich kann Privat- und Berufsleben viel besser miteinander vereinbaren, als ich es als Angestellte jemals könnte.

CfD: Es ist erstaunlich, um wie viel motivierter man an die Arbeit geht, wenn man weiß, dass man es für sich selbst tut. Es macht einen Riesenunterschied, denn man arbeitet dann schließlich nur für den eigenen Erfolg.

Kazan: Genau so ist es. Allerdings war es bei mir persönlich ein bisschen anders. Ich machte mich nicht deshalb selbstständig, weil wir finanziell auf meinen Zusatzverdienst angewiesen waren, sondern weil ich außer Hausfrau und Mutter zu spielen in meiner Freizeit noch etwas tun wollte, was mir Spaß macht und mich geistig fordert. Mein Erfolg stellte sich eher zufällig ein. Ich kann mich wirklich glücklich schätzen, dass ich keinerlei Erfolgsdruck ausgesetzt bin.

CfD: Wie wichtig ist Publicity und Werbung für Consultants?

Kazan: Meiner Meinung nach sollten die Ein-Mann-Betriebe und Kleinunternehmen, die hauptsächlich meinen Kundenstamm ausmachen, eine kostengünstige Lösung finden, um an die Öffentlichkeit zu treten. Ich versuche deshalb immer, möglichst mit Material zu arbeiten, das bereits vorhanden ist. Die meisten haben schon einmal einen Artikel geschrieben oder zumindest einen Entwurf angefangen. Das ist ein Ausgangspunkt, auf dem sich aufbauen lässt. Ich kümmere mich dann darum, dass die Artikel in den geeigneten Fachzeitschriften veröffentlicht werden und verschaffe meine Kunden dadurch den Auftritt in der Öffentlichkeit, auf den potenzielle Kunden aufmerksam werden. Die zielgerichtete Platzierung von Artikeln ist eine viel effektivere Werbemaßnahme, als Anzeigen zu schalten, denn eine Fachzeitschrift spricht genau die richtige Zielgruppe an. Ein potenzieller Kunde, der sich beim Lesen denkt »Der Verfasser muss ein echter Fachmann sein, wenn sein Artikel hier veröffentlicht wird. Mit dem muss ich mich mal unterhalten« ist das Beste, was sich ein Consultant von einer Werbemaßnahme versprechen kann. Das Entwerfen und Platzieren von Artikeln macht 90 Prozent meiner Arbeit aus.

CfD: Die Veröffentlichung von Artikeln zieht also direkt eine Umsatzsteigerung nach sich?

Kazan: Nein, so kann man das nicht sagen. Aber ein gut platzierter Artikel ist die Grundlage für alle weiteren Werbemaßnahmen, die ich für meine Kunden entwickle. Die Veröffentlichung von Artikeln ist nur ein kleiner Teil des gesamten Marketingplans. Parallel dazu sind natürlich noch andere Werbemaßnahmen, gute Referenzen und so weiter notwendig. Die Veröffentlichung von Artikeln ist ein Teil der Gesamtstrategie, der nicht viel kostet, aber sehr große Wirkung hat.

CfD: Was halten Sie für die effektivste Werbemethode für Consultants?

Kazan: Zur Entwicklung einer effektiven Marketingstrategie muss ich erst einmal wissen, was mein Kunde genau erreichen will. Welche Zielgruppe will er ansprechen, und welche Mittel sind dafür am besten geeignet? Viele meiner Kunden erzählen mir daraufhin, dass sie im Fernsehen auftreten oder einen Artikel in einer großen Fachzeitschrift veröffentlichen möchten. Ja klar, eine schöne Vorstellung, doch das hilft uns nicht weiter! Meine wichtigste Aufgabe ist deshalb, zusammen mit meinen Kunden zu überlegen, *was* sie eigentlich *wem* zu sagen haben und *wie* sie das möglichst schnell und effektiv erreichen können. Ich helfe meinen Kunden, diese Fragen sinnvoll zu beantworten und die weitere Vorgehensweise auf ein realistisches Maß zu begrenzen. Ein Personalberater zum Beispiel sollte sich darauf beschränken, in einer Fachzeitschrift für Personalfragen zu veröffentlichen. Meine Kunden können immer wieder feststellen, dass dieser Ansatz erfolgreich ist. Wenn sie zum richtigen Zeitpunkt in der richtige Fachzeitschrift einen Artikel veröffentlichen, spricht das viel eher die Zielgruppe an, als in einer großen Zeitung erwähnt zu werden.

CfD: Sie sprechen also ein bestimmtes Zielpublikum an, anstatt mit dem Gewehr auf Spatzen zu schießen und zu 99 Prozent daneben zu treffen?

Kazan: Richtig. Und es gibt noch eine andere wichtige Aufgabe: Ich muss die Erwartungshaltung meiner Kunden auf ein realistisches Niveau bringen. Meiner Meinung nach ist das der wichtigste Punkt für einen Consultant. Wenn ein Kunde zu mir kommt und sagt, er will in einer bekannten Talkshow auftreten, muss ich ihm schonend beibringen, dass die Chancen so gut wie Null sind. Das muss von Anfang an klar gestellt werden, denn wenn ich Versprechungen mache, die ich nicht einhalten kann, verliere ich den Kunden. Schon beim ersten Telefongespräch mit meinem Kunden muss ich dessen Erwartungen in die richtigen Bahnen lenken, sonst wird sich garantiert kein Erfolg einstellen.

CfD: Wie wichtig ist das richtige Timing in der Werbung?

Kazan: *Sehr* wichtig. Ich hatte einmal eine Kundin, die sehr schlechte Erfahrungen mit einem anderen PR-Berater gemacht hatte. Als ich ihr meine Vorgehensweise erklärte, sagte sie »Das ist genau das, wonach ich gesucht habe«. Ich weiß nicht, ob sie auch so reagiert hätte, wenn sie nicht vorher diese schlechten Erfahrungen gemacht hätte. Ihr vorheriger PR-Berater hatte mehr Wert auf Masse anstatt von Klasse gelegt, das heißt, er hatte Hunderte von Werbeschreiben verschickt und dann einfach abgewartet, wer darauf antwortet. Ein wirklich schlechter Rat, aufgrund dessen sie *richtig viel* Geld zum Fenster herauswarf. Für mich war es allerdings ein Vorteil, denn ich war diejenige, die zur richtigen Zeit am richtigen Ort war. Sie suchte einen PR-Berater, der sofort mit der Arbeit beginnen konnte und ihr einen zielgerichteten Ansatz vorschlug. Das richtige Timing macht *sehr* viel aus.

CfD: Welchen Rat können Sie jemandem geben, der seine Laufbahn als Consultant gerade erst beginnt?

Kazan: Das wichtigste ist es, am Anfang den richtigen Kunden zu haben. Man darf sich mit dem ersten Auftrag nicht übernehmen, aber auch nicht unterfordern. Man muss sich sicher sein können, dass man den Job wirklich gut erledigen kann. Das Nächste ist dann, hart zu arbeiten und gute Ergebnisse zu erzielen. Nichts verkauft sich an einen neuen Kunden besser als der Erfolg, den man für einen vorherigen Kunden erzielt hat. Man darf sich nicht verzetteln. Lieber klein anfangen und auf den Erfolgen aufbauen. Das ist der richtige Weg.

CfD: Und dann kann das Unternehmen zusammen mit dem guten Ruf wachsen.

Kazan: Richtig. Man muss sich immer auf das konzentrieren, was man selbst am besten kann. Ich teile mir Kunden auch mit anderen Consultants. Gestern hat mich erst wieder jemand angerufen und gesagt »Hallo Cindy, mein Spezialgebiet ist Radio und Fernsehen, und deines die Presse, soviel ich weiß. Ich habe hier einen Kunden, für den wir zusammen arbeiten könnten«. Wenn Sie sich auf Ihr Spezialgebiet konzentrieren, fahren Sie damit auf Dauer am besten. Man kann und muss nicht alles können.

Anzeigenwerbung

Die Werbung in Anzeigen ist für viele Unternehmen überlebenswichtig. Für andere Unternehmen – und dazu gehören auch viele Arten von Beratungsunternehmen – sind Werbeanzeigen nur als zusätzliche Werbemaßnahme sinnvoll. So ist die beste Werbung für Finanzberater zum Beispiel immer die Weiterempfehlung zufriedener Kunden und die Anzeigenwerbung nur ein zusätzliches Mittel, Kunden anzusprechen und das Image zu verbessern.

Der größte Vorteil der Anzeigenwerbung liegt darin, dass Sie genau bestimmen können, welche Botschaft Sie wo und wann über Ihre Tätigkeit vermitteln möchten. Sie können in Medien mit einer hohen Auflage inserieren und damit eventuell einige wenige Interessenten damit erreichen oder gezielt in den Medien werben, die ausschließlich von Ihrer Zielgruppe gelesen werden.

Ob Anzeigenwerbung für Sie ein geeignetes Werbemittel darstellt oder nicht, müssen Sie selbst entscheiden. Auf jeden Fall kann sie ein wichtiger Teil Ihrer gesamten Marketingstrategie sein, und Sie sollten die Idee nicht allzu schnell verwerfen. Im Folgenden erfahren Sie Näheres über einige der üblichsten Medien für Anzeigenwerbung:

- ✔ **Zeitungs- und Zeitschriftenwerbung:** Für manche Consultants sind Anzeigen in Zeitungen und Zeitschriften eine äußerst geeignete Werbemethode, um ihr Dienstleistungsangebot bekannt zu machen. Eines ist jedoch sicher: Sie erreichen auf jeden Fall sehr viele Leser, von denen sich allerdings wahrscheinlich nur ein Bruchteil für Ihre Anzeige interessieren wird. So ist die Tageszeitung für einen Luft- und Raumfahrt-Consultant vielleicht nicht gerade der beste Ort für ein Inserat, für einen Heimkino-Consultant kann sie ideal sein – besonders im Fernsehteil. Die Vielzahl der Zeitschriften für bestimmte Interessensgebiete sowie Fachzeitschriften und Zeitschriften von Berufsverbänden sind für die Anzeigenwerbung im Allgemeinen ein wesentlich geeigneteres Medium.

  Hinweis: Zeitungen sind Eintagsfliegen, während Zeitschriften wochenlang oder sogar monatelang herumliegen. Wenn Sie also nicht gerade täglich in der Zeitung inserieren, wird Ihre Werbebotschaft in einer Zeitschrift mit viel höherer Wahrscheinlichkeit bemerkt und gelesen.

- ✔ **Direktversandwerbung:** Bei Direktversandwerbung erreicht Ihre Anzeige den potenziellen Kunden in Form von Briefen, Flugblättern, Broschüren, Gutscheinen und Ähnlichem. Dies Methode ist für fast alle Consultants hervorragend geeignet, da man eine erhebliche Menge an potenziellen Kunden ganz gezielt ansprechen kann. Sind Sie zum Beispiel Werbeberater, können Sie Adressenlisten von Zeitschriften und Berufsverbänden kaufen, die viele potenzielle Interessenten enthält. Diese Adressenlisten sind auf Diskette, CD-ROM oder auf vorgedruckten Adressaufkleber erhältlich.

  Falls Sie zum Beispiel ein Profil Ihrer Kunden erstellen können, erhalten Sie gegen eine erschwingliche Gebühr von einem Direktmarketingunternehmen eine Liste mit Adressen von den verschiedensten Personen und Unternehmen, die dem Profil Ihrer Kunden entsprechen. Für Consultants sind solche maßgeschneiderten Werbeaktionen äußerst wirksam. Außerdem können Sie so nicht nur *neue* Kunden für sich interessieren, sondern auch den Kontakt zu Ihren *bestehenden* Kunden pflegen.

- ✔ **Gelbe Seiten und andere Branchenverzeichnisse:** Die Gelben Seiten und branchenspezifische Verzeichnisse stellen eine gute Möglichkeit dar, potenzielle Kunden anzusprechen. Die meisten Berufs- und Industrieverbände veröffentlichen kostenlose Mitgliederlisten. Eine Großanzeige in den Gelben Seiten ist zwar *sehr teuer*, dafür aber auch sehr wirksam, denn jeder, der in den Gelben Seiten nachschlägt, hat meist akuten Bedarf an der gesuchten Dienstleistung.

- ✔ **Das Internet:** Wenn Sie bereits online sind, ist Ihnen vermutlich schon aufgefallen, dass der Umfang der Internet-Werbung in den letzten Jahren extrem gestiegen ist. Als Mitglied des Online-Dienstes AOL erhalten wir beide täglich Dutzende von unaufgeforderten Werbe-E-Mails, die unglaublich fantastische Möglichkeiten anbieten, im Handumdrehen zum

Millionär zu werden (*Ja, ja!*). Unabhängig davon sind Werbe-E-Mails an potenzielle Kunden einer der besten Werbemittel für Consultants, ihre Dienstleistungen über das Internet anzubieten. Viele Online-Unternehmen bieten Ihnen solche Massen-E-Mails an Tausende von möglichen Interessenten für erstaunlich wenig Geld an.

Wenn Sie selbst über einen E-Mail-Account verfügen, werden Sie wissen, wie nervend die unzähligen Werbe-E-Mails für den Empfänger sein können. Wie viele dieser Reich-über-Nacht-Angebote und Billiger-geht's-nicht-Anzeigen können Sie ertragen, bevor Sie ein für allemal den Computer ausschalten? Das Versenden von Massen-E-Mails kann riskant sein! Wenn Sie sich dafür entscheiden, das Internet als Werbung für Ihr Beratungsunternehmen zu nutzen, empfehlen wir Ihnen, die Empfänger sehr sorgfältig auszuwählen.

- ✔ **Rundfunk- und Fernsehwerbung:** Wie auch die Werbung in Zeitungen und Zeitschriften erreicht die Rundfunk- und Fernsehwerbung ein sehr großes Publikum; jeder besitzt ein Radio oder einen Fernseher. Ihre Werbebotschaft ist jedoch sehr wahrscheinlich nur für einen kleinen Teil der Zuschauer und Zuhörer interessant. Das Kabelfernsehen – mit Spartenkanälen wie MTV, Nickelodeon, Arte, ntv, Lokalsendern und vielem anderen mehr – und Radiosender, die sich auf Nachrichtenübertragung oder bestimmte Musikstile spezialisiert haben, bieten Ihnen die Möglichkeit, Ihre Werbebotschaft an ausgewählte Bevölkerungsgruppen zu senden. Die vergleichsweise hohen Kosten und die Tatsache, dass es sehr schwierig und aufwendig ist, eine qualitativ hochwertige Anzeige für Rundfunk oder Fernsehen zu produzieren, schrecken die meisten Consultants ab, von dieser Werbemethode Gebrauch zu machen.
- ✔ **Plakatwerbung:** Wenn Sie nicht gerade Armani heißen und als Mode- und Stilberater tätig sind, ist ein Werbeplakat auf einer Litfasssäule oder anderen Werbefläche wahrscheinlich nicht die beste Idee, um auf sich aufmerksam zu machen. Andererseits kann es für einen Relocation Consultant ganz sinnvoll sein, in Bussen und U-Bahnen zu werben. Wir möchten diese Art der Werbung nur der Vollständigkeit halber nennen, und zumindest wissen Sie jetzt, dass es sie gibt.

Lassen Sie die Möglichkeit der Anzeigenwerbung bei der Aufstellung Ihres Marketingplans nicht unter den Tisch fallen. Die Anzeigenwerbung ist eine der besten Methoden, die richtige Botschaft an das richtige Publikum zu vermitteln.

Verkaufsförderung und Werbeartikel

Wie stellen Sie es an, dass ein potenzieller Kunde Ihr Produkt oder Ihre Dienstleistung *jetzt* kauft oder zumindest Ihren Namen und die Telefonnummer zur Hand hat, wenn Sie gebraucht werden? Zum Beispiel, indem Sie verkaufsfördernde Maßnahmen und Werbeartikel wie Gutscheine, mit Ihrem Firmenlogo bedruckte Kaffeetassen, kostenlose Muster und Ähnliches verteilen. Viele der verkaufsfördernden Maßnahmen – und besonders natürlich Werbegeschenke – machen Spaß und geben Ihrem Unternehmen einen persönlichen Anstrich.

Es gibt unendlich viele verkaufsfördernde Maßnahmen, und Sie werden sicherlich eine finden, die zu Ihrem Geschäft und Ihren Kunden passt. Wir stellen Ihnen nachfolgend einige vor:

- ✔ **Visitenkarten:** Visitenkarten sind wohl die kostengünstigste Methode, für Ihr Geschäft zu werben. Für wenig Geld (Bob macht sich seine Visitenkarten auf dem Laserdrucker selbst) erhalten Sie schon viele Visitenkarten, die Sie beliebig gestalten können. Und wenn Sie Ihre Visitenkarten haben, verteilen Sie sie nach Herzenslust. Wenn Sie auf einer Party sind, verteilen Sie Ihre Visitenkarten, geben Sie jedem Kunden eine, und heften Sie Ihre Karte an jedes Angebot und an andere Anschreiben. Stecken Sie immer genügend Visitenkarten ein, wenn Sie das Büro verlassen. Manche Consultants lassen zusätzliche Werbebotschaften auf die Rückseite ihrer Visitenkarten drucken, wie zum Beispiel *Die Regeln des Verhandelns* oder andere Tipps, die für ihre Kunden von Interesse sein könnten. Lassen Sie auch Visitenkarten für Ihre Angestellten drucken, sofern Sie welche haben.

- ✔ **Prospekte und Werbematerial:** Zum Verkaufen Ihres Produkts oder Ihrer Dienstleistung sind Prospekte und Werbematerial sehr gut geeignet. Die Gestaltung ist relativ einfach und der Druck nicht allzu teuer. Falls Sie noch keine Prospekte und Ähnliches haben anfertigen lassen, holen Sie das am besten gleich nach, sonst entgeht Ihnen eine wunderbare Möglichkeit, für sich zu werben. Keiner kauft gerne die Katze im Sack, und die meisten Kunden sehen sich lieber zuerst Ihr Werbematerial an, bevor Sie Ihre Dienste in Anspruch nehmen. Es versteht sich daher von selbst, dass Prospekte und Werbematerial so ansprechend und professionell wie möglich gestaltet werden sollten.

- ✔ **Rabattmarken:** Rabattmarken haben Tradition, vor allem für bestimmte Verbrauchsgüter und Dienstleistungen, wie zum Beispiel Reinigungsdienste. Es gibt viele Möglichkeiten, Rabattmarken an Ihre Zielgruppe zu verteilen: Durch Zeitungs- und Zeitschriftenanzeigen, Direktversandwerbung oder sogar durch das Internet. Abhängig von der Art Ihrer Consulting-Tätigkeit, sollten Sie die Verteilung von Rabattmarken einfach einmal ausprobieren.

- ✔ **Werbegeschenke:** Haben Sie nicht auch massenweise Kaffeetassen, Kugelschreiber, Kalender, Feuerzeuge und Ähnliches mit Werbeaufdrucken? Wie wäre es, wenn Ihr Name, Ihr Unternehmen samt Telefonnummer und Internetadresse darauf stehen würde? Diese preiswerten und nützlichen Werbegeschenke sind gut dafür geeignet, Ihren Kunden eine Freude zu bereiten und dafür zu sorgen, dass er Ihren Namen tagaus tagein vor Augen hat.

- ✔ **Preisausschreiben:** Nichts geht über ein gutes Preisausschreiben mit ein paar verlockenden Preisen, um die Leute neugierig zu machen. Ein Immobilienmakler in unserem Stadtteil sammelt zum Beispiel die Adressen potenzieller Kunden und bewirbt sein Unternehmen, indem er regelmäßig zu verschiedenen Feiertagen Preisausschreiben in der Tageszeitung schaltet. Um mitzumachen müssen die Teilnehmer ein paar Fragen beantworten (so ganz nebenbei zum Beispiel, ob Sie etwa den Kauf oder Bau eines Hauses planen) und den Coupon bis zu einem bestimmten Datum einreichen. Der Gewinner erhält ein kostenloses Abendessen für zwei Personen.

- ✔ **Gratisproben:** Jeder bekommt gerne etwas geschenkt. Bieten Sie Gratisproben an – eine kostenlose Hausbesichtigung, einen kostenlosen Newsletter, eine kostenlose Homepage – und im Tausch dafür erhalten Sie einen potenziellen Kunden, der Ihr Produkt ausprobiert und sich Ihre Verkaufsargumente anhört.

Sie haben nun viel über die verschiedenen Marketingstrategien erfahren, jetzt sind Sie an der Reihe. Stellen Sie sich aus den vorgestellten Strategien Ihren persönlichen Marketingplan zusammen. Denken Sie dabei immer daran, dass Ihr Marketingplan das Ziel hat, Ihr Unternehmen so professionell wie möglich darzustellen und Ihr Image zu festigen. Es empfiehlt sich auch, die Ergebnisse verschiedener Werbemaßnahmen auszuwerten, damit Sie Ihren Marketingplan gegebenenfalls ändern und verbessern können.

Geschäftsbeziehungen aufbauen

21

In diesem Kapitel

- Die persönliche Vorstellung
- Der nächste Schritt
- Aufbau einer Beziehung
- Sich mit Kunden treffen
- Am Ball bleiben
- Und so geht es weiter

Wer Produkte oder Dienstleistungen verkaufen will, muss um potenzielle Käufer werben. (Wie das geht, haben Sie in Kapitel 20 gelernt.) Wenn Sie erfolgreich für sich geworben haben, stehen die Interessenten nun vor der Tür – oder rufen Sie an oder schreiben Ihnen eine E-Mail. Die Frage ist nun, wie es mit Ihnen und den potenziellen Kunden weitergeht.

Der nächste Schritt besteht darin, den Interessenten davon zu überzeugen, dass er mit Ihnen als Consultant am besten beraten ist und dass Sie – und zwar nur Sie – der richtige Ansprechpartner für sein Problem sind. Das heißt für Sie, dass Sie sich und Ihr Unternehmen deutlich von der Konkurrenz abheben müssen.

In diesem Kapitel untersuchen wir, welche Schritte Sie unternehmen sollten, sobald Sie das Interesse eines Kunden geweckt haben. Sie erfahren, wie wichtig es ist, sich persönlich vorzustellen, möglichst schnell eine persönliche Beziehung herzustellen und eine stabile Grundlage aus gegenseitigem Vertrauen aufzubauen. Wir zeigen Ihnen, wie Sie Ihren Kunden Verkaufsargumente unterbreiten und am Ball bleiben, falls sich die Verhandlungen länger hinziehen. Wir machen auch noch einmal deutlich, wie wichtig es ist, Zusagen auch einzuhalten.

Die persönliche Vorstellung

Der Moment, in dem Sie sich Ihrem zukünftigen Kunden persönlich vorstellen, ist für den weiteren Verkaufsprozess entscheidend. Falls Ihnen an dieser Stelle ein böser Fehler unterläuft, sind Sie *diesen* Kunden wahrscheinlich los. Machen Sie dagegen einen guten Eindruck (und das tun Sie *bestimmt*!), haben Sie einen treuen Kunden gewonnen – jedenfalls solange er sich Ihre Dienste leisten kann!

Natürlich arbeiten Sie nicht unbedingt als Consultant, um neue Freundschaften zu schließen, sondern um Geld zu verdienen. Aber Sie müssen daran denken, dass es im Geschäftsleben nicht nur um die harte Mark (oder Dollar, Pfund, Yen oder welche Währung auch immer Ihnen die liebste ist) geht. Gerade der Beruf des Consultants ist in erster Linie eine Tätigkeit, bei der man es mit Menschen zu tun hat.

In den folgenden Abschnitten besprechen wir die wichtigsten Punkte, die bei der persönlichen Vorstellung beachtet werden müssen, damit Sie diese heikle Anfangsphase auch wirklich gut meistern.

Der erste Eindruck zählt!

Je nach Größe und Art Ihres Unternehmens gewinnt ein potenzieller Kunde den ersten Eindruck von Ihnen vielleicht durch den Ansagetext Ihres Anrufbeantworters, durch Ihre Sekretärin, Ihre Homepage oder während eines zufälliges Treffens bei einem gemeinsamen Bekannten. Wir können eigentlich gar nicht oft genug betonen, wie wichtig der erste Eindruck bei einem interessierten Kunden ist. Es ist vielleicht Ihre einzige Chance, einem Kunden die Vorzüge Ihres Unternehmens nahe zu bringen. Stellen Sie sich einmal folgende zwei Szenarien vor:

- **Szenario A:** Ihr Traumkunde ruft Sie unter der Telefonnummer an, die Sie letzte Woche per Werbe-E-Mail an Tausende potenzieller Kunden verschickt haben. Ihr Anrufbeantworter hebt ab: »Guten Tag, Sie sind mit dem Telefonanschluss von ABC Consulting verbunden. Leider können wir im Moment Ihren Anruf nicht entgegennehmen. Bitte hinterlassen Sie eine Nachricht, wir rufen Sie umgehend zurück.« Ihr Traumkunde hinterlässt eine kurze Nachricht, betont, dass er es sehr eilig hat und bittet um baldigen Rückruf. Unglücklicherweise befinden Sie sich gerade auf Dienstreise und hören den Anruf erst einige Tage später ab. Sie rufen natürlich zurück, doch inzwischen hat Ihr Traumkunde schon längst einen anderen Consultant gefunden, der ihm schneller weiterhelfen konnte.

- **Szenario B:** Einer Ihrer besten Kunden empfiehlt Sie an Ihre Traumkundin weiter. Diese schaut eines Tages unangekündigt in Ihrem Büro vorbei und wird von Ihrer Sekretärin freundlichst empfangen. Sie wird in den Wartebereich geführt, erhält eine Tasse Kaffee oder ein Glas Wasser angeboten, während Sie über den Besuch informiert werden. Da Sie *immer* Zeit für einen möglichen Neukunden aufbringen, lassen Sie alles andere stehen und liegen und eilen herbei, um Ihre zukünftige Kundin zu begrüßen. Nachdem Sie ihr kurz die Modelle Ihrer erfolgreichsten Bauprojekte gezeigt haben, führen Sie eine erste Bedarfsanalyse durch und erstellen einen Kostenvoranschlag. Daraufhin fragt Ihre Traumkundin Sie, wann Sie denn mit der Arbeit beginnen können.

Wie sieht der erste Eindruck aus, den *Ihr* Unternehmen bei einem Kunden hinterlässt?

Für einen schlechten Service gab es noch nie eine Entschuldigung, und daran hat sich bis heute nichts geändert. Außerdem gibt es schon überhaupt keine Entschuldigung mehr dafür, schwer erreichbar zu sein, seit Handy, Pager, Notebook und E-Mail zur Standard-Geschäftsausstattung gehören – selbst für ein Ein-

Mann-Unternehmen. Wenn Sie schon den ersten Eindruck vermasseln, wird Ihr Kunde vermuten, dass Sie wahrscheinlich *alles* andere auch vermasseln.

Peter rief einmal bei einer großen Versicherungsfirma an, um sich hinsichtlich einer Geschäftstransaktion beraten zu lassen. Anstelle einer Sekretärin wurde er mit einem Voice-Mail-System konfrontiert, das ihm sechs – sechs! – verschiedene Optionen anbot. Das war an und für sich noch nicht das Problem, aber als Peter seine Option auswählte – es war natürlich die vorletzte –, geriet er an eine weitere Maschinenstimme: »Alle Leitungen sind momentan besetzt. Ihr Anruf ist uns wichtig [*Das* kann ja jeder behaupten]. Bitte legen Sie nicht auf, wir werden Ihren Anruf so bald wie möglich entgegennehmen.«

Nachdem sich Peter fünf Minuten lang die Ansage angehört hatte, versuchte er aus dieser Schleife herauszukommen. Er drückte die 0 und erhielt als Antwort »Dies ist keine gültige Systemoption.« »Hier hast du deine gültige Systemoption!« dachte sich Peter und knallte den Hörer auf die Gabel. Anschließend rief er bei einer anderen Versicherungsfirma an (zufälligerweise bei einer kleineren, ortsansässigen Firma) und wurde freundlich von einem echten Mitarbeiter begrüßt und unverzüglich mit dem richtigen Gesprächspartner verbunden. Auftrag erfolgreich abgeschlossen!

Um den ersten Eindruck zu testen, den Ihr Unternehmen bei Kunden hinterlässt, schlüpfen Sie am besten in die Rolle eines interessierten Kunden und probieren Sie Folgendes aus:

- ✔ **Rufen Sie in Ihrem Büro an und warten Sie ab, was passiert.** Hebt jemand nach den ersten Klingelzeichen ab oder dauert es eine Weile? Meldet sich derjenige freundlich und einladend, oder hört es sich so an, als wäre es eine Zumutung, dass das Telefon schon wieder klingelt? Geht jemand ans Telefon, falls die Empfangsdame gerade nicht am Platz ist, oder enden Sie in einem Voice-Mail-System, aus dem es kein Entrinnen mehr gibt?
- ✔ **Schauen Sie sich Ihre Räumlichkeiten genauer an.** Sind Sie ein selbstständiger Werbetexter, ist Ihr Kunde wahrscheinlich nicht sehr erstaunt (oder enttäuscht), wenn Sie sich Ihr Büro im Gästezimmer zu Hause eingerichtet haben. Ein Steuerberater sollte allerdings seine Kunden in einem ordentlichen Büro in einem Bürogebäude empfangen und am besten auch ein oder zwei Angestellte vorweisen können. Damit zeigen Sie Ihrem Kunden schon vom äußeren Erscheinungsbild, dass Sie finanziell auf sicheren Füßen stehen.
- ✔ **Wie sehen Ihre Geschäftspapiere und Werbebroschüren aus?** Ist die Qualität Ihrer Broschüren und Papiere erstklassig, oder sehen sie aus, als hätte sie Ihr kleiner Sohn zu Hause am Computer zusammengebastelt? Drucken Sie Ihre Briefe und Berichte mit einem Laserdrucker auf bestem Papier aus, oder verwenden Sie immer noch den antiquierten Nadeldrucker, der leider nicht mehr alle Buchstaben korrekt ausgeben kann? Würden *Sie* Ihr hartverdientes Geld für Ihre eigenen Produkte ausgeben?

- **Schauen Sie in den Spiegel.** Es versteht sich ja wohl hoffentlich von selbst, dass Sie gepflegt und Ihrem Fachgebiet entsprechend gekleidet auftreten sollten. Der gleiche Kunde, der von seinem Investment-Berater einen Nadelstreifenanzug erwartet, stellt sich einen richtigen Computer-Berater in Polo-Shirt und Jeans vor.

Nach Beendigung dieses »Selbsttests« sollten Sie gegebenenfalls einige Änderungen durchführen, so dass Sie auch wirklich einen guten Eindruck von sich und Ihrem Unternehmen hinterlassen. Nicht vergessen: Einen ersten Eindruck hinterlassen Sie nur ein *einziges* Mal.

Fragen und zuhören

Gute Verkaufsprofis wissen, dass ihre Hauptaufgabe darin besteht, die ideale Lösung für die Probleme ihrer potenziellen Kunden zu finden. Die Voraussetzung dafür ist es, Fragen zu stellen und auf die Antworten zu hören – und zwar *aufmerksam*.

Sicherlich hatten auch Sie schon mit Verkäufern zu tun, die sich selbst am liebsten reden hören. Bevor man auch nur ein Wort herausbringt, leiern sie ihre auswendig gelernte Rede über das tolle Angebot herunter. Und wenn man es *tatsächlich* schafft, sich für einige Sekunden Gehör zu verschaffen, nützt das überhaupt nichts, denn anschließend geht die Verkaufsvorstellung weiter und weiter und weiter, als hätte man keinen Ton gesagt.

Wie finden Sie so etwas? Ärgerlich, nicht wahr? Da sucht man sich doch lieber einen anderen Verkäufer, oder? Eben!

In seinem Buch *Erfolgreich verkaufen für Dummies* (herausgegeben vom MITP-Verlag) verrät der Top-Verkaufsprofi Tom Hopkins einen äußerst nützlichen Tipp:

Um erfolgreich zu überzeugen, muss man doppelt so lange zuhören wie reden.

Die Gründe dafür liegen auf der Hand.

- ***Jeder* schätzt es, wenn man ihm zuhört.** Wenn Sie jemandem richtig zuhören, zeigen Sie nicht nur, dass Sie Ihren Gesprächspartner respektieren, sondern vermitteln ihm auch das Gefühl, wichtig zu sein. Die Fähigkeit, zuhören zu können, geht jedoch *weit* darüber hinaus, das Ego des Kunden zu streicheln.
- **Zuhören hilft *Ihnen*, bessere Arbeit zu leisten.** Warum? Weil Sie nur durch Zuhören *erfahren*, was Ihren Kunden wichtig ist, und wie Sie viel besser auf ihn eingehen können.

Wenn Sie Ihrem potenziellen Kunde keine Gelegenheit geben, Ihnen zu *sagen*, was er braucht, werden Sie es auch nicht erfahren. So einfach ist das. Und Sie werden nie *verstehen*, was er Ihnen zu sagen hat, wenn Sie ihm nicht *zuhören*! Die folgenden vier Schritte helfen Ihnen dabei, die richtigen Fragen zu stellen *und* die Antworten auch wirklich zu verstehen:

1. **Stellen Sie zu Beginn allgemeine Fragen, damit Sie sich ein Bild machen können.** Bei dem ersten Treffen mit einem Kunden wissen Sie ja wirklich überhaupt nichts über seine Anforderungen, den Umfang der Problematik und die Art des gewünschten Lösungsansatzes. Ihre erste Aufgabe besteht deshalb darin, sich mit allgemeineren Fragen ein Gesamtbild zu machen, Möglichkeiten grob zu umreißen und daraus die Idee für einen Lösungsansatz zu entwickeln. Sie könnten zum Beispiel fragen »Welche Ergebnisse erwarten Sie sich von dieser Management-Schulung?« oder »Was genau kann unser Unternehmen für Sie tun?«

Stellen Sie auf keinen Fall Fragen, die in irgendeiner Weise als unangenehm aufgefasst werden könnten. Fragen in der Art wie »Sind Sie sich eigentlich darüber im Klaren, wie unglaublich teuer es Sie kommen wird, dieses Durcheinander wieder in den Griff zu bekommen?« oder »Welcher inkompetente Idiot hat das denn verbrochen?« sollten Sie unbedingt vermeiden.

2. **Aktiv schweigen.** Sie wissen ja: Reden ist Silber, Schweigen ist Gold – und damit meinen wir nicht ein Schweigen aus mangelndem Interesse, während Sie an etwas ganz anderes denken (*Verflixt! Ich darf nicht vergessen, noch Kaffee einzukaufen!*), sondern ein aktives Schweigen, das dem Kunden vermittelt, dass Sie sich mit dem Gesagten beschäftigen und konzentriert darüber nachdenken. Wenn es den Anschein hat, dass Ihr Kunde seine Überlegungen fertig ausgeführt hat, zeigen Sie ihm mit einem Nicken, dass Sie verstanden haben oder fragen ihn, ob er dazu noch mehr sagen möchte. Erst danach können Sie mit *Ihrem* Gesprächspart beginnen.

3. **Fragen Sie nach.** Durch Nachfragen erfahren Sie die Details des skizzierten Gesamtbilds und gewinnen ein noch tieferes Verständnis für die Situation des Kunden. Mit der Frage »Wollen Sie wirklich eine vollständige Neubeurteilung Ihres Qualitätssicherungssystems, oder denken Sie, dass wir mit zufällig ausgewählten Stichproben das gleiche Ziel erreichen könnten?« können Sie zum Beispiel den Umfang der bevorstehenden Aufgabe definieren.

4. **Lassen Sie sich bestätigen, dass Sie alles richtig verstanden haben.** Zum Nachfragen und Zuhören gehört auch, regelmäßig sicherzustellen, dass Sie alles richtig verstanden haben. Sie könnten zum Beispiel sagen »Wenn ich Sie richtig verstanden habe, möchten Sie von mir ... « oder »Sie möchten, dass ich für Sie eine Website erstelle und diese in regelmäßigen Abständen aktualisiere, habe ich Sie richtig verstanden?«

Vergessen Sie nie die goldene Regel des Consulting: Erst zuhören, dann reden. Zum Reden haben Sie sicherlich noch Gelegenheit genug, wenn Sie den Kunden erst einmal für sich gewonnen haben. Für den Anfang jedoch sollten Sie sich damit zufrieden geben, nur einige Fragen zu stellen, um Ihren Kunden besser kennen zu lernen. Und die übrige Zeit: Zuhören, zuhören und noch ein bisschen aufmerksamer zuhören.

Erzählen Sie von sich selbst

Wer sind *Sie* eigentlich? Und warum sind Sie so gut?

Alle Kunden möchten das Beste für ihr Geld, und Ihr Job ist es, die beste Leistung zu bieten. Bevor Sie jedoch die Gelegenheit haben, zu zeigen, was tatsächlich in Ihnen steckt, müssen Sie beweisen, dass Sie überhaupt das Zeug dazu haben. Und wie soll das funktionieren? Nachfolgend einige Vorschläge, wie Sie die Dinge ins Rollen bringen können. Und übertreiben Sie es nicht! Ihr Ziel an diesem Punkt ist es, die Voraussetzungen für die zukünftige Geschäftsbeziehung zu schaffen, und nicht, Ihren Kunden in Grund und Boden zu reden.

- ✔ **Ähnliche Erfahrungen:** Für welche Ihrer Kunden haben Sie bereits ähnliche Aufgaben übernommen? Waren es große oder kleinere Firmen, und welche Rolle spielten Sie für den erfolgreichen Projektabschluss? Konnten Sie dabei Erfahrungen sammeln, die Ihnen für die Lösung des aktuellen Problems Ihres potenziellen Neukunden von Nutzen sind?
- ✔ **Persönliche Qualifikationen:** Welche *persönlichen* Qualifikationen können Sie für den potenziellen Neuauftrag ins Feld führen? Mit welchen Unternehmen haben Sie bereits zusammengearbeitet? Welchen Berufsabschluss und welche Weiterbildungsmaßnahmen können Sie vorweisen? Für welche größeren Projekte waren Sie persönlich verantwortlich, und welche nachweisbaren Erfolge haben Sie dabei erzielt?
- ✔ **Referenzen:** Wer sind Ihre Hauptkunden? Welche Aufgaben werden Ihnen von Ihren Hauptkunden übertragen, und wie lange bestehen die Geschäftsbeziehungen? Was waren Ihre wichtigsten beruflichen Erfolge und welche Rolle spielte Ihre Arbeit dabei?

Und jetzt: Ja oder Nein?

Sie stehen nun vor dem ersten kritischen Entscheidungspunkt, an dem Sie sich überlegen müssen, ob Sie mit einem Neukunden eine Geschäftsbeziehung eingehen oder ihm dazu raten, dass er sich besser nach einem anderen Consultant umsieht.

Wie bitte? Einem Kunden raten, er solle sich nach einem anderen Consultant umsehen? Haben die Herren Autoren vielleicht kurzzeitig ihren Verstand verloren? Noch alle Tassen im Schrank? Nein, keine Angst, wir wissen schon, wovon wir sprechen. Der Vorschlag, einen zahlenden Kunden fortzuschicken, mag im ersten Moment ja wirklich verrückt klingen. In der Praxis gibt es allerdings einige gute Gründe, einen Auftrag abzulehnen.

Denken Sie zum Beispiel über folgende Argumente nach:

- ✔ **Es ist einfach nicht »Ihr Ding«:** Selbst wenn Sie glauben, Sie würden mit jedem Problem fertig werden, sollten Sie in Betracht ziehen, dass es das eine oder andere geben könnte, für das Sie einfach wirklich nicht der geeignete Consultant sind. In diesem Fall sollten Sie sich selbst und Ihrem Kunden gegenüber aufrichtig genug sein und den Kunden an einen Kollegen oder Geschäftspartner weiter vermitteln oder, falls diese Möglichkeit nicht besteht, höflich aber bestimmt ablehnen.

- ✔ **Sie haben genügend andere Verpflichtungen:** Sind Sie bereits ausgebucht, tun Sie *niemandem* einen Gefallen, wenn Sie noch weitere Aufträge annehmen. Ihre aktuellen Aufträge leiden unter Vernachlässigung, während Sie sich um Neukunden bemühen, deren Aufträge aber auch darunter leiden, da Sie ja erst anderen Verpflichtungen nachkommen müssen. Und zu guter Letzt leiden *Sie* selbst, da Sie mit all den verschiedenen Ansprüchen, Verpflichtungen und Prioritäten leicht überfordert werden.
- ✔ **Die Ansichten sind zu unterschiedlich:** Nach der Beurteilung der aktuellen Situation gelangen Sie eventuell zu der Ansicht, Ihr Kunde sollte sein Problem auf eine ganz bestimmte Art und Weise angehen, doch er versteift sich auf einen anderen Ansatz, den Sie für komplett ungeeignet, kontraproduktiv oder unmoralisch halten. Falls Sie sich in einem solchen Fall auch nach eingehenden Bemühungen nicht einigen können, sollten Sie die Finger von diesem Auftrag lassen. Es gibt ja schließlich auch noch andere Kunden.
- ✔ **Die Chemie stimmt nicht:** Obwohl es zu den Aufgaben eines guten Consultants gehört, sich auf die verschiedensten Menschen einzustellen und mit ihnen zusammen zu arbeiten, kann es dennoch vorkommen, dass manche Charaktere einfach nicht zusammen passen. In diesem Fall ist es die beste Lösung, auf das Projekt zu verzichten. Sie stellen sich Ihrem potenziellen Kunden ja auch aus dem Grund persönlich vor, um sich gegenseitig kennen zu lernen. Nutzen Sie diese Vorstellungsgespräche dazu, sich ein Bild davon zu machen, wie eine Zusammenarbeit mit den jeweiligen Kunden sich tatsächlich gestalten würde.
- ✔ **Die Zahlungsbereitschaft lässt zu wünschen übrig:** Es stellt sich bei dem Treffen wahrscheinlich schnell heraus, ob der Kunde bereit ist, Ihnen Ihr übliches Honorar zu zahlen. Es sollte Ihnen nicht peinlich sein, für gute Arbeit auch ein gutes Honorar zu verlangen, schließlich müssen Sie davon leben. Bestehen Sie deshalb von Anfang an darauf, dass Ihre Honorarvorstellungen von einem Neukunden akzeptiert werden, denn wenn Sie sich erst einmal auf ein niedrigeres Honorar eingelassen haben, ist es unwahrscheinlich, dass Sie jemals wieder davon loskommen – unabhängig davon, wie *gut* Ihre erbrachte Leistung war.
- ✔ **Mangelndes Engagement Ihres Kunden:** Es gibt Kunden, denen nichts gleichgültiger ist als das Problem in ihrer Firma. Kunden dieser Sorte möchten nichts anderes, als ihrem Vorgesetzten den Beweis zu liefern, dass sie *irgendetwas* gegen ein Problem unternehmen, damit sie ihren Job nicht verlieren. Sollte diese Sorte Kunde bei Ihnen auftauchen hilft nur eins: Die *Tür sofort zuschlagen!* Die Arbeit für einen solchen Kunden ist nämlich nicht nur frustrierend, weil alles, was Sie abliefern, sofort in der Schublade verschwindet, sondern womöglich auch rufschädigend für Sie, da das Projekt trotz bester Leistungen Ihrerseits nur scheitern kann.

Falls Sie sich aus irgendeinem Grund gegen ein Projekt entscheiden, sollten Sie immer versuchen, den Kunden an einen anderen Consultant weiterzuvermitteln. Erfolgreiche Consultants pflegen ein weitreichendes Netz aus Geschäftspartnern, die bei großen oder komplexen Projekten einspringen und helfen.

Und jetzt: Ja oder Nein? Das können letztendlich nur Sie entscheiden.

Die »ersten zarten Bande« knüpfen

Wenn sich zwei Menschen begegnen, spielt die Chemie zwischen beiden immer eine Rolle. Dies gilt deshalb natürlich auch für jede Geschäftsbeziehung, die ein Consultant eingeht. Stimmt die Chemie, kann die Geschäftsbeziehung dauerhaft und für die Beteiligten von großem Vorteil sein. Stimmt die Chemie nicht – Sie erinnern sich vielleicht an fehlgeschlagene Experimente im Chemieunterricht – ist die angestrebte Geschäftsbeziehung im Bruchteil einer Sekunde zu Ende.

Wie schafft man also die Grundlage für eine stabile Beziehung, die für beide Seiten Vorteile bringt? Wir verraten Ihnen ein Geheimnis: Es handelt sich hier nicht um eine komplizierte Wissenschaft. Genau wie bei Ihren privaten Beziehungen (Sie *haben* doch private Beziehungen, oder?) ist die Voraussetzung für eine Geschäftsbeziehung zwischen Consultant und Kunde das gegenseitige Vertrauen und die Bereitschaft, dem anderen helfen zu wollen. Klar, jeder Consultant hat etwas zu verkaufen, ob er nun ein sich mit Händen und Füßen wehrendes Unternehmen zu neuen und besseren Ufern führt, seine Spürnase für die Suche nach Ölvorkommen zur Verfügung stellt oder eine Homepage für ein Unternehmen entwickelt. Von den Fachkenntnissen einmal abgesehen entstehen die besten Geschäftsbeziehungen auf der Grundlage dessen, dass Sie mit Ihren Fähigkeiten den ehrlichen Wunsch verspüren, einem Menschen weiterzuhelfen, der Ihre Hilfe braucht.

Im folgenden Abschnitt stellen wir einige hilfreiche Methoden vor, wie Sie mit Ihren potenziellen Kunden gute Geschäftsbeziehungen entwickeln können. Wir erklären Ihnen, wie Sie eine persönliche Beziehung entwickeln, wie Sie die Anforderungen und Bedürfnisse eines Kunden erkennen und eine Vertrauensbasis schaffen, die als Grundlage für die Bestehen der Geschäftsbeziehung erforderlich ist.

Die persönliche Beziehung herstellen

Bevor Sie eine geschäftliche Beziehung mit einem künftigen Kunden eingehen, sollte eine gewisse persönliche Beziehung aufgebaut werden. Eine *persönliche Beziehung* entsteht aus einer gefühlsmäßigen Verbundenheit aufgrund von Gemeinsamkeiten. Eine solche Gemeinsamkeit kann darin bestehen, dass man gemeinsam über einen Witz lachen kann oder demselben Hobby nachgeht. Manchmal »funkt« es zwischen zwei Menschen auf Anhieb, in anderen Fällen ist jegliche »Liebesmühe« vergeblich. Falls zwischen den Partnern in einer Beziehung keine Verbundenheit entsteht, hat die Beziehung mit Sicherheit keinen Bestand.

Es spielt hierbei keine Rolle, ob Ihr Kunde ein sehr zurückhaltender oder sehr kontaktfreudiger Mensch ist. Sie als Consultant müssen, selbst wenn Sie im Grunde Ihres Herzens ein schüchterner Mensch sind, den aktiven Part übernehmen und auf Ihren Kunden zugehen. Schließlich sind Sie es, der etwas verkaufen möchte.

Doch keine Angst: Wenn Sie es nicht schon als Kind gelernt haben, sich unter neuen Bekannten wohl zu fühlen, lernen Sie es eben jetzt.

Wir beide sind in Familien aufgewachsen, die regelmäßig immer wieder umzogen. Dabei gingen zwar viele Jugendfreundschaften in die Brüche, doch eines haben wir dabei gelernt: Wie man sich in immer neuer Umgebung und unter immer neuen Menschen wohl fühlen kann. Wir lernten, uns schnell in einer neuen Umgebung einzuleben, ob es nun ein Vorort von Washington, ein entlegenes Dorf oder Paris war, und konnten überall auf der Welt mit den verschiedensten Menschen Freundschaften schließen.

Hier einige Tipps für den Umgang mit (noch) fremden Kunden:

- ✔ **Seien Sie freundlich.** Jeder mag Menschen, die freundlich sind und sich ehrlich interessiert zeigen. Gehen Sie mit gutem Beispiel voran.
- ✔ **Gehen Sie auf Ihren Kunden ein.** Möchte Ihr Kunde ein bisschen über das Wetter und die Familie plaudern, bevor das Geschäftliche ansteht oder lieber sofort zur Tagesordnung übergehen? Falls Ersteres der Fall ist, nehmen Sie sich die Zeit zum Plaudern. Ist Ihr Kunde der Typ, der unnützes Geplauder für Zeitverschwendung hält, kommen Sie gleich auf das Geschäftliche zu sprechen.
- ✔ **Finden Sie Gemeinsamkeiten.** Haben Sie und Ihr Kunde ein gemeinsames Hobby – Fußball, Klavierspielen oder Bierkrüge sammeln? Derartige Gemeinsamkeiten brechen das Eis schneller als alles andere. Sie werden gemeinsame Interessen allerdings nur entdekken können, wenn Sie danach fragen, also tun Sie es.
- ✔ **Geben Sie sich so, wie Sie wirklich sind.** Versuchen Sie nicht, in eine andere Haut zu schlüpfen. Entspannen Sie sich einfach, seien Sie ehrlich und bleiben Sie sich treu.

Wer ist die Hauptperson? Richtig: Ihr Kunde!

Ihr oberstes und wichtigstes Ziel ist es, Ihren Kunden bei der Verwirklichung ihrer Ziele und der Lösung ihrer Probleme zu helfen. Achten Sie deshalb darauf, dass Ihr Kunde die Hauptperson bleibt, und dass Sie nicht Ihre eigenen Wünsche und Anforderungen in den Mittelpunkt rücken. Es kommt leider relativ häufig vor, dass ein Consulting-Unternehmen Standardlösungen entwickelt und anschließend alle Kunden dazu drängt, sich diesen Schuh anzuziehen, obwohl er ihnen überhaupt nicht passt.

Dazu folgendes Beispiel: Eine Beraterfirma hat eine hervorragende Methode entwickelt, wie sich die Zeitplanung von langfristigen Projekten in Unternehmen überwachen lässt. Die Methode hat sich in der Privatwirtschaft als extrem sinnvoll erwiesen, und als eine gemeinnützige Institution anfragt, ob die Beraterfirma für sie eine entsprechende Methode entwickeln kann, verkauft man ihnen einfach die bereits entwickelte Standardlösung, obwohl sich die Unternehmensstrukturen beider Kunden grundsätzlich unterscheiden. Vom Kostenstandpunkt der Beraterfirma mag dies ja durchaus sinnvoll sein (weshalb sich doppelte Mühe machen?), vom Standpunkt des bestmöglichen Ergebnisses für einen Kunden, ist es völlig falsch. Ist man als Consultant nicht bereit, zusätzlich Zeit und Geld aufzuwenden, um eine entwickelte Lösung an die speziellen Bedürfnisse eines Kunden anzupassen, ist es für alle Beteiligten besser, den Auftrag an einen anderen Consultant zu vermitteln.

Manche Consultants sind so von sich selbst überzeugt, dass sie die Situation ihrer Kunden nicht mehr objektiv beurteilen können. Wenn Sie richtig erfolgreich sind, kann es schon schwierig sein, bescheiden zu bleiben. Es ist nichts dagegen einzuwenden, wenn Sie hin und wieder Ihr Ego mit ins Spiel bringen, doch darf auf keinen Fall die Kundenbeziehung oder die Objektivität Ihre Ratschläge darunter leiden. Sobald Ihnen auffällt, dass Ihr Ego mit Ihnen durchgeht, bremsen Sie sich bitte und überlegen sich, was Ihr Kunde eigentlich möchte. Denken Sie zur Abwechslung einmal nur an Ihren Kunden – wenigstens für ein paar Minuten – und beurteilen Sie, ob Ihre Lösungsvorschläge auch wirklich auf seine Anforderungen zugeschnitten sind. Wenn ja, wunderbar! Machen Sie weiter so! Wenn nicht, fangen Sie am besten ganz bescheiden noch einmal von vorne an und machen es *besser*!

Auf der anderen Seite kommt es natürlich auch vor, dass Sie Ihrem Kunden etwas mitteilen müssen, was zwar der Wahrheit entspricht, was er aber lieber nicht hören möchte. So hat Ihr Kunde Sie zum Beispiel beauftragt, herauszufinden, warum seine Werbeaktionen eine so niedrige Rücklaufquote nach sich ziehen, und Ihnen wird schnell klar, dass die miserable Qualität seines Werbematerials das einzige Problem ist. In einem solchen Fall kommen Sie nicht umhin, Ihrem Kunden ehrlich zu sagen, was Sie denken, auch wenn er Ihnen vehement widersprechen wird (besonders dann, wenn er das Werbematerial höchstpersönlich selbst entworfen hat und *genau weiß*, was gut ist und was nicht). Mit falscher Rücksichtnahme wäre niemandem gedient. Eine gute Beziehung zwischen Consultant und Kunde baut auf gegenseitigem Vertrauen auf und dazu gehört Ehrlichkeit, auch wenn die Wahrheit manchmal weh tut.

Eine Vertrauensbasis schaffen

Unter den vielen Faktoren, die eine gute Beziehung zwischen Consultant und Kunde erst ermöglichen, ist das Vertrauen wahrscheinlich am wichtigsten. Ohne gegenseitiges Vertrauen fängt jede Beziehung schnell an zu bröckeln, und zurück bleibt nur ein Scherbenhaufen.

Wie schaffen Sie eine Vertrauensbasis? In der Anfangsphase einer Geschäftsbeziehung muss man dem anderen zeigen, dass man vertrauenswürdig ist, bevor sich eine langfristige Beziehung entwickeln kann. Im Folgenden einige sehr effektive und einfache Methoden, das Vertrauen des Kunden zu gewinnen:

- ✔ **Versprechungen einhalten.** Vertrauen gewinnt man am einfachsten, wenn man verbindliche Zusagen macht und diese auch einhält. Haben Sie zum Beispiel Ihrem Kunden versprochen, am Mittwoch um 15.00 Uhr für eine Konferenzschaltung zur Verfügung stehen, und Sie sitzen am Mittwoch um 15.00 Uhr in Ihrem Büro und warten auf den Anruf, zeigen Sie Ihrem Kunden, dass er sich auf Sie verlassen kann. Egal, was Sie versprechen, halten Sie sich daran, und Sie werden bald das volle Vertrauen Ihres Kunden genießen.
- ✔ **Seien Sie ehrlich.** Sind Sie der Ansicht, Ihr Kunde hat ein Problem, sagen Sie es ihm. Geraten Sie nicht in die Versuchung, das Problem zu verharmlosen, um es Ihrem Kunden möglichst schonend beizubringen, denn zu viel Rücksichtnahme kann nach hinten losgehen. Wenn dem Kunde nämlich irgendwann das ganze Ausmaß seines Problems bewusst wird (und das *wird* es irgendwann), wundert er sich vielleicht sehr darüber, dass Sie es als so harmlos dargestellt haben. Ehrlichkeit ist die Voraussetzung für Vertrauen. Seien Sie also ehrlich zu Ihren Kunden.
- ✔ **Hüten Sie Geheimnisse.** Als Consultant haben Sie Zugang zu wichtigen internen Informationen und Firmengeheimnissen Ihrer Kunden. Geben Sie diese vertraulichen Informationen niemals an Außenstehende oder Unbeteiligte weiter. Schweigen Sie sowohl über vertrauliche Gehaltinformationen als auch über die neue Produktstrategie und das Gerücht, dass der Firmenchef ein Alkoholproblem hat! Die Weitergabe von vertraulichen Informationen zerstört nicht nur das Vertrauen, das Sie so mühsam aufgebaut haben, sondern kann Sie auch in einen teuren Rechtsstreit verwickeln. Halten Sie Geheimnisse geheim und beweisen Sie so täglich, dass man Ihnen vertrauen kann.
- ✔ **Leisten Sie gute Arbeit.** Zeigen Sie, dass Sie die Arbeit und das Unternehmen Ihrer Kunden ernst nehmen und auch für noch verantwortungsvollere Aufgaben der richtige Ansprechpartner sind, indem Sie immer Ihr Bestes geben. Leisten Sie gute Arbeit, und man wird Ihnen immer mehr Vertrauen entgegenbringen.

Sich mit Kunden treffen

Der erste Kontakt mit einem potenziellen Kunden wird in den meisten Fällen nicht in einem persönlichen Treffen, sondern über Telefonate, E-Mail oder Korrespondenz hergestellt. Wenn jedoch während der ersten Gespräche ein deutliches beiderseitiges Interesse an einer Zusammenarbeit geweckt wurde, ist es an der Zeit, sich persönlich kennen zu lernen. Das heißt natürlich nicht, dass Sie unbedingt quer durch das Land reisen müssen, um jeden interessierten Anrufer zu treffen. Die Entscheidung, welchen potenziellen Neukunden Sie kennen lernen möchten, liegt natürlich bei Ihnen. Doch wie bereits erwähnt, ist die Tätigkeit eines Consultants stark von der zwischenmenschlichen Beziehung geprägt. Mit Ihrer Telefongesellschaft oder Ihrem Buchclub können Sie ohne weiteres eine langfristige Geschäftsbeziehungen pflegen, ohne Ihre Ansprechpartner jemals zu Gesicht bekommen zu haben, doch beim Beruf des Consultants liegen die Dinge anders.

Bei der Beratung eines Kunden handelt es sich um eine *persönliche* Dienstleistung, deren Erfolg von der zwischenmenschlichen Interaktion abhängt. Überlegen Sie einmal: Würden Sie die finanzielle Zukunft Ihres Unternehmens, das Ihr Lebenswerk ist, in die Hände eines Consultants legen, mit dem Sie gerade die erste E-Mail ausgetauscht haben? Wohl nicht!

Steve Dente und Signature Software

Als Inhaber der Firma *Signature Software* mit Sitz in San Diego, Kalifornien, berät Steve Dente (`stevensdente@msn.com`) Unternehmen in den Bereichen Softwareprogrammierung und Spezialanwendungen. Zu seinen Kunden gehören sowohl kleine Unternehmen ohne eigene Software-Entwicklungsabteilung als auch große Konzerne mit ganz speziellen Anforderungen, die Steve viel kostengünstiger realisiert als die firmeninternen Programmierer. Seine Arbeit umfasst sowohl sehr branchenspezifische Software als auch handelsübliche Anwendersoftware. Wir befragten Steve über seine Methoden zur Kundenakquisition und Kundenpflege.

Consulting für Dummies: Wie kommen Sie an neue Kunden?

Steve Dente: Die meisten kommen über das Programmierer-Netzwerk oder werden von Firmen an mich verwiesen.

CfD: Sprechen wir über diese beiden Varianten. Wie sieht ein Netzwerk von Programmierern aus?

Dente: Unser Programmierer-Netzwerk besteht aus selbstständigen Software-Beratern *und* aus Programmierern, die für unterschiedliche Unternehmen arbeiten. Erhält jemand einen Auftrag, den er aus Termingründen nicht selbst übernehmen kann, gibt er die Arbeit an einen anderen Programmierer unseres Netzes weiter. Wir alle wissen, wer was am besten kann, und wenn wir von einem Job erfahren, für den ganz spezielle Kenntnisse erforderlich sind, dann ziehen den Auftrag an Land und geben ihn an den jeweiligen Experten weiter.

CfD: Wenn *Sie* also bei einem Auftrag Hilfe benötigen, dann melden Sie sich bei den Mitgliedern Ihrer Netzwerkes und umgekehrt?

Dente: Genau. Und außerdem unterhält jede der Programmiersprachengruppen Webseiten im Internet, auf denen Firmen Anfragen hinterlassen können und man seine Dienste anbieten kann. Ich zum Beispiel bin Mitglied in mehreren Diskussions- und Programmierergruppen im Internet.

CfD: Sie sagten, dass Sie Ihre Kunden über das Programmierer-Netzwerk akquirieren und auch direkt über andere Unternehmen. Wie funktioniert denn Letzteres?

Dente: Die Firmen, die ich berate, beauftragen mich, da ich als Geologe Fachkenntnisse der Mineralogie habe und außerdem Softwareprogramme schreiben kann. Diese Kombination versetzt mich in die glückliche Lage, dass ich branchenspezifische Software für Edelsteine und Mineralien programmieren kann.

CfD: Wie sieht denn ein typischer Auftrag aus der Edelstein- und Mineralienbranche aus?

Dente: Mein letzter Auftrag war für ein großes amerikanisches Bergbau-Unternehmen. Ich schrieb ein Programm, mit dem die geförderten Edelsteine sortiert und protokolliert, der Gesamtertrag berechnet und Preise für die Saphire ermittelt werden kann.

CfD: Wie werden Sie mit einem Neukunden warm? Was erzählen Sie über sich, und was tun Sie, damit Sie von einem potenziellen Kunden einen Auftrag erhalten?

Dente: Nun ja, normalerweise unterhält man sich darüber, wen man in der Branche so kennt und welche Marktposition der potenzielle Kunde einnimmt. Im Grunde ist es nichts anderes als zu zeigen, dass man sich in der Branche auskennt. Oft verschicke ich auch von mir geschriebene Programme als Arbeitsproben.

Ich glaube, wenn man den Leuten vermitteln kann, dass man eine echte Ahnung von ihrer Arbeit hat, dass man weiß, was in der Geschäftswelt vor sich geht und versteht, wo ihr Problem liegt – und auch noch eine mögliche Lösungsstrategie umreißen kann – dann ist die Sache schon so gut wie geritzt.

Wichtig ist, ein gutes Verhältnis zum Kunden aufzubauen und eine Atmosphäre zu schaffen, in der sich beide wohlfühlen. Kann man den Kunden davon überzeugen, dass man sein Problem versteht und eine sinnvolle Lösung vorschlagen, wird *das* zum Gesprächsthema. Die Vertragsbedingungen und finanziellen Angelegenheiten lassen sich dann relativ einfach klären.

CfD: Das Geld wird also Nebensache?

Dente: Ja! Das Geld ist eigentlich kein Thema, darüber muss ich kaum sprechen. Es ist schließlich um wichtigere Dinge. So gefällt mir meine Arbeit am besten.

CfD: Komme die Kunden eigentlich zu Ihnen ins Büro oder gehen Sie zum Kunden? Oder treffen sie sich irgendwo in der Mitte?

Dente: Meistens fragen die Kunden zuerst einmal telefonisch an. Wenn ich mich dann mit einem Kunden treffen, gehe ich normalerweise zu ihm. In den letzten Jahren habe ich Kunden in Südkalifornien, New York, Montana, Korea, China, Sri Lanka und Thailand besucht. Die Geologie ist ein internationales Geschäft, und ich habe Kontakte in aller Welt.

CfD: Wieso beauftragen diese Firmen ausgerechnet Sie, es gibt ja schließlich viele Programmierer?

Dente: Normalerweise sind Programmierer und Geschäftsleute sozusagen inkompatibel. Mein Vorteil ist, dass ich 20 Jahre als Geologe in der Edelstein-Branche gearbeitet habe und mir das Programmieren angeeignet habe, weil es mich persönlich interessiert hat. Deshalb kann ich aus der Sicht eines Geschäftsmannes Software schreiben, und das ist extrem nützlich. Programmierer können natürlich alle Software schreiben, doch das Lösen geschäftlicher Probleme bereitet ihnen oft große Probleme. Ich kann meine Kunden aber auf beiden Ebenen beraten und biete nicht nur das eine oder das andere.

CfD: Welchen Rat würden Sie frisch gebackenen Consultants geben, die sich selbstständig machen möchten?

Dente: Sie sollten sich nicht zu sehr auf Werbung verlassen, denn das ist für einen Consultant die *unwirksamste* Methode, um Kunden zu gewinnen. Die beste Werbung für einen Neukunden ist ein zufriedener Kunde, für den man gerade gearbeitet hat. Aus dem aktuellen Kundenstamm entsteht der neue Kundenstamm. Man muss ein gutes Verhältnis zu den Kunden pflegen, ihnen gute Arbeit liefern und deren Probleme lösen. Im Geschäftsleben kommt es auf gute Beziehungen an, und das gilt ganz besonders für einen Consultant, da er mit seinen Fähigkeiten und Dienstleistungen sich selbst verkauft.

CfD: Genau! Man will ja kein Auto verkaufen, nicht wahr? Man verkauft sich selbst.

Dente: So ist es. Die Zufriedenheit und Treue der Kunden hängt direkt davon ab, wie gut die Zusammenarbeit verläuft und wie gut die Kunden sich verstanden und aufgehoben fühlen. Und wenn der Kunde zufrieden ist, erhält man neue Aufträge von ihm und von seinen Geschäftspartnern, an die man weiterempfohlen wird.

Virtuell oder in echt?

Die Welt ist ziemlich groß, und es ist natürlich klar, dass man nie im Voraus wissen kann, ob sich der finanzielle Aufwand für ein persönliches Treffen mit einem potenziellen Kunden auch wirklich in einer späteren Geschäftsbeziehung auszahlen wird. Klar ist auch, dass es dank Internet, E-Mail, Voice-Mail, Handy und sonstigem technologischen Schnickschnack einfacher denn je ist, mit jedem Menschen jederzeit zu kommunizieren. Allerdings kann *keines* dieser technischen Wundermittel ein Treffen ersetzten, bei dem sich die Gesprächspartner von Angesicht zu Angesicht gegenüberstehen.

In einem persönlichen Treffen sieht man, welches Gesicht zu der bekannten Telefonstimme gehört, welcher Mensch die Buchstaben der vielen E-Mails getippt hat. Mit einem Treffen werden den Bits und Bytes der elektronischen Kommunikation Leben eingehaucht. Sitzen Sie Ihrem Kunden in voller Lebensgröße und in natura gegenüber, ist es für ihn *viel* schwieriger, Ihre Argumente zu übergehen, als wenn Sie nur telefonisch oder schriftlich mit ihm kommunizieren. Und für Sie selbst ist es *viel* einfacher, Ihre Argumente verständlich zu vermitteln.

Noch nicht überzeugt? Dann lesen Sie folgende Geschichte.

Vor einigen Jahren rief Peters Verlagsagent bei ihm an und erzählte, er hätte eine Frau getroffen, die einen Ghostwriter brauchte. Die potenzielle Kundin hielt mit großem Erfolg Seminare in ganz Amerika und plante, ein Buch über ihre Workshops herauszugeben, da sie ihr Wissen nicht nur den Seminarteilnehmern, sondern auch einem breiteren Publikum zugänglich machen wollte. Sie war zwar selbst eine begabte Autorin, fand aber neben ihren anderen Aufgaben einfach nicht die Zeit, auch noch ein Buch zu schreiben. Peter rief sie also an.

Die Dame unterhielt sich zwar sehr angeregt mit Peter über ihr Projekt, teilte ihm aber bedauernd mit, dass sie sich eigentlich schon für einen anderen Autor entschieden hätte. Hm ... was jetzt? Peter entschloss sich zu einem letzten Versuch und schlug vor, dass er sie morgen gerne trotzdem zu einer Tasse Kaffee einladen würde, denn es könne ja nichts schaden, ein bisschen über das Projekt zu plaudern. Die Kundin war einverstanden.

Als die beiden sich am nächsten Tag persönlich trafen, waren sie sich auf Anhieb sehr sympathisch. Obwohl sich die Kundin ja eigentlich schon für einen Ghostwriter entschieden hatte, wurde aus dem geplanten Schwatz bei einer Tasse Kaffe eine stundenlange Diskussion über Gott und die Welt und das Projekt. Noch am gleichen Abend rief die Kundin bei Peter an und teilte ihm mit, dass sie sich nun doch für ihn entschieden hatte.

Diese Geschichte zeigt, dass man keinesfalls unterschätzen sollte, welche Wirkung ein persönlichen Treffen haben kann. Bei Peter und seiner Kundin sprang der Funken während des Telefonats nicht über. Erst bei ihrem persönlichen Treffen stellte sich heraus, dass beide auf derselben Wellenlänge lagen, was eine völlig neue Kommunikationsebene eröffnete. So konnte Peter die Kundin davon überzeugen, dass er für den Job viel besser geeignet war, als der Autor, für den sie sich bereits entschieden hatte. Blieb nur noch die Einigung über das Honorar und den Termin, und schon hatte er einen neuen Auftrag.

Noch etwas: Wissenschaftler und andere schlaue Menschen fanden heraus, dass die Kommunikation zwischen Menschen zu 85 Prozent nonverbal stattfindet – Sie wissen schon, Gesichtsausdruck, ungeduldiges Zappeln, verschränkte Arme, gelangweilte Seufzer oder angespanntes Sitzen auf der Stuhlkante. Bei der unpersönlichen Kommunikation werden deshalb nur 15 Prozent der Gesamtbotschaft vermittelt und ganze 85 Prozent bleiben auf der Strecke. Falls es Ihnen also nicht möglich ist, Ihren Kunden persönlich zu treffen, müssen Sie besonders darauf achten, dass *alles*, was Sie zu sagen haben, bei Ihrem Gegenüber auch ankommt.

Trotz aller Bemühungen, die Mängel der unpersönlichen Kommunikation mit witzigen Ansagen auf dem Anrufbeantworter und den verschiedensten Emoticons in E-Mails – das sind diese komischen Gesichter :-) und :-(– auszugleichen, kann die persönliche Ausstrahlung während eines Treffens durch nichts ersetzt werden. Und daran wird sich so schnell auch nichts ändern, es sei denn, Ganzkörper-Videokonferenzen verbreiten sich ganz schnell weltweit!

Lohnt sich der Aufwand?

Fragen Sie sich bitte gar nicht erst, *ob* Sie Ihren potenziellen Kunden treffen sollen. Fragen Sie sich: *Lohnt sich der Aufwand für das Treffen?* Für Peter zum Beispiel hat sich der Aufwand, der potenziellen Kundin eine Tasse Kaffee zu spendieren und 30 Kilometer mit dem Auto zu fahren, sehr gelohnt. Die Rechnung geht allerdings nicht ganz so offensichtlich auf, wenn Sie ein paar Tausend Kilometer zu einem Treffen reisen müssen. In solchen Fällen sollten Sie sich in Ruhe überlegen, welchen Nutzen Sie sich von einem persönlichen Treffen versprechen und in welchen Verhältnis die Ausgaben dazu stehen.

Die Anregungen im folgenden Abschnitt sollen Ihnen diese Überlegung erleichtern. Überwiegen die Pluspunkte, packen Sie Ihre Koffer und fahren Sie zu Ihrem Kunden!

Reisen

Plus: Reisen bildet. Vielleicht lernen Sie eine interessante Stadt kennen und treffen neue Leute.

Minus: Sie könnten im Flughafen festsitzen, weil ein Schneesturm tobt. Ihr Gepäck könnte verloren gehen. Das Essen im Flugzeug ist ungenießbar, außer Sie flirten mit der Stewardess, damit sie Ihnen die Reste aus der ersten Klasse vorbei bringt.

Ergebnis unterm Strich: Reisen Sie, wenn es sich möglicherweise auszahlt, aber nehmen Sie sich Proviant fürs Flugzeug mit. Ein Laptop mit einigen guten Computerspielen ist auch nicht zu verachten.

Zeit

Plus: Sie können endlich liegengebliebene Arbeit erledigen und wichtige Telefongespräche führen, während Sie darauf warten, dass die Schneeräummaschinen die Landebahnen räumen.

Minus: Aufgrund irgendeiner staatlichen Ausnahmeregelung ist ein Flughafen der langweiligste Ort auf der ganzen Welt. Besonders dann, wenn die Fluglinie Ihr Gepäck verloren hat. Sie haben ganz bestimmt überhaupt *keine* Lust auf Arbeit, wenn Sie in der Flughafen-Bar auf Ihren verspäteten Flug warten.

Ergebnis unterm Strich: Zeit ist Geld. Versprechen Sie sich von der Reise eine mindestens ebenso gute Gelegenheit, einen neuen Auftrag an Land zu ziehen, als wenn Sie sich zu Hause um Neukunden bemühen würden? Wenn nicht, stornieren Sie die Buchung – aber sofort!

Kosten

Plus: Reisekosten sind im Allgemeinen von der Steuer absetzbar. Gibt man auf einer Reise aber Geld für etwas aus, was wirklich Spaß macht, sind diese Kosten im Allgemeinen *nicht* von der Steuer absetzbar.

Minus: Die Reise könnte Sie einen *Haufen* Geld kosten, vor allem, wenn es eine weite Reise ist oder Sie sehr kurzfristig verreisen müssen. Außerdem entschädigen Fluglinien ihre Passagiere für verlorenes Gepäck nicht in der vollen Höhe des Werts.

Ergebnis unterm Strich: Geben Sie bitte nicht mehr Geld für die Jagd nach einem neuen Auftrag aus, als Sie mit diesem Auftrag auch tatsächlich verdienen können. Denken Sie auch daran, Ihr verlorenes Gepäck in diese Kalkulation mit einzubeziehen.

Zukunftsaussicht

Plus: Dieses Treffen könnte der Beginn einer langjährigen und erfolgreichen Geschäftsbeziehung sein, die es Ihnen ermöglicht, Ihren Kindern ein Studium zu finanzieren und sich endlich von Ihrer alten Rostlaube zu trennen, die Sie seit Ihrem Abitur fahren.

Minus: Dieses Treffen könnte sich für Sie und Ihren Kunden als komplette Zeitverschwendung herausstellen.

Ergebnis unterm Strich: Sie werden es nie wissen, wenn Sie es nicht ausprobieren. Sie können es natürlich auch mit einem Hellseher versuchen.

Der richtige Ansprechpartner

Treffen Sie sich am besten mit demjenigen, der darüber entscheidet, ob Sie oder Ihre Beraterfirma den Auftrag erhält. Warum? Na, weil Sie sonst womöglich nur Ihre Zeit mit Menschen vertrödeln, die absolut nichts zu sagen haben. Die zweitbeste Wahl ist, sich mit demjenigen zu treffen, der den Entscheidungsträger zu Ihren Gunsten beeinflussen kann.

Wer käme denn alles in Frage? Finden Sie vor Ihrem nächsten Treffen mit einem potenziellen Kunden heraus, in welche Kategorie er sich einordnen lässt:

- ✔ **Die Nummer 1:** Auch bekannt als der Obermacker, der Allmächtige oder ganz schlicht der Boss. Ob es sich bei dieser Person um den Eigentümer des Unternehmens oder den Vorstandsvorsitzenden handelt, ist völlig egal. Wichtig ist nur eines: Dieser Mann oder diese Frau hat unbegrenzte Verfügungsgewalt über das Budget und kann Sie so schnell engagieren, dass es Ihnen schwindelig wird. Und nicht nur das. Wenn Sie den Auftrag erhalten haben, kann Ihnen die Nummer 1 den Weg durch die bürokratischen und sonstigen Hindernisse des Unternehmens ebnen, was Ihnen Ihre Arbeit ganz *ungemein* erleichtert.
- ✔ **Assistent der Geschäftsleitung:** Auch bekannt als die Macht hinter dem Thron, der große Planer, der Allwissende und Allsehende oder einfach die rechte Hand vom Boss. Da die Nummer 1 meist darauf hört, was diese Person ihr einflüstert, haben Assistenten der Geschäftsleitung sehr viel Einfluss in dem jeweiligen Unternehmen. Können Sie sich nicht mit der Nummer 1 treffen, ist die Assistenz der Geschäftsleitung definitiv die zweite Wahl auf Ihrer Prioritätenliste.

- **Mittleres Management:** Auch bekannt als die »Mädchen (oder Jungs) für alles«, bürokratische Wasserköpfe oder einfach das Management-Team. Obwohl diese Personen nicht so uneingeschränkt schalten und walten können wie die Nummer 1, haben die meisten doch ein gewisses Finanzbudget zur Verfügung und können Sie engagieren – natürlich erst, nachdem sämtliche Formulare in doppelter und dreifacher Ausführung ordnungsgemäß ausgefüllt sind und der Kniefall vor der Nummer 1 zu vollster Zufriedenheit ausgefallen ist. Da diese Leute meist für die Probleme verantwortlich sind, deren Lösung Ihr zukünftiger Job sein wird, sollten Sie sich nicht allzu viel Unterstützung von Angehörigen dieser Kategorie erwarten.
- **Mitarbeiterausschuss:** Auch bekannt als der Dorn im Auge des Managements, die Manager-freie Zone oder einfach die Leute, die wirklich ab und an arbeiten. In einer Zeit, in der Mitarbeiterteams immer mehr Eigenverantwortung übernehmen müssen, gibt es in einigen Unternehmen Mitarbeiterausschüsse, die relativ viel zu sagen haben. Diese haben oft einen bestimmten Etat zur Verfügung und können durchaus darüber entscheiden, Sie zu engagieren. Es ist zwar schwieriger, ein ganzes Team davon zu überzeugen, dass Sie der Richtige für den Auftrag sind, doch wenn es um die Arbeit selbst geht, sind Sie mit Angehörigen dieser Kategorie gut bedient.

Sie fragen sich, wie Sie eigentlich an den Ansprechpartner Ihrer Wahl heran kommen? Ganz einfach: Suchen Sie sich zuerst Ihr »Opfer« heraus, und dann rufen Sie einfach an. Unserer Erfahrung nach sparen Sie sich einen Haufen Zeit und Geld, wenn Sie direkt den verantwortlichen Ansprechpartner anrufen. Auch eine E-Mail-Nachricht eignet sich ganz wunderbar, denn oft kommt innerhalb weniger Minuten eine Antwort zurück, während man auf einen Rückruf schon einmal ein paar Tage (oder ewig!) warten muss. Vielleicht müssen Sie ein bisschen mit der Sekretärin plaudern, um zu erfahren, wer im Unternehmen etwas zu sagen hat, doch sobald Sie es herausgefunden haben, können Sie zielstrebig genau an die richtige Adresse gelangen.

Wo treffen wir uns?

Sie können ein Treffen bei sich, bei Ihrem Kunden oder an einem neutralen Ort vereinbaren. Dabei kommt es auf die Art Ihrer Tätigkeit, der Entfernung zwischen Ihnen und Ihrem Kunden und den Terminkalender Ihres Kunden an. Lassen Sie sich die Vorteile und Nachteile der Alternativen durch den Kopf gehen.

- **Bei Ihnen:** Es ist nur sinnvoll, sich bei Ihnen zu treffen, wenn Ihr Büro so eingerichtet ist, dass Sie dort Kunden empfangen können. Und falls Sie ein Produkt vorführen möchten, das sich schlecht mitnehmen lässt, bietet sich Ihr Büro schon allein aus diesem Grund an. Wenn Sie zum Beispiel kundenspezifische Hardware- und Softwarelösungen für große Server und Netzwerke anbieten, könnte es schwierig werden, die gesamte Ausrüstung für eine Vorführung zum Kunden zu transportieren. In einem solchen Fall sollte man sich in dem Büro treffen, in dem die Geräte bereits installiert, konfiguriert und funktionstüchtig sind.

Der Vorteil eines Treffens bei Ihnen ist, dass für Sie keine Reise- oder Transportkosten anfallen. Nachteilig könnte es sein, wenn Ihr Büro kein richtiges Büro ist, sondern sich in einer Ecke Ihres Schlafzimmers befindet. Das wäre nicht so gut, oder? Falls Sie den Verdacht hegen, Ihr Kunde könnte beim Anblick Ihres Büros einen negativen Eindruck von Ihnen bekommen, schlagen Sie ihm besser vor, sich bei ihm zu treffen.

✔ **Bei Ihrem Kunden:** Das ist oft die beste Wahl – vor allem, wenn Ihr potenzieller Kunde sehr viel zu tun hat und sein Büro nicht einfach verlassen kann, oder wenn Sie sich noch mit weiteren Personen treffen wollen. Der Vorteil ist, dass sich Ihr Kunde in seiner gewohnter Umgebung wahrscheinlich wesentlich unbefangener mit Ihnen unterhält. Nachteilig könnte es sein, wenn Ihr Kunde die Besprechung jedes Mal unterbricht, wenn sein Telefon klingelt oder mit jedem Mitarbeiter, der kurz in sein Büro stürmt, ein Schwätzchen hält.

✔ **An einem neutralen Ort:** Wie wäre es mit einem gemütlichen Café oder Ihrem Lieblingsrestaurant zum Mittag- oder Abendessen? Vorteile: An einem neutralen Ort entkommen Sie der Hektik des normalen Geschäftsalltags und werden nicht ständig gestört. Nachteile? Sie könnten Ihrem Kunden unbeabsichtigt auf die Nerven gehen, wenn Sie ihn an die hohen Cholesterinwerte seiner Nachspeise erinnern und nur koffeinfreien Kaffee trinken.

Vielbeschäftigte Kunden ziehen es meist vor, wenn man zu ihnen kommt. Der geeignete Treffpunkt kann von Fall zu Fall unterschiedlich sein. Wichtig ist, dass Sie sich überlegen, wo Sie Ihrem Kunden die möglichen Lösungsansätze am besten vorstellen können und ob Sie für die Anreise zu Ihrem Kunden mehr ausgeben müssten als Sie bei dem Auftrag, sollte er zustande kommen, verdienen können. Im Zweifelsfall bitten Sie Ihren Kunden, einen Treffpunkt vorzuschlagen.

Wann treffen wir uns?

Sollten Sie lieber möglichst schnell ein Treffen vereinbaren, sozusagen das Eisen schmieden, solange es heiß ist, oder die Dinge langsam und gemütlich angehen? Nun, obwohl es oft vernünftig ist, sich an den Sinnspruch »in der Ruhe liegt die Kraft« zu halten, kann dies für einen Consultant auch nachteilig sein. Die Konkurrenz schläft nämlich nicht, und deshalb sollten Sie eine gute Gelegenheit nicht verbummeln.

Bestehen Sie ruhig darauf, sich möglichst bald mit einem potenziellen Kunden zu treffen. Damit zeigen Sie ihm nicht nur, dass Sie großes Interesse an einer Zusammenarbeit haben, sondern erhalten eventuell auch den Auftrag, bevor andere Consulting-Unternehmen überhaupt die Möglichkeit erhalten, einen Fuß in die Tür zu bekommen.

Wann ist nun der richtige Zeitpunkt für ein Treffen? Die richtige Antwort lautet: Jetzt! Sie haben heute keine Zeit? Dann sollten Sie es sofort in den Terminplan für den nächsten Tag eintragen. Je früher Sie das Treffen vereinbaren, desto größer ist die Chance, dass Sie den Auftrag erhalten.

Am Ball bleiben!

Viele Consultants haben überhaupt kein Problem damit, Neukunden zu akquirieren und während der ersten Kontakte deren Vertrauen zu gewinnen. Doch dann begehen sie den Fehler, dass sie nicht am Ball bleiben und alle Bemühungen waren umsonst. Als Consultant müssen Sie sowohl in Ihrem Fachgebiet hervorragende Leistung bringen, als auch die Kunst beherrschen, sich demjenigen erfolgreich zu verkaufen, der sich Ihre Dienste leisten kann und Ihre Rechnungen bezahlt.

Wer sich nicht selbst verkaufen kann, kann überhaupt nichts verkaufen. So einfach ist das.

Nachdem Sie einem potenziellen Kunden Ihre Verkaufsargumente dargelegt haben, besteht der nächste Schritt daraus, dass Sie sich ein geeignetes Anschlussverfahren – auch als Follow-up oder Follow-through Verfahren bekannt – überlegen. Als Consultant werden Sie vermutlich bald feststellen, dass die meisten Ihrer Kunden vielbeschäftigte Geschäftsleute sind, und es durchaus vorkommt, dass sie aufgrund ihrer vielfältigen Aufgaben Ihr Angebot einfach vergessen. Mit einem sinnvollen Anschlussverfahren können Sie sicherstellen, dass Sie nicht einfach in Vergessenheit geraten.

Bobs einfaches aber sehr wirksames Anschlussverfahren besteht darin, dass er jeden potenziellen Neukunden sofort in die Mailing-Liste für seinen Newsletter *Rewarding Employees* aufnimmt. Dieses Magazin wird jeden Monat an über 2000 Kunden und Interessenten verschickt und bietet dem Leser viele nützliche Information rund um das Thema Mitarbeitermotivation und Anerkennung. Damit versorgt Bob seine Kunden nicht nur mit interessanten Informationen, sondern erinnert sie jeden Monat ganz unaufdringlich an sein umfassendes Leistungsspektrum zu diesem Thema.

Die erste Regel für ein Anschlussverfahren lautet jedoch: Nicht aufdringlich werden! Richtiges Nachhaken hat den Zweck, Sie dem Kunden unaufdringlich in Erinnerung zu bringen und dabei ist zu beachten, dass Sie Ihrem Kunden nicht den letzten Nerv rauben. Bei der Überlegung, welches Anschlussverfahren Sie für eine bestimmten Kunden verfolgen möchten, sollten Sie unbedingt auf seine Anforderungen eingehen. Natürlich unterscheiden sich die geeigneten Anschlussverfahren von Fall zu Fall, es gibt jedoch einige Methoden, die im Allgemeinen für jede Situation hilfreich sind. Diese stellen wir Ihnen im nächsten Abschnitt vor.

Legen Sie einen Termin für den nächsten Schritt fest

Für den Fall, dass Sie immer noch keinen Terminkalender, Tagesplaner oder Organiser haben, in den Sie Ihre Termine und Verpflichtungen eintragen, legen Sie das Buch sofort weg. Gehen Sie nicht über Los und ziehen Sie keine 4000 DM ein, bevor Sie nicht einen gekauft haben. Sie besitzen schon einen? Gut, dann ist ja alles in Ordnung.

Was steht als nächstes an, damit Sie sich gut verkaufen können? Eine weitere Besprechung? Eine technische Vorführung? Dem Kunden einen Artikel zuschicken, den Sie geschrieben haben? Ein Anruf, um nachzufragen, ob Sie den Auftrag erhalten werden? Solange Sie den Auftrag nicht in der Tasche haben, benötigen Sie einen Plan mit Einzelschritten, die Sie Ihrem Ziel näher bringen. Legen Sie für sich selbst immer einen Zeitpunkt fest, wann Sie den jeweiligen Schritt erledigt haben wollen.

Notieren Sie sich jeden Schritt in Ihrem Kalender, selbst wenn es sich um eine ganz banale Angelegenheit handelt. Muss Ihre Nachfrage zu einer bestimmten Zeit stattfinden, notieren Sie sich natürlich auch den Zeitpunkt. Sie sollten sich bei geschäftlichen Dingen nicht auf Ihr Gedächtnis verlassen, sonst entgeht Ihnen womöglich ein lukrativer Job! Kunden legen auf zwei Dinge ganz besonders großen Wert: Pünktlichkeit und Zuverlässigkeit. Wenn Sie versprochen haben, dass Sie am 30. September um 9.00 Uhr anrufen, dann fangen Sie am besten am 30. September um 8.59 Uhr mit dem Wählen der Telefonnummer an.

Die hohe Kunst, sich zu bedanken

Ein Dankesschreiben kann wahre Wunder vollbringen, wenn Sie bei einem Kunden einen guten Eindruck hinterlassen möchten. Genau wie ein Dankesschreiben nach einem Vorstellungstermin bei dem Personalchef einen guten Eindruck hinterlässt, kann ein Dankesschreiben die Person, die über die Auftragsvergabe an einen Consultant entscheidet, tief beeindrucken.

Das Verfassen eines guten Dankesschreibens will gelernt sein. Ein Dankesschreiben muss aufrichtig klingen, von Herzen kommen und beim Leser die besten Erinnerungen an Sie und Ihr Untenehmen wecken. Folgende drei Punkte dürfen in keinem Ihrer Dankesschreiben fehlen:

- ✔ Danken Sie dem Kunden persönlich für dessen Zeit und Interesse.
- ✔ Betonen Sie Ihr Interesse an dem Auftrag.
- ✔ Legen Sie zusätzliche Informationen bei, die eine Entscheidung zu Ihren Gunsten unterstützen könnten.

Falls Sie sich unsicher sind, zu welchen Anlässen man sich bei einem potenziellen Kunden bedanken sollte, hier einige Anregungen:

- ✔ **Sie können sich bei einem Kunden für einen vereinbarten Termin bedanken.** Damit bestätigen Sie nebenbei auch noch einmal Datum und Zeit des Treffens.
- ✔ **Sie können sich nach einem Treffen bedanken, dass sich Ihr Kunde die Zeit genommen hat.** So lassen Sie Ihrem Kunden nicht nur ein ehrliches Dankeschön zukommen, sondern haben auch die Gelegenheit, die überzeugenden Gründe ins Gedächtnis zu rufen, die für Ihr Consulting-Unternehmen sprechen.

- **Sie können sich für einen erhaltenen Auftrag bedanken.** Die beste Gelegenheit für ein Dankesschreiben ist, sich für einen Auftrag zu bedanken.

Ein Dankesschreiben kann natürlich auch in vielen anderen Situationen passend sein. Wenn Sie das Gefühl haben, ein Dankesschreiben wäre angebracht, tun Sie es. Sie müssen ja nicht gleich einen Roman schreiben, einige ehrlich gemeinte Zeilen reichen völlig aus. Im Zweifelsfall liegen Sie mit einem Dankesschreiben nie verkehrt.

Per Brief, Telefon oder E-Mail nachhaken

Wichtig ist nicht, auf welchem Weg Sie bei Ihrem Kunden nachhaken, sondern dass Sie es überhaupt tun. Jede Möglichkeit hat ihre Vor- und Nachteile, und die Wahl des geeigneten Verfahrens hängt von der Art Ihres Unternehmens und dem jeweiligen Kunden ab. Sie können sich für ein Anschlussverfahren aus nur einer Methode entscheiden oder die Methoden beliebig kombinieren.

Nachfolgend die wichtigsten Vor- und Nachteile der verschiedenen Methoden:

- **Brief:** Ein Brief ist jederzeit und überall schnell geschrieben oder getippt. Ein persönlicher Brief, der ordentlich per Post beim Kunden eintrifft, macht natürlich den besten Eindruck, aber eine Faxnachricht ist meist auch in Ordnung. Der Vorteil ist, dass ein Brief praktisch und effektiv Ihr Botschaft übermittelt. Der Nachteil ist, dass Briefe leicht in all dem Papierwust auf den Schreibtischen beschäftigter Führungskräfte verloren gehen können.
- **Telefon:** Neben einem Treffen ist ein Anruf die persönlichste Form des Nachhakens. Mit einem Telefonanruf zeigen Sie Ihrem Kunden, dass Sie sehr daran interessiert sind, mit ihm ins Geschäft zu kommen. Der Vorteil des telefonischen Nachhakens ist, dass Sie von überall und jederzeit anrufen können. Außerdem können Sie Nachrichten auf dem Anrufbeantworter oder einer Mailbox hinterlassen, falls Ihr Kunde gerade nicht erreichbar ist. Der Nachteil ist, dass manche Menschen so gut wie nie telefonisch erreichbar sind, und es vorkommen kann, dass ausgerechnet Ihre Nachricht unter der Flut von anderen Nachrichten auf einem Anrufbeantworter untergeht.
- **E-Mail:** E-Mail-Nachrichten sind zwar etwas unpersönlicher als ein Brief oder ein Telefonanruf, können sich aber als extrem wirkungsvoll erweisen. Der Vorteil von E-Mails ist, dass sie äußerst praktisch sind und vielseitig eingesetzt werden können. Der Nachteil ist, dass Sie sich bei der E-Mail-Adresse auf keinen Falls vertippen dürfen, sonst kommt Ihre Nachricht nicht in München sondern in Wladiwostok an.

Hier ein Muster-Dankschreiben in Form einer E-Mail zur Anregung für eigene Entwürfe:

An: ErnstMustermann@bigbiz.com
CC:
Betreff: Vielen Dank!

Ich bedanke mich ganz herzlich bei Ihnen, dass Sie sich die Zeit genommen haben, um mit mir die umfassenden Qualitätssicherungsmaßnahmen zu besprechen, die Sie für das kommende Geschäftsjahr planen. Wir sind sehr daran interessiert, mit Ihnen an der Verwirklichung Ihres Projektziels zu arbeiten. Wie ich Ihnen bereits mitgeteilt habe, führt unser Unternehmen seit über 15 Jahren mit großem Erfolg Qualitätssicherungsmaßnahmen in Unternehmen Ihrer Branche ein. Unsere Kunden waren bisher mit unseren Leistungen immer höchst zufrieden, und ich bin mir sicher, dass wir auch Sie mit unseren Leistungen überzeugen können.

Ich werde Sie in der nächsten Woche anrufen, um die weitere Vorgehensweise zu besprechen.

Mit freundlichen Grüßen

Debbie Fritsch

Wenn Sie Ihren Kunden ein Dankesschreiben übersenden, dürfen Sie das Wichtigste nicht vergessen: *Bedanken* Sie sich bitte. Damit hinterlassen Sie nicht nur einen positiven Eindruck, der Ihnen unter Umständen zu dem aktuellen Auftrag verhilft, sondern bleiben auch in guter Erinnerung, wenn Sie den aktuellen Auftrag nicht erhalten und Ihr Kunde zu einem späteren Zeitpunkt wieder einen Consultant benötigen sollte.

Und so geht es weiter

Bei den Verhandlungen mit potenziellen Neukunden gelangen Sie irgendwann an den Punkt, an dem sich die Spreu vom Weizen trennen muss. Welche Kunden sind ernsthaft an einer Zusammenarbeit interessiert, welche scheinen weniger interessiert zu sein? Es wäre zwar schön, wenn Sie die Zeit und das Geld hätten, jeden einzelnen Kunden immer wieder aufzusuchen und jeder Möglichkeit nachzugehen, doch vom Kostenstandpunkt aus ist dies ein Ding der Unmöglichkeit.

Anschlussverfahren kosten Zeit und Geld – und davon nicht zu knapp. Da die wenigsten Consultants über unbegrenzte Zeit *und* Geldmittel verfügen, raten wir Ihnen, Ihre Kunden in aktive und passive Kunden aufzuteilen. Verwenden Sie den Großteil Ihrer Ressourcen auf die Pflege der aktiven Kunden. Aktive und passive Kunden unterscheidet man wie folgt:

- **Aktive Kunden** sind Kunden, die wirklich daran interessiert sind, Ihnen einen Auftrag zu vergeben. Diese Kunden verdienen es, dass Sie sich ihnen aufmerksam widmen, denn sie sind wahrscheinlich Ihre zukünftige Geldquelle. Nehmen Sie die aktiven Kunden in Ihr Anschlussverfahren auf und bleiben Sie regelmäßig über Telefonanrufe, E-Mails, Briefe, durch das Zusenden von Informationsbroschüren und Ähnlichem mit ihnen in Verbindung, damit man sich an Sie und Ihre Firma erinnert.

- **Passive Kunden** haben vielleicht einmal ein Interesse an Ihrem Unternehmen bekundet, haben aber trotz aller Bemühungen Ihrerseits (so ungefähr ein halbes Jahr können Sie ihnen schon Zeit lassen) keinen Auftrag vergeben. Kunden dieser Art werden von der aktiven Kategorie in die passive Kategorie umgeordnet, und Sie sollten Ihre Bemühungen etwas reduzieren. Um den Kontakt dennoch aufrechtzuerhalten, empfiehlt es sich, passive Kunden in die Mailing-Liste Ihrer Informationsbroschüre aufzunehmen. Das kostet Sie nicht viel, lässt Sie aber dennoch für eventuelle zukünftige Geschäftsbeziehungen nicht in Vergessenheit geraten.

Nach unseren Erfahrungen ist es jedoch immer ratsam, sowohl aktive als auch passive Kunden auf jeden Fall als potenzielle Kunden zu betrachten. Sie können nie ausschließen, dass ein Kunde, vom dem Sie ewige Zeit nichts mehr gehört haben, plötzlich auf die Idee kommt, Sie für einen ganz wichtigen Job zu engagieren. Uns passiert so etwas immer wieder. Es ist daher besser, Kontakte nicht abreißen zu lassen. Der Erfolg oder Misserfolg eines Consultants kann durchaus davon abhängen, *wen* er kennt und was man über ihn denkt, unabhängig davon, wie gut er seinen Job erledigt.

Erfolgreich durch gute Referenzen

22

In diesem Kapitel

- Wer Ihnen zu den besten Referenzen verhilft
- Die Voraussetzungen schaffen
- So verschaffen Sie sich gute Referenzen
- Mit Interessenten und Kunden in Verbindung bleiben

Jedes Consulting-Unternehmen ist auf Neukunden angewiesen, damit es wächst und gedeiht. Die Erweiterung Ihrer geschäftlichen Aktivitäten ist deshalb eine Aufgabe, die niemals zu Ende geht. Natürlich müssen Sie sich um Ihre aktuellen Kunden und Projekte kümmern (schließlich kommen die meisten Neuaufträge von zufriedenen Stammkunden), doch gleichzeitig sollten Sie stets nach zukünftigen Kunden Ausschau halten, damit Sie zwischen den Projekten für Ihre Stammkunden keine geschäftlichen Flauten erleben *und* expandieren können.

Es gibt viele verschiedene Möglichkeiten, Neukunden zu gewinnen. Inserate in Zeitungen und Zeitschriften, Klinkenputzen bei möglichen Interessenten, Preisausschreiben und kostenlose Warenproben sind nur einige der unzähligen Methoden, um Neukunden für sich zu gewinnen.

Es gibt jedoch noch einen anderen Weg, um an neue Kunden heranzukommen – eine Methode, die für viele Consultants die größte und ertragreichste Quelle für Neukunden darstellt, die manche aber völlig übersehen. Wir sprechen von *Referenzen und Weiterempfehlungen*. Angenommen, Sie sind ein erfolgreicher Ernährungsberater. Wenn Ihre Kunden mit Ihrer Arbeit zufrieden sind (und sie *sind* doch zufrieden, oder?), werden sie bestimmt Bekannten und Geschäftspartnern von der guten Zusammenarbeit mit Ihnen berichten. Erhalten Sie daraufhin Anfragen von den Geschäftspartnern Ihrer Kunden, gelten diese als Kunden, die Sie aufgrund guter Referenzen erhalten haben. Die Weiterempfehlung eines zufriedenen Kunden ist eigentlich die beste Methode, neue Kunden zu gewinnen und sollte daher nicht übersehen werden.

Gute Referenzen haben viele Vorzüge, von denen wir im Folgenden nur einige kurz erläutern möchten:

- ✔ **Sie ziehen sehr oft neue Aufträge nach sich.** Auf viele Consultants trifft es zu, dass Weiterempfehlungen zufriedener Kunden die meisten Neuaufträge nach sich ziehen, doch manche Consultants haben diese ergiebige Auftragsquelle noch nicht für sich entdeckt. Verschaffen Sie sich viele gute Referenzen, indem Sie den Ratschlägen dieses Kapitels folgen.
- ✔ **Ein Referenzkunde steht Ihnen bereits viel aufgeschlossener gegenüber als andere Interessenten.** Meist sind Referenzkunden bereits umfassend über Sie und Ihre Leistungen informiert und haben sich mit dem Gedanken an eine Zusammenarbeit mit Ihnen ange-

freundet. Die schwierige Aufgabe, einen potenziellen Neukunden, für den Sie ein Unbekannter sind, von Ihrer Fachkenntnis und Ihren Vorzügen zu überzeugen, fällt somit weg.

- **Sie sind unschlagbar preiswert.** Referenzkunden werden von Ihren Kunden an Sie verwiesen, das heißt, es kostet Sie keinen Pfennig, ihre Aufmerksamkeit zu erlangen. Und da Referenzkunden sich schon so gut wie für Sie entschieden haben, ist der Zeitaufwand für den Verkauf Ihrer Produkte oder Dienstleistungen wesentlich geringer als bei jedem anderen Interessenten.

In diesem Kapitel beschäftigen wir uns damit, wer für Sie die beste Quelle für Weiterempfehlungen darstellt, wie wichtig es ist, Ihre aktuellen Kunden weiterhin zufriedenzustellen und wie Sie das am besten erreichen. Wir zeigen Ihnen, wie Sie die besten Referenzen erhalten und was anschließend damit anstellen können.

Wer kann Sie weiterempfehlen?

Nun, eigentlich jeder. Meistens wird es zwar einer Ihrer zahlreichen zufriedenen Kunden sein, aber manchmal kommt eine gute Referenz aus völlig unerwarteter Quelle zu einem ganz unerwarteten Zeitpunkt. Sie können natürlich – wie bei fast allem im Leben – die Sache auch selbst in die Hand nehmen und sich aktiv um gute Referenzen bemühen.

Sie haben die Wahl: Entweder Sie warten, bis jemand Sie weiterempfiehlt oder Sie kümmern sich aktiv darum.

Wir gehen einmal davon aus, dass Sie sich selbst um Ihre Referenzen kümmern möchten. Da stellt sich natürlich die Frage, wen Sie daraufhin ansprechen sollten. Die wahrscheinlich besten Quellen für gute Referenzen sind:

- **Aktuelle Kunden:** Bei Ihren aktuellen Kunden sind Sie zweifellos an der besten Adresse. Erstens können sie die Qualität Ihrer Arbeit aus eigener Erfahrung beurteilen und zweitens sind sie oft ohnehin Ihre größten Fans. Wenn Ihre Kunden Sie dabei unterstützen, Neukunden zu gewinnen, erhöht sich auch die Wirksamkeit Ihrer eigenen Marketingstrategie um ein Vielfaches. Die beste und einfachste Vorgehensweise ist, Ihre Kunden direkt auf Ihr Anliegen anzusprechen. Sagen Sie einfach, dass Sie auch gerne für Geschäftspartner Ihrer Kunden tätig werden möchten, falls Bedarf an Ihren Leistungen besteht. Der geschickteste Zeitpunkt dafür ist, wenn Sie gerade ein Projekt für den Kunden abgeschlossen haben. Wenn Sie sich gut um Ihre Kunden kümmern, werden Sie sicher deren vollste Unterstützung erhalten.
- **Andere Consultants:** Als Consultant sind Sie nie gleichmäßig ausgelastet. In der einen Wochen sitzen Sie herum und drehen Däumchen, in der nächsten Woche sind Sie so beschäftigt, dass Sie kaum wissen, wo Ihnen der Kopf steht. Doch trösten Sie sich, Ihren Berufskollegen geht es ähnlich. So ist es nicht

weiter verwunderlich, dass viele Consultants, die vor lauter Arbeit nicht mehr ein noch aus wissen, Aufträge an Kollegen weitergeben, die sie kennen und denen sie vertrauen. So kann ein Auftrag auch ohne festangestellte Mitarbeiter termingerecht erledigt werden. Völlig ausgebuchte Consultants empfehlen manchmal ihren Kunden auch direkt an Kollegen weiter. Wenn Sie also die Bekanntschaft zu anderen Consultants suchen und pflegen, können Sie dadurch Zeiten der Auftragsflauten spielend überbrücken.

- ✔ **Geschäftsleute:** Während eines typischen Arbeitstages haben Sie mit vielen anderen Geschäftsleuten zu tun, zum Beispiel mit Ihrem Steuerberater, dem Büroartikelverkäufer oder dem Postboten. Wissen *diese Leute* eigentlich, welche Produkte und Dienstleistungen Sie anbieten? Falls nicht, ist das die Gelegenheit, sich einen völlig neuen Kreis von Geschäftsleuten zu erschließen, die Sie weiterempfehlen können. Ihr Rechtsanwalt und Ihr Steuerberater sind besonders geeignete Kandidaten, da sie wiederum mit vielen anderen Geschäftsleuten aus Ihrer Region in Verbindung stehen. Sie müssen nur dafür sorgen, dass diese Leute über Ihr Leistungsspektrum informiert sind.
- ✔ **Familie und Freunde:** Falls Sie nicht gerade von einem anderen Stern kommen, haben Sie bestimmt Verwandte und Bekannte, die Sie ebenfalls weiterempfehlen können. Erzählen Sie ruhig regelmäßig über Ihre Arbeit und stellen Sie klar, dass Sie überhaupt nichts dagegen haben, dass sich Ihre Tätigkeit im größeren Familien- und Freundeskreis herumspricht. Halten Sie Ihre Verwandten und Bekannten auf dem Laufenden und geben Sie ihnen Informationsmaterial zum Weiterverteilen oder Zeitungsartikel über Ihr Geschäft mit.

Inwiefern Sie sich aktiv um Referenzen und Weiterempfehlungen kümmern, liegt ganz bei Ihnen. Ist es Ihnen unangenehm, jemanden direkt darum zu bitten, Sie weiter zu empfehlen, dann lassen Sie es einfach bleiben. Falls Sie jedoch die Vorzüge von Weiterempfehlungen in Gestalt vieler neuer Kunden und interessanter Aufträge in vollem Maß ausschöpfen möchten, sehen Sie sich mit offenen Augen in Ihrem Umfeld um. Gibt es da nicht viele Bekannte und Geschäftsleute, die nur allzu gerne bereit wären, Sie und Ihre Dienste an andere weiterzuempfehlen, wenn Sie nur darum bitten?

Die Voraussetzungen schaffen

Da Ihre aktuellen Kunden Ihnen wahrscheinlich die besten und nützlichsten Referenzen ausstellen werden, sollten Sie sich zuerst auf sie konzentrieren, bevor Sie sich an den Besitzer der Imbissbude gegenüber oder den sympathischen Menschen, der jeden Morgen mit Ihnen auf den Bus wartet, wenden. Damit Ihre Kunden Sie gerne weiterempfehlen, können Sie einige Vorbereitungen treffen. Zum Beispiel folgende:

- ✔ **Leisten Sie gute Arbeit.** Ja, das lesen Sie hier sicherlich nicht zum ersten Mal und ganz bestimmt auch nicht zum letzten Mal. Leisten Sie gute Arbeit, und Ihre Kunden werden immer mit Ihnen zufrieden sein. Und zwar so zufrieden, dass sie allen Geschäftspartnern begeistert von Ihrer guten Arbeit erzählen.

Vor ein paar Monaten ließen Peters Nachbarn ihr Haus neu streichen. Der Maler war so gut und auch noch so günstig, dass ihn Peter sofort bat, auch in seinem Haus einige Zimmer zu streichen. Peter empfahl den Maler einer anderen Nachbarin, die ihm ebenfalls einen Auftrag anbot. Dies ging immer so weiter und zum Schluss hatte der Maler fast für jeden in der Straße gearbeitet, obwohl ihn bis vor ein paar Wochen kein einziger Anwohner gekannt hatte.

- ✔ **Halten Sie Budget und Termin ein.** Was will kein Kunde jemals von Ihnen hören? »Tut mir leid, aber ich kann den Termin unmöglich einhalten und außerdem wird das Projekt doch etwas mehr kosten als geplant.« Erweisen Sie Ihren Kunden die Freude, dass das Projekt termingerecht und innerhalb des Budgets fertiggestellt wird, und Sie werden ganz oben auf ihrer Liste der empfehlenswerten Consultants stehen. Es gibt zwar hin und wieder Kunden, die Ihnen die Schuld in die Schuhe schieben werden, obwohl sie selbst für eine Terminverschiebung oder Kostensteigerung eines Projekts verantwortlich sind, doch auch in einem derartigen Fall sollten Sie Ihr Bestes geben, um die Angelegenheit wieder ins Reine zu bringen. Man wird Sie als Held feiern!
- ✔ **Halten Sie Ihre Kunden auf dem Laufenden.** Wenn Sie Ihre Kunden während Ihrer Arbeit für sie über Fortschritte, Erfolge und auch Schwierigkeiten konstant auf dem Laufenden halten, werden sie Ihnen auf ewig dankbar sein.
- ✔ **Seien Sie zuverlässig und vertrauenswürdig.** Es gibt etwas, was jeden Kunden zutiefst verärgert, und das ist Unzuverlässigkeit. Wenn Sie Ihren Kunden etwas versprechen, wird von Ihnen zu Recht erwartet, dass Sie Ihr Versprechen einhalten. Als zuverlässiger und vertrauenswürdiger Consultant erhalten Sie mehr Aufträge und bessere Referenzen, als Sie sich vorstellen können. Falls Sie allerdings weder zuverlässig noch vertrauenswürdig sind, werden Sie viel Zeit für andere Sachen haben (zum Beispiel, sich eine neue Verdienstquelle zu überlegen).
- ✔ **Zeigen Sie Flexibilität.** Im Geschäftsleben bestimmen Veränderungen den Alltag. Gleichbleibende Verhältnisse sind die Ausnahme, nicht die Regel. Wer nicht flexibel ist, wird nicht sehr weit kommen. Ein guter Consultant ist in der Lage, sich hinsichtlich seiner Methoden, Termine und Projektmitarbeiter sehr rasch an Kundenbedürfnisse anpassen zu können.
- ✔ **Bedanken Sie sich bei Ihren Kunden für Weiterempfehlungen.** Wenn Ihr Kunde Sie an einen Interessenten weiterempfohlen hat, bedanken Sie sich bei ihm, ob nun ein neuer Auftrag dabei herausgekommen ist oder nicht. Mit Ihrem Dankeschön zeigen Sie Ihrem Kunden, dass Sie seine Unterstützung zu schätzen wissen.

Ihre gute Arbeit wird Ihnen sowohl *Folgeaufträge* von Ihren Stammkunden verschaffen als auch *Neuaufträge* von Interessenten, denen Sie empfohlen wurden. Bemühen Sie sich immer darum, Ihre Kunden zufriedenzustellen, und Sie werden mit Arbeit buchstäblich überhäuft werden.

So verschaffen Sie sich gute Referenzen

Sie können entweder darauf warten, dass Geschäftspartner und Bekannte Sie von sich aus an Interessenten weiterempfehlen oder sich aktiv darum bemühen. Ein Kunde, der sich auf Grund einer Empfehlungen an Sie wendet, ist ein wahrer Glücksfall, denn mit ihm kommen Sie schnell ins Geschäft, ohne dass Sie Ausgaben für Werbung hatten.

Die folgenden Abschnitte zeigen wir Ihnen verschiedene Methoden, die Sie bei Ihrer Suche nach neuen Kunden ausprobieren können.

Der direkte Weg

Warum lange um den heißen Brei herumreden? Bitten Sie Ihre Kunden und Bekannten ganz offen und ehrlich darum, Sie weiterzuempfehlen. Der *direkte* Weg ist meist der beste. Sagen Sie Ihren Kunden einfach, dass Sie sich über eine Weiterempfehlung an Bekannte und Geschäftspartner freuen würden, falls diese Bedarf an Ihrem Dienstleistungsangebot haben sollten. Diese Bitte können Sie persönlich, per Telefon, Brief, E-Mail oder Fax vorbringen. Auf der nächsten Seite finden Sie einen Beispielbrief für diesen Zweck.

Pflegen Sie Ihre Kontakte

Wie sagt man doch so treffend? Aus den Augen, aus dem Sinn! Heutzutage ist jeder unglaublich beschäftigt, muss mehr Aufgaben mit weniger Ressourcen erledigen, und das auch noch schneller als je zuvor. Aus diesem Grund sollten Sie den Kontakt zu Ihren Kunden gut pflegen, sonst laufen Sie Gefahr, im alltäglichen Geschäftschaos völlig in Vergessenheit zu geraten. Schauen Sie doch einfach auf einen Sprung bei Ihren Kunden im Büro vorbei oder schicken Sie ihnen einen interessanten Zeitungsartikel oder ein kurze E-Mail, wenn Sie nicht gerade ein Projekt für sie bearbeiten.

Kleine Aufmerksamkeiten erhalten die Freundschaft

Belohnen Sie Ihre Kunden für ihre Weiterempfehlungen. Je nach Art Ihrer Tätigkeit kann eine solche Belohnung aus einem einfachen Dankschreiben oder einer bestimmten Provision für den vermittelten Neukunden bestehen. Das Mindeste ist allerdings, dass Sie sich persönlich bei Ihrem Kunden bedanken. Auch ein kleines Geschenk, zum Beispiel eine Kaffeetasse mit Ihrem Firmenlogo oder ein Blumenstrauß, kommt meist sehr gut an. Eine weitere Möglichkeit wäre, Ihrem Kunden für seinen nächsten Folgeauftrag einen Rabatt zu gewähren. Falls Ihnen der Kunde ein besonders lukratives Geschäft vermittelt hat, können Sie die Provision gerne erhöhen. Den Möglichkeiten sind so gut wie keine Grenzen gesetzt (achten Sie aber darauf, dass alles legal bleibt!).

25. Oktober 2000

Frau Sarah Weiß
Weiß und Partner
Schlossallee 1330
98765 Musterstadt

Sehr geehrte Frau Weiß,

ich freue mich, Ihnen mitteilen zu können, dass wir die Umgestaltung des Bewässerungssystems im Stadtpark erfolgreich abgeschlossen haben – und das eine Woche vor Fertigstellungstermin! Herzlichen Dank für Ihre Unterstützung bei der Überwindung der bürokratischen Hürden in der Stadtverwaltung. Ich freue mich sehr über die gute Partnerschaft, die wir im Laufe des Projekts entwickelt haben.

Über ein weiteres gemeinsames Projekt würde ich mich sehr freuen. Falls in der Zwischenzeit einer Ihrer Geschäftspartner einen guten Ingenieur benötigt, können Sie ihn sehr gerne an mich verweisen. Ich kann Ihnen versichern, dass ich wie immer beste Arbeit zum bestmöglichen Preis biete.

Nochmals vielen Dank für Ihre Hilfe.

Mit herzlichen Grüßen

Ihr

Johannes Wassermann

Erstellen Sie eine Kundendatei

Mit wie vielen Kunden und Interessenten treffen Sie sich im Jahr? 15? 150? 1500? Sobald es sich um mehr als nur ein paar Menschen handelt, wird es immer schwieriger, sich Einzelheiten zu merken. Eine gut gepflegte Kundendatei ist deshalb Gold wert. Sie können damit unter anderem auch ganz gezielt Kunden auswählen, von denen Sie sich gute Referenzen versprechen. In Ihre Kundendatenbank gehören auf alle Fälle Einträge über Ansprechpartner einschließlich Name und Position, Name und Anschrift der Firma, Telefon- und Faxnummer, Geschäftsbereich und Anforderungen, persönliche Interessen und alle weiteren Informationen, die Ihnen nützlich erscheinen.

Geben Sie selbst Empfehlungen ab

Eine wichtige Lektion für das Geschäfts- und Privatleben ist: *Eine Hand wäscht die andere*. Sie fragen sich, was dieser Sinnspruch mit Empfehlungen zu tun hat? Viel! Sie freuen sich ja auch, wenn Ihre Kunden Sie weiterempfehlen, und so liegt es nahe, dass sich Ihre Kunden ebenso darüber freuen, wenn sie *von Ihnen* weiterempfohlen werden. Erfahren Sie beispielsweise von einem Bekannten, dass er auf der Suche nach einem guten Steuerberater ist, empfehlen Sie ihm doch einfach die Steuerkanzlei, die Sie in EDV-Fragen beraten (vorausgesetzt natürlich, es handelt sich um eine gute Steuerkanzlei). Es ist eigentlich wirklich ganz einfach: Je mehr Kunden oder Kollegen Sie weiterempfehlen, desto häufiger wird man Sie selbst auch weiterempfehlen.

Bei Referenzkunden nachhaken

Auch bei Referenzkunden ist die spannende Frage, ob sich hier allem Anschein nach ein vielversprechender Auftrag bietet oder Ihre Bemühungen voraussichtlich in eine Sackgasse führen. Ihre Aufgabe ist nun, dies herauszufinden. Packen Sie gute Gelegenheiten am Schopf, solange sie sich Ihnen bieten. Zögern Sie zu lange, werden aus guten nur verpasste Gelegenheiten.

Gute Referenzen sind gerade für frisch gebackene Consultants die beste Vorsorge für die Zukunft. Die folgenden Anregungen helfen Ihnen dabei, sich den Weiterempfehlungen Ihrer Kunden als würdig zu erweisen:

- ✔ **Haken Sie bei Referenzkunden nach:** Sobald sich ein Interessent aufgrund einer Weiterempfehlung an Sie wendet, sollten Sie sich *sofort* um ihn kümmern. Greifen Sie zum Telefon und rufen Sie auf der Stelle zurück! Nichts ist für einen Kunden peinlicher, als dass er Sie weiterempfiehlt und dann erfahren muss, dass Sie weder zurückgerufen noch sonst auf die Anfrage des Interessenten reagiert haben. Sie können Gift darauf nehmen, dass *dieser* Kunde nicht einmal mehr daran denken wird, Sie weiterzuempfehlen!

Wenn Sie den neuen Interessenten erreichen, geben Sie ihm zuerst einen kurzen Überblick über Ihr Dienstleistungsangebot und vereinbaren anschließend möglichst bald einen Termin mit ihm, damit Sie sich ein genaues Bild über sein Problem machen können. Mit Ihrer unverzüglichen Reaktion auf einen vermittelten Neukunden erweisen Sie ihm *und* Ihrem Kunden den nötigen Respekt. Selbst wenn Sie im aktuellen Fall nicht helfen können, zeigen Sie durch Ihr Engagement, dass Ihr Kunde Sie zu Recht weiterempfohlen hat und dies auch in Zukunft mit gutem Gewissen tun kann. Und es ist ja auch nicht gesagt, dass der Interessent sich nicht mit einer anderen Problemlage doch wieder an Sie wenden wird. Halten Sie sich deshalb alle Türen offen.

✔ **Bleiben Sie mit Ihrem »Alt«-Kunden in Verbindung.** Informieren Sie Ihre Kunden über die Entwicklungen mit dem vermittelten Interessenten. Ihre Kunden werden die Informationen zu schätzen wissen und außerdem ganz unauffällig daran erinnert, dass Sie sich über Weiterempfehlungen freuen und für Aufträge zur Verfügung stehen.

Dies könnte sich zum Beispiel so anhören:

Sie: »Ich wollte mich bei Ihnen für die Vermittlung an die Firma Text 2000 bedanken, Sie haben mir zu einem Super-Auftrag verholfen.«

Kunde: »Gern geschehen. Sie leisten so gute Arbeit für uns, dass ich mir dachte, in diesen Genuss sollten auch andere kommen. Ich kenne noch einige andere Geschäftspartner, die dringend einen so guten und erfahrenen Consultant wie Sie suchen. Ich werde Ihnen noch ein paar Interessenten vorbeischicken, machen Sie sich schon einmal auf viel Arbeit gefasst.«

Sie: »Das ist ja toll. Für so nette Kunden wie Sie kann ich mir immer Zeit nehmen. Ich versichere Ihnen, dass sie genau so zufrieden mit mir sein werden wie Sie es sind. «

Teil VI

Die Hitlisten

»Rentenpapiere? Dividenden? Steuerfreie Kommunalanleihen? So ein Quatsch! Ich bin dafür, das Geld wie immer zu verbuddeln und diesen Consultant an die Haie zu verfüttern.«

In diesem Teil...

In den folgenden kurzen Kapiteln stecken lauter gute Tipps und Ideen, mit denen Sie ein erfolgreicher Consultant werden. Wann immer Sie ein paar Minuten Zeit haben, können Sie hier ein wenig schmökern.

Zehn Möglichkeiten, im Internet zu werben

23

In diesem Kapitel

- Werben Sie mit Ihrer eigenen Homepage
- Mailinglisten zielgerichtet verwenden

Das World Wide Web – virtuelles Land der unbegrenzten Möglichkeiten! Mit der täglich steigenden Anzahl seiner Nutzer wird das Internet als Werbemaßnahme für Ihre Dienstleistungen zunehmend interessant. Es lässt sich zwar überhaupt noch nicht einschätzen, ob sich die Unsummen, die für die Internetpräsenz ausgegeben werden, auf lange Sicht wirklich bezahlt machen, aber als Werbemittel für den Einzelnen ist es eine relativ einfache und kostengünstige Lösung. Allerdings tummeln sich im Internet so viele Nutzer, dass die Gefahr, unter all den Links und Adressen unterzugehen, ziemlich groß ist. Und dann hätte man den Werbeetat sicherlich sinnvoller ausgeben können.

Zu einer effektiven Nutzung des Internets ist es daher sinnvoll, sich an bewährte Richtlinien zu halten. Im Folgenden einige Anregungen, mit denen Sie Ihre Internetwerbung erfolgreich gestalten können:

Erstellen Sie Ihre eigene Homepage

Falls Sie es noch nicht bemerkt haben sollten: Fast jedes große und kleine Unternehmen auf der Welt hat seine eigene Homepage im World Wide Web. Vom Vatikan über Coca-Cola bis zu Ihrem Bäcker um die Ecke halten viele Unternehmen Homepages für einen wichtigen Teil ihrer Marketingstrategie. Homepages sind überaus beliebt, da man mit ihnen unter minimalem finanziellen Einsatz Kunden auf der ganzen Welt zu jeder Tages- und Nachtzeit, jeden Tag des Jahres bei jedem Wetter informieren kann.

Falls Sie es erst einmal für wenig Geld oder umsonst ausprobieren wollen, können Sie sich bei vielen großen Online-Anbietern oder auch Ihrem Internet-Provider eine eigene Website basteln. Dabei kommt es hauptsächlich darauf an, dass Sie die Informationen für den Kunden nicht nur über ein neues Medium präsentieren, sondern mit Ihrer Homepage einen neuen Wert schaffen (eine neue Geschäftsmethode, die Vermittlung von Wissen und ähnliches).

Wenn es Ihnen mit Ihrer Homepage so *richtig Ernst* wird, suchen Sie sich am besten einen Internet-Berater, der Ihnen die Homepage zu einen vernünftigen Preis erstellt und pflegt. Fragen Sie einfach bei Ihrem Internet-Provider nach oder suchen Sie sich in einer Computerzeitschrift einen professionellen Homepage-Designer aus.

Machen Sie auf sich aufmerksam!

Wenn Sie erst einmal im Internet vertreten sind, muss man Sie natürlich auch leicht finden können. Dank leistungsstarker Suchmaschinen wie Yahoo! und AltaVista können Ihre Kunden Sie sehr leicht finden, wenn sie nur den passenden Suchbegriff eingeben. Sie sollten sich allerdings bei Yahoo! und Konsorten registrieren lassen, damit die Suchmaschinen Sie auch finden.

Sobald Ihre Homepage fertig ist, sollten Sie sich deshalb bei den bekanntesten Suchmaschinen anmelden. Das können Sie entweder selbst tun, indem Sie die Internet-Adresse Ihrer Homepage auf den Seiten der Suchmaschinen eingeben oder jemanden damit beauftragen. Gegen unterschiedlich hohe Gebühren übernehmen entsprechende Dienstleister die Anmeldung Ihrer Internet-Adresse bei vielen verschiedenen Suchmaschinen.

Mit praktischen Links ein Netzwerk aufbauen

Das Surfen im Internet macht unter anderem auch deshalb soviel Spaß, weil man ständig über sogenannte *Hypertext-Links* auf immer wieder neue Homepages springen kann. Wenn Sie also gerade auf einer Website einen Artikel über Dänische Doggen lesen, können Sie auf den unterstrichenen Text `Kanadische Züchter` klicken und landen auf der Homepage der Vereinigung der kanadischen Züchter von Dänischen Doggen. Sie können Links zu anderen Homepages auf Ihre Website anbieten und Links zu Ihrer Homepage auf anderen Websites eintragen.

Überlegen Sie bei der Erstellung Ihrer Homepage, welche Links für Ihre Kunden interessant sein könnten. Als Anlageberater könnten Sie beispielsweise Links zu der Zeitschrift *Capital*, einem Investment-Club in Frankfurt oder einem Internet-Dienst, der kostenlos Aktiennotierungen anbietet, einfügen. Nehmen Sie derartige Links in Ihre Homepage auf und bitten Sie den jeweiligen *Webmaster* (derjenige, der diese Homepages verwaltet) dieser Seiten darum, auch einen Link zu *Ihrer* Homepage einzubauen. Wenn Sie diese Strategie konsequent verfolgen, gibt es bald auf vielen Seiten im Internet einen Link zu Ihrer eigenen Homepage.

Werbe-Mailings zielsicher einsetzen

Über das Internet lassen sich innerhalb von wenigen Sekunden Werbe-Mails zu Tausenden von Adressaten auf der ganzen Welt verschicken. Kein lästiges Ausdrucken mehr, keine zahllosen Prospekte mehr falten, nie wieder Briefmarken anlecken und schon gar nicht auf dem Postamt in der Schlange stehen. Klingt verdammt gut, oder? Ist es auch, aber mit einer Einschränkung: Schicken Sie *niemals* einfach so Werbe-E-Mails an potenzielle Kunden! Auch wenn die Versuchung groß ist, zu einem Spottpreis Hunderttausende von Empfängern mit Werbe-Mailings zu überschütten, werden Sie mehr Menschen damit verärgern, als das Interesse für Ihre Dienste zu wecken. Erstellen Sie lieber eine Liste mit potenziellen Kunden, die *wirklich* an Ihren Mails *interessiert* sind. Bieten Sie zu diesem Zweck den Besuchern Ihrer Homepage an, sich in die Mailingliste einzutragen, oder wenden Sie sich an eine Firma, die branchenspezifische Mailinglisten verkauft.

Reden Sie mit!

Bei allen größeren Online-Anbietern gibt es schwarze Bretter (virtuell natürlich) mit deren Hilfe sich Geschäftsleute und Experten aller möglichen Sparten miteinander »unterhalten«, indem sie dort Nachrichten für Menschen mit ähnlichen Interessen hinterlassen. So können Sie ganz einfach mit anderen Consultants in Kontakt treten, Fragen stellen, Ratschläge erteilen, sich inspirieren lassen oder einfach nur »chatten«. Außerdem trifft man dabei ab und zu auch auf potenzielle Kunden, die auf diesen schwarzen Brettern nach erfahrenen Consultants suchen.

Als Peter sich selbstständig machte, besuchte er oft das schwarze Brett für Autoren und Schriftsteller bei AOL und war sogar einige Zeit für das schwarze Brett für Ghostwriter verantwortlich. Er lernte dabei viele andere Autoren kennen, mit denen er zum Teil auch Projekte übernahm, und erhielt einige Aufträge von Kunden, die über das schwarze Brett einen guten Autor suchten. Sie müssen nicht unbedingt Mitglied bei einem der großen Online-Dienste sein, denn im Internet gibt es genügend Newsgroups, Mailinglisten und Chatrooms, die den gleichen Zweck erfüllen.

Machen Sie Ihre Internet-Adresse bekannt

Ihre Homepage und E-Mail-Adresse müssen natürlich auch bekannt sein, sonst nutzen sie Ihnen nicht viel. Diese Adressen müssen deshalb auf Ihren Visitenkarten, Ihrem Briefpapier, Ihren Werbeanzeigen, Berichtmappen und auf überhaupt allem, was Sie an potenzielle Kunden schicken, stehen. Sie haben eine E-Mail-Adresse? Sehr gut! Sie haben eine Homepage? Noch besser! Das Wichtige ist, dass Ihre Kunden Sie möglichst schnell und einfach erreichen können.

Ein wichtiger Hinweis: Es ist nicht sonderlich geschickt, eine geschäftlich genutzte E-Mail-Adresse zu ändern. Sie müssten nicht nur jedes Mal Ihre gesamten Geschäftspapiere neu drucken, sondern riskieren, dass Sie wichtige E-Mails nicht erhalten, die versehentlich noch an die alte Adresse geschickt werden. Es ist nicht unbedingt üblich, dass Online-Anbieter und Internet-Provider E-Mail-Nachrichten an eine neue Adresse weiterleiten.

Sie haben die Wahl: Entweder Sie behalten Ihr Leben lang ein und dieselbe E-Mail-Adresse oder Sie besorgen sich eine »ständige« Nachsendeadresse, wie sie zum Beispiel die Stanford alumni Association anbietet. Sie hat für ehemalige Studenten der Universität Stanford kostenlos einen **Weiterleitungsdienst** eingerichtet. (Finden Sie heraus, ob es diese Dienste auch in Deutschland gibt.) Unabhängig davon, welchen Online-Anbieter Peter aktuell verwendet, werden alle E-Mails, die an `bizzwriter@alumni.stanford.org` gesendet werden, automatisch an Peters aktuellen Posteingang weitergeleitet. Diesen Service bieten verschiedene Unternehmen und Organisationen an, zum Beispiel Bigfoot (`http://www.bigfoot.com`) oder StarMail (`http://www.starmail.com`.

Richten Sie Ihren eigenen Domain-Namen ein

Sicherlich ist Ihnen schon aufgefallen, dass die Internet-Adressen von bekannten Unternehmen meistens dem Namen des Unternehmens entsprechen. Wollen Sie zum Beispiel auf die Homepage der Firma Siemens, tippen Sie einfach `www.siemens.de` ein, und schon sind Sie dort. Warum sollten also nicht auch Sie mit einem eigenen Domain-Namen aufwarten? Will ein Kunde Sie dann finden, gibt dann einfach `www.IhreFirma.de` ein, anstatt sich irgendeine lange und komplizierte Adresse merken zu müssen. Erkundigen Sie sich einfach bei Ihrem Provider oder geben Sie bei Yahoo! (`http://www.yahoo.de`) den Suchbegriff »Domain-Name« ein. Als Ergebnis werden Sie eine lange Liste von Anbietern erhalten, die Ihnen gerne eine eigene Domain einrichten (nicht ganz umsonst, versteht sich).

Organisieren Sie selbst ein Online-Forum

Viele Consultants machen sich dadurch einen Namen, dass sie sich als Verantwortliche für Diskussionsforen bei den großen Online-Diensten wie AOL, CompuServe und T-Online zur Verfügung stellen. Paul und Sarah Edwards zum Beispiel, Experten für das Thema »Wie mache ich mich selbstständig?«, sind bei CompuServe online für Interessenten ansprechbar. Zusätzlich zu ihren zahlreichen Büchern und Auftritten in der Öffentlichkeit nutzen die beiden dieses Online-Forum als außerordentlich wirksames Werbemittel. Das können Sie auch! Die größeren Online-Anbieter suchen eigentlich immer nach Experten, die ihr Fachwissen für ein Forum zur Verfügung stellen. Kontaktieren Sie einfach den Online-Dienst Ihrer Wahl und machen Sie ein Angebot!

Tragen Sie sich bei einem Vermittlungsservice ein

Der Eintrag bei einem Consulting-Vermittlungsservice ist eine einfache und kostengünstige Möglichkeit, im Internet zu werben. In der Suchmaschine Alta Vista können Sie sich zum Beispiel auf der englischen Internetseite Expert Marketplace, die als Fundgrube für Consulting-Dienste gilt, eintragen lassen. Eine Adresse für deutschsprachige Consultants und interessierte Kunden ist unter `www.Consultants.de` zu finden. Gehören Sie einem Berufsverband an, fragen Sie am besten zuerst dort nach, ob ein kostenloser Internet-Vermittlungsdienst für Mitglieder angeboten wird.

Rufen Sie eine Mailingliste ins Leben

E-Mail-Verteiler, Diskussionsliste, List-Server und Mailingliste – dies alles sind lediglich verschiedene Bezeichnungen für eine Methode, über das Internet potenzielle Kunden zu informieren. Und so funktioniert es: Ihr Kunde schreibt sich in Ihre Mailingliste ein, und alle E-Mails, die bei einer zentralen Adresse eingehen, werden an *alle* Personen weitergeleitet, die auf Ihrer Verteilerliste stehen. Es gibt hierbei zwei verschiedene Möglichkeiten: Entweder organisieren Sie Ihre Mailingliste als offenes *Diskussionsforum*, wobei jeder Teilnehmer Nachrichten an alle anderen versenden kann, oder als reine *Mitteilungsliste,* wobei ausschließlich *Ihre* eigenen Nachrichten an die Teilnehmer verteilt werden.

Wenn Sie Ihre Mailingliste hauptsächlich für Marketingzwecke verwenden möchten, sind Sie mit einer reinen Mitteilungsliste am besten beraten. Die Verteilung von Newsletters, Pressemitteilungen und anderen Marketinginformationen an Kunden und solche, die es vielleicht werden könnten, ist damit ein Kinderspiel. Eine solche Mailingliste können Sie entweder selbst bei Ihrem Provider einrichten oder, falls Sie damit keine Erfahrung haben, einem Profi überlassen. Firmen, die Internet-Marketing anbieten, finden Sie zuhauf in den Gelben Seiten unter den Stichworten »Internet« und »Marketing«.

Die zehn schlimmsten Fehler, die ein Consultant machen kann

24

In diesem Kapitel

- In zwischenmenschlicher Hinsicht
- In finanzieller Hinsicht
- Fehlende Zukunftsplanung

Jeder Mensch macht Fehler, und selbst der beste Consultant ist auch nur ein Mensch. Besonders leicht kann einem ein Fehler unterlaufen, wenn man sich gerade erst selbstständig macht. Der allergrößte Fehler ist jedoch, nichts dazu zu lernen. Lesen Sie bitte die nachfolgenden Punkte aufmerksam durch, dann bleibt es Ihnen hoffentlich erspart, die Lektion auf die harte Tour zu lernen und erst klüger zu werden, nachdem Sie auf die Nase gefallen sind.

Nur mit einem Ohr zuhören

Im Gegensatz zu vielen anderen Berufen hat ein Consultant viel mit Menschen zu tun. Ihr Geschick und Ihre Fähigkeit, die beste Lösungsstrategie für ein Unternehmen zu entwickeln, hängt davon ab, wie gut Sie mit Ihren Kunden kommunizieren können. Wichtiger noch, als sich selbst gut und verständlich ausdrücken zu können ist es, ein guter Zuhörer zu sein. Meistens wissen Ihre Kunden sehr genau, was sie wollen und mit welchen Problemen ihre Firma zu kämpfen hat. Der beste Weg, sich in kürzester Zeit genauestens darüber zu informieren, ist, ihnen aufmerksam zuzuhören. Gewöhnen Sie sich deshalb an, bei einem Meeting mit Ihren Kunden deutlich mehr zuzuhören als selbst zu sprechen. Stellen Sie auch sicher, dass Sie alles richtig verstanden haben, indem Sie das Gesagte mit eigenen Worten wiederholen.

Unpersönlicher und desinteressierter Umgang mit den Kunden

Als Consultant haben Sie direkten, persönlichen Kontakt mit Menschen. Sie müssen daher in der Lage sein, eine gute Beziehung zu Ihren Kunden aufzubauen, damit Sie zum einen überhaupt lukrative Jobs an Land ziehen und zum anderen diese auch mit Erfolg abschließen können. Jeder Kunde, der Sie engagiert, vertraut auf Ihre Kompetenz, den Auftrag fachmännisch, termingerecht und zum vereinbarten Preis auszuführen. Um das Vertrauen des Kunden zu gewinnen und zu stärken, ist es erforderlich, dass zwischen Ihnen und Ihrem Kunden ein gutes Verhältnis besteht. Bemühen Sie sich also um den Aufbau eines herzlichen, partnerschaftlichen Verhältnisses und zeigen Sie auch Interesse an der privaten Situation Ihres Kunden. Fragen Sie ihn zum Beispiel ruhig einmal danach, wie es seiner Familie geht. Nehmen Sie sich die Zeit, sich gegenseitig kennen zu lernen.

Sich selbst zu wichtig nehmen

Es ist völlig in Ordnung, wenn Sie selbstbewusst an eine Aufgabe herangehen. Es ist auch in Ordnung, wenn Sie Ihre Meinung über die sinnvollste Vorgehensweise und Ihre ethischen Vorstellungen vertreten. Es ist sogar in Ordnung, wenn Sie auf Ihrem Standpunkt beharren und versuchen, Ihren Kunden mit fundierten Argumenten von Ihrem Standpunkt zu überzeugen. Ganz und gar *nicht* in Ordnung ist es aber, wenn Ihr Ego mit Ihnen durchgeht, die Oberhand über den gesunden Menschenverstand gewinnt und Sie Ihrem Kunden nicht mehr zuhören. Sobald Ihnen auffällt, dass Sie derjenige sind, der die ganze Zeit redet oder dass Sie mit den Gedanken nicht bei der Sache sind, besinnen Sie sich bitte eines Besseren. Sollte Ihre Kommunikationsfähigkeit Ihrem Stolz zum Opfer fallen, sollten Sie sich notfalls dazu zwingen, selbst zu schweigen und dem anderen zuzuhören. Sie werden vielleicht überrascht sein, was Sie dann alles erfahren.

Mangelnde Flexibilität

Nichts ruiniert einen Consultant schneller als mangelnde Flexibilität. Eingefahrene und starre Vorgehensweisen sind vielleicht für Angestellte in einem großen, durchorganisierten Unternehmen die beste Strategie, doch für einen Selbstständigen gilt das genaue Gegenteil. Flexibilität ist einer der Hauptgründe, weshalb ein Unternehmen einen Consultant engagiert, denn dieser ist ja gerade nicht den starren Regeln und Richtlinien unterworfen und kann deshalb wesentlich schneller handeln. Wann immer ein Unternehmen mit einem Problem kämpft, ist es eine *akute* Angelegenheit, die *sofortige* Gegenmaßnahmen erfordert. Wenn nicht Sie derjenige sind, der sich der Sache jetzt annehmen kann, wird es ein anderer Consultant tun. Reagieren Sie deshalb flexibel auf die Anforderungen Ihrer Kunden. Eine schnelle Reaktion ist Ihr größter Wettbewerbsvorsprung, vergeuden Sie ihn nicht.

Zu hohe Preise

Die meisten Unternehmen wissen recht gut, welches Honorar für welche Dienste verlangt wird. Vielleicht sind Sie nicht der erste Consultant, den ein Unternehmen beauftragt, oder es werden zusätzlich zu Ihrem Angebot noch Vergleichsangebote eingeholt. In der Wirtschaft gilt ganz allgemein: Je höher der Preis, umso schwieriger der Verkauf. Sicherlich ist es toll (und profitabel), ein hohes Honorar zu verlangen, doch wenn Sie zu teuer sind, erhalten Sie vielleicht nicht genügend Aufträge, um davon leben zu können. Bleiben Sie mit Ihren Honorarvorstellungen im Rahmen der in Ihrem Fachgebiet üblichen Honorare. Falls Ihre Preise deutlich höher als der Durchschnitt sind, müssen Sie Ihren Kunden auch überdurchschnittliche Leistung bieten können, damit Ihr Honorar gerechtfertigt ist. Nur wenn Sie wirklich der Beste auf Ihrem Gebiet sind, können Sie überdurchschnittlich viel für Ihre Dienste verlangen und sich erfolgreich auf dem Markt behaupten.

Zu niedrige Preise

Wenn Sie ein zu niedriges Honorar für Ihre Dienste verlangen, werden Sie bald eine Reihe von größeren Problemen haben. Das erste Problem ist auch das Offenkundigste: Sie verdienen zu wenig, können Ihre Firma dicht machen und werden ein Fall für das Arbeitsamt. Und wenn mit einem Kunden erst einmal ein niedriger Preis vereinbart ist, geht der Kunde natürlich davon aus, dass dieser Preis auch in Zukunft gilt. Eine nachträgliche Preiserhöhung ist meistens sehr schwer durchzusetzen. Zweitens: Gut möglich, dass Sie aufgrund Ihrer unschlagbar günstigen Preise mit Aufträgen überhäuft werden. Das klingt vielleicht ganz gut, das Problem ist jedoch, dass Sie mit Aufträgen überschüttet werden, die schlecht bezahlt sind, und sollte einmal ein *gut bezahlter* Auftrag ins Haus stehen, haben Sie keine Zeit dafür. Kalkulieren Sie bei der Festlegung Ihrer Preise Ihre Fixkosten und addieren anschließend eine vernünftige Gewinnspanne hinzu. Bringen Sie auch in Erfahrung, was andere Consultants für ihre Dienste verlangen. Von Ihren Kunden werden Sie niemals erfahren, wenn Sie zu *wenig* berechnen.

Aufgepasst: Preise festlegen ist eine schwierige Angelegenheit und erfordert sorgfältige Überlegung. Denken Sie daran, dass der Preis vom Markt bestimmt wird, die Kosten dagegen von Ihnen. Aus der Differenz ergibt sich Ihr Gewinn. Falls Sie zu hohe Ausgaben tätigen, zum Beispiel für ein repräsentatives Büro mit Vorzimmer und Konferenzraum, obwohl ein einziger Büroraum völlig ausreichen würde, schmälern Sie natürlich Ihren Gewinn ganz erheblich. Kunden befürchten oft, dass ihr Consultant das Budget überzieht. Sie verschaffen sich gute Chancen, einen Auftrag zu erhalten, wenn Sie für das jeweilige Projekt einen *Fixpreis* veranschlagen, der keinesfalls überschritten wird. Allerdings dürfen Sie dann natürlich während des Projekts nicht auf kostspielige Sonderwünsche Ihres Kunden eingehen. Sie können auch vorschlagen, dass Sie ein kleines Dankeschön von Ihrem Kunden in Form eines Honorarzuschlags erhalten, falls Sie das Projekt zu einem deutlich niedrigeren Preis als vereinbart abschließen.

Den Kundenstamm nicht ausbauen

Ein kluger Consultant bemüht sich darum, einen größeren Kundenstamm aufzubauen. Wer nur wenige Kunden hat, kann in ziemliche Schwierigkeiten geraten, wenn einer davon pleite geht oder den Entschluss fasst, Probleme lieber doch firmenintern lösen zu lassen. Falls Sie nur wenige, dafür aber große und gut zahlende Unternehmen als Kunden haben, ist die Versuchung natürlich groß, sich damit zufrieden zu geben. Dies ist allerdings dennoch ein recht riskantes Spiel, denn Sie können nie wissen, ob Sie nicht bald schon auf andere Aufträge angewiesen sein werden.

Sie könnten überlegen, ob Sie Ihren Tätigkeitsbereich auf fachverwandte Gebiete ausdehnen können. Falls Sie zum Beispiel bisher ausschließlich Homepages für Musikgeschäfte erstellt haben, wäre es doch eine Überlegung wert, ob Sie nicht Kunden aus der Musikbranche im Allgemeinen gewinnen könnten. Durch die Erweiterung und Ausdehnung Ihres Tätigkeitsbereiches reduzieren Sie das finanzielle Risiko für Ihr Unternehmen, falls Sie einen Kunden verlieren sollten und gewinnen mit Sicherheit viele neue Kunden dazu.

Aufträge ablehnen

Manche Consultants begehen den Fehler, kleine, kurzfristige Jobs abzulehnen, weil sie glauben, kleine Fische wären der Mühe nicht wert – selbst wenn die Bezahlung an sich in Ordnung wäre. Man kann aber nie wissen, ob nicht ein kleiner Auftrag einen lukrativeren, langfristigen Großauftrag nach sich zieht. Es ist ganz und gar nicht unüblich, dass Kunden erst einmal einen kleineren Auftrag als Probe vergeben, um sich ein Bild von der Arbeitsweise eines Consultants zu machen, bevor ein großes Projekt vergeben wird. Sie könnten die Chance auf einen guten Auftrag verpassen, wenn Sie kleine Jobs von vorneherein ablehnen. Setzen Sie deshalb alles daran, *niemals* einen Auftrag abzulehnen, es sei denn, die Qualität Ihrer aktuellen Arbeit würde stark darunter leiden.

Kunden vernachlässigen

Wer sich beständig nur um neue Aufträge und neue Kunden kümmert, hat natürlich wenig Zeit, sich um seine bestehenden Kunden zu kümmern. Dies kann sich ganz fatal auf Ihr Geschäft auswirken, denn es sind Ihre aktuellen Kunden, die Ihre Rechnungen bezahlen und die am ehesten für neue Aufträge sorgen – durch Weiterempfehlungen oder Folgeaufträge ihrer Firmen. Das soll natürlich nicht heißen, dass Sie sich nicht um neue Kunden bemühen, doch vernachlässigen Sie darüber nicht Ihre wichtigsten Kunden, und das sind diejenigen, von denen Sie *jetzt* leben.

Keine vorausschauende Planung

Es kann sehr leicht passieren, dass man vor lauter Arbeit nicht daran denkt oder nicht dazu kommt, vielversprechenden Geschäftsoptionen nachzugehen. Auch dies kann sich ganz fatal auf Ihr Geschäft auswirken. Ihre aktuellen Kunden sind momentan Ihre wichtigste Einnahmequelle, doch nach Erledigung der anstehenden Projekte brauchen Sie neue Kunden. Behandeln Sie Ihre bestehenden Kunden wie Ihr wertvollstes Gut (und wehe, Sie vernachlässigen sie!), aber nehmen Sie sich täglich ausreichend Zeit – ungefähr ein Drittel bis die Hälfte Ihres Arbeitstages – um nach Neukunden Ausschau zu halten.

Zehn Tipps, ein überzeugendes Angebot zu unterbreiten

25

In diesem Kapitel

- Ihre Qualifikationen herausstellen
- Dem Angebot eine persönliche Note geben

Mit viel Glück erhält man manchmal auf Grund eines mündlichen Angebots einen Auftrag, doch das ist die Ausnahme. Normalerweise wünscht der Kunde ein schriftliches Angebot, bevor ein Auftrag vergeben wird. Ein schriftliches Angebot kann aus einer kurzen E-Mail, einem Anschreiben oder auch aus einem dicken, gebundenen Kunstwerk mit jedem erdenklichen Schnickschnack bestehen. Da die finanzielle Situation Ihres Geschäfts sehr stark davon abhängt, ob Sie überzeugende Angebote unterbreiten, finden Sie in diesem Kapitel zehn sehr nützliche Tipps, wie das geht.

Überzeugen Sie Ihre Kunden immer wieder aufs Neue

Einer der häufigsten Fehler bei der Erstellung eines Angebotes ist es, davon auszugehen, dass der Kunde ja bereits weiß, was Sie zu bieten haben. Besonders problematisch ist es, wenn Sie mit einem Kunden schon länger zusammenarbeiten und die Geschäftsbeziehung als etwas Selbstverständliches angesehen wird. Wenn Sie der Überzeugung sind, dass Sie der geeignete Consultant für einen Auftrag sind, dann sollten Sie dies in Ihrem Angebot auch deutlich darlegen. Schreiben Sie jedes Angebot immer so, als hätten Sie es mit einem Neukunden zu tun. Machen Sie Ihre Stärken deutlich und passen Sie Ihr Angebot an die speziellen Bedürfnisse des jeweiligen Kunden an. Dies ist ein weiterer Grund, warum das Zuhören so entscheidend ist. Um Ihr Angebot auf die Bedürfnisse Ihres Kunden zuschneidern zu können, müssen Sie diese genau kennen.

Entwickeln Sie die Auftragsbeschreibung zusammen mit Ihrem Kunden

Unter Verkaufsgenies gilt folgende Regel: Kann man im Gespräch mit einem Interessenten dessen speziellen Anforderungen an ein Produkt definieren, wird er es sehr wahrscheinlich auch bei dem jeweiligen Verkäufer kaufen. Warum? Weil Verkaufsprofis die Anforderungen so kompetent formulieren, dass die Kunden merken, dass sie mit ihrem Problem bei dem Verkäufer gut aufgehoben sind. Die wenigsten Ihrer Kunden kennen sich auf Ihrem Fachgebiet sehr gut aus – deswegen wenden sie sich ja an Sie. Mit Ihrem Fachwissen ersparen Sie Ihren

Kunden viel Zeit und Geld bei der Problemdefinition und der Entwicklung möglicher Lösungsansätze. Bieten Sie Ihre Unterstützung dabei kostenlos an; diese kleine Investition wird sich zweifellos auszahlen.

Informieren Sie sich über Ihre Mitbewerber

Wenn es außer Ihnen noch andere Consultants gibt, die für einen Auftrag in Frage kommen (was eigentlich immer der Fall ist), sollten Sie über Ihre Mitbewerber Bescheid wissen. Sie sollten wissen, wie viele Mitbewerber es gibt und wer diese sind. Außerdem ist es wichtig, dass Sie deren Stärken und Schwächen kennen, damit Sie sich im Konkurrenzkampf erfolgreich durchsetzen können. Unterhalten Sie sich mit Ihren Kunden über die Konkurrenz und finden Sie heraus, was positiv oder negativ auffällt. Informieren Sie sich umfassend in Fachzeitschriften und der Tagespresse. Besuchen Sie Konferenzen und Messen und recherchieren Sie im Internet. Idealerweise sollten Sie Ihre Konkurrenten in- und auswendig kennen.

Legen Sie für jeden Konkurrenten einen Ordner an, in dem Sie sämtliche Informationen sammeln. Diese Informationen könnten Sie sich jedes halbe Jahr durchlesen, womit Sie sich bald ein recht genaues Bild über die Konkurrenz machen können.

Besprechen Sie das Angebot mit Ihrem Kunden

Besprechen Sie mit Ihrem Kunden die einzelnen Punkte Ihres Angebots bei einem kurzen Besuch, einem Telefonat oder per E-Mail, bevor Sie es ihm endgültig unterbreiten. Es kann durchaus vorkommen, dass Ihr Kunde mit einem bestimmten Punkt nicht einverstanden ist. Sollte dies der Fall sein, ist es besser, dies *vor* und nicht erst nach der Unterbreitung Ihres Angebots zu erfahren. Und ganz unabhängig davon, ob Sie den Auftrag nun erhalten oder nicht, ist dies schon einmal der Anfang einer Geschäftsbeziehung, wodurch Sie es bei künftigen Angeboten leichter haben werden.

Überbringen Sie Ihr Angebot persönlich

Es ist zwar *in Ordnung*, wenn Sie Ihrem Kunden ein Angebot zuschicken, doch wenn Sie es persönlich abgeben, bringt Ihnen dies weitere Pluspunkte. Sie fragen sich, warum? Nun, erstens stellen Sie hundertprozentig sicher, dass Ihr Angebot auch wirklich pünktlich bei der richtigen Person ankommt, und zweitens zeigen Sie Ihrem Kunden damit, wie wichtig Ihnen der Auftrag ist. Drittens können Sie eventuelle Fragen sofort beantworten. Außerdem hinterlässt Ihr persönliches Erscheinen einen viel stärkeren und besseren Eindruck beim Kunden. Sofern es Sie also keine Unsummen kostet, Ihr Angebot höchstpersönlich abzugeben, tun Sie es.

Bereiten Sie sich auf Nachfragen vor

Wenn Ihr Kunde Ihr Angebot gelesen hat, sollten Sie auf alle möglichen Nachfragen vorbereitet sein. Dazu müssen Sie natürlich genau wissen, *was* in Ihrem Angebot eigentlich steht (lachen Sie nicht! Wir haben beide schon mit Consultants gesprochen, die Ihre eigenen Angebote nicht gelesen haben). Sie sollten auf Bedenken und Nachfragen Ihres Kunden mit durchdachten Antworten reagieren können, die speziell auf seine Situation zutreffen. Nicht vergessen: *Sie* sind schließlich der Experte. Enttäuschen Sie Ihren Kunden nicht mit unfachmännischen Auskünften.

Ihre Qualifikationen sind Ihr bestes Verkaufsargument

Unabhängig davon, ob Sie als Expertenteam oder als Einzelperson auftreten, muss Ihr Angebot deutlich machen, welche Fachkenntnisse Sie für den in Frage kommenden Auftrag qualifizieren. Werden Sie den Job alleine erledigen, stellen Sie Ihre persönliche Qualifikation für den Auftrag heraus. Treten Sie als Team auf, machen Sie deutlich, weshalb Ihr Team für die Aufgabe besonders gut qualifiziert ist. Legen Sie die Lebensläufe aller Teammitglieder bei, wobei die Qualifikationen für den jeweiligen Auftrag besonders betont werden sollten. Da Ihr Kunde sehr eng mit Ihnen und den anderen Teammitgliedern zusammenarbeiten wird, sind für ihn die Qualifikationen Ihrer Mitarbeiter von *größtem* Interesse. Die Fachkenntnisse, die Sie für einen bestimmten Auftrag besonders qualifizieren, sind ein zentraler Punkt in jedem Angebot.

Hervorragende Referenzen beeindrucken jeden Kunden

Falls Sie sich zwischen verschiedenen Consultants entscheiden müssten, würden Sie sicherlich auch denjenigen engagieren, der die meiste Erfahrung hat und die längste Referenzliste zufriedener Kunden vorweisen kann. Wenn Sie in Ihrem Angebot aufzeigen können, dass Sie sich als Experte auf Ihrem Fachgebiet etabliert haben, ist dies ein sehr überzeugendes Argument für Sie. Eine Auflistung Ihrer beruflichen Erfolge kann Ihren Kunden durchaus so beeindrucken, dass er Sie auf der Stelle engagiert, besonders dann, wenn Sie schon für viele Kunden der Branche gearbeitet haben, in der auch Ihr potenzieller Kunde tätig ist. Führen Sie in Ihrem Angebot einige Ihrer besten Kunden als Referenzen auf – aber bitte nicht, ohne vorher um ihr Einverständnis gebeten zu haben. Sie könnten Ihre zufriedenen Kunden auch bitten, Sie Ihrem potenziellen Neukunden telefonisch zu empfehlen.

Planen Sie Spielraum ein

Machen Sie es potenziellen Kunden so angenehm und leicht wie möglich, mit Ihnen zu arbeiten. Die Bedingungen in Ihrem Angebot müssen so flexibel gehalten werden, dass nachträgliche Änderungen auf Grund von weiteren Absprachen mit Ihrem Kunden problemlos aufgenommen werden können. So könnte es ja zum Beispiel vorkommen, dass Ihr Kunde anstelle einer Projektbearbeitungszeit von neun Monaten nur sechs Monate vereinbaren möchte. Es ist ein Ding der Unmöglichkeit, *jeden* Wunsch Ihrer Kunden im Voraus zu erahnen. Deshalb sollten Sie in Ihrem Angebot genügend Spielraum lassen, damit Sie Sonderwünsche Ihrer Kunden nachträglich berücksichtigen können. Halten Sie beispielsweise einen Abgabetermin zum 30. Juni für ganz locker machbar, könnten aber mit etwas Anstrengung das Projekt auch zum 31. Mai beenden, nennen Sie in Ihrem Angebot lieber den 30. Juni als Termin. So verschaffen Sie sich ausreichend Spielraum, falls Ihr Kunde es tatsächlicher eiliger haben sollte.

Bleiben Sie am Ball

Nachdem Sie Ihrem potenziellen Kunden Ihr Angebot übergeben haben, stellen Sie sich einen festen Zeitplan für das weitere Vorgehen auf. Rufen Sie ihn spätestens zwei Tage nach Abgabe Ihres Angebots an, und fragen Sie, ob es dazu Fragen gibt und wann er sich voraussichtlich entscheiden wird. Kann er Ihnen ein Datum mitteilen, rufen Sie ihn an diesem Tag zurück und erkundigen sich, ob er sich bereits entschieden hat. Falls die Entscheidung verschoben wird, rufen Sie zu dem späteren Zeitpunkt wieder an. Bleiben Sie so lange am Ball, bis feststeht, ob Sie den Auftrag erhalten. Wenn ja, herzlichen Glückwunsch! Wenn nein, fragen Sie nach dem Grund und ob es nicht doch noch eine Möglichkeit zur Zusammenarbeit gibt. Vielleicht ein anderen Lösungsansatz? Ein strafferer Zeitplan? Liegt es an Ihrem Honorar? Fragen Sie ganz unabhängig davon, ob Sie einen Auftrag erhalten oder nicht, Ihren Kunden immer nach den ausschlaggebenden Kriterien für seine Entscheidung. Nur so erhalten Sie nützliche Anregungen, um immer bessere Angebote zu unterbreiten.

Zehn Tipps zum Aushandeln eines perfekten Vertrags

26

In diesem Kapitel

- Einen Vertrag ausarbeiten, der beide Seiten zufrieden stellt
- Vernünftige Grenzen setzen

Verträge sind für Consultants äußerst wichtig. In ihnen ist nicht nur ganz genau festgelegt, was Sie für Ihren Kunden tun werden, sondern auch, was Ihr Kunde für Sie tun wird. Mit anderen Worten: In Verträgen werden die *gegenseitigen* Verpflichtungen der Vertragspartner dargelegt. Für gewöhnlich heißt das, dass Sie Ihrem Kunden eine Dienstleistung oder ein Produkt liefern und als Gegenleistung von Ihrem Kunden Geld erhalten. Um sicherzustellen, dass die Vertragsbedingungen und die Bezahlung auch wirklich Ihren Erwartungen entsprechen, ist es im Vorfeld erforderlich, dass Sie mit Ihrem Kunden verhandeln – und zwar *geschickt* verhandeln. In diesem Kapitel finden Sie zehn Tipps, die Ihnen garantiert dabei helfen, einen für beide Seiten akzeptablen Vertrag auszuhandeln.

Üben Sie sich in Geduld

Abwarten und Tee trinken, heißt die Devise. Man darf nur nicht *zu* lange warten! Bei Verhandlungen aller Art ist Geduld tatsächlich eine große Tugend. Erfahrungsgemäß führt zu große Eile beim Abschließen eines Vertrages nur dazu, dass die Konditionen letztendlich unbefriedigend sind. Üben Sie sich deshalb in Geduld und verhandeln Sie in aller Ruhe. Natürlich können und sollten Sie deutlich machen, dass Sie an Fortschritten in den Verhandlungen interessiert sind, doch lassen Sie sich keinesfalls zu einem Vertragsabschluss drängen, der Ihnen nicht behagt. Bestehen Sie geduldig auf Ihrem Standpunkt und halten Sie Ihr Wort.

Bereit sein ist alles

Gerade auf Vertragsverhandlungen müssen Sie gut vorbereitet sein. Tatsache ist, dass Ihr Verhandlungserfolg direkt davon abhängt, wie gut Sie sich auf alle zur Diskussion stehenden Punkte vorbereitet haben. Falls Sie sich nur mangelhaft vorbereitet haben, sind Sie ganz entschieden im Nachteil. Je mehr Sie über Ihre Kunden wissen – über ihre Anforderungen, Beweggründe und Grenzen – desto besser können Sie reagieren und Alternativen vorschlagen, die für beide Seiten akzeptabel sind. Nehmen Sie sich Zeit für gründliche Recherchen und finden Sie *vor* Verhandlungsbeginn soviel wie möglich über den Kunden heraus. Es lohnt sich!

Setzen Sie Grenzen

Wie können Sie entscheiden, ob Sie sich mit den Vertragsbedingungen einverstanden erklären sollen oder nicht? Nun, tut uns furchtbar leid, aber da können wir Ihnen kaum weiterhelfen. Als Entscheidungshilfe sollten Sie sich im Vorfeld der Verhandlungen Grenzen setzen, die Sie in jedem Fall wahren möchten. Falls Sie zum Beispiel auf ein Mindesthonorar von 90 Mark angewiesen sind, um Ihre Fixkosten zu decken und einen vernünftigen Gewinn zu erwirtschaften, ist dies Ihre Grenze, unterhalb derer Sie sich nicht auf den Vertrag einlassen können. Genauso wenig dürfen Sie Termine akzeptieren, die unmöglich einzuhalten sind. Wenn Sie zwei bis drei Monate benötigen, um einen Auftrag auch fachgerecht ausführen zu können, ist ein vertraglicher Zeitrahmen von zwei Wochen indiskutabel.

Machen Sie keine voreiligen Kompromisse

Eine Grundregel für die Kunst des Verhandelns lautet: Die Partei, die als erste nachgibt, hat schon so gut wie verloren. *Wir* halten zwar nichts davon, Verhandlungspartner als erbitterte Gegner zu verstehen, von denen einer gewinnt und einer verliert, doch in der Geschäftswelt wird mit harten Bandagen gekämpft, und es gibt viele Menschen, die *Sie* bei Vertragsverhandlungen als Verlierer sehen wollen. Ein guter Vertrag kommt nur dann zustande, wenn *beide* Parteien gleichermaßen zu Kompromissen bereit sind, die zu einem Ergebnis führen, mit dem beide Seiten zufrieden sind. Lassen Sie sich zu schnell zum Nachgeben bewegen – zum Beispiel bereits auf die erste Bemerkung Ihres Kunden hinsichtlich Ihres Honorars – bringen Sie sich selbst in eine extrem schlechte Verhandlungsposition und laden die andere Seite geradezu ein, Sie schamlos auszunutzen. Geben Sie Ihre Position nicht zu schnell auf, vor allem, wenn Ihr Verhandlungspartner selbst nur zu ganz unerheblichen oder womöglich überhaupt keinen Kompromissen bereit ist. Wenn Sie Ihrem Verhandlungspartner entgegenkommen, muss auch er zu Zugeständnissen bereit sein. Ihr gemeinsames Ziel ist ein Vertrag, der für beide Seiten Vorteile bringt.

Definieren Sie Ihre Aufgabe

In einem gute Vertrag muss die Aufgabe, die Sie übernehmen werden, ganz eindeutig beschrieben sein. Warum? Ganz einfach: Ohne präzise Definitionen Ihrer Aufgabe ist unklar, ob sie vertragsgemäß erledigt wurde. Einer der schlimmsten Fehler, den Sie bei der Aushandlung eines Vertrags überhaupt begehen können, ist die mangelhafte Beschreibung, welche Leistung Sie für Ihr Geld erbringen müssen. Dieser Fehler kann zu einer endlosen Reihe von Unsicherheiten, Missverständnissen und Böswilligkeiten führen – und oft zu viel zusätzlicher Arbeit, falls sich herausstellt, dass Ihr *Kunde* ganz andere Vorstellungen von der zur erbringenden Leistung hat. Wenn Sie Glück haben, hatten Sie und Ihr Kunde die *gleichen* Vorstellungen von der zu leistenden Arbeit, und die Angelegenheit ist nach Fertigstellung Ihres Jobs erledigt. Wenn Sie allerdings Pech haben, weigert sich Ihr Kunde, Sie zu bezahlen, da er sich von Ihrer Arbeit etwas vollkommen anderes erwartet hat. Diese unangenehme Erfahrung sollten Sie nicht unbedingt selbst machen wollen!

Sagen Sie auch einfach einmal »Nein«

Bei Vertragsverhandlungen gibt es zwei äußerst aussagekräftige Wörter: *»Ja«* und *»Nein«*. Ein »Ja« kommt den meisten Menschen viel leichter über die Lippen als ein »Nein«, da jeder lieber für einen umgänglichen Menschen gehalten werden möchte und Konflikten gerne aus dem Weg geht. Um einen *guten* Vertrag abzuschließen, müssen Sie aber lernen, Ihren Standpunkt zu vertreten und zu inakzeptablen Bedingungen einfach »Nein« zu sagen. Lassen Sie sich keinesfalls auf Konditionen ein, mit denen Sie nicht einverstanden sind. Bietet Ihnen zum Beispiel ein Kunde an, Ihnen sofort und ohne weitere Diskussion den Auftrag zu geben, wenn Sie die Hälfte Ihres normalen Stundensatz verlangen, sagen Sie einfach *»Nein«*! Will Ihr Kunde das Doppelte an Leistung für das gleiche Honorar, sagen Sie einfach *»Nein«*! Wenn das Finanzamt noch mehr Geld von Ihnen fordert, sagen Sie einfach *»Nein«*! (Hm, in diesem Fall ist vielleicht ein *»Lassen Sie uns darüber reden«* angebrachter.)

Mehr zuhören als reden

Wer redet, kann nicht gleichzeitig zuhören. Und wenn Sie nicht zuhören, entgehen Ihnen wichtige Hinweise, die durch Worte oder auch durch Körpersprache vermittelt werden, darüber, ob Ihr Kunde zusätzliche Informationen benötigt oder noch Fragen geklärt werden müssen, bevor der Vertrag geschlossen werden kann. Hören Sie nicht nur mit einem Ohr, sondern wirklich aktiv zu. Hören Sie genau hin, was Ihr Kunde Ihnen mitteilt. Fragen Sie nach, wenn Ihnen etwas unklar ist. Und falls Sie den Eindruck haben, Ihr Kunde hört *Ihnen* nicht richtig zu, müssen Sie ebenfalls aktiv dafür sorgen, dass er Ihnen seine ungeteilte Aufmerksamkeit schenkt. Stellen Sie ihm gezielte Fragen oder versuchen Sie, Ihre Informationen interessanter darzulegen.

Achten Sie auf ausreichenden Verhandlungsspielraum

Für den Abschluss eines guten Vertrags benötigen beide Parteien Verhandlungsspielraum. Das versteht sich ja eigentlich von selbst, denn niemand verhandelt gerne mit einem Verhandlungspartner, der seine Standpunkte starr und kompromisslos vertritt, was dazu führt, dass keine Alternativen vorgeschlagen werden können, die für beide Seiten Vorteile haben. Rücken Sie deshalb nicht sofort zu Verhandlungsbeginn mit Ihrem *besten* Angebot heraus, sonst können Sie keine Zugeständnisse mehr machen, und das wird Ihr Kunde als sehr unangenehm empfinden. Sorgen Sie dafür, dass Sie mit ausreichend Spielraum in Ihre Vertragsverhandlungen gehen, so dass Sie sich gemeinsam mit Ihrem Kunden auf die Konditionen einigen können. So entsteht ein Vertrag, bei dem sich beide Seiten als Gewinner fühlen können.

Überlegen Sie sich Alternativen

Leider müssen wir Ihnen jetzt eine traurige Mitteilung machen: Nicht immer bekommt man, was man will, selbst wenn man sich wirklich darum bemüht. Es ist daher wichtig, einige Alternativen bereit zu haben, falls Ihr Kunde Ihre Ausgangsposition rundum ablehnt. Dazu ein Beispiel: Sie verhandeln gerade mit einem Kunden über die Erstellung einer aufwendigen Homepage und bieten Ihre Dienste zu einem Preis von DM 5.000 an. Wenn Ihr Kunde bei diesem Preis blass wird und nach Luft schnappt, können Sie ihm alternativ anbieten, eine weniger aufwendige Homepage für DM 3.000 zu erstellen. Natürlich nur, wenn Sie vorher schon über diese Alternative nachgedacht und durchkalkuliert haben, ob dieser Preis innerhalb Ihrer gesetzten Grenzen liegt. Setzen Sie Ihrem Kunden auseinander, welche Leistungen er für welchen Preis wählen kann, und überlassen Sie ihm die Entscheidung. Ihr Ziel sollte sein, sich weitere Geschäftsoptionen offen zu halten, falls Ihr Kunde mit Ihrer Ausgangsposition nicht einverstanden ist oder auch Sie sich mit seinem Gegenvorschlag nicht anfreunden können. In einer solchen Pattsituation ist es das Klügste, weiter zu verhandeln, denn so besteht immer noch die Chance, dass Sie zu einer Einigung kommen.

Halten Sie sämtliche Vereinbarungen schriftlich fest

Auch wenn Sie und Ihr Kunde die besten Freunde sind und Sie eine tadellose Geschäftsbeziehung pflegen, ist es trotzdem ratsam, alle mündlichen Vereinbarungen schriftlich festzuhalten. Man kann sich einfach nicht alle Einzelheiten eines Vertrages merken, und selbst die simpelsten Abmachungen können leicht in Vergessenheit geraten. So würden Sie vielleicht beschwören, dass Sie als Termin für einen Bericht den 1. März vereinbart haben, doch Ihr Kunde ist der felsenfesten Überzeugung, es wäre der 1. Februar gewesen. Oder Sie stellen mit bestem Gewissen ein Stundenhonorar von DM 80 in Rechung, worauf Ihr Kunde sehr verwundert reagiert, da er sich an ein vereinbartes Honorar von DM 60 pro Stunde erinnert. Vermeiden Sie derartige Missverständnisse, indem Sie sämtliche mündliche Vereinbarungen schriftlich festhalten – am besten in Ihrem Vertrag.

Zehn effektive Marketingstrategien für Neueinsteiger

27

In diesem Kapitel

- Verschiedene Ansätze ausprobieren
- Von sich reden machen

Marketing ist eine wunderbare Sache. Als Consultant sollten Sie natürlich immer Ihr Bestes für Ihren momentanen Kunden leisten, doch es ist auch erforderlich, dass Sie sich kontinuierlich darum bemühen, neue Kunden zu akquirieren und neue Aufträge zu erhalten. Dabei können Sie zwar auch aufs Geratewohl und nach dem Gießkannenprinzip vorgehen, doch die *besten* Marketingerfolge stellen sich ein, wenn Sie Ihre Zielgruppe zuerst definieren und daraufhin eine entsprechende Strategie entwickeln, wie Sie diese am besten ansprechen können. Was lesen potenzielle Neukunden? Wo halten sie sich auf? Womit beschäftigen sie sich? Bevor Sie einen Marketingplan entwickeln, lesen Sie sich die folgenden Marketingstrategien durch.

Wählen Sie Ihre Zielgruppe aus

Ihre erste Aufgabe bei der Erstellung eines Marketingplans ist, Ihre Zielgruppe zu bestimmen. Dabei sind folgende Punkte wichtig:

- ✔ Wer sind Ihre Kunden?
- ✔ Wie können sie am besten erreicht werden?

Die Antworten helfen Ihnen, geeignete Werbemaßnahmen zu ergreifen. Sind Sie Imageberater für Politiker, heißt das, dass Ihre Kunden Menschen sind, die sich für eine Wahl aufstellen lassen oder dies planen. Somit wäre ein Werbezettel am Schwarzen Brett Ihres Supermarkts ziemlich ungeeignet, um neue Kunden zu gewinnen. Dagegen wäre es mit Sicherheit eine recht effektive Werbemaßnahme, wenn ein Interview mit Ihnen in einer großen Zeitung wie der *Frankfurter Allgemeinen Zeitung* abgedruckt würde.

Probieren geht über studieren

Gutes Marketing heißt, immer wieder etwas auszuprobieren, um herauszufinden, welche Strategie sinnvoll ist und welche sich als unwirksam erweist. So können Sie aus Ihren Marketingexperimenten lernen, erfolgreiche Strategien weiter ausbauen und unwirksame Methoden verwerfen. Bei der Entwicklung eines Marketingplans müssen Sie zuerst überlegen, welche Marketingkanäle dazu geeignet sind, Ihre Zielgruppe anzusprechen. Dann sollten Sie diese einfach ausprobieren. Abhängig von Ihren finanziellen Mitteln und der verfügbaren Zeit für die Auswertung Ihrer Marketingexperimente können Sie entweder nur eine oder gleich mehrere Strategien verfolgen. Wie war die Reaktion auf Ihre Werbeanschreiben? Gut? Dann wiederholen Sie die Aktion noch einmal in einem größeren Umfang. Welches Ergebnis brachte Ihre Zeitungsanzeige? Kein besonders gutes? Dann lassen Sie es bleiben. Arbeiten Sie beständig an der Verbesserung Ihrer Marketingstrategie und probieren Sie neue Möglichkeiten aus. Zur Bewertung der einzelnen Werbemaßnahmen sollten Sie sich im Voraus Kriterien überlegen, anhand derer sich der Erfolg messen lässt. Sie könnten zum Beispiel festlegen, dass sich auf jede Zeitungsanzeige zehn Interessenten melden sollten, von denen zwei zu Neukunden werden.

Erfolg ist die beste Werbung

Nichts macht so erfolgreich wie Erfolg. Ihre erfolgreich abgeschlossen Aufträge stellen eine Sammlung von Erfolgsgeschichten dar, mit denen Sie hervorragend werben können. Das Schöne an Ihren Geschichten ist, dass potenzielle Kunden sowohl eine Vorstellung über Ihre Arbeit erhalten, als auch einen höchst positiven Eindruck über Ihre Fachkenntnis und Berufserfahrung gewinnen. Machen Sie Ihre Erfolge bekannt, wo immer es sich anbietet: In Angeboten, Werbematerial, Vorträgen, Seminaren ... Vielleicht stellen Ihnen zufriedene Kunden sogar Empfehlungsschreiben oder Ähnliches aus, die Sie in Ihrem Werbematerial verwenden können. Wichtig ist hier allerdings immer, dass Sie sich die Erlaubnis des Kunden einholen, bevor Sie mit seinem Namen werben.

Lassen Sie sich weiterempfehlen

Zufriedene Kunden können ganz hervorragend für Sie werben, und das auch noch ganz umsonst! Bitten Sie Ihre Kunden darum, ihren Freunden und Geschäftspartnern von Ihnen zu erzählen. Wenn Sie engagiert und zuverlässig sind und gute Arbeit leisten, wird man Sie sicher gerne weiterempfehlen. Geben Sie Ihren Kunden einige Ihrer Visitenkarten und Werbeprospekte zur Weitergabe an Interessenten mit. Bedanken Sie sich bei Ihren Kunden für jeden vermittelten Interessenten mit einem Dankesschreiben oder einer kleinen Belohnung – zum Beispiel mit einem kostenlosen Abonnement Ihres Newsletters, einer interessanten Fachzeitschrift oder einer geringen Provision!

Werden Sie zum Medienprofi

Wenn Sie potenzielle Kunden auf sich aufmerksam machen möchten, müssen Sie unermüdlich Werbung betreiben. Wählen Sie zuerst die für Ihre Branche geeigneten Medien aus, die von potenziellen Kunden auch wirklich beachtet werden. Anschließend sollten Sie hartnäckig versuchen, über diese Medien interessante Informationen zu veröffentlichen. Falls es Ihnen wirklich ernst mit Ihrer Publicity ist, müssen Sie sich unerbittlich ans Telefon hängen, Briefe über Briefe schreiben, E-Mails abschicken und auch persönlich in den Redaktionen vorsprechen – kurzum, tun Sie alles, um interviewt zu werden, Ihre Artikel zu veröffentlichen oder im Fernsehen aufzutreten. Lassen Sie sich nicht abwimmeln! Bleiben Sie am Ball, bis Sie die Aufmerksamkeit erhalten, die Sie sich wünschen. Allerdings sollten Sie darauf achten, dass positiv über Sie berichtet wird. Sie wollen bestimmt nicht Stoff für die Fernsehsendung *Mir reicht's?* liefern!

Leisten Sie sich einen Public-Relations-Berater

Public-Relations-Berater (*Public Relations* heißt nichts anderes als »Öffentlichkeitsarbeit«) sind Gold wert. Als unerfahrener Einzelkämpfer ist es sehr schwierig und extrem zeitaufwendig, bei den Medien Gehör zu finden. Public-Relations-Berater dagegen wissen genau, wie der Hase im Mediengeschäft läuft, welche Medien sich für Sie eignen und wie man an die wichtigen Leute herankommt. Und nicht nur das. Public-Relations-Berater erstellen auch Pressemappen, Pressemitteilungen, Biographien, Prospekte und sonstiges Werbematerial für Sie. Sprechen Sie mit *Ihrem* Public-Relations-Berater genau ab, was er für Sie erstellen soll. Um Ihren Geldbeutel nicht übermäßig zu strapazieren, können Sie Ihren PR-Berater ja vielleicht stundenweise nur für ganz bestimmte Aufgaben engagieren. Oder Sie vereinbaren einen Fixbetrag im Monat und erhalten dafür konstante Unterstützung bei Ihren Marketingmaßnahmen. Das liegt ganz bei Ihnen und Ihrem Budget.

Verfassen Sie einen Newsletter

Newsletters sind ein sehr wirksames Marketinginstrument für jede Art von Beratungsunternehmen. Sie sind nicht nur eine kostengünstige und wirksame Möglichkeit, potenzielle Kunden anzusprechen, sondern dienen auch dazu, den Kontakt zu Ihren bestehenden Kunden regelmäßig aufzufrischen und sie über Ihre berufliche Tätigkeit zu informieren. Da in einem Newsletter normalerweise veröffentlicht wird, welche Projekte ein Consultant in letzter Zeit erfolgreich abgeschlossen hat, wird der Ruf als Experte gefestigt und verbreitet. Geschichten über erfolgreiche Projekte verhelfen zu hervorragender Publicity – für Sie und für Ihre Kunden. Typische Newsletters informieren außerdem über die Zukunftspläne der jeweiligen Beraterfirma und ihrer Kunden, Leserbriefe, Tipps und Ratschläge aller Art und Nachrichten aus der Branche. Die meisten Newsletters werden zwar kostenlos verschickt, doch manche bekannte Beratungsunternehmen können es sich leisten, eine kleine Gebühr dafür zu verlangen, was ein ganz hübsches Summchen einbringen kann. Und wenn man die Newsletters per E-Mail verschickt, sind sämtliche Einnahmen ein Zusatzprofit!

Bieten Sie kostenlose Arbeitsproben an

Für viele Unternehmen ist die Verteilung kostenloser Waren- oder Arbeitsproben eine höchst effektive Werbemaßnahme, um neue Kunden zu gewinnen. Wie könnte man auch besser für seine Dienstleistungen oder Produkte werben, als diese völlig unverbindlich und kostenlos von Interessenten testen zu lassen? Je nach Ihrem Fachgebiet könnten Sie beispielsweise kostenlose Bedarfsanalysen, Inspektionen, Produktproben oder Ähnliches anbieten, um Ihre potenziellen Kunden auf den Geschmack zu bringen. Manche Finanzberater organisieren kostenlose öffentliche Informationsveranstaltungen, in denen sie nützliche Investmenttipps geben und ihr Unternehmen vorstellen. Überlegen Sie selbst: Womit können *Sie* das Interesse *Ihrer* zukünftigen Kunden wecken?

Reagieren Sie auf Angebote der Medien

Der beste Weg, schnell und effektiv eine große Zielgruppe zu erreichen, führt über Medien wie Presse, Fernsehen und Rundfunk. Sie sollten deshalb sofort alles liegen und stehen lassen, falls diese Medien Interesse an *Ihnen* zeigen. Normalerweise kostet es viel Zeit, Geld und Mühe, die Aufmerksamkeit der Medien zu erringen, es sei denn, Sie haben gerade Vierlinge bekommen oder eine Heldentat vollbracht. Sollten Sie also in der glücklichen Lage sein, das Interesse der Medien geweckt zu haben, zeigen Sie das größte Entgegenkommen. Verhalten Sie sich aufgeschlossen, halten Sie Termine und Fristen ein, verpassen Sie ja nicht den Redaktionsschluss und schöpfen Sie sämtliche Möglichkeiten aus.

Zeigen Sie Hilfsbereitschaft

Es wird immer wieder vorkommen, dass Ihre Kunden Sie nach Leistungen fragen, die Ihr Unternehmen nicht anbietet. In einem solchen Fall sollten Sie nicht einfach bedauernd ablehnen, sondern sich darum bemühen, den Kunden an einen geeigneten Consultant zu vermitteln. Sie fragen sich, warum Sie einen guten Kunden an die Konkurrenz vermitteln sollten? Erstens: Eine Hand wäscht die andere, und vielleicht wird der Consultant, an den Sie Ihren Kunden vermittelt haben, sich eines Tages revanchieren. Zweitens: Der Kunde wird Ihnen sehr dankbar sein und sich bestimmt an Sie wenden, wenn er zu einem späteren Zeitpunkt einen Auftrag in Ihrem Fachgebiet zu vergeben hat. Durch Ihre Hilfsbereitschaft legen Sie den Grundstein für eine gute Geschäftsbeziehung zu den Kunden und bauen sich außerdem ein Netzwerk aus Berufskollegen auf.

Zehn Tipps für gute Geschäftsbeziehungen

28

In diesem Kapitel

- Machen Sie Ihre Kunden glücklich
- Nehmen Sie die Hilfe Ihrer Kunden an

Denken Sie daran: Ihre Kunden sind Ihre besten Freunde. Sie sollten sie lieben und ehren, bis dass der Tod sie scheidet. Ihre Kunden sind Ihre Einkommensquelle und Ihnen verdanken Sie es, dass es in Ihrem Büro schön warm ist, Ihr Computer vor sich hin brummt und Ihr Wagen noch nicht gepfändet wurde. Und wenn es Ihnen gelingt, langfristige Geschäftsbeziehungen aufzubauen, sind Ihre Kunden auch die beste Sicherheit für die Zukunft Ihres Unternehmens, da sie Ihnen durch Folgeaufträge und Weiterempfehlungen immer wieder zu neuer Arbeit verhelfen. Mit den nachfolgenden Tipps erleichtern Sie sich den Aufbau und die Vertiefung guter Geschäftsbeziehungen ganz erheblich.

Niemals den zeitlichen und finanziellen Rahmen sprengen!

Zuverlässigkeit ist eine der wichtigsten Eigenschaften, die ein Consultant mitbringen muss. Das heißt, Sie halten Ihre *Zusagen termingerecht* zum *vereinbarten Preis* ein. Die meisten Menschen machen alle möglichen Zusagen, doch die wenigsten halten sie auch tatsächlich ein. Heben Sie sich positiv von all denjenigen ab, die viel versprechen, wenn der Tag lang ist, und am Ende doch nur einen Bruchteil davon liefern – meistens auch noch viel zu spät. Ein Kunde, der glaubt, er könnte sich nicht auf Sie verlassen, wird sich ganz schnell nach einem zuverlässigeren Consultant umsehen. Vereinbaren Sie in Ihrem Vertrag realistische Zeit- und Preisvorgaben und setzen Sie Himmel und Hölle in Bewegung, um diese zu erfüllen. Und falls es Ihnen gelingt, ein Projekt sogar schneller oder kostengünstiger zu beenden als es vereinbart war, werden Sie Ihren Kunden so glücklich machen, dass er Ihnen den Rest seines Lebens treu bleibt.

Kommen Sie den Anforderungen Ihrer Kunden zuvor (und schlagen Sie Lösungen vor)

Bei der Arbeit an einem bestimmten Projekt stößt man manchmal auf Themenbereiche, um die sich eigentlich der Kunde kümmern sollte. Sie haben vielleicht auch schon einmal Ihren Wagen zum Reifenwechsel in die Werkstatt gebracht und mussten sich beim Abholen anhören, dass eigentlich auch der Auspuff geschweißt werden müsste und das Rücklicht nicht geht. Die beste Möglichkeit, zukünftige Problembereiche oder notwendige Innovationen bei Ihren Kunden vorauszuahnen, besteht darin, dass Sie sich über die Trends in der Branche auf dem Laufenden halten – lesen Sie Fachzeitschriften, nehmen Sie an Konferenzen teil und lernen Sie aus Ihren Erfahrungen mit anderen Kunden. Wenn Sie in Ihrem Fachgebiet immer ein paar Schritte voraus sind, können Sie Ihren Kunden auf potenzielle Problembereiche aufmerksam machen und bereits Lösungsstrategien vorschlagen, bevor ein Problem zu einem akuten Fall wird.

Als Consultant sind Sie in der beneidenswerten Position, die innerbetrieblichen Abläufe eines Unternehmens objektiv beobachten zu können und einen guten Draht zur Unternehmensleitung zu haben. Halten Sie bei Ihrer Arbeit Augen und Ohren offen, um mögliche Mängel zu entdecken. Fällt Ihnen auf, dass ein bestimmter Betriebsablauf verbessert werden könnte, weisen Sie Ihren Kunden darauf hin. Vielleicht können Sie auch gleich ein Angebot mit einem Lösungsvorschlag unterbreiten. Ihr Kunde wird Ihren Rat genauso erfreut sein wie Sie selbst, wenn Sie sich somit zu einem neuen Auftrag verhelfen konnten.

Verhalten Sie sich kooperativ und entgegenkommend

Würden Sie lieber mit einem unwirschen und schlechtgelaunten Consultant oder mit einem freundlichen und zuvorkommenden arbeiten wollen? Na sehen Sie, Ihren Kunden geht es ganz genauso. Als Consultant verkaufen Sie nicht nur Produkte oder Dienstleistungen, sondern auch sich selbst. Es reicht deshalb nicht, nur gute Arbeit zu leisten – es muss eine Freude sein, mit Ihnen zu arbeiten! Arrogantes Auftreten und schlechte Laune wird keinen Kunden dazu veranlassen, langfristig mit Ihnen zusammen zu arbeiten. Pflegen Sie einen freundlichen und entgegenkommenden Umgang mit Ihren Kunden: Rufen Sie umgehend zurück, wenn Ihre Kunden Sie zu erreichen versuchen, reagieren Sie sofort auf Anfragen, suchen Sie Ihre Kunden möglichst in *deren* Büros auf und versuchen Sie immer, die angenehme und liebenswürdige Person zu sein, mit der Sie am liebsten selbst zusammenarbeiten würden. Mit einem angenehmen Geschäftspartner macht man gerne Geschäfte!

Bleiben Sie in Kontakt

Wie sagt man doch so schön: »Aus den Augen, aus dem Sinn«? Wenn Sie nicht aktiv den Kontakt zu Ihren Kunden pflegen, werden Sie ein ziemlich einsamer Consultant sein. Nach dem Aufbau einer Geschäftsbeziehung liegt es an Ihnen, in Verbindung zu bleiben. Rufen Sie Ihre Kunden gelegentlich an, schicken Sie einen Brief oder schauen Sie von Zeit zu Zeit auf einen Sprung vorbei. Wie wäre es mit einem gemeinsamen Mittagessen? Informieren Sie Ihre Kunden über Ihre aktuellen Erfolge und neuesten Dienstleistungen. Bieten Sie Ihre Hilfe bei der Lösung organisatorischer oder technischer Probleme an. Auf keinen Fall dürfen Sie den Kontakt einschlafen lassen. Notieren Sie sich in Ihrem Terminkalender regelmäßige Termine, zu denen Sie sowohl aktive als auch passive Kunden kontaktieren. Es ist viel einfacher, bestehende Kontakte zu pflegen, als neue herzustellen.

Bleiben Sie Ihren Prinzipien treu

Halten Sie sich auch in Ihren geschäftlichen Aktivitäten an Ihre moralischen Grundprinzipien. So können Sie nicht nur mit ruhigem Gewissen einschlafen, sondern schaffen auch eine solide Vertrauensbasis zwischen Ihnen und Ihren Kunden, die eine Voraussetzung für die zukünftige Zusammenarbeit ist. Moralische Fehltritte und Vertrauensmissbrauch sind die sichersten Mittel, eine Geschäftsbeziehung in die Brüche gehen zu lassen. Setzen Sie hohe Maßstäbe für Ihr eigenes Geschäftsgebaren *und* an das Ihrer Mitarbeiter. Sie haben nur *einen* guten Ruf zu verlieren, setzen Sie ihn nicht aufs Spiel.

Leisten Sie mehr als Sie versprechen

Eine goldene Regel für Consultants besagt, dass man seinen Kunden immer ein bisschen mehr bieten sollte, als man versprochen hat. Consultants, die ihre Zusagen auch wirklich einhalten, sind schon relativ schwierig zu finden. Ihr Kunde wird deshalb bereits hoch erfreut sein, wenn Sie zu dieser seltenen Spezies gehören. Er wird jedoch vor Begeisterung leuchtende Augen bekommen und Sie in den höchsten Tönen loben und weiterempfehlen, wenn Sie nur ein kleines bisschen mehr leisten als vereinbart. Liefern Sie Ihren Bericht ein paar Tage vor Abgabetermin ab oder liefern Sie eine kleine Extrainformation ohne Aufpreis, und wir garantieren Ihnen, dass Ihr Kunde immer wieder zu Ihnen kommen wird.

Der Bruder einer unserer Geschäftspartner leitet einen Malerbetrieb, der sich auf die Renovierung von Seniorenwohnungen spezialisiert hat. Er berät seine Kunden mit unendlicher Geduld bei der Auswahl der Farben und nimmt sich immer gern Zeit für ein kleines Schwätzchen, während sein Team weiterarbeitet. Drei Wochen nach Abschluss der Malerarbeiten macht er einen Überraschungsbesuch bei seinen Kunden und erkundigt sich, ob Nachbesserungsarbeiten notwendig sind. Nach ungefähr zwei Monaten schaut er nochmals nach dem Rechten und bringt oft einen kleinen Blumenstrauß oder eine Flasche Wein mit. Seine Kunden lieben ihn und überschütten ihn mit Arbeit. Er weiß, wie er seine Kunden glücklich macht.

Bitten Sie um Empfehlungen

Kunden *mögen* es normalerweise recht gerne, wenn man sich mit ihnen rühmt! Geben Sie ruhig ein bisschen mit Ihren Kunden an, das verschafft Ihnen nicht nur Neukunden, sondern vertieft auch die bestehende Geschäftsverbindung. Referenzen verleihen Ihren Angeboten das gewisse Etwas: Sie sprechen Bände über Ihre Professionalität und bringen Leben in Ihre Angebote. Für manche Consultants hat es sich schon als erfolgreiche Strategie erwiesen, Ihre Kunden in Werbeanzeigen zu präsentieren. So könnte zum Beispiel ein Make-up-Berater mit Vorher-Nachher-Fotografien seiner Kunden werben und damit auch gleich potenziellen Neukunden einen Eindruck über die zu erwartenden Ergebnisse verschaffen.

Locken Sie mit Anreizen

Für den Aufbau einer langfristigen Geschäftsbeziehung zahlt es sich oft aus, Kunden Anreize für Folgeaufträge anzubieten. Zum Beispiel einen festen Preisnachlass von 10 Prozent für jeden Auftrag oder auch ein kleines Geschenk von Zeit zu Zeit. Bob schickte letztes Jahr den treuen Abonnenten seines Newsletters eine signierte Ausgabe seines Buchs *The Perfect Letter*.

Informieren Sie Ihre Kunden

Kennen Ihre Kunden eigentlich Ihr vollständiges Leistungsspektrum? Vermutlich nicht. Angenommen, Sie haben sich darauf spezialisiert, für Kunden, die Immobilien kaufen wollen, Objektbesichtigungen durchzuführen. Man findet Sie in den Gelben Seiten unter der entsprechenden Rubrik. Wenn ein Kunde Sie nun für eine Objektbesichtigung beauftragt, weiß er vielleicht gar nicht, dass Sie *außerdem* auch ein sehr guter und preiswerter Innenausstatter sind. Sorgen Sie dafür, dass Ihre Kunden über Ihre *gesamtes* Leistungspalette informiert sind, und denken Sie daran, sie von Zeit zu Zeit daran zu erinnern. Für Ihre Kunden sind Ihre Marketingunterlagen die wichtigste Informationsquelle über Ihre Dienste. Machen Sie es sich zur Aufgabe, Ihre Kunden umfassend über Ihr Leistungsspektrum zu informieren, womit Sie es sich auch selbst erheblich leichter machen, den Anforderungen Ihrer Kunden gerecht zu werden.

Leisten Sie gute Arbeit

Ein Consultant muss immer gute Arbeit zu leisten, aber damit verraten wir Ihnen ja bestimmt nichts Neues. Ihre Kunden engagieren Sie, weil sie gute Arbeit erwarten, und Sie haben sich selbstständig gemacht, weil Sie davon überzeugt sind, gute Arbeit liefern zu können. Erledigen Sie Ihre Arbeit immer so gut, wie es Ihnen nur möglich ist, selbst wenn ein Auftrag einmal aufwendiger wird, als Sie zuerst angenommen haben. Durch gute Arbeit verschaffen und sichern Sie sich einen erstklassigen Ruf als professioneller Consultant, und mit guter Arbeit stellen Sie sicher, dass Ihre Kunden auch in Zukunft Ihre Dienste in Anspruch nehmen.

Stichwortverzeichnis

A

B

F

G

H

I

J

K

L

M

N

O

P

Q

R

S

T

U

V

W

Z